매경 TEST

실전모의고사 **10회분**

매경 TEST
실전모의고사 10회분

개정2판 1쇄 발행   2024년 02월 05일
개정3판 1쇄 발행   2025년 01월 20일

편 저 자 │ 자격시험연구소
발 행 처 │ (주)서원각
등록번호 │ 1999-1A-107호
대표번호 │ 031-923-2051
팩   스 │ 031-922-8966
교재문의 │ 카카오톡 플러스 친구 [서원각]
주   소 │ 경기도 고양시 일산서구 덕산로 88-45(가좌동)
홈페이지 │ www.goseowon.com

Preface

매경TEST는 매일경제신문사가 주최하는 비즈니스 사고력 테스트를 의미합니다. 경제·경영 기초적인 개념과 지식은 물론, 응용력과 전략적인 사고력을 입체적으로 측정하며, 비즈니스 창의력과 현실감각을 갖춘 인재의 발굴과 평가 기준이 되고 있습니다.

경제 · 경영분야의 통합적인 이해력을 측정하는 국내 유일의 테스트로, 해외 유수 언론과 제휴를 통해 글로벌 경제토플로 진화하고 있습니다.

매경TEST는 비즈니스 사고력을 측정하는 국가공인 경제경영이해력인증시험으로, 공신력 있는 문제들로 구성되어 있으며, 대학·대학원 진학, 기업의 채용 · 선발 · 배치 등 다양하게 활용되면서 중요도가 커지고 있습니다.

본서는 실전에 대비하여 국가공인 '우수' 등급 이상을 받을 수 있도록 10회분의 모의고사와 상세한 해설, 최신 및 필수 경제용어를 수록하여 효율적인 학습을 할 수 있도록 하였습니다.

> 본서가 합격의 길잡이가 되어 합격이라는 행운이 이루어질 수 있도록 응원하겠습니다.

INFORMATION

영역별 문항 구성

영역	유형	평가 내용
지식	경영 주요 개념, 경제 주요 원리	경제 현상을 이해하고 직무를 수행하는 데 필요한 경영·경제 개념과 원리
사고력	원리응용력, 상황판단력, 자료해석력, 수리계산력, 종합사고력	경영·경제 원리를 직무 현장에서 응용하고 추론하는 등 사고력과 주어진 정보를 이용해 상황에 맞는 적절한 판단력을 보유했는지 종합적으로 측정
시사	경영환경이슈, 경제이슈, 금융이슈	최근 다양한 사회 현상을 이해하는 폭 넓은 관심과 현실감각 평가

문제구성

구분(문항)	지식(150점)	사고력(250점)	시사(100점)
경제(40)	15	15	10
경영(40)	15	15	10
계(80)	30	30	20

출제범위

분야	구분	세부내용
경제	<미시경제> 경제 필수개념의 이해	🏛 기초 경제개념(기회비용, 희소성 등) 🏛 합리적인 의사결정 🏛 시장의 종류와 개념 🏛 시장과 정부(공공경제, 시장실패) 등
	<거시경제> 경제 안목 증진 및 정책의 이해	🏛 기초 거시변수(GDP, 물가, 금리) 🏛 고용과 실업 🏛 화폐와 통화정책 🏛 경기변동(경기안정화 정책, 경제성장) 등
	<국제경제> 글로벌 경제 감각 향상	🏛 국제무역과 국제수지의 이해 🏛 환율 변화와 효과
경영	<경영일반/인사조직> 기업과 조직의 이해	🏛 기업에 대한 일반지식과 인사조직의 필수 개념 🏛 경영자료의 해석
	<전략·마케팅> 기업 경쟁우위의 이해	🏛 경영전략 🏛 국제경영 🏛 마케팅의 개념과 원리에 대한 사례 응용
	<회계/재무관리의 기초> 재무제표·재무지식의 이해	🏛 기본적인 재무제표 해석 🏛 기초 재무지식 🏛 금융·환율 상식

실전모의고사

기출경향 분석을 통해 시험에 출제가 예상되는 문제를 엄선하여 모의고사 10회분으로 구성하였습니다.

정답 및 해설

학습능률을 높이는 상세한 해설로 합격에 한걸음 더 가까이 다가갈 수 있습니다.

경제 · 경영 용어

시험에 출제가 예상되는 경제와 경영에 관련된 용어를 수록하였습니다. 최신용어와 필수로 알아두어야 할 용어, 그리고 약어를 395개 이상 수록하였습니다.

CONTENTS

매경TEST 특성

- 경제 · 경영 기초 개념과 지식은 물론, 응용력과 전략적인 사고력을 입체적으로 측정
- 비즈니스 창의력과 현실감각을 갖춘 창의적인 인재발굴 평가 시스템
- 경제 · 경영분야의 통합적인 이해력을 측정하는 국내 유일의 테스트
- 해외 유수 언론과 제휴를 통해 글로벌 경제토플로 진화

실전 모의고사

PART

01

실전
모의고사

제1회 실전모의고사

※ 정답 및 해설은 p.320에 있습니다.

1 다음 중 상시저가전략(EDLP : everyday low price)과 비교한 고저가격전략의 장점으로 가장 적절하지 않은 설명은?

① 제품수명주기의 변화에 따른 가격설정이 용이하다.

② 동일 상품을 다양한 고객층에게 판매할 수 있다.

③ 할인행사에 대한 고객 기대를 높이는 효과가 있다.

④ 광고 및 운영비를 절감하는 효과가 있다.

⑤ 고객의 가격민감도 차이에 기반한 가격차별화를 통해 수익증대가 가능하다.

2 X재화의 한계효용이 1,000인 경우 X재화 가격이 500원이라면 Y재화의 한계효용이 1,500일 때, 한계효용균등의 법칙에 따라 Y재화 가격이 얼마여야 하는가?

① 1,000원

② 800원

③ 750원

④ 500원

⑤ 250원

3 다음 각 사례의 기회비용으로 올바른 것은?

> - 와플을 좋아하는 철수는 집에서도 와플을 먹기 위해 와플기계를 2만 원에 구입했으나, 막상 배송 ㅇㅇ 받ㅇ 나서는 너무 바빠 포장도 뜯지 못한 채 방치하게 되었다. 반품 신청을 하려고 했으나 이미 구입 후 일주일이 지나 2만 원을 그대로 날리게 되었다.
> - 광수는 일당 10만 원의 시험 감독 아르바이트를 취소하고 3만 원짜리 대학로 연극을 보러갔다.

① 철수의 와플기계 구입 기회비용은 4만 원이다.
② 철수의 와플기계 구입 암묵적 비용은 2만 원이다.
③ 철수가 와플기계를 구입하기로 한 선택의 회계비용은 4만 원이다.
④ 광수가 대학로 연극을 보러간 회계비용은 13만 원이다.
⑤ 광수가 대학로 연극을 보러간 기회비용은 10만 원이다.

4 다음 중 생산 활동이 될 수 없는 행위는?

① 재화를 기부하는 행위
② 서비스를 제공하는 행위
③ 재화를 오랜 시간 저장하는 행위
④ 재화를 다른 형태로 가공하는 행위
⑤ 재화를 다른 곳으로 운반하는 행위

5 전체 시장에 총 소비자가 3명이라고 가정할 경우 시장 가격(P)이 5원일 때 시장 전체 균형 수량은?

> - 개인 A 수요곡선 = $30 - P$
> - 개인 B 수요곡선 = $20 - 2P$
> - 개인 C 수요곡선 = $20 - 4P$

① 35   ② 25
③ 15   ④ 10
⑤ 5

6 2024년과 2023년의 쌀의 가격과 수량이 다음과 같은 경우 라스파이레스 산식으로 계산한 가격지수는 얼마인가?

구분	연도	쌀의 가격	쌀의 수량
기준시점	2023년	5,000원	10
비교시점	2024년	4,000원	20

① 145

② 135

③ 100

④ 80

⑤ 50

7 대체탄력성에 대한 다음의 설명 중 옳지 않은 것은?

① Cobb-Douglas 생산함수의 대체탄력성은 1이다.

② 1차 동차생산함수의 대체탄력성은 1이다.

③ CES생산함수란 대체탄력성이 일정한 값을 가지는 생산함수이다.

④ 요소가격비가 요소집약도에 미치는 영향의 정도를 나타낸다.

⑤ 한계기술대체율 변화에 따른 요소고용량의 상대적 변화율을 나타낸다.

8 범위의 경제(Economies of scope)에 대한 설명으로 옳지 않은 것은?

① 범위의 경제 발생 시 생산가능곡선은 원점에 대해 오목한 형태로 나타난다.

② 생산요소의 공동 이용 시 범위의 경제가 발생한다.

③ 규모의 경제가 발생하는 경우 범위의 경제도 동시에 발생한다.

④ 산악용 자전거를 1대 생산하기 위해 경주용 자전거 2대를 감소시켜야 한다면 범위의 경제가 발생하지 않는다.

⑤ 동일 생산요소 투입 시, 1개 기업이 2종류 재화를 모두 생산하는 것이 2개 기업이 각각 1개의 재화를 생산할 때보다 더 많이 생산할 수 있는 기술적 특성을 의미한다.

9 막대한 태풍 피해를 입은 A지역 주민에게 정부는 일정액의 보조금을 직접 지원해 주는 현금보조, 쌀이나 라면 같이 정부가 직접 현물을 구입하여 이를 나눠주는 현물보조, 어떠한 제품을 구입할 때 가격을 깎아주는 방식인 가격보조를 고려하고 있다. 세 가지 방법 중 ㉠은 ㉡보다 효용의 크기가 크거나 같고 ㉢이 제일 작다고 할 때, 효율성에 따라 ㉠, ㉡, ㉢로 옳은 것은?

	㉠	㉡	㉢			㉠	㉡	㉢
①	현금보조,	가격보조,	현물보조		②	현금보조,	현물보조,	가격보조
③	가격보조,	현금보조,	현물보조		④	가격보조,	현물보조,	현금보조
⑤	현물보조,	현금보조,	가격보조					

10 시장경제체제의 특징이 아닌 것은?

① 효율적인 자원 배분
② 선택의 자유
③ 생산성의 제고
④ 전략산업의 집중 육성
⑤ 사유재산 보장

11 여러 경제모형들이 공통적으로 갖는 요소에 해당하지 않는 것은?

① 외생변수
② 내생변수
③ 함수
④ 가정
⑤ 가설

12 경제학에서의 분석방법에 관한 설명으로 옳지 않은 것은?

① 정태분석은 시간개념이 도입된다.
② 동태분석은 한 균형점에서 새로운 균형점으로 이동하는 과정이 분석의 대상이 된다.
③ 부분균형분석은 경제의 한 부분만을 따로 분석하는 것이다.
④ 일반균형분석은 분석이 복잡하다.
⑤ 일반균형분석은 정확한 결론에 도달할 수 있다.

13 수요의 가격탄력성을 구하는 계산식으로 옳은 것은?

① 수요량의 변화율 ÷ 가격의 변화율
② 수요량의 변화율 ÷ 소득의 변화율
③ 가격의 변화율 ÷ 수요량의 변화율
④ 가격의 변화율 ÷ 공급량의 변화율
⑤ 생산량의 변화율 ÷ 수요량의 변화율

14 연철이는 '별 다방' 커피와 '콩 다방' 커피를 완전 대체재로 여기며, 별 다방 커피 2잔당 콩 다방 커피 3잔의 비율로 맞바꿔도 좋다는 생각을 갖고 있다. 별 다방 커피의 가격은 1잔에 4,000원이고, 콩 다방 커피의 가격은 1잔에 2,000원이다. 이때 연철이가 생각하는 합리적 선택은?

① 별 다방 커피만 소비한다.
② 콩 다방 커피만 소비한다.
③ 별 다방 커피와 콩 다방 커피를 3:2의 비율로 소비한다.
④ 별 다방 커피와 콩 다방 커피를 1:2의 비율로 소비한다.
⑤ 별 다방 커피와 콩 다방 커피를 1:1의 비율로 소비한다.

15 공급의 가격탄력성에 영향을 주는 요인에 관한 설명으로 옳은 것은?

① 생산비용이 급격하게 상승할수록 공급은 비탄력적이다.
② 저장비용이 많이 소요될수록 공급은 탄력적이다.
③ 고려되는 기간이 길수록 공급은 비탄력적이다.
④ 가격변화에 대처할 수 있는 가능성이 클수록 공급은 비탄력적이다.
⑤ 저장가능성이 낮을수록 공급은 탄력적이다.

16 시장균형의 정적 안정성에 관한 설명으로 옳지 않은 것은?

① 마샬적 안정성은 생산량의 변화를 통해 균형을 회복한다.
② 왈라스적 안정성은 가격의 변화를 통해 균형을 회복한다.
③ 시간에 상관없이 운동의 방향만을 통하여 안정성 여부를 고찰한다.
④ 수요량과 가격의 변화에 대한 공급량의 대응이 시차를 가지면서 균형으로 가는 과정에서 거미집 모양이 나타난다.
⑤ 조정과정의 성격에 따라 왈라스적 안정성과 마샬적 안정성으로 구분할 수 있다.

17 가격상한제와 가격하한제 정책에 관한 내용으로 옳지 않은 것은?

① 가격상한제의 목적은 물가안정 및 소비자 보호에 있다.
② 가격상한제는 균형 가격보다 낮게 설정하면 공급 부족 및 암시장이 발생할 수 있다.
③ 가격하한제의 문제점은 초과공급 및 실업이 발생하는 것이다.
④ 가격상한제는 시장균형가격보다 가격을 낮게 결정한다.
⑤ 가격하한제는 일정 가격 이상으로 판매를 금지한다.

18 재정절벽에 대한 설명으로 옳은 것은?

① 정부의 재정 지출 축소로 인해 유동성이 위축되면서 경제에 충격을 주는 현상이다.
② 농산물의 가격이 상승하면서 소비자물가와 생산자물가가 상승하는 현상이다.
③ 상품거래량에 비해 통화량이 과잉으로 증가하여 물가가 오르고 화폐가치는 떨어지는 현상이다.
④ 주식시장의 장 마감을 앞두고 선물시장의 약세로 프로그램 매물이 대량으로 쏟아져 주가가 폭락하는 현상이다.
⑤ 환율이 변동하더라도 조정효과가 나타날 때까지 무역수지가 본래의 조정과정으로 들어가는 현상이다.

19 소비지출의 변화가 투자에 미치는 파급효과를 무엇이라 하는가?

① 승수 효과   ② 가속도 원리

③ 전시 효과   ④ 규모의 경제

⑤ 의존 효과

20 다음은 비합리적 소비에 대한 설명이다. ㉠과 ㉡에 들어갈 효과로 적절한 것은?

> 고가품일수록 과시욕에 따른 수요가 증가하는 (㉠) 효과는 가격에 직접 영향을 받고, 특정 상품을 소비하는 사람이 많아지면 그 상품에 대한 수요가 감소하는 (㉡) 효과는 가격이 아닌 다른 사람의 소비에 직접 영향을 받는다.

	㉠	㉡
①	베블렌(Veblen)	스놉(snob)
②	디드로(Diderot)	베블렌(Veblen)
③	베블렌(Veblen)	디드로(Diderot)
④	스놉(snob)	베블렌(Veblen)
⑤	디드로(Diderot)	스놉(snob)

21 다음에 제시된 자료에서 밑줄 친 부분의 근거로 가장 적절한 것을 고르면?

> 어느 나라에서 A음료 시장 점유율이 1위인 회사가 B음료 시장 점유율 1위인 회사를 인수 · 합병하겠다는 계획을 발표하였다. 소비자 단체는 <u>이러한 인수 · 합병이 독과점을 형성할 것이라고 주장하고 있다.</u>

① A음료는 여름, B음료는 겨울에 잘 팔린다.

② A음료의 맛과 향은 B음료와 큰 차이가 있다.

③ A음료의 가격이 오른 시기에는 B음료가 잘 팔렸다.

④ A음료는 청년층, B음료는 장년층이 선호한다.

⑤ A음료와 B음료를 반반씩 섞어 먹는 사람들이 늘어나고 있다.

22 케인즈의 화폐수요이론에 관한 설명으로 옳지 않은 것은?

① 명목가치가 변하지 않는 화폐와 명목가치의 변동이 잦은 기타 자산 사이에 수익률 차이가 발생할 경우 화폐수요에 변화가 생긴다.

② 예비적 동기에 의한 화폐수요는 소득과 정(+)의 관계를 갖는다.

③ 보이지 않는 손에 의해 자원이 효율적으로 이동하므로 화폐는 단지 교환의 매개물의 기능을 한다.

④ 위급한 사태가 발생할 경우에 대비하기 위하여 사람들은 화폐를 보유한다.

⑤ 이자율이 높을수록 화폐의 투기적 수요는 감소한다.

23 중앙은행의 통화공급 정책수단에 관한 설명으로 옳지 않은 것은?

① 중앙은행의 주요 정책수단으로 공개시장조작, 재할인율정책, 지급준비율정책 등이 있다.

② 중앙은행이 필요지급준비율을 낮출 경우 통화승수가 커진다.

③ 중앙은행이 필요지급준비율을 낮출 경우 상업은행은 수익을 위해 대출이나 기타 자산을 늘릴 것이다.

④ 중앙은행이 은행으로부터 채권을 매입할 경우 본원통화와 화폐공급은 감소할 것이다.

⑤ 중앙은행이 재할인율을 인하할 경우 상업은행은 중앙은행으로부터 차입을 늘리려 할 것이다.

24 시장분리이론에 관한 설명으로 옳지 않은 것은?

① 시장분리이론은 장단기 채권 간에 대체관계가 있다고 본다.

② 단기채권 시장에서 가계의 채권수요는 기업의 채권공급보다 크다.

③ 장기채권시장은 초과공급으로 인해 장기채권의 가격이 하락하고 장기이자율이 상승한다.

④ 단기이자율의 하락과 장기이자율의 상승으로 수익률 곡선이 우상향함을 잘 설명한다.

⑤ 정기채권의 수요가 증가하면 수익률 곡선이 평평해진다.

25 마찰적 실업에 관한 설명으로 옳은 것은?

① 일시적이고 단기적이며 자발적이다.

② 경제의 구조변화라는 장기적 현상과 관련된 것이다.

③ 정책조정을 통해 마찰적 실업을 완전히 제거할 수 있다.

④ 노동에 대한 전반적인 수요가 공급에 비해 부족하기 때문에 발생한다.

⑤ 경기 부양 지출 또는 금리인하 정책 등으로 완화하는 것에 중점을 둔다.

26 경기변동의 특징에 해당하지 않는 것은?

① 독립성

② 반복성

③ 다양성

④ 파급성

⑤ 누적성

27 경기종합지수에 관한 설명으로 옳지 않은 것은?

① 경제의 각 부문을 대표하고 경기 대응성이 높은 경제지표들을 선정한 후 이를 종합하여 작성한다.

② 경기전환점에 대한 시차 정도에 따라 선행지수, 동행지수, 후행지수로 나누어진다.

③ 통계청에서 매월 작성한다.

④ 경기변동의 방향 및 전환점 등은 파악이 가능하나 변동속도까지는 파악이 불가능하다.

⑤ 전월 대비 경기종합지수의 증감률을 통해 경기변동의 진폭을 확인할 수 있다.

28 경제성장의 정형화된 사실에 관한 설명으로 옳지 않은 것은?

① 자본계수 및 자본증가율은 거의 일정하다.

② 생산성 증가율은 나라마다 상당한 차이를 보인다.

③ 자본수익률이 대체적으로 일정하다.

④ 1인당 실질소득은 지속적으로 증가한다.

⑤ 총소득에서 자본소득과 노동소득이 차지하는 비중은 대체적으로 일정하지 않다.

29 경제성장을 설명하는 해로드-도마모형의 가정으로 옳지 않은 것은?

① 저축과 투자는 항상 일치한다.

② 생산함수는 한계수확체감의 법칙을 가진다.

③ 생산요소 간의 대체보완성을 특성으로 하는 레온티에프 생산함수를 가정한다.

④ 인구의 증가율은 외생적으로 주어져 일정하다.

⑤ 저축은 산출량의 일정비율로 결정된다.

30 R&D모형에 관한 설명으로 옳지 않은 것은?

① 경제의 기술수준을 자본과 노동의 투입으로 결정되는 내생변수로 취급한다.

② 인적자본 축적을 많이 할수록 경제성장률이 높아진다는 것을 확인할 수 있다.

③ 솔로우모형과 마찬가지로 한계수확체감의 법칙이 적용된다.

④ 재화를 생산하는 부문과 기술을 개발하는 연구개발 부문을 함께 고려한다.

⑤ 기술진보의 속도가 일정하게 유지되면 지속적인 경제성장을 유지할 수 있다고 본다.

31 가격의 기능에 관한 설명으로 옳지 않은 것은?

① 가격은 희소한 상품을 과도하게 소비하려는 욕구를 통제하는 기능을 한다.

② 초과수요로 인하여 가격이 상승할 경우 해당 상품이 더 많이 생산되어야 한다는 신호로 받아들일 수 있다.

③ 가격은 생산자원이 적절히 배분될 수 있도록 신호를 전달하는 역할을 한다.

④ 가격이 내려가면 생산자원이 다른 산업으로 이탈하여 배분기능에 악영향을 미친다.

⑤ 가격은 시장이 제대로 기능할 수 있도록 하는 과정에서 매우 중요한 역할을 한다.

32 다음에서 설명하는 상품은 무엇인가?

> 실질소득이 증가할수록 수요가 감소하는 재화나 서비스로 소득탄력성이 0보다 작은 음(−)의 값을 갖는다. 소득효과와 가격의 효과가 반대로 작용하여 하급재로도 부른다.

① 대체재   ② 정상재
③ 사치재   ④ 열등재
⑤ 필수재

33 정부의 가격상한제 정책으로 인해 나타날 수 있는 효과로 옳지 않은 것은?

① 물가안정과 소비자 보호의 목적으로 실시되는 경우가 많다.
② 정부가 가격상한을 P로 정하면 P에서의 수요량은 증가한다.
③ 정부가 가격상한을 P로 정하면 P에서의 공급량은 감소한다.
④ 최소한의 임금수준을 정한 최저임금제도는 가격상한제 정책 중 하나이다.
⑤ 상품이 정상적인 시장가격보다 더 낮거나 높게 불법적으로 거래되는 시장이 생겨난다.

34 대체효과에 관한 설명으로 옳지 않은 것은?

① X재의 가격하락으로 X재가 Y재에 비해 상대적으로 저렴해져 수요량에 변화가 생기는 현상을 말한다.
② 상대적으로 저렴한 것을 더 많이 구매하는 방향으로만 작용한다.
③ 소비자의 실질소득이 불변인 상태에서 나타나는 효과이다.
④ 언제나 가격과 음(−)의 관계를 갖는다.
⑤ 고려대상이 되는 상품의 성격에 따라 작용하는 방향이 달라진다.

35 등량곡선의 특징에 관한 설명으로 옳은 것은?

① 등량곡선에 있는 두 개의 선은 서로 교차한다.
② 등량곡선은 원점에서 직선 모양을 갖는다.
③ 원점에서 멀어질수록 더 낮은 산출량을 나타낸다.
④ 등량곡선은 우상향의 기울기를 갖는다.
⑤ 동일한 양을 생산하는 재화의 노동과 자본의 구성을 연결한 선이다.

36 비용곡선 간의 관계에 관한 설명으로 옳은 것은?

① 평균고정비용곡선을 제외한 비용곡선들의 모양은 모두 U자형이다.
② 평균비용곡선은 평균가변비용곡선과 한계비용곡선의 최저점을 관통한다.
③ 평균가변비용곡선의 최저점은 평균비용곡선의 최저점보다 오른쪽에 위치한다.
④ 한계비용곡선은 평균비용곡선이 감소하는 구간에서는 평균비용곡선보다 위쪽에 위치한다.
⑤ 평균가변비용곡선이 최저점에 도달하더라도 평균고정비용곡선은 지속적으로 증가한다.

37 구매력 평가설에 따라 1년 후 환율에 대한 설명 중 옳은 것은?

> A카페의 커피가격이 한국에서는 4,000원이고 미국에서는 4$였다. 1년이 지난 후 한국 물가 상승률은 20%, 미국 물가 상승률은 10%라고 가정한다.

① 환율은 1$당 1,200원이다.
② 원화는 10% 평가절하된다.
③ 1년 후 한국에서 커피가격은 4,400원이다.
④ 원화는 20% 평가절상된다.
⑤ 1년 후 미국에서 커피가격은 4.8$이다.

38 독점기업에 대해 조세 부과 정책을 사용할 때 나타날 수 있는 효과로 옳지 않은 것은?

① 독점기업을 규제하는 것은 종량세보다 정액세의 형태가 더 바람직하다.

② 종량세를 부담할 경우 자중손실의 크기는 오히려 확대된다.

③ 정액세를 부담할 경우 독점기업의 입장에서는 변동비용이 증가하는 효과가 생긴다.

④ 정액세를 부담할 경우 독점기업의 평균총비용은 상승한다.

⑤ 종량세를 부담할 경우 평균총비용과 한계비용이 모두 상승한다.

39 선박과 자동차만 생산하는 A국에서는 선박 생산의 기술혁신으로 인해 선박 및 자동차의 생산가능곡선이 이동하였고 경제성장을 달성하였다. 이때 발생하게 되는 현상으로 가장 적절하지 않은 것은?

① 생산가능곡선상의 교환비율은 곡선상의 위치에 따라 다를 수 있다.

② A국의 총공급곡선은 우측으로 이동하게 된다.

③ 자동차의 기회비용은 증가하게 된다.

④ 선박의 기회비용은 증가하게 된다.

⑤ 생산가능곡선상의 교환비율은 시간에 의해 변화할 수 있다.

40 ㉠에 설명으로 옳은 것은?

(㉠)은 같은 산업에 존재하는 기업들이 경쟁을 하지 않고 독과점적인 수익을 내기 위해 하는 부당한 공동행위를 의미한다.

① 기업 간의 높은 결속력으로 해체가 되지 않는 편이다.

② 시장의 효율적인 자원의 배분기능을 방해한다.

③ 상품의 질이 높아진다는 장점이 있다.

④ 리니언시 제도로 인해서 해당 행위의 폐해가 심각해진다.

⑤ 공동행위는 가격조정 행위로 한정된다.

41 마이클 포터의 산업구조분석모형(5-Forces 분석)에 대한 설명으로 옳은 것은?

① 5가지 경쟁요소는 잠재적 진입자, 공급자, 수요자, 보완재, 경쟁자이다.
② 많은 공급자가 적은 수의 구매자를 상대로 거래하는 경우 공급사의 협상력이 올라간다.
③ 공급자를 바꿀 경우 발생하는 전환비용이 높은 경우 구매사의 협상력이 올라간다.
④ 구매자가 가격이나 품질에 대한 요구가 강한 경우 수익률이 떨어진다.
⑤ 공급자를 바꾸기 위한 전환비용이 높은 경우 공급자의 협상력이 내려간다.

42 역선택으로 발생하는 문제를 해결하기 위한 방안이 아닌 것은?

① 보험회사에서 보험가입자에게 정기적으로 건강검진을 무료로 제공
② 인재 채용을 할 때 기업에서 3개월의 수습기간을 가진 후에 선발
③ 기업의 대주주가 전문경영인과 고용계약을 체결하여 권한을 위임
④ 중고차 판매업체에서 중고차량의 점검을 무상으로 실시
⑤ 은행에서 이용자에게 주기적으로 재무점검 무상으로 실시

43 다음에서 설명하는 상황에 해당하는 개념으로 옳은 것은?

> A기업은 새로운 기술을 발전하기 위해서 진행하던 프로젝트에 막대한 금액을 투자하고 있다. 3년간 투자한 금액은 다른 프로젝트와 비교하면 큰 비용에 해당한다. A기업은 투자한 비용으로 일시적으로 적자가 있으나 다른 사업의 영업이익이 높기 때문에 점차 균형 수준을 이룰 것으로 예상하고 있다.

① 평균회귀의 법칙   ② 매몰비용의 오류
③ 자기충족적 예언   ④ 가치의 역설
⑤ 보유효과

44 다음은 기업의 인적자원관리의 단계이다. ㉠ 단계에 대한 설명으로 옳은 것은?

① 직무상 훈련을 통해서 신규 인원에서 필요한 직무상에 필요한 정보를 교육한다.
② 종업원의 가치를 기준으로 임금을 제공하는 경우에는 역량이나 기술 등을 위주로 책정할 수 있다.
③ 직무기술서를 바탕으로 하여 직무의 가치를 평가한다.
④ 다양한 기법을 통하여 지원자의 기본적인 요소를 확인하고 평가한다.
⑤ 필요한 인력의 수를 확인하여 인적자원을 적합하게 채우는 과정이다.

45 다음 자료에 나타난 교사와 학생들의 대화 중 옳은 진술을 한 학생을 모두 고르면?

> 교사 : 19세기 중엽, 쇠고기와 감자가 주식이었던 아일랜드에서 감자 기근이 들어서 감자 가격이 올랐을 때 감자 소비가 오히려 늘어난 경우가 있었어요. 그 당시 상황에 대하여 이야기해 봅시다.
> 갑 : 그럼, 감자 기근이 해소되어 가격이 원래 수준으로 내리면 감자 소비가 다시 줄겠군요.
> 을 : 수요법칙이 성립하지 않는 경우도 있다는 말씀이군요.
> 병 : 가격이 오르는데 오히려 소비가 늘어난 걸 보면 그 당시에 감자는 사치재였던 모양이네요.
> 정 : 사람들의 소득이 늘었더라면 감자를 더 먹었겠군요.

① 갑, 을   ② 갑, 병
③ 을, 병   ④ 을, 정
⑤ 병, 정

46 블루오션 전략에 관한 설명으로 옳지 않은 것은?

① 경쟁자 없는 새로운 무경쟁의 시장공간을 창출한다.

② 아직 시도되지 않고 잠재력이 있는 시장을 비유한다.

③ 새로운 수요를 창출하는 것을 미지으고 한다.

④ 가치와 비용을 동시에 추구한다.

⑤ 차별화나 원가우위 중에 하나를 선택하여 전사적인 체계를 구축한다.

47 궁핍화성장(immiserizing growth)에 대한 설명으로 옳지 않은 것은?

① 국제무역 이론 중 바그와티(Bhagwati)에 의해 주장된 것이다.

② 경제성장이 교역조건을 악화시켜 후생수준을 감소시키는 현상이다.

③ 수출 증가가 교역 증가를 악화시킬 정도로 크게 증가한 경우에 발생한다.

④ 수요의 가격탄력성이 높아 자국 교역조건이 크게 악화되는 경우에 발생한다.

⑤ 선진국에서는 기술진보에 의한 생산성의 상승으로 가격인하가 일어나 수출증가가 나타나지만, 저개발국의 경우 교역조건 악화만을 초래할 가능성이 있다.

48 관세에 의한 무역장벽으로 나타날 수 있는 영향이 아닌 것은?

① 수입품의 국내가격이 인상된다.

② 국내산 제품의 생산량이 증가한다.

③ 정부의 재정수입이 증가한다.

④ 단기적으로 무역수지가 악화된다.

⑤ 독점적인 국내기업이 등장하고 자원의 효율적 배분이 저해된다.

49 다음 기사에서 설명하는 ㉠에 해당하는 경제통합 유형은 무엇인가?

> A국가와 B국가는 과세 및 비관세장벽을 철폐하였고 비회원국에 대해서 공통의 관세정책을 시행한다. 또한 재화 및 생산요소의 자유로운 역내 이동이 가능한 경제통합 유형 (㉠)이었다. 경제정책에 대해서 긴밀한 협조를 맺고 있었던 A국가와 B국가는 최근 정상회담에서는 반도체, 인공지능, 6G 분야, 헬스케어, 전기차 및 청정에너지 개발 등의 과학·기술 분야의 합의를 하면서 (㉠)을 뛰어넘는 기술동맹을 맺었다.

① 경제동맹
② 자유무역지역
③ 관세동맹
④ 공동시장
⑤ 완전경제통합

50 독점적 우위이론에 관한 설명으로 옳지 않은 것은?

① 해외직접투자는 현지기업에 비해 독점 또는 과점적 우위를 지니고 있는 기업들이 불완전한 시장을 지배할 목적을 가지고 이루어진다.
② 시장의 불완전성을 초래하는 요인으로 제품차별화, 경영능력, 정부정책 등이 있다.
③ 케이브스는 독특한 신제품의 제품차별화 자체로 독점화를 이룰 수 있다고 주장하였다.
④ 동일산업의 기업들이 특정국에 집중적으로 몰리는 현상이 발생한다.
⑤ 수직적 통합을 통해 기업의 독점적 지위가 강화된다고 주장하였다.

51 수요곡선에 관한 설명으로 옳지 않은 것은?

① 수요곡선이 좌우측으로 이동하는 것을 수요의 변화라고 한다.
② 수요곡선은 우상향하는 모양을 갖는다.
③ 수평축에는 수요량을 수직축에는 가격을 나타내는 평면에 그린다.
④ 가격뿐만 아니라 소득수준의 변화로 인해서도 수요곡선이 이동할 수 있다.
⑤ 수요곡선이 오른쪽으로 움직이면 수요가 증가했다고 할 수 있다.

52 아래에 제시된 자료의 밑줄 친 현상이 초래된 원인으로 옳은 것은?

> '낙양지가귀(洛陽紙價貴)'란 낙양의 종이 값이 오른다는 뜻으로, 저작물이 호평을 받아 베스트셀러가
> 된 것을 가리킨다. 이는 서진(西晉)이 □하기□ 전에 (□□□□□□)가 신선□있기 때문
> 에 여러 사람이 앞을 다투어 베껴, 당시 수도인 낙양의 종이 값이 올랐다는 고사에서 유래한 말이다.

① 저작물의 비배제성 및 종이의 비경합성　　② 저작물의 비배제성 및 종이의 경합성

③ 저작물의 배제성 및 종이의 비경합성　　④ 저작물의 배제성 및 종이의 경합성

⑤ 저작물의 경합성 및 종이의 배제성

53 특정 재화에 따라 나타나는 무차별곡선의 형태에 관한 설명으로 옳은 것은?

① 두 상품이 일정하게 고정된 비율로 언제든지 대체가 가능한 완전대체재일 경우 무차별곡선은 곡선으로 나타난다.

② 소비자가 어떤 특정 상품을 극단적으로 좋아하여 다른 상품의 양과 관계없이 특정 상품의 양이 많은 상품묶음을 선호하는 경우 무차별곡선은 직각 모양을 갖게 된다.

③ 어떤 재화가 중립적일 경우 무차별곡선은 수직선 또는 수평선이 된다.

④ 어떤 재화가 음(−)의 효용을 주는 경우 무차별곡선은 우하향하는 모양을 갖게 된다.

⑤ 두 상품을 일정한 비율로 같이 소비해야 하는 완전보완재일 경우 무차별곡선은 대각선 모양을 갖는다.

54 보상수요곡선에 관한 설명으로 옳지 않은 것은?

① 보상수요는 가격변화로 인해 생기는 실질소득의 변화를 제거해 소득효과가 발생하지 않도록 함으로써 도출할 수 있다.

② 합리적 소비자의 상품에 대한 수요는 소득과 상품가격체계의 함수로 표시할 수 있다.

③ 효용수준을 달성하기 위해 최소의 비용을 지불하려 할 때의 상품수요를 보상수요라 한다.

④ 열등재의 보상수요곡선은 통상적으로 수요곡선의 기울기보다 더 급경사로 나타나게 된다.

⑤ 보상수요곡선은 대체효과만으로 이루어져 있다.

55 현시선호이론에 관한 설명으로 옳지 않은 것은?

① 전통적인 소비자이론에 비해 더 적은 수의 가정만으로 이론의 정립이 가능하다.

② 소비자의 관찰할 수 없는 선호체계에 대해 이행성 혹은 연속성과 같은 가정을 하고 전개한다.

③ 현시선호이론과 기존 소비자이론은 서로 보완적인 관계를 갖는다.

④ 소비자의 관찰된 수요행위로부터 소비자의 행동을 이해하는 것이 더 현실적이라고 주장한다.

⑤ 기존의 소비자이론과 이론적으로 동등하다고 간주한다.

56 대체탄력성에 관한 설명으로 옳지 않은 것은?

① 생산요소투입비율의 변화율을 한계기술대체율의 변화율로 나눈 값이다.

② 한계기술대체율의 변화에 비해 자본 및 노동의 투입비율의 변화가 상대적으로 클수록 생산요소 사이의 대체가능성이 크다.

③ 등량곡선의 모양이 평평해질수록 대체탄력성이 커진다.

④ 직선의 모양을 하는 등량곡선의 경우 대체탄력성은 1의 값을 갖는다.

⑤ L자 모양을 하는 등량곡선의 경우 대체탄력성은 0의 값을 갖는다.

57 비용곡선이 이동하는 원인으로 옳지 않은 것은?

① 기술의 진보

② 학습효과

③ 생산요소의 공동이용

④ 요소가격의 하락

⑤ 요소가격의 상승

58 기업이 생산을 중단하게 되는 조건으로 옳지 않은 것은?

① 총가변비용이 총수입보다 크게 되면 생산을 중단한다.

② 매몰비용이 극소화된 손실보다 커지게 되면 생산을 중단한다.

③ 손실이 총고정비용보다 크게 되면 생산을 중단한다.

④ 평균가변비용이 가격보다 크게 되면 생산을 중단한다.

⑤ 총고정비용이 총비용에서 총수입을 차감한 값보다 작을 경우 생산을 중단한다.

59 독점시장에서의 단기균형의 특징에 관한 설명으로 옳지 않은 것은?

① 가격이 평균비용보다 낮을 경우 독점기업도 손실을 볼 수 있다.

② 독점기업은 단기균형일 때 수요의 가격탄력성이 0보다 작은 구역에서 재화를 생산한다.

③ 독점기업은 공급곡선이 존재하지 않는다.

④ 독점기업은 한계수입이 0보다 큰 구역에서 재화를 생산한다.

⑤ 가격이 한계비용보다 크더라도 평균비용과 같다면 정상이윤만 얻을 수 있다.

60 과점시장이 발생하는 원인으로 옳지 않은 것은?

① 제품의 생산에 규모의 경제가 존재하는 경우

② 잠재적 기업들의 신규 진입이 어려운 경우

③ 생산요소의 독점이나 특허권이 존재하는 경우

④ 시장 안에 존재하는 기업들이 서로 인수 또는 합병하는 경우

⑤ 경쟁기업이 시장에 신규로 진출하는 경우

61 경영전략의 필수요소에 해당하지 않는 것은?

① 장기적인 안목   ② 지속적인 경쟁우위 창출

③ 사고의 전환   ④ 최고경영자의 리더십 자질

⑤ 신속한 의사결정

62 다음 제시문에서 설명하는 내용과 관련 있는 것을 모두 고르면?

> 주식회사 A기업의 대표는 회사의 이윤이 높아지기를 희망하고 있다. 반면 A기업의 사원들은 출근하여 자신이 맡은 일만 대충 끝낸 후 인터넷이나 게임을 하며 일과를 보내는 것을 최고의 목표로 삼고 있다. 대표이사는 이런 기업문화를 청산하고 이윤을 높이기 위해 인터넷 사용시간 제한·직원 출입증 배부를 통한 출퇴근 업무 시간 관리 등을 골자로 하는 직원관리혁신안과 성과급 도입 방안을 검토 중이다.

㉠ 숨은 특성	㉡ 숨은 행동
㉢ 비대칭 정보	㉣ 빛 좋은 개살구
㉤ 주인-대리인 문제	㉥ 감시·감독의 문제

① ㉠㉢㉣㉥
② ㉡㉢㉣㉤
③ ㉢㉣㉤㉥
④ ㉠㉡㉤㉥
⑤ ㉡㉢㉤㉥

63 BCG Matrix 모형에서 사업부가 이동하는 경로가 바르게 연결된 것은?

① Question Mark → Cash Cow → Star
② Question Mark → Star → Cash Cow
③ Cash Cow → Question Mark → Star
④ Cash Cow → Star → Question Mark
⑤ Cash Cow → Star → Dog

64 관련 다각화에 관한 설명으로 옳지 않은 것은?

① 현재의 고객층이나 기술 등을 활용하여 전략적 적합성을 가진 사업으로 확장하는 것을 말한다.
② 기업의 일체성을 유지하면서 높은 범위의 경제효과를 누릴 수 있다.
③ 기술이전과 비용절감 등으로 경쟁우위를 확보하는 것이 가능하다.
④ 재무적 위험을 비관련 사업들에 분산시킴으로써 기회가 많은 분야에 재무자원을 집중할 수 있다.
⑤ 한 분야의 문제가 다른 분야로 확산되는 도미노 현상이 발생하는 문제점이 있다.

65 지식순환 프로세스가 바르게 연결된 것은?

① 공동화 → 표출화 → 연결화 → 내면화
② 공동화 → 연결화 → 표출화 → 내면화
③ 표출화 → 공동화 → 연결화 → 내면화
④ 표출화 → 공동화 → 내면화 → 연결화
⑤ 표출화 → 내면화 → 연결화 → 공동화

66 아래 표는 완전경쟁시장에서 거래되는 바나나의 수요량과 공급량에 관한 자료이다. 옳은 추론을 고르면?

가격	공급률	수요량
1,400원	13개	9개
1,200원	11개	14개
1,000원	10개	10개
800원	8개	11개
600원	7개	8개
400원	5개	7개

① 균형에서 기업의 바나나 한계 수입은 800원이 된다.
② 600원을 기준으로 가격상한제를 실시할 경우 바나나의 거래량은 8개가 된다.
③ 생산자잉여를 가장 크게 하기 위해서는 바나나의 가격은 400원이 되어야 한다.
④ 소비자잉여를 가장 크게 하기 위해서는 바나나의 가격은 1,400원이 되어야 한다.
⑤ 바나나의 균형 가격은 1,000원이다.

67 다음 기사에서 설명하는 ㉠으로 적절한 것은?

> 철강산업이 수출 환경에서 보호무역의 덫에 빠져 수출 규모가 급감을 하고 있다. 미국이나 유럽연합에서 수입이 급증하면서 자국 내의 국내산업의 심각한 피해 발생을 방지하기 위해서 (㉠)을(를) 발동하였다. 관세를 인상하고 수입량을 제한하는 이 조치로 인해서 국제 원자재 가격이 출렁이면서 국내의 수출 환경이 큰 타격을 입고 있다.

① 세이프가드
② 최혜국대우
③ 양허관세
④ 수입쿼터
⑤ 슈퍼301조

68 국제통화제도의 변화한 순서가 바르게 연결된 것은?

> ㉠ 변동환율제도 ㉡ 변동환율제도(변동폭 2.5%)
>
> ㉢ 조정 가능한 고정환율제도(변동폭 1%) ㉣ 고정환율제도

① ㉠→㉡→㉢→㉣ ② ㉡→㉢→㉣→㉠

③ ㉢→㉠→㉣→㉡ ④ ㉣→㉢→㉡→㉠

⑤ ㉣→㉡→㉠→㉢

69 단독투자에 관한 설명으로 옳지 않은 것은?

① 신속한 의사결정 등으로 경영환경 변화에 즉각적인 대응이 가능하다.

② 신설투자는 기술이전이 용이하다는 장점이 있다.

③ 완전한 통제가 가능하고 경영이 단순한 형태를 갖는다.

④ 투자기업이 모든 위험을 부담해야 하는 단점이 있다.

⑤ 인수합병은 시장에 진입하기까지 많은 시간이 소요되는 단점이 있다.

70 다국적기업에 관한 설명으로 옳지 않은 것은?

① 무역장벽을 극복하기 위해 생산공장은 자국에 입지한다.

② 둘 이상의 국가에 자회사, 지사, 공장 등의 현지법인을 지니고 있다.

③ 현지중심주의는 현지인이 현지에 적합한 방법으로 직접 자회사를 운영하는 방식이다.

④ 현지국적을 취득한 현지법인으로서 제조 또는 판매회사를 소유한다.

⑤ 본국중심주의에 의하면 해외 자회사는 본국의 가치관과 경영시스템에 종속된다.

71 수요의 가격탄력성을 결정하는 요인으로 옳지 않은 것은?

① 재화의 성격 ② 재화의 저장가능성

③ 대체재의 존재 여부 ④ 소비지출에서 재화가 차지하는 비중

⑤ 고려되는 기간

72 다음에 제시된 유통업태 발전이론과 가장 관련이 깊은 것은?

> 가. 업태의 변화는 가격이나 마진이 아니라 상품의 변화에 따른다.
>
> 나. 다양한 상품계열을 취급하는 소매업태에서 전문서비스나 한정적인 상품계열을 취급하는 소매업태
>   (전문점)로 변모해간다.
>
> 다. 한정된 계열을 추구하는 전문점들은 시간의 흐름에 따라 다시 다양한 상품 계열을 추구하게 된다.
>
> 라. 이러한 현상이 반복적 나타난다.

① 소매아코디언 이론(Accordion Theory)

② 변증법적 이론(Dialectic Theory)

③ 소매수명주기이론(Retail Life Cycle Theory)

④ 진공지대이론(Vacuum Zone Theory)

⑤ 소매차륜이론(Wheel of Retailing Theory)

73 한계대체율에 관한 설명으로 옳지 않은 것은?

① 한계대체율은 소비자의 객관적인 교환비율이다.

② 무차별곡선에서 접선의 기울기로 한계대체율을 측정한다.

③ 재화의 소비량을 1단위 증가시키기 위해 감소시켜야 하는 다른 재화의 수량을 의미한다.

④ 한계대체율을 구할 때는 기울기에 마이너스 부호를 붙여 양(+)이 되도록 만드는 것이 일반적이다.

⑤ 한계대체율은 항상 음(−)의 값을 갖는다.

74 정부에서 저소득층을 지원하기 위한 방안을 소비자이론으로 분석한 설명으로 옳지 않은 것은?

① 가격보조를 실시하게 되면 예산선의 기울기는 더 완만하게 변한다.

② 현금보조는 상품의 상대가격비율을 일정하게 유지하면서 소득만 증가시킨다.

③ 가격보조는 특정 재화를 시장가격보다 더 저렴하게 구입할 수 있도록 보조하는 것이다.

④ 현금보조는 정부가 소비자의 구매력을 증가시키는 것으로 소득의 증대와 같은 효과를 지닌다.

⑤ 현물보조는 소비자에게 재화의 선택권이 있어 현금보조보다 더 높은 효용을 제공할 수 있다.

75 기업의 단기 생산함수에 관한 설명으로 옳지 않은 것은?

① 노동과 자본을 모두 가변요소로 본다.

② 가변요소의 투입량과 산출량과의 관계를 나타내는 함수이다.

③ 한계생산은 노동의 투입량이 증가함에 따라 점차 증가하다가 총생산의 변곡점에서부터 감소하게 된다.

④ 노동투입량이 증가할수록 총생산은 체증적으로 증가하다가 증가율이 점차 둔화된다.

⑤ 한계생산은 총생산곡선의 기울기로 측정할 수 있다.

76 평균비용곡선에 관한 설명으로 옳지 않은 것은?

① 평균고정비용곡선은 산출량이 증가함에 따라 지속적으로 감소한다.

② 평균가변비용곡선은 총가변비용곡선에서 원점까지 연결한 직선의 기울기로 측정된다.

③ 평균가변비용곡선은 처음에는 감소하다가 증가하는 모양을 나타낸다.

④ 평균비용곡선은 평균고정비용곡선과 평균가변비용곡선의 수평합이다.

⑤ 평균비용곡선은 낮은 산출량 수준에서는 급격하게 감소하지만 높은 산출량 수준에서는 증가하는 추세로 변한다.

77 환율결정이론인 구매력평가설에 대한 내용으로 옳지 않은 것은?

① 일물일가의 법칙이 국제시장에도 적용된다.

② 화폐 1단위의 실질가치가 모든 나라에서 동일하다.

③ A국이 화폐 공급을 증가시키면 A국의 물가수준은 상승하고 통화는 평가절상된다.

④ 상당수의 상품이 비교역재이기 때문에 실질환율과 구매력평가에 의한 환율은 차이가 날 수 있다.

⑤ 환율결정요인으로 물가만 고려할 뿐 물가 이외에 환율에 영향을 미치는 다른 요인들은 전혀 고려하지 못한다는 문제점이 있다.

78 장기균형을 달성하기 위한 조건으로 옳지 않은 것은?

① 개별기업은 현재 시장가격하에서 이윤을 극대화하는 산출량을 선택하고 있어야 한다.

② 가격이 장기한계비용과 일치해야 한다.

③ 해당산업에 누산 개별 기업들의 성상이윤이 0이이야 한다.

④ 해당 산업에서 퇴출하려는 기업이 존재하여야 한다.

⑤ 현재 시장가격에서 해당산업에 속한 기업들의 공급량과 소비자들의 수요량이 일치하여야 한다.

79 재화나 서비스 시장의 균형이 적정하지 않을 때 발생하는 순손실이다. 이것은 독점가격, 외부효과, 세금, 보조금, 정부의 가격통제 등으로 나타난다. 독점으로 인해서 사회적으로 사라지게 된 소비자잉여와 생산자잉여의 합을 의미하는 이것은?

① 자중손실   ② X-비효율

③ 지대추구   ④ 이윤극대화

⑤ 규모의 경제

80 다음은 甲, 乙국의 지니계수 추이를 나타낸 표다. 이에 대한 설명으로 옳은 것은?

구분	2020년	2021년	2022년	2023년
甲국	0.30	0.28	0.26	0.25
乙국	0.32	0.35	0.40	0.42

① 甲, 乙국의 지니계수는 0과 0.5 사이의 값을 가진다.

② 甲국의 추이를 그린 로렌츠곡선은 직선에 가까운 곡선으로 그릴 수 있다.

③ 甲국은 부의 소득세제를 도입할 필요가 있다.

④ 乙국의 지니계수 추이를 보아, 소득분배가 개선되고 있다.

⑤ 乙국의 지니계수 추이를 보아, 소득불평등도가 줄어들고 있다.

※ 정답 및 해설은 p.330에 있습니다.

1 A 기업에서의 생산함수가 $Y = \min{\frac{L}{2}, K}$ (Y는 생산량, L은 노동투입량, K는 자본투입량)이다. 이때 노동의 단위 당 임금이 100, 자본의 단위당 임대료가 50인 경우에 이 기업의 한계비용은 얼마인가?

① 70   ② 130

③ 250   ④ 360

⑤ 510

2 매트릭스 조직에 대한 설명으로 옳은 것은?

① 이중적인 명령 체계를 갖고 있다.

② 시장의 새로운 변화에 유연하게 대처하기 어렵다.

③ 기능적 조직과 사업부제 조직을 결합한 형태이다.

④ 단일 제품을 생산하는 조직에 적합한 형태이다.

⑤ 조직의 복잡성이 감소한다.

3 항상 양수(+)의 한계비용을 갖는 독점기업이 단기에 균형상태에 있다. 만약 이 독점기업이 재화의 가격을 현재의 수준보다 인하한다면 총수입의 변화는?

① 증가한다.

② 변화하지 않는다.

③ 감소한다.

④ 현재의 가격수준에 따라 다르다.

⑤ 주어진 자료로는 알 수 없다.

4 기업의 비용과 이에 대한 설명으로 옳지 않은 것은?

① 경제적 비용 – 명시적 비용과 묵시적 비용의 합으로 기회비용은 포함하지 않는다.

② 회계적 비용 – 임금, 이자, 임대료 등과 같이 실제로 드러나는 명시적 비용으로만 구성된다.

③ 매몰비용 – 명백하게 지출된 비용이지만 의사결정을 할 때 고려 대상에서 제외해야 하는 비용이다.

④ 사적 비용 – 기업이 상품을 생산하기 위해 직접 지불해야 하는 모든 요소의 기회비용이다.

⑤ 사회적 비용 – 사회 전체적인 관점에서 상품의 생산을 위해 지출한 모든 요소의 기회비용이다.

5 정보의 비대칭성으로 인하여 발생할 수 있는 현상을 모두 고른 것은?

㉠ 도덕적 해이(Moral hazard)	㉡ 역선택(Adverse selection)
㉢ 신호보내기(Signaling)	㉣ 골라내기(Screening)

① ㉠㉡

② ㉢㉣

③ ㉠㉡㉢

④ ㉠㉢㉣

⑤ ㉠㉡㉢㉣

6 A사는 단추 200개를 생산하여 300만 원에 판매하였고, B사는 지퍼 150개를 생산하여 350만 원에 판매하였다. C사는 A사의 단추 60개와 B사의 지퍼 40개를 구매하여 바지 30벌을 생산하여 그중 15벌을 500만 원에 판매하고 나머지 15벌은 500만 원어치 재고로 소유하고 있을 때, GDP에 포함되는 금액을 구하면?

① 500만 원

② 750만 원

③ 1,000만 원

④ 1,250만 원

⑤ 1,750만 원

7   다음 중 기펜재를 올바르게 설명한 것은? (단, 수요량의 변화가 가격 변화와 같은 방향이면 양, 반대방향이면 음으로 표시한다.)

① 양의 대체효과가 음의 소득효과를 압도한다.

② 양의 소득효과가 음의 대체효과를 압도한다.

③ 소득효과와 대체효과가 모두 음이다.

④ 음의 소득효과가 양의 대체효과를 압도한다.

⑤ 소득탄력성이 0보다 큰 재화를 말한다.

8   다음은 신문보도의 내용이다. 다음의 내용을 바탕으로 시민보호운동가 우진 씨가 할 일로 가장 적절한 것은?

> 식품의 유해성 여부를 판정하는 민간 식품위생 검사기관인 'A기관'이 검사 성적을 허위로 발급하는 '엉터리 검사'를 하다가 보건 당국에 적발되었다. 엉터리 검사로 인해서 멜라민 파동이 확산되자 정부와 여당에서는 식품 검사를 강화하는 내용의 종합대책을 발표했지만, 일선 검사기관에 만연하게 퍼져 있는 이 같은 문제점을 바로잡지 않는 한 실효를 거두기 어려울 것으로 보인다.

① 기업의 도덕적 해이와 관련된 폐해를 수집하여 경각심을 일깨울 수 있는 책자를 제작한다.

② 공무원의 고용증가를 위한 시민운동을 추진하여 정부의 정책이 실효를 거둘 수 있도록 한다.

③ 소비지향적인 문화세대를 비판하며 귀농캠페인을 벌인다.

④ 기업이 자율적으로 경쟁하는 환경을 조성하기 위해 정부의 규제완화에 대한 비평을 게재한다.

⑤ 인터넷에 해당업체의 대표자의 신원을 공개하여 많은 사람들에게 알린다.

9 다음에서 설명하고 있는 불공정거래 유형은 무엇인가?

> 주식 초보자 K 씨가 주식리딩방에서 다양한 사람들을 만나 주식동호회를 결성하였다. 동호인 중에 한 명인 Y 씨는 K 씨에게 D사의 우선주를 내탕으로 서가로 +매하여 고점을 형성한 후에 전량 매도하여 매매차익을 얻자고 권유하였다. K 씨는 친척들에게 거액의 자금을 융통하여 실시간으로 주식매수 및 대량의 허수주문을 하였고 다른 동호회 사람들에게도 이와 같은 행동을 지시하였다.

① 내부자거래
② 단기매매차익 거래
③ 신고 공시의무 위반
④ 주식 소유상황 보고의무 위반
⑤ 시세조정

10 아래의 표는 A국과 B국이 부존자원을 효율적으로 사용할 때 생산 가능한 자동차와 비행기의 조합을 보여준다. 예를 들어 A국이 부존자원을 효율적으로 사용할 경우 자동차 12대와 비행기 2대를 만들거나, 자동차 8대와 비행기 4대를 만들 수 있다. 기회비용에 대한 설명으로 옳은 것은?

A국		B국	
자동차 대수	비행기 대수	자동차 대수	비행기 대수
16	0	12	0
12	2	9	2
8	4	6	4
4	6	3	6
0	8	0	8

① 자동차 한 대 더 생산하는 것의 기회비용은 두 나라가 동일하다.
② 비행기 한 대 더 생산하는 것의 기회비용은 두 나라가 동일하다.
③ 비행기 한 대 더 생산하는 것의 기회비용은 A국이 B국보다 작다.
④ 자동차 한 대 더 생산하는 것의 기회비용은 A국이 B국보다 작다.
⑤ A국이 자동차를 많이 생산할수록 자동차 생산의 기회비용이 증가한다.

11 애덤스의 공정성이론에 따라 조직에서 공정성을 회복하기 위한 행동이 아닌 것은?

① 본인보다 낮은 수준의 사람을 비교대상으로 둔다.

② 근무시간에 취미활동을 한다.

③ 회사 업무에 큰 노력을 하지 않는다.

④ 연봉협상을 통해 급여를 높인다.

⑤ 다른 회사로 이직을 한다.

12 벤치마킹에 관한 설명으로 옳은 것은?

① 벤치마킹의 대상기업은 동종업계에서 찾는 것이 바람직하다.

② 기업의 재무구조나 기업부문 등을 변화시켜 비교우위에 있는 사업에 집중적으로 투자한다.

③ 기업의 환경변화에 대응하기 위해 발전 가능성이 있는 방향으로 사업구조를 변화시킨다.

④ 조직원들이 원하는 성과를 달성할 수 있도록 지속적으로 역량을 확대시킨다.

⑤ 주로 자신보다 우위에 있는 기업과 비교하여 차이를 분석한다.

13 대인적 커뮤니케이션의 형태에 대한 설명으로 옳은 것은?

① 전자매체를 통한 의사소통은 공식적으로는 기록할 수 없다.

② 서면적 의사소통의 경우 정확성이 다소 떨어진다.

③ 비언어적 의사소통은 무시될 수 있다.

④ 언어적 의사소통은 왜곡의 위험이 없다.

⑤ 서면적 의사소통이 언어적 의사소통보다 많이 활용된다.

14 다음에서 설명하는 면접의 종류는 무엇인가?

> 다수의 면접자가 한 명의 피면접자에게 질문을 하면서 진행하는 면접방법으로 피면접자에 대한 광범위한 조사를 할 수 있다.

① 정형적 면접　　　　　　　　　　② 비지시적 면접
③ 스트레스면접　　　　　　　　　　④ 패널면접
⑤ 집단면접

15 노동조합의 숍 제도에 관한 설명으로 옳지 않은 것은?

① 클로즈드 숍은 노동조합원만 고용이 가능하다.
② 유니온 숍은 채용된 비조합원이 일정기간 이내에 노조가입을 의무적으로 해야 한다.
③ 유니온 숍은 사용자가 비조합원을 채용하는 것이 가능하다.
④ 체크오프시스템은 전체 조합원의 동의가 있으면 급여를 계산할 때 회사에서 일괄적으로 조합비를 공제한다.
⑤ 오픈 숍은 사용자가 제한 없이 비조합원을 자유롭게 고용할 수 있다.

16 귀인이론(Attribution theory)에 영향을 주는 주요 요소와 내용이 맞게 연결된 것을 모두 고르면?

> ㉠ 특이성 – 높음 – 외부 귀인
> ㉡ 합의성 – 낮음 – 외부 귀인
> ㉢ 일관성 – 높음 – 내부 귀인

① ㉠　　　　　　　　　　　　　　② ㉠㉡
③ ㉡㉢　　　　　　　　　　　　　④ ㉠㉢
⑤ ㉠㉡㉢

17 동기부여이론 중 하나인 알더퍼 이론에 관한 설명으로 옳지 않은 것은?

① 3단계로 욕구를 계층화한다.
② 동시에 여러 개의 욕구가 동기부여 역할을 할 수 있다.
③ 고차원 욕구인 성장욕구가 우선적으로 적용된다.
④ 욕구가 미충족될 경우 재등장하여 동기부여가 가능하다.
⑤ 욕구가 만족될 경우 진행되고 욕구가 좌절될 경우 퇴행한다.

18 집단의 발전단계가 바르게 연결된 것은?

① 규범화 - 형성 - 성취 - 갈등
② 갈등 - 규범화 - 형성 - 성취
③ 갈등 - 형성 - 규범화 - 갈등
④ 형성 - 갈등 - 규범화 - 성취
⑤ 형성 - 규범화 - 갈등 - 성취

19 경로-목표이론에서 리더십의 유형을 구분한 것에 해당하지 않는 것은?

① 참여적 리더십
② 지원적 리더십
③ 관계지향적 리더십
④ 성취지향적 리더십
⑤ 지시적 리더십

20 민츠버그가 주장한 조직의 유형에 해당하지 않는 것은?

① 생산 부문
② 기술구조 부문
③ 핵심운영 부문
④ 중간라인 부문
⑤ 지원스태프 부문

21 공급곡선에 관한 설명으로 옳지 않은 것은?

① 다른 요인들이 불변일 경우 공급함수는 가격함수로 나타낼 수 있다.

② 수평축에는 공급량, 수직축에는 가격을 나타내는 평면에 그린다.

③ 공급의 법칙을 반영하여 우상향의 모양을 갖는다.

④ 개별 생산자들의 공급곡선을 모두 더하면 시장공급곡선이 도출된다.

⑤ 개별 생산자들의 공급곡선이 시장공급곡선보다 더 완만한 형태를 갖는다.

22 온라인 마케팅을 지원하는 주요 기술에 대한 정의 중 옳지 않은 것은?

① 트랜잭션 로그(transaction log)는 레지스트레이션 형식과 쇼핑카트 데이터베이스의 자료와 함께 온라인 산업과 개인 사이트에 대한 유용한 마케팅 정보를 사용한다.

② 스푸핑(spoofing)은 회사와 접촉한 고객들에 대한 모든 정보가 들어 있는 저장소를 뜻하며, 이들 정보를 통해 고객을 이해할 수 있도록 회사는 고객 프로필을 만드는 데 도움을 준다.

③ 쿠키(cookies)는 사용자가 매번 방문한 사이트에 기록을 하는 작은 텍스트 파일을 뜻하며 웹운영자에게 고객식별 및 사이트에서 행하는 고객들의 행동을 쉽게 이해할 수 있도록 정보를 제공한다.

④ 웹 트랜잭션 로그(web transaction log)는 웹사이트에서 이용자의 활동에 대해 기록한다.

⑤ 웹 버그(web bug)는 마케팅 이메일 메시지에 숨어 있는 1픽셀의 작은 그래픽 파일을 뜻하며 웹 버그는 자동적으로 이용자에 대한 정보와 이용자가 방문한 사이트에 대한 정보를 관찰할 수 있도록 모니터링 서버에 정보전달을 한다.

23 예산선의 변화에 관한 설명으로 옳지 않은 것은?

① 예산선의 모양을 결정하는 것은 소득과 상품의 가격이다.

② 소득이 증가할 경우 예산선은 우측으로 이동한다.

③ 가격은 변하지 않고 소득만 변한다면 예산선의 기울기만 변하고 위치는 변하지 않는다.

④ 두 재화의 가격이 동시에 같은 비율로 변할 경우 소득이 변하는 것과 마찬가지의 결과를 갖는다.

⑤ 두 재화 중 X재의 가격만 변하고 Y재의 가격은 변하지 않는다면 x절편만 이동하고 y절편은 고정된다.

24 다음의 그림과 같이 환율 추이가 지속된다고 할 때 잘못 추론한 것은?

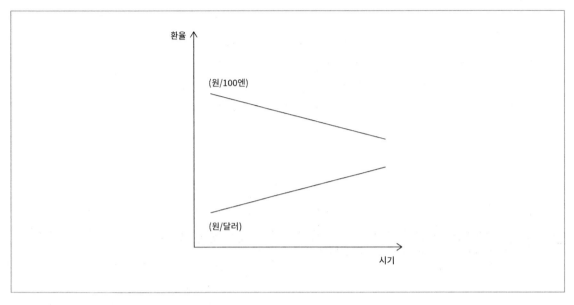

① 엔화 표시 외채 상환을 늦추는 것이 좋다.
② 갈수록 한국인의 미국 여행이 감소할 것이다.
③ 미국에 수출하는 우리나라 제품의 가격경쟁력이 높아질 것이다.
④ 한국으로 유학 오려는 미국 유학생이 증가할 것이다.
⑤ 일본산 부품을 미국산 부품으로 바꿔야 이득이 클 것이다.

25 라스파이레스 수량지수에 관한 설명으로 옳지 않은 것은?

① 지수가 1보다 작으면 비교연도 구입액이 기준연도 구입액보다 감소했다고 할 수 있다.
② 지수가 1과 같으면 기준연도에 비해 비교연도의 생활수준이 더 낮아졌다고 할 수 있다.
③ 지수가 1보다 작으면 실질소득이 감소했다고 할 수 있다.
④ 지수가 1보다 크면 생활수준이 개선되었다고 할 수 있다.
⑤ 지수가 1보다 작거나 같으면 생활수준이 악화되었다고 할 수 있다.

26 위험에 대한 태도에 따라 나타나는 효용함수의 형태에 관한 설명으로 옳지 않은 것은?

① 위험회피자의 효용은 체감적으로 증가한다.

② 위험회피자의 효용함수는 아래쪽에서 볼 때 오목한 형태를 나타낸다.

③ 위험중립자의 효용함수는 소득의 증가에 따라 효용이 비례적으로 감소한다.

④ 위험중립자의 효용함수는 직선의 형태이다.

⑤ 위험선호자의 효용함수는 소득이 증가할 때 효용이 체증적으로 증가한다.

27 매월 300만 원 급여를 받고 있는 A 씨는 퇴사를 하고 카페를 창업하였다. 카페에서는 매월 500만 원의 수입을 벌고 있다. 카페 창업으로 나가는 지출은 식자재 구입비 250만 원, 인건비 200만 원이 고정비로 지출되고 있다. A 씨가 카페 창업을 시작하면서 얻고 있는 경제적 이윤은?

① −250만 원   ② −150만 원

③ 0원   ④ 100만 원

⑤ 200만 원

28 장기비용함수에 관한 설명으로 옳지 않은 것은?

① 장기평균비용은 단기평균비용곡선의 최저점만을 이은 곡선이다.

② 비용함수를 분석할 때 가변비용과 고정비용을 구분할 필요가 없다.

③ 장기한계비용곡선은 단기한계비용곡선들로부터 도출할 수 있다.

④ 각 생산량에서의 장기총비용은 단기총비용보다 크다.

⑤ 장기에는 모든 생산요소가 가변적이다.

29 생산을 늘림으로써 이윤을 증대시킬 수 있는 경우는 무엇인가?

① 한계수입 < 한계비용   ② 한계수입 > 한계비용

③ 총수입 > 한계비용   ④ 총수입 < 한계비용

⑤ 총수입 > 총비용

30 완전경쟁시장의 성립조건에 해당하지 않는 것은?

① 완전한 정보

② 가격수용자

③ 상품의 동질성

④ 다양한 소비자

⑤ 자원의 완전한 이동성

31 구두에 대한 수요곡선과 공급곡선이 다음과 같은 함수로 대표된다고 할 때, 구두의 균형가격은? (단, Q_d는 구두수요량, Q_s는 구두공급량, P는 구두가격이다.)

$$Q_d = -0.5P + 200, \quad Q_S = P - 100$$

① 50   ② 75

③ 100   ④ 150

⑤ 200

32 다이어트 식품을 독점공급하고 있는 어느 기업이 당면한 수요함수는 $Q = 100 - P$이고 비용함수는 $C = 94 + 4Q + Q^2$이다. 다음 중 독점이윤을 극대화할 수 있는 가격은?

① 50   ② 52

③ 68   ④ 74

⑤ 76

33 다음에 제시된 자료에서 공원 설립이 가능한 최대 건설비용으로 옳은 것을 고르면?

> 인구 750명 규모의 지방 소도시인 A시에서는 놀이공원을 건설하려고 한다. A시에서는 여러 가지 건설안에 따른 각각의 비용을 제시하고 건설안이 정해지면 그 비용은 전체 시민이 똑같이 부담해야 한다고 발표하였다. 놀이공원의 건설 여부는 최종적으로 시민들의 투표를 통해 다수결로 결정된다. 현재 공원 건립에 대한 시민들의 지불 의사 금액은 다음과 같다.

주민 수	1인당 지불 의사금액
200명	0원
300명	4만 원
250명	10만 원

① 1,200만 원

② 2,500만 원

③ 3,000만 원

④ 3,700만 원

⑤ 7,500만 원

34 정윤이는 케이크 전문점을 운영하고 있는데, 가게는 어머니 소유이기 때문에 임대료는 내지 않고 있다. 지난달 판매수입은 550만 원이었고, 비용으로는 원재료비 180만 원, 아르바이트생의 급료 90만 원, 공과금 65만 원을 지출하였다. 정윤이가 케이크 전문점을 열기 전에는 매월 130만 원을 벌고 있었고, 어머니가 가게를 다른 사람에게 임대할 때의 월 임대수입은 110만 원이었다. 정윤이가 케이크 전문점을 개업하기 위해 투입한 돈은 2,000만 원이고, 이자율은 연 12%로 주어져 있다고 할 때. 다음 설명 중 옳지 않은 것은?

① 명시적 비용은 335만 원이다.

② 암묵적 비용은 260만 원이다.

③ 회계적 이윤은 215만 원이다.

④ 경제적 이윤은 70만 원이다.

⑤ 명시적 비용은 원재료, 급료, 공과금을 합한 금액이다.

35 필립스 곡선에 대한 설명으로 옳은 것은?

① 예상물가 상승률이 증가하면 필립스 곡선이 하향 이동한다.

② 장기노동계약자의 비중이 높을수록 단기 필립스 곡선이 가파른 기울기를 가진다.

③ 비용인상 인플레이션이 발생하면 생산은 정체하고 물가가 오르는 스태그플레이션이 발생하므로 필립스 곡선이 수직이다.

④ 단기 필립스 곡선이 장기 필립스 곡선보다 더 가파른 기울기를 가진다.

⑤ 필립스 곡선을 통해 완전고용과 물가안정을 달성됨을 알 수 있다.

36 우상향하는 공급곡선과 우하향하는 수요곡선을 갖는 X재에 대하여 정부가 소비세를 부과하기로 결정하였다. 다음 중 소비세 부과의 효과에 대한 설명으로 옳은 것은?

① 생산자에게 공급곡선은 곧 비용곡선이므로 세금 부과로 인해 추가비용이 발생하면 공급곡선은 그만큼 아래로 이동한다.

② 소비세를 부과하기 이전에 비하여 소비자는 더 높은 가격을 지불하지만, 공급자가 받는 가격에는 변화가 없다.

③ 소비자잉여와 생산자잉여의 감소가 발생하지만, 이는 정부의 세수증가로 충분히 메워진다.

④ 공급곡선의 가격탄력성이 수요곡선의 가격탄력성보다 클 때, 공급자의 조세부담이 수요자보다 크다.

⑤ 수요곡선과 공급곡선의 가격탄력성이 비탄력적일 때는, 탄력적인 경우보다 소비세 부과로 인한 후생 순손실은 적어진다.

37 화폐공급의 증감 여부를 바르게 연결한 것은?

> ㉠ 금융위기로 인하여 은행의 안정성이 의심되면서 예금주들의 현금 인출이 증가하였다.
>
> ㉡ 명절을 앞두고 기업의 결제수요가 늘고, 개인들은 명절준비를 위해 현금보유량을 늘린다.
>
> ㉢ 한국은행이 자금난을 겪고 있는 지방은행들로부터 국채를 매입하였다.
>
> ㉣ 은행들이 건전성 강화를 위해 국제결제은행(BIS) 기준의 자기자본비율을 높이고 있다.

	㉠	㉡	㉢	㉣
①	감소	증가	감소	증가
②	감소	감소	증가	감소
③	증가	감소	증가	감소
④	증가	감소	감소	증가
⑤	감소	감소	증가	증가

38 공공재와 공유재에 관한 설명으로 옳지 않은 것은? (단, 공공재는 순수공공재로 가정한다.)

① 공공재는 공공의 쓰임을 위하여 생산되는 재화이다.
② 공공재와 공유재는 모두 비경합성과 비배제성을 그 특징으로 한다.
③ 공공재와 공유재가 시장실패의 원인이 되는 가장 큰 이유는 비배제성이다.
④ 공유재가 시장실패의 원인이 되는 경우로 '공유지의 비극'이 있다.
⑤ 공유재의 예로는 마을의 공동목초지가 있다.

39 국민총생산은 수출수요에 큰 영향을 받는다. 한계소비성향이 0.7이고 한계수입성향이 0.1이라면 수출이 10억 불 감소할 때 GNP는?

① 20억 불 증가   ② 20억 불 감소
③ 25억 불 증가   ④ 25억 불 감소
⑤ 30억 불 감소

40 초과이윤이 항상 0인 시장을 모두 고르면?

⊙ 완전경쟁시장의 단기균형   ⓒ 완전경쟁시장의 장기균형
ⓒ 독점적 경쟁시장의 단기균형   ⓔ 독점적 경쟁시장의 장기균형

---

① ㉠㉡   ② ㉠㉢
③ ㉡㉢   ④ ㉡㉣
⑤ ㉠㉡㉣

41 외부성에 관한 코즈(Coase)정리의 설명으로 옳지 않은 것은?

① 거래비용의 중요성을 강조하고 있다.
② 시장실패를 교정하기 위해 정부가 반드시 개입할 필요는 없음을 시사한다.
③ 거래비용이 없다면 재산권을 누구에게 귀속시키는가에 따라 자원배분의 효율성이 달라진다.
④ 협상을 통해서 외부성을 내부화시킬 수 있다.
⑤ 이해당사자의 모호성 때문에 현실적용상의 문제점이 있다.

42 경기과열, 경상수지 적자, 인플레이션 상황에서 취할 수 있는 경제정책의 가장 적합한 조합은?

㉠ 투자 확대   ㉡ 소득세 인하
㉢ 통화량 감소   ㉣ 환율 인상

---

① ㉠㉡   ② ㉠㉢
③ ㉡㉢   ④ ㉡㉣
⑤ ㉢㉣

43 지성은 소득이나 통신요금에 관계없이 소득의 4분의 1을 통신비로 지출한다. 지성의 통신 수요에 대한 설명으로 옳은 것은?

① 통신비용이 일정한 수준으로 유지되게 통신사에서 가격을 조정하고 있다.
② 지성의 통신에 대한 수요곡선은 우하향하는 직선 형태를 지닌다.
③ 통신요금이 5% 하락하면 지성의 통신 수요량은 5% 증가한다.
④ 지성에 통신은 가격변화에 따른 소득효과가 대체효과보다 큰 기펜재임을 의미한다.
⑤ 지성의 소득이 10,000원 증가하더라도 통신비의 지출은 변하지 않는다.

44 다음 정부정책 중에서 장기적으로 실업률을 낮추는 데 도움이 되는 것은?

┌───┐
│ ㉠ 실업보험 혜택을 늘린다.   │
│ ㉡ 최저임금 수준을 낮춘다.   │
│ ㉢ 정부가 직업훈련 프로그램을 운영한다.   │
│ ㉣ 노동조합을 활성화한다.   │
│ ㉤ 통화량과 재정지출을 늘린다.   │
└───┘

① ㉠㉡   ② ㉠㉢
③ ㉡㉢   ④ ㉢㉤
⑤ ㉣㉤

45 사람들이 비만을 초래하는 식품을 덜 섭취하도록 유인하기 위해 비만유발식품에 대한 중과세 법안을 국회가 통과시켰을 경우, 어떤 현상이 일어날 것인지에 대한 설명으로 옳지 않은 것은? (단, 비만유발식품의 수요의 소득탄력성은 0보다 크고 1보다 작다.)

① 중과세 되는 비만유발식품의 가격이 상승한다.
② 비만유발식품에 대한 중과세는 누진적이다.
③ 비만유발식품에 이미 길들여진 사람들이 보다 많은 중과세 부담을 지게 된다.
④ 비만유발식품에 대한 중과세는 공급자에게 일부 귀착될 수 있다.
⑤ 저소득층의 식품 구매력 약화와 같은 부정적인 효과를 초래할 수도 있다.

46 어떤 상품의 수요곡선과 공급곡선이 아래와 같다. 정부가 상품 1개당 25원의 세금을 생산자에게 부과하는 경우와 소비자에게 부과하는 경우 각각의 세금 수입은?

$$Q_d = 150 - 2P, \quad Q_s = -100 + 3P$$

	생산자에게 부과한 경우	소비자에게 부과한 경우
①	500원	500원
②	500원	750원
③	750원	500원
④	1,000원	750원
⑤	1,750원	1,750원

47 외부효과가 발생할 때 파레토최적과 일반균형의 상관관계가 옳은 것은?

> ㉠ 일반균형이면 반드시 파레토최적이다.
> ㉡ 파레토최적이라도 일반균형이 아닐 수 있다.
> ㉢ 파레토최적이면 반드시 일반균형이다.
> ㉣ 일반균형이라도 파레토최적이 아닐 수 있다.

① ㉠㉡
② ㉡㉣
③ ㉢㉣
④ ㉠㉡㉢
⑤ ㉠㉢㉣

48 아래의 자료에서 왓슨 의원이 취할 수 있는 전략으로 적절한 것을 고르면?

고담 시의회는 현재 자연녹지인 시유지를 어떻게 개발할지 결정해야 한다. 홈즈 의원은 시유지에 염색공단을 설치하자는 대안 1을 발의했다.

한편, 자연녹지인 현재 상태를 유지하는 것이 바람직하다고 생각하는 왓슨 의원은 대안 1로 결정되는 것을 막고 현재 상태를 유지하기 위한 전략을 고민하고 있다.

만일 왓슨 의원이 대안 2를 발의하면 다음의 순서로 최종안이 결정된다.

• 1단계 : 대안 1과 대안 2 중 다수결 투표로 개발안 결정
• 2단계 : 1단계에서 결정된 개발안과 현상유지안 중 다수결 투표로 최종안 결정
  반면, 왓슨 의원이 대안 2를 발의하지 않으면 다음과 같이 최종안이 결정된다.
• 대안 1과 현상유지안 중 다수결 투표로 최종안 결정

시의회는 아래와 같은 선호를 지니는 21명의 의원으로 구성되어 있다. 단, A > B는 A를 B보다 선호함을 의미한다.

• 현상유지 > 생태공원 > 자전거도로 > 아파트단지 > 염색공단 > 풍력발전소 (7명)
• 염색공단 > 풍력발전소 > 아파트단지 > 현상유지 > 자전거도로 > 생태공원 (5명)
• 생태공원 > 풍력발전소 > 아파트단지 > 염색공단 > 현상유지 > 자전거도로 (5명)
• 풍력발전소 > 염색공단 > 자전거도로 > 아파트단지 > 생태공원 > 현상유지 (4명)

① 풍력발전소를 대안으로 제시한다.
② 아파트단지를 대안으로 제시한다.
③ 자전거도로를 대안으로 제시한다.
④ 생태공원을 대안으로 제시한다.
⑤ 대안 2를 제시하지 않는다.

49 환율과 국제수지에 대한 설명으로 옳지 않은 것은?

① 구매력 평가설에 따라 다른 조건은 일정하고 우리나라의 통화량만 증가하는 경우 원/달러 환율은 하락한다.

② 원/달러 환율이 하락하는 경우 원화가 평가절상될 것이다.

③ 달러 대비 원화 가치의 하락은 우리나라의 대미 수출 증가 요인으로 작용한다.

④ 자본이동이 자유로운 경우, 다른 조건은 일정하고 우리나라의 이자율만 상대적으로 상승하면 원화의 가치가 상승한다.

⑤ 고정환율제도에서는 국제수지불균형이 조정되지 않는다.

50 생산물시장과 요소시장이 각각 완전경쟁상태에 있을 때만 요소시장의 균형점에서 항상 성립하는 것은? (단, 기업은 이윤극대화를 목표로 한다.)

㉠ 한계수입 = 한계비용
㉡ 한계수입생산물 = 한계요소비용
㉢ 임금 = 한계요소비용
㉣ 한계수입생산물 = 한계생산물가치

① ㉠㉡　　　　　　　　　　　　　　② ㉠㉢
③ ㉡㉢　　　　　　　　　　　　　　④ ㉡㉣
⑤ ㉢㉣

51 기업의 마케팅 전략인 STP전략에 대한 설명이다. 옳지 않은 것은?

① 시장세분화 → 표적시장 선정 → 포지셔닝의 순서로 이루어진다.

② 시장세분화의 변수에는 소비자의 심리적 요소도 포함된다.

③ 포지셔닝이 경쟁우위를 잃었을 경우 시장선정의 단계로 돌아간다.

④ 시장의 크기, 차별화 가능성에 대한 조사는 시장세분화 단계에서 이루어진다.

⑤ 표적시장은 기업의 목표, 경쟁적 우위 등을 고려하여 선정한다.

52 다음 중 산업구조분석 모형에서 주로 구매자에게 영향을 미치는 요인은?

① 유통채널 ② 자본투자량
③ 전환비용 ④ 규모의 경제
⑤ 제품차별화

53 BCG Matrix 모형 중, Question Mark에서 실행할 수 있는 전략으로 옳은 것은?

① 경쟁력이 없을 것으로 판단되는 경우 회수전략 또는 철수전략을 취한다.
② 성장기회가 좋고 경쟁우위가 있으므로 지속적인 지원이 필요하다.
③ 일반적으로 유지전략을 채택한다.
④ 투자의 필요성은 적지만 이익은 크므로 기업에 자금이 유입된다.
⑤ 많은 수익을 창출하지 못하지만 투자를 위한 자금수요도 많지 않아 자체적인 운영이 가능하다.

54 집약성장 종류의 하나인 시장개발과 관련된 전략으로 옳은 것은?

① 상표 다양화 ② 신제품 개발
③ 광고 확대 ④ 가격 인하
⑤ 해외시장 진출

55 아웃소싱에 관한 설명으로 옳지 않은 것은?

① 수직적 통합과 반대되는 개념이다.
② 아웃소싱을 통해 외부기업의 규모의 경제 및 범위의 경제효과를 활용할 수 있다.
③ 핵심부문과 비핵심부문을 모두 시장을 통해 조달한다.
④ 기업 내부의 밀접한 상호협조관계가 상실될 수 있는 문제점이 존재한다.
⑤ 지나친 외주 의존으로 인해 핵심역량이 축소되거나 상실될 수 있다.

56 원가우위 전략을 달성하기 위해 필요한 비용절감 플랜으로 볼 수 없는 것은?

① 기업의 R&D   ② 생산프로세스의 혁신
③ 학습효과   ④ 규모의 경제
⑤ 높은 시장점유율

57 차별화 전략의 특징에 관한 설명으로 옳지 않은 것은?

① 차별화를 통해 기존 기업 간의 경쟁력을 유지한다.
② 규모의 경제 실현을 통해 진입장벽을 구축한다.
③ 공급자 교섭력에 대해 상대적으로 적은 영향을 받는다.
④ 상표충성도로 구매자 교섭력의 영향이 적다.
⑤ 상표충성도로 대체재의 위협을 방어할 수 있다.

58 액션 프레임워크에 관한 설명으로 옳지 않은 것은?

① 4가지의 질문으로 구성되어 있다.
② 증가와 창조에 관한 질문은 생산자의 가치를 향상시킨다.
③ 제거와 감소에 관한 질문은 경쟁자에 비해 비용구조를 낮추는 방법에 관한 내용이다.
④ 차별화와 원가우위의 상쇄관계를 깨고 새로운 가치곡선을 창출하는 것을 목표로 한다.
⑤ 액션 프레임워크를 통해 기업은 차별화와 원가우위를 동시에 달성한다.

59 계정과목의 분류가 올바르지 않은 것은?

① 유동자산 – 선수금, 미수금, 현금
② 비유동자산 – 특허권, 소프트웨어, 기계장치
③ 유동부채 – 예수금, 미지급금, 선수수익
④ 비유동부채 – 사채, 장기차입금, 퇴직급여충당부채
⑤ 납입자본 – 자본금, 주식발행초과금, 감자차익

60 아하로니의 행태이론에서 주장하는 외부적 자극에 해당하지 않는 것은?

① 합리적인 동기

② 시장 상실의 위험

③ 밴드웨건 효과

④ 해외로부터의 강력한 경쟁

⑤ 기업 내부와 관련이 없는 주체로부터의 제안

61 총괄생산계획의 결정변수에 해당하는 것으로 볼 수 없는 것은?

① 재고수준

② 비용수준

③ 하도급

④ 노동인력의 조정

⑤ 생산율의 조정

62 재고의 기능에 해당하는 것을 모두 고르면?

> ㉠ 공급자에 대한 서비스
> ㉡ 취급수량에 있어서의 비경제성
> ㉢ 생산의 비안정화
> ㉣ 재고보유를 통한 판매의 촉진
> ㉤ 투자 및 투기의 목적으로 보유

① ㉠㉡ ② ㉠㉣

③ ㉡㉢ ④ ㉢㉤

⑤ ㉣㉤

63 다음 주어진 사례에 보고 '허쉬—블랜차드 모델'의 상황이론에 따라 팀장이 선택해야 하는 리더십은?

회사에 오랜 근속연수를 가지고 있는 팀원 A 씨는 탁월한 업무능력을 가지고 있다. 회사에 임원승진을 바라고 있어서 업무동기도 강한 편이다.

① ㉠   ② ㉡
③ ㉢   ④ ㉣
⑤ ㉤

64 JIT 시스템의 효과로 옳은 것을 모두 고르면?

㉠ 저설계의 적합성	㉡ 납기의 50% 달성
㉢ 재고변동의 최대화	㉣ 수요변화에 대한 빠른 대응
㉤ 생산 리드타임의 증가	㉥ 분권화를 통한 관리의 증대
㉦ 높은 수준의 재고를 통한 작업의 비효율성	㉧ 불량의 감소

① ㉠㉥㉦   ② ㉢㉣㉤
③ ㉣㉥㉧   ④ ㉣㉤㉥
⑤ ㉥㉦㉧

65 셀 제조방식에 대한 효과로 보기 어려운 것은?

① 도구사용의 증가   ② 로트크기의 감소

③ 유연성 개선   ④ 작업공간 절감

⑤ 작업준비시간 단축

66 알더퍼의 ERG이론에서 하위단계부터 상위단계 순으로 바르게 나열한 것은?

> ㉠ 다양한 업계의 종사자와 관계를 유지한다.
>
> ㉡ 더 높은 자아를 실현하기 위해서 자기계발을 한다.
>
> ㉢ 안정적인 급여를 받기위해 취직을 한다.

① ㉠ → ㉡ → ㉢   ② ㉠ → ㉢ → ㉡

③ ㉡ → ㉠ → ㉢   ④ ㉢ → ㉠ → ㉡

⑤ ㉢ → ㉡ → ㉠

67 프렌치와 레이븐이 말하는 개인이 갖는 권력의 원천에 해당하지 않는 것을 고르면?

① 보상적 권력   ② 저압적 권력

③ 합법적 권력   ④ 준거적 권력

⑤ 전문적 권력

68 사람은 내적 동기에 의해 더욱 효과적으로 행동하며 이를 위해서는 자율성, 유능감, 관계성 세 가지 기본 심리적 욕구가 충족되어야 한다는 동기부여이론으로 옳은 것은?

① 기대이론(Expectancy Theory)

② 공정성이론(Equity Theory)

③ 목표설정이론(Goal Setting Theory)

④ 자기결정 이론(Self Determination Theory)

⑤ 상호작용이론(Interaction Theory)

69 다음 내용을 읽고 ㉠, ㉡, ㉢에 들어갈 말을 순서대로 나열한 것은?

임금관리 3요소	내용	분류(대상)
임금수준	㉠	생계비 수준, 사회적 임금수준, 동종업계 임금수준 감안 등
임금체계	㉡	연공급, 직능급, 성과급, 직무급 등
임금형태	㉢	시간제, 일급제, 월급제, 연봉제 등

① ㉠ 적정성, ㉡ 합리성, ㉢ 공정성
② ㉠ 합리성, ㉡ 공정성, ㉢ 적정성
③ ㉠ 적정성, ㉡ 공정성, ㉢ 합리성
④ ㉠ 합리성, ㉡ 적정성, ㉢ 공정성
⑤ ㉠ 공정성, ㉡ 합리성, ㉢ 적정성

70 BCG 매트릭스에 대한 설명으로 옳은 것을 모두 고르면?

㉠ 시장성장률이 높다는 것은 시장에 속한 사업부의 매력도가 높다는 것을 의미한다.
㉡ 매트릭스에서 원의 크기는 전체 시장규모를 의미한다.
㉢ 유망한 신규 사업에 대한 투자재원으로 활용되는 사업부는 Cash Cow 사업으로 분류된다.
㉣ 상대적 시장점유율은 시장리더기업의 경우 항상 1.0이 넘으며 나머지 기업은 1.0이 되지 않는다.
㉤ 자금의 투입, 산출 측면에서 사업이 현재 처해있는 상황을 파악하여 상황에 알맞은 처방을 내리기 위한 분석도구이다.

① ㉠㉡㉣
② ㉠㉢㉤
③ ㉡㉣㉤
④ ㉢㉣㉤
⑤ ㉡㉢㉣

71 멕시코인 케빈은 멕시코에서 생산한 한국 기업의 머그잔을 구입했다. 이로 인한 GDP와 GNP 변화로 옳은 것은?

① 한국의 GDP와 멕시코의 GDP는 불변이다.

② 한국의 GDP와 프랑스의 GDP가 증가한다.

③ 한국의 GDP와 프랑스의 GNP가 증가한다.

④ 한국의 GNP와 프랑스의 GDP가 증가한다.

⑤ 한국의 GNP와 프랑스의 GNP가 증가한다.

72 A회사가 신제품의 상품가격을 1개당 2,000원으로 책정했다. 이때 신제품의 고정비용이 150만 원이고, 가변비용은 1개당 1,500원이라고 할 때 이 제품에 대한 손익분기점은 몇 개인가?

① 2,000개   ② 3,000개

③ 4,000개   ④ 5,000개

⑤ 5,500개

73 A와 B는 사무실을 공유하고 있다. A는 사무실에서 흡연을 원하며 이를 통해 20,000원 가치의 효용을 얻는다. 반면 B는 사무실에서의 금연을 통해 상쾌한 공기를 원하며 이를 통해 10,000원의 효용을 얻는다. 코즈의 정리(Coase Theorem)와 부합하는 결과로 옳은 것은?

① B는 A에게 20,000원을 주고 사무실에서 금연을 제안하고, A는 제안을 받아들인다.

② B는 A에게 15,000원을 주고 사무실에서 금연을 제안하고, A는 제안을 받아들인다.

③ A는 B에게 9,000원을 주고 사무실에서 흡연을 허용할 것을 제안하고, B는 제안을 받아들인다.

④ A는 B에게 10,000원을 주고 사무실에서 흡연을 허용할 것을 제안하고, B는 제안을 받아들인다.

⑤ A는 B에게 11,000원을 주고 사무실에서 흡연을 허용할 것을 제안하고, B는 제안을 받아들인다.

74 규모의 경제와 관련된 현상으로 옳지 않은 것은?

① 인구가 밀집된 지역에 인터넷이 빨리 보급된다.

② 국제전화 사용 시 여러 이동통신사들 중에서 선택할 수 있다.

③ 철도회사들 중에는 국영기업체가 많다.

④ 통신회사들은 독점력을 가지고 있어 정부의 규제를 받는다.

⑤ 우리나라 자동차 생산 업체들의 빅딜이 이루어졌다.

75 어떤 시장에 동일한 수요함수 $Q=-P+10$을 갖는 2인의 수요자와 동일한 공급함수 $Q=2P-5$를 갖는 4인의 공급자가 있다고 하자. 시장의 균형가격과 균형수량은?

① 4, 12　　　　　　　　　　② 5, 5

③ 10, 5　　　　　　　　　　④ 10, 10

⑤ 5, 12

76 대체효과가 양(+)인 상품의 가격효과는?

① 항상 양(+)으로 나타난다.

② 항상 음(-)으로 나타난다.

③ 대체효과에 따라서 양(+)일 수도 있고 음(-)일 수도 있다.

④ 소득효과에 따라서 양(+)일 수도 있고 음(-)일 수도 있다.

⑤ 소득효과에는 변화가 없이 같은 수준으로 유지된다.

77 주인과 대리인(principal-agent) 간에 흔히 발생하는 문제로 도덕적 해이(moral hazard)가 있다. 이 문제를 줄이기 위한 방안으로 가장 적절한 것을 고른다면?

① 대리인의 노력 수준이 주인으로부터 받는 보수와 직결되도록 한다.

② 도덕적 해이는 개인의 양심에 맡기는 방법 밖에는 없다.

③ 보수시스템을 월급제로 한다.

④ 도덕성을 강조함으로써 올바른 생활양식을 적용하도록 한다.

⑤ 대리인이 더욱 많은 정보를 가질 수 있도록 한다.

78 은행의 지급준비율이 20%일 때, 신규예금 1억 원으로 신용창출 과정을 통하여 만들어질 수 있는 최대 예금 통화의 양은? (단, 신규예금을 포함한다.)

① 1억 원　　　　　　　　　　　　② 2억 원

③ 3억 원　　　　　　　　　　　　④ 4억 원

⑤ 5억 원

79 다음 중 마케팅 믹스 4P와 로터본(Lauterborn)의 4C의 대응 관계로 옳지 않은 것은?

① 4P : 기업관점, 4C : 소비자관점

② 4P : 제품, 4C : 소비자 문제해결

③ 4P : 가격, 4C : 소비자비용

④ 4P : 유통, 4C : 유통의 편리성

⑤ 4P : 촉진, 4C : 제품 접근성

80 다음은 커뮤니케이션 네트워크 형태 중 일부를 나타낸 것이다. 아래의 그림과 관련이 있는 내용을 고르면?

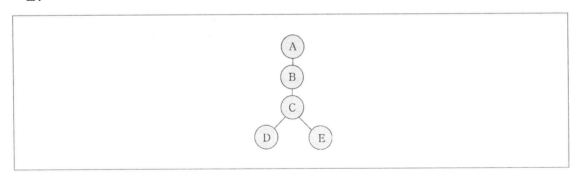

① 지역적으로 분리되어 있거나 자유방임적인 상태에서 일하는 구성원 사이에서 흔히 나타난다.

② 문제의 성격이 간단하면서도 일상적일 시에만 유효하며, 문제가 복잡하면서도 어려운 때에는 그 유효성이 발휘되지 않는다.

③ 정보수집 및 문제해결 등이 비교적 느리며 중간에 위치한 구성원을 제외하고는 주변에 위치한 구성원들의 만족감이 비교적 낮다는 평가이다.

④ 구성원들 사이의 정보교환이 완전히 이루어지는 유형이다.

⑤ 세력집단의 리더가 커뮤니케이션의 중심적인 역할을 맡고, 비세력 또는 하위집단 등에도 연결되어 전체적인 커뮤니케이션 망을 형성하게 된다.

※ 정답 및 해설은 p.342에 있습니다.

1 아래의 자료로부터 유추할 수 있는 내용을 〈보기〉에서 모두 고르면?

> 윤정은 매주 부모님에게서 동일한 금액을 받아서 남기지 않고 모두 사용한다. 윤정은 매주 빵, 책, 주스를 합리적으로 선택해서 소비하는데 지난주 구매한 물품의 단가는 빵 20원, 책 30원, 주스 20원이었고 윤정의 소비량은 각각 빵 7개, 책 3권, 주스 6병이었다. 지난 주말에 구매한 물건의 단가는 빵 30원, 책 20원, 주스 30원으로 변동되었다. 가격변화로 윤정은 이번 주에 빵 5개, 책 4권, 주스 4병을 구매하였다.

> 〈보기〉
> ㉠ 지난주에 윤정이 이번 주와 동일한 소비를 했다면 돈이 부족했을 것이다.
> ㉡ 이번 주에 윤정이 지난주와 동일한 소비를 하기에는 돈이 부족하다.
> ㉢ 윤정이 이번 주 소비에서 얻은 만족도는 지난주 소비에서보다 높거나 같다.
> ㉣ 윤정이 지난주 소비에서 얻은 만족도는 이번 주 소비에서보다 높거나 같다.

① ㉠㉡
② ㉠㉢
③ ㉠㉣
④ ㉡㉢
⑤ ㉡㉣

2 욕구단계 이론에서 매슬로우(Maslow)가 주장하는 인간의 욕구를 하위단계부터 상위단계 순으로 바르게 나열한 것은?

> ㉠ 매월 급여를 받으면서 안정적인 생활을 영위한다.
> ㉡ 식욕, 수면욕을 채우기 위해서 규칙적인 생활을 한다.
> ㉢ 회사에서 소속되어 주어진 업무를 팀원들과 소통하며 수행한다.
> ㉣ 자신의 잠재능력을 찾고 역량을 개발하기 위해 주말에 학원에서 수강한다.
> ㉤ 최선을 다해서 업무에 임하면서 자신의 능력을 인정받는다.

① ㉠－㉡－㉢－㉣－㉤ ② ㉡－㉠－㉢－㉤－㉣
③ ㉡－㉠－㉤－㉢－㉣ ④ ㉡－㉢－㉠－㉤－㉣
⑤ ㉠－㉢－㉡－㉣－㉤

3 정부가 재량적으로 정책수단을 변경시키지 않더라도 경기가 상승하면 과열을 자동으로 방지하고 경기가 하강하면 경기침체를 자동으로 예방해 주는 것은?

① 확대재정정책 ② 승수효과
③ 긴축재정 ④ 자동안정화장치
⑤ 구축효과

4 다음이 설명하는 것은 무엇인가?

> 최근 라면회사인 N사와 S사 그리고 K사는 가격담합을 하여 라면 값을 1,000원으로 결정하였다. 그런데 K사가 라면 값을 880원으로 낮추어 판매하기 시작했다. 담합이 깨지자 N사와 S사도 가격을 낮추기 시작했다. 경쟁은 가속화되어 제품의 가격이 낮아지고 그에 따라 기업이 이윤이 점점 낮아지는 현상이 일어나고 있다.

① 민스키 모멘트 ② 포획이론
③ 내쉬균형 ④ 빌바오 효과
⑤ 빅블러 현상

5 저량(Stock)의 개념으로 볼 수 없는 것은?

① 국부
② 국민소득
③ 노동량
④ 통화량
⑤ 외채

6 다음 중 화폐금융정책이 경제에 미치는 전달경로에 대한 내용으로 적절하지 않은 것은?

① 화폐공급량이 증가하면 주식가격이 상승하고 투자가 촉진된다.
② 화폐공급량이 감소하면 부동산에 대한 수요가 증가한다.
③ 화폐공급량이 증가하면 채권에 대한 수요가 증가하고 이에 따라 이자율이 하락한다.
④ 화폐공급량이 감소하면 기업은 유동성을 적정 수준으로 유지하기 위해 신규투자를 축소한다.
⑤ 화폐공급량이 증가하면 민간의 자산 증가로 소비재에 대한 수요가 증가한다.

7 경제 이론에 대한 설명 중 옳지 않은 것은?

① 절약의 역설이란 저축을 증가시키면 총수요가 감소하여 국민소득이 감소하는 현상으로 개발도상국에서 발생한다.
② 균형재정승수란 정부지출과 조세가 동액만큼 증가하여 정부 재정상태 변화가 없는 것을 말한다.
③ 절대소득가설의 가정은 소비는 독립성 및 가역성이 있으며 현재의 절대적인 소득수준에 의해 소비가 결정된다는 이론이다.
④ 랜덤워크 가설은 현재 소비 변화는 새로운 정보가 반영된 결과이며 이전 소비나 소득으로는 예측할 수 없다는 이론이다.
⑤ 투자결정이론 중 q-이론에 따르면 주식시장에서 평가된 기업의 가치와 실물자본 대체 비용을 비교해 투자를 결정한다.

8 다음 네트워크 유형에 대한 설명 중 옳지 않은 것은?

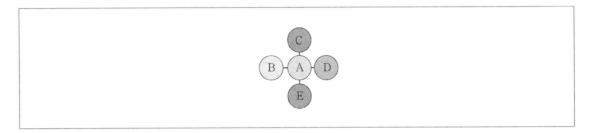

① 감독자 1명에게 모든 보고체계가 집중되어 있는 유형이다.

② 구성인의 만족도는 낮은 편이다.

③ 의사결정에 대한 수용도는 중간이다.

④ 단순 업무의 경우 의사소통의 속도는 빠르지만 정확도는 낮다.

⑤ 복잡업무의 경우 의사소통의 속도도 느리고 정확도도 낮다.

9 물가와 인플레이션에 대한 설명으로 옳은 것을 모두 고르면?

> ㉠ 생산자물가지수, 소비자물가지수, GDP디플레이터는 라스파이레스 방식으로 산출한다.
> ㉡ 우리나라는 근원인플레이션 측정 시 농산물과 석유류의 가격변동분을 제외한다.
> ㉢ 비용인상 인플레이션이란 총수요 증가로 인한 물가 상승을 의미한다.
> ㉣ 인플레이션으로 발생하는 사회적 비용으로 메뉴비용이 있다.

① ㉠㉡

② ㉡㉢

③ ㉠㉢

④ ㉠㉣

⑤ ㉡㉣

10 실업유형에 대한 설명으로 옳지 않은 것은?

① 자발적 실업은 일할 능력이 있으나 임금 수준이 낮아 일할 의사가 없이 실업상태에 있는 것으로 완전고용상태에서도 존재한다.
② 비자발적 실업은 경기침체로 인한 실업과 산업의 사양화로 인해 발생하는 구조적 실업을 의미한다.
③ 위장실업은 현재 취업상태에 있으나 한계생산력이 0에 가까운 것을 의미한다.
④ 실망노동자는 일자리를 구하지 못해 구직활동을 포기하였지만 경제활동인구에 속하므로 실업률 통계에 포함된다.
⑤ 취업자는 1주일 동안 수입을 목적으로 1시간 이상 일한 사람을 의미한다.

11 개인의 노동공급곡선 중 후방굴절곡선의 형태가 나타나는 원인으로 옳지 않은 것은?

① 임금이 증가하면 상대적으로 여가의 기회비용이 커지게 된다.
② 소비자가 재화의 소비와 여가를 통해서 효용을 얻을 수 있다고 생각한다.
③ 임금이 일정 수준을 넘어설 경우 소득효과가 대체효과를 능가하게 된다.
④ 효용극대화를 추구하는 소비자는 임금이 일정 수준을 넘어서면 노동의 공급을 줄인다.
⑤ 소득이 증가함에 따라 대체효과에 의해 여가에 대한 수요가 감소하게 된다.

12 소득분배 정도를 측정하기 위한 십분위분배율의 계산식으로 옳은 것은?

① 최하위 20% 소득계층의 소득 ÷ 최상위 40% 소득계층의 소득
② 최상위 20% 소득계층의 소득 ÷ 최하위 50% 소득계층의 소득
③ 최하위 40% 소득계층의 소득 ÷ 최상위 40% 소득계층의 소득
④ 최하위 40% 소득계층의 소득 ÷ 최상위 20% 소득계층의 소득
⑤ 최상위 40% 소득계층의 소득 ÷ 최하위 20% 소득계층의 소득

13 사회후생함수에 관한 설명으로 옳지 않은 것은?

① 비교하는 방식이나 평가의 방법에 대해 가치판단이 완전히 배제된다.
② 형태에 따라 사회무차별곡선의 모양도 다른 모양을 띤다.
③ 공리주의적 사회후생함수는 효용의 총합이 같으면 사회후생을 동일하다고 평가한다.
④ 롤즈의 사회후생함수에서 사회후생은 효용수준이 높은 사람의 변화에 영향을 받지 않는다.
⑤ 평등주의적 사회후생함수에서 도출된 사회무차별곡선은 원점에서 볼록한 모양을 나타낸다.

14 사회후생함수가 갖추어야 할 조건으로 옳지 않은 것은?

① 이행성
② 파레토원칙
③ 개인선호의 보편성
④ 완비성
⑤ 독재성

15 다음 기사에서 ㉠에 들어가는 용어는 무엇인가?

> 1979년 미국에 상업은행이 이란에게 (㉠)을/를 선언하였다. 상환의지가 없었던 이란에 은행에서는 예치되어 있던 이란의 수천억 원의 자산이 동결하여 채권을 회수하였다. 2015년에 그리스, 2017년 베네수엘라, 2020년 레바논이 (㉠)을/를 선언하였다. 러시아와 우크라이나 전쟁으로 러시아는 채무상환의 능력은 있으나 서방의 제재로 (㉠)을/를 선언하였다.

① 뱅크런
② 디폴트
③ 모라토리엄
④ 치킨게임
⑤ 바나나 현상

16 다음 계산식 중 잘못된 것은?

① 실업률 = (실업자 수 ÷ 경제활동 인구 수)×100

② 고용률 = (취업자 수 ÷ 경제활동 인구 수)×100

③ 경제활동참가율 = (경제활동인구 수 ÷ 15세 이상의 인구 수)×100

④ 실질 국내총생산 = 해당년도 총생산량×기준년도 물가수준

⑤ 명목 국내총생산 = 해당년도 총생산량×해당년도 물가수준

17 케인즈이론의 계획된 투자에 관한 설명으로 옳지 않은 것은?

① 의도하지 않은 재고변화는 총지출에 포함시키지 않는다.

② 계획된 투자는 기업의 설비 및 기계 구입금액과 신축주택 구입금액, 의도된 재고변화만 포함된다.

③ 기업가의 예상이나 심리변화 등의 요인으로 인해 소득과 무관하게 결정되는 것은 유발투자이다.

④ 총지출에는 계획된 투자만 포함된다.

⑤ 투자는 독립투자와 유발투자로 구분할 수 있다.

18 다음 중 한 재화의 수요가 증가할 때 현상으로 옳은 것은?

① 보완재 수요가 감소한다.

② 보완재 수요곡선이 좌측으로 이동한다.

③ 대체재 가격이 불변한다.

④ 대체재 수요가 감소하여 수요곡선이 우측으로 이동한다.

⑤ 보완재 가격이 상승한다.

19 IS-LM곡선의 기울기를 통해 정책의 유효성을 판단한 내용으로 옳지 않은 것은?

① IS-LM곡선의 기울기가 가파를 때, 이자율이 크게 변화하더라도 국민소득은 작게 변화한다.

② LM곡선이 수평일 때, LM곡선이 우측으로 이동할 경우 소득증가 효과가 발생하게 된다.

③ IS곡선이 수직일 때, IS곡선이 이동할 경우 재정정책의 효과가 강력하게 나타난다.

④ LM곡선이 수직일 때, IS곡선이 이동할 경우 이자율은 상승하지만 소득증가 효과는 발생하지 않는다.

⑤ IS곡선이 수평일 때, 재정정책의 효과는 발생하지 않는다.

20 규호는 인기 가수의 콘서트 입장권을 50,000원에 구입하였는데, 막상 콘서트 당일이 되자 갑작스러운 일이 생겨서 갈 수 없게 되었다. 당일 취소가 되지 않아, 인터넷에서 급히 구매자를 물색하였다. 다행히 용구가 사겠다는 의사를 내보였다. 입장권을 용구에게 퀵으로 보내는 비용은 5,000원으로, 규호가 부담하기로 한다. 만약 규호가 합리적인 사람이라고 가정할 경우, 최소 얼마 이상의 가격부터 거래에 응할 것인가?

① 55,000원
② 45,000원
③ 30,000원
④ 15,000원
⑤ 5,000원

21 신고전학파의 주장으로 합리적인 기대를 가지게 하는 예상 가능한 정책은 단기에 평균적으로 실제 물가를 예상할 수 있어 실물경제의 안정화정책에 효과가 없다는 것을 의미하는 것은?

① 정책무력성의 명제
② 가속도원리
③ 소극적 정책
④ 부의 효과
⑤ 순수기대가설

22 랜덤워크가설에 관한 설명으로 옳지 않은 것은?

① 랜덤워크 가설은 소비의 변화가 새로운 정보에 의해 결정된다고 본다.

② 랜덤워크 가설은 소비가 현대 소득 수준에만 의존한다고 가정한다.

③ 소비는 미래 소득에 대한 합리적 기대를 반영하여 결정된다고 본다.

④ 소비 변화는 과거 소득이나 소비에 의해 예측할 수 없다고 본다.

⑤ 합리적 기대를 바탕으로 소비의 무작위한 변화 경로를 설명한다.

23 토빈의 q이론의 단점으로 볼 수 없는 것은?

① 기업의 주가는 단기간에 큰 변동으로 투자규모가 신속하게 변하는 것은 아니다.

② 일시적인 주가상승으로 완성에 오랜 시간이 걸리는 실물자산의 증가는 위험이 크다.

③ 주식시장이 비효율적이라면 기업의 시장가치를 정확히 반영하지 않는다.

④ 주관적인 자료를 근거로 하여 투자행태를 설명하려고 한다.

⑤ 주식시장이 발달되지 않고 주가가 기업가치를 잘 반영하지 못하는 국가는 적용하기 어렵다.

24 한 국가의 국민소득이 1,000이고 조세 크기가 500, 소비함수가 C=100+0.5Y 일 때 조세 승수의 크기는? (단, C는 소비, Y는 국민소득이며, 폐쇄경제와 정액세를 가정한다.)

① 2

② 1

③ -2

④ -1

⑤ 0.5

25 대부자금의 공급곡선과 수요곡선의 이동에 관한 설명으로 옳지 않은 것은?

① 다른 금융상품들의 기대수익률이 하락하면 자금공급곡선이 좌측으로 이동한다.

② 채무불이행 위험이 감소하면 자금공급곡선이 우측으로 이동한다.

③ 예상인플레이션이 상승하면 자금공급곡선이 좌측으로 이동한다.

④ 예상인플레이션이 상승하면 자금수요곡선이 우측으로 이동한다.

⑤ 기업의 사업전망이 좋아지면 자금수요곡선이 우측으로 이동한다.

26 케인즈학파가 주장하는 비자발적 실업이 나타나는 이유로 옳지 않은 것은?

① 제도적으로 최저임금을 균형임금보다 높게 설정하기 때문에

② 균형임금보다 높은 수준의 효율 임금을 지급하기 때문에

③ 내부자와 기업이 협상하여 결정한 높은 실질임금으로 인해 임금이 시장의 균형임금보다 높은 수준에서 경직성을 갖게 되기 때문에

④ 기업과 노동자 간의 명목임금에 대한 계약체결이 매년 동시에 일어나지 않고 1년 중에 순차적으로 일어난다고 가정하기 때문에

⑤ 노동자와 기업주가 단기적으로 임금계약을 체결하여 기업주가 편리하게 새로운 노동자를 고용하기 때문에

27 경기종합지수 중 선행종합지수에 해당하는 것은?

① 산업생산지수

② 서비스업활동지수

③ 회사채유통수익률

④ 소비자기대지수

⑤ 도시가계소비지출

28 힉스의 순환제약론에 관한 설명으로 옳지 않은 것은?

① 경제가 기본적으로 불안정하게 발산하려는 기본속성을 가지고 있다고 가정한다.

② 사무엘슨의 모형 중 발산형이 현실적이라고 판단하여 이를 발전시킨 것이다.

③ 힉스모형에서 상한은 완전고용산출량 증가선이 된다.

④ 투자변동과 국민소득변동이 서로 영향을 주고 받는 순환과정의 지속성을 통하여 경기변동을 설명한다.

⑤ 경기가 불황이더라도 최소한 최저소비수준은 생산이 이루어질 것으로 본다.

29 소비자심리지수(CCSI)에 관한 설명으로 옳지 않은 것은?

① 실물지표와 높은 상관관계를 보임으로써 경기 판단 및 전망에 유용하게 활용된다.

② 100보다 클 경우 과거의 평균적인 경기상황보다 좋음을 의미한다.

③ 소비자태도에 대한 종합적 판단을 하는 데 유용하다.

④ 기준치 100을 중심으로 대칭적인 움직임을 보인다.

⑤ 생활형편지수 2개, 경제상황지수 2개, 소비관련지수 2개 등 6개 지수의 시계열을 이용한다.

30 솔로우모형에 관한 설명으로 옳지 않은 것은?

① 시장에 의해 자본과 노동의 투입비율이 조정되는 것으로 가정한다.

② 저축을 통해 투자가 이루어지면 1인당 자본량이 증가하지만 인구가 증가하면 1인당 자본량은 감소한다.

③ 생산함수는 규모에 대한 수익불변과 한계수확체감의 성질을 가진다.

④ 균제상태에서는 경제성장률이 인구성장률보다 2배 더 높게 나타난다.

⑤ 1인당 자본량 증가율은 자본증가율에서 인구증가율을 차감한 것으로 나타난다.

31 최적관세에 관한 설명으로 옳은 것은?

① 무역량의 증가에 따른 음(−)의 효과는 교역조건의 개선으로 순이익이 극대화하는 관세이다.

② 교역 상대국이 자국 입장에서 최적관세를 부과할 경우 교역조건 악화로 손실을 회복하여 무역량을 증가시킬 수 있다.

③ 최적관세를 부과하면 세계 전체적으로 자유무역에 비해 후생이 증가한다.

④ 최적관세율을 지나면 관세율이 증가할수록 후생이 감소한다.

⑤ 한 국가가 최적관세를 부과할 때 상대국이 최적관세를 부과하지 않는다면 관세 부과국의 이익은 교역 상대국의 손실보다 크다.

32 다음 중 제품믹스의 길이 및 깊이와 관련된 의사결정 내용으로 옳지 않은 것은?

① 철수전략(Divestment)은 제품계열이 마이너스 성장을 하거나 기존제품이 전략적으로 부적절할 때 실시하는 전략을 말한다.

② 수확전략(Harvesting)은 기업의 자원을 더 이상 투입하지 않고 발생하는 이익을 회수하는 전략을 말한다.

③ 기업이 고품질의 기업이미지를 형성하여 이익률과 매출상승을 달성할 수 있다고 판단될 때 상향확장 전략(Upward Stretch)을 선택한다.

④ 하향확장전략(Downward Stretch)은 투입원가가 상승하거나 가용자원이 부족해지기 시작할 때 유용하다.

⑤ 쌍방향전략(Two-Way-Stretch)은 중간수준의 품질가격 제품에 고가와 저가의 신제품을 추가하는 전략이다.

33 종합수지에 관한 설명으로 옳지 않은 것은?

① 국가 전체의 외환에 대한 수요와 공급의 차이를 나타낸다.

② 종합수지가 적자일 경우 준비자산이 증가한다.

③ 종합수지의 차액은 중앙은행의 외환보유고를 변화시켜 준비자산 증감으로 나타난다.

④ 경상수지, 자본수지, 준비자산 증감, 오차 및 누락의 합은 항상 0이다.

⑤ 경상수지 흑자는 자본수지 적자로 나타난다.

34 오버슈팅 모형에 관한 설명으로 옳지 않은 것은?

① 이자율평가설이 성립하고 구매력평가설이 성립하지 않음을 보여준다.

② 단기적으로 물가수준의 경직성을 강조한다.

③ 중앙은행이 통화량을 증가시킬 때 물가가 비례하여 상승하면 이자율도 변하지 않는다.

④ 물가가 고정적일 때 자본유출의 발생으로 단기에 환율이 장기균형수준보다 훨씬 큰 폭으로 상승하는 현상이다.

⑤ 장기적으로 환율은 균형수준으로 복귀한다고 본다.

35 소비자이론에 관한 다음의 설명 중 옳지 않은 것은?

① 기펜재는 열등재이지만 모든 열등재가 기펜재는 아니다.

② 무차별곡선이 L자형이면 가격효과와 소득효과는 동일하다.

③ 소득소비곡선(ICC)이 우상향하는 직선이면 두 재화 모두 정상재이다.

④ 실질소득이 증가하였는데 소비량이 감소하였다면 이는 열등재이다.

⑤ 열등재의 가격이 하락할 때 수요량이 증가하는 것은 대체효과가 소득효과보다 작기 때문이다.

36 경영자를 분류할 때, 최고경영층에 관한 설명으로 옳지 않은 것은?

① 조직의 전반적인 방향과 운영에 대한 권한과 책임을 가진다.

② 전략적 의사결정 및 계획수립 업무에 집중한다.

③ 기업의 소유자가 수행하던 기능을 기업 전체적인 입장에서 수행한다.

④ 맡고 있는 기능이나 역할에 따라 수탁경영층, 일반경영층, 부문경영층으로 구분된다.

⑤ 경영부문별 관리책임을 맡기 때문에 전문성을 갖춰야 한다.

37 B사에서는 A사에게 인수의 대가로 2,000억 원을 요구하고 있는 경우 합병의 NPV는 얼마인가?

> • A사의 기업가치 : 5,000억 원
> • B사의 기업가치 : 1,000억 원
> • A사와 B사가 합병하여 생긴 C사의 기업가치 : 1조 원
> • 두 회사는 부채를 보유하지 않는다.

① 1,000억 원
② 1,500억 원
③ 2,000억 원
④ 3,000억 원
⑤ 4,000억 원

38 균형성과표를 통해 기업경영을 바라볼 때, 해당되지 않는 관점은 무엇인가?

① 재무
② 고객
③ 내부프로세스
④ 학습과 성장
⑤ 시장리스크

39 페이욜이 주장하는 6가지의 경영활동에 해당하지 않는 것은?

① 회계적 활동
② 관리적 활동
③ 보전적 활동
④ 기술적 활동
⑤ 사회적 활동

40 근대적 관리론자인 사이먼이 주장하는 완전한 합리성에 해당하지 않는 것은?

① 만족해를 추구
② 구조화된 문제
③ 정형적 의사결정 과정
④ 경제인 가설
⑤ 완전한 정보환경

41 고전학파 세계에서 확대 재정 정책을 시행할 때 나타나는 효과는? (단, 통화량은 불변하며 투자는 이자율에 탄력적으로 반응한다고 가정한다.)

	이자율	국민소득	물가
①	상승	일정	일정
②	상승	일정	상승
③	상승	증가	일정
④	일정	일정	상승
⑤	일정	증가	일정

42 커뮤니케이션 네트워크 유형 중 쇠사슬(Chain)형에 대한 설명을 옳지 않은 것은?

① 수직적 커뮤니케이션과 수평적 커뮤니케이션의 두 가지로 나뉜다.
② 수직적 커뮤니케이션은 공식적 계통 및 수직적 경로를 통해서 정보전달이 이루어지는 형태이다.
③ 수직적 커뮤니케이션의 대표적인 예로 조직의 라인이 있다.
④ 수평적 커뮤니케이션은 중간에 위치한 구성원이 중심적인 역할을 하는 경우에 속한다.
⑤ 수평적 커뮤니케이션의 경우에는 정보수집 및 문제해결 등이 상대적으로 빠르다.

43 A국 경제에서 화폐의 유통속도는 일정하다. 실질 경제성장률이 3%이고 물가 상승률도 3%이다. 이때 예상되는 A국의 통화공급의 증가율은?

① 2%
② 3%
③ 4%
④ 5%
⑤ 6%

44 미국 소재 해외 화계법인에 취직되어 있던 한국인 최씨는 회사의 인력감축계획에 의해 실직하고 귀국 하였다. 최씨의 실직 귀국이 두 나라의 국민소득에 미치는 영향은?

① 한국 GDP와 미국 GNI 감소
② 한국 GNI와 미국 GDP 감소
③ 한국과 미국의 GDP 감소
④ 한국과 미국의 GNI 감소
⑤ 미국 GDP 감소와 한국의 GNI 유지

45 민우는 C맥주(X재)와 M맥주(Y재)를 각각 3병씩 가지고 있다. C맥주와 M맥주의 가격은 1,500원으로 동일하다. 만약 A의 MRS_{XY}가 2로 일정하다면 민우는 어떤 행동을 보이겠는가?

① 가게에 가서 C맥주를 M맥주로 바꿔 달라고 한다.
② 가게에 가서 M맥주를 C맥주로 바꿔 달라고 한다.
③ 가격이 동일하므로 그냥 마신다.
④ 가게에 가서 돈으로 바꾸어 달라고 한다.
⑤ 두 제품의 가치를 비교할 수 없으니 제3의 제품을 산다.

46 기회비용에 대한 예시로 적절하지 않은 것은?

① 서류를 보관하였다면 내지 않을 수 있었는데 서류를 보관하지 않아서 지불하게 된 세금

② 아이스크림과 커피 중에서 하나를 골라야 하는 상황에서 고민 끝에 커피를 선택한 경우에 포기한 아이스크림

③ 자신 소유의 건물에서 레스토랑 사업을 하지 않았더라면 받을 수 있었던 건물 임대료 수입

④ 사업을 하기 위해 포기한 직장에서 받을 수 있었던 월급

⑤ 시험공부를 하기 위해 포기한 만화책 읽기로 얻을 수 있는 즐거움

47 따라잡기 효과에 대한 설명으로 옳은 것은?

① 자본이 동일하게 일정량 증가한 경우 선진국의 성장폭이 개발도상국보다 높다.

② 학습효과로 인해서 나타나는 현상이다.

③ 선진국에 존재하는 유휴노동력으로 노동생산성이 높아진다.

④ 1인당 GDP 성장률이 지난 30년 동안 한국 6%, 미국 2%인 현상과 관련이 있다.

⑤ 외국 기술을 적극 도입하는 것이 정치적 안정보다 우선되어야 적용이 가능하다.

48 식품판매를 하는 A사에서 사업자 Y 씨에게 상표 및 판매권, 품질관리, 인사관리, 교육, 마케팅을 제공하면 Y 씨는 A사에게 가맹비와 로열티 등의 각종 수수료를 제공하는 계약을 맺었다. 이 경우 A사와 Y 씨가 체결한 계약의 형태를 의미하는 것은?

① 트러스트

② 프랜차이징

③ 아웃소싱

④ 벤치마킹

⑤ 합자회사

49 甲국의 총 인구가 5,000만 명이고 15세 미만 인구가 2,000만 명, 비경제활동인구가 1,000만 명, 실업자가 120만 명이라고 했을 때 甲국의 실업률은?

① 2%

② 3%

③ 4%

④ 5%

⑤ 6%

50 생산자와 소비자를 합성한 용어로 소비자가 제품개발, 유통, 마케팅까지 참여하는 생산적 소비자를 의미하는 소비자는?

① 기펜족

② 프로슈머

③ 스마트쇼퍼

④ 블랙컨슈머

⑤ 몰링족

51 포터의 산업구조분석에 관한 설명으로 옳지 않은 것은?

① 수평적인 경쟁요인은 대체재, 잠재적 진입자, 기존 사업자로 구성된다.

② 수직적인 경쟁요인은 공급자, 구매자로 구성된다.

③ 경쟁요인의 힘이 강할수록 기업의 협상력이 약해진다.

④ 경쟁자 수가 증가하고 산업의 집중도가 높아질수록 산업의 수익률은 낮아진다.

⑤ 대체재로 전환비용이 감소할수록 산업의 수익률은 낮아진다.

52 인플레이션에 대한 설명으로 옳지 않은 것은?

① 예상된 인플레이션의 경우 '메뉴비용(menu cost)'이 발생할 수 있다.

② 비용인상 인플레이션의 원인으로 임금인상, 수입 원자재가격의 상승, 이자율 상승 등을 들 수 있다.

③ 생산비 상승으로 인한 비용인상 인플레이션의 경우 '스태그플레이션(stagflation)'이 발생할 수 있다.

④ 예상 못한 인플레이션의 경우 '구두창 비용(shoe leather cost)'이 발생한다.

⑤ 수요가 증가하면서 발생하는 인플레이션인 '착한 인플레이션'은 경기회복에 따라 물가가 점전적으로 오르는 것이다.

53 GE-맥킨지 매트릭스에 관한 설명으로 옳지 않은 것은?

① 사업경쟁력이 높고 시장매력도가 낮다면 철수하는 것이 좋다.

② 사업경쟁력과 시장매력도가 모두 중간을 유지한다면 선택과 집중을 통해 현상을 유지한다.

③ 가로축과 세로축이 모두 3단계로 총 9개 분야로 나뉜다.

④ 시장매력도와 사업경쟁력이 모두 높은 경우에는 시장의 성장규모를 파악하고 투자를 진행한다.

⑤ 사업경쟁력은 중간이지만 시장의 매력도가 높으면 리스크를 감수하고 투자를 한다.

54 기업의 성장경로가 바르게 연결된 것은?

① 단일기업 → 관련 다각화 → 수직적 통합 → 비관련 다각화

② 단일기업 → 수직적 통합 → 관련 다각화 → 비관련 다각화

③ 단일기업 → 비관련 다각화 → 관련 다각화 → 수직적 통합

④ 비관련 다각화 → 관련 다각화 → 수직적 통합 → 단일기업

⑤ 비관련 다각화 → 관련 다각화 → 단일기업 → 수직적 통합

55 다음 사례를 통해서 마이클 포터의 경쟁전략에서 적용된 전략은?

> 국내외 항공사로 새로 진입하게 된 A항공은 기존에 있는 대형 항공사인 K항공사와 다른 저가 항공사세에 내셕아기 위해서 기내식과 같은 부가서비스를 축소하며 가격을 대폭 낮추면서 시장전유율을 높이고자 한다.

① 시장침투 전략　　　　　　　　　② 차별화 전략
③ 원가우위 전략　　　　　　　　　④ 다각화 전략
⑤ 집중차별화 전략

56 다음 중 아래와 같은 현상과 관련된 내용으로 적절한 것은?

> 해안에 등대를 설치하게 되면 오가는 모든 선박들이 항로를 파악하는 데 도움을 얻는다. 하지만, 등대가 설치되면 대가를 지불하지 않고도 혜택을 얻을 수 있으므로 누군가가 먼저 설치해 주기만을 기다리게 된다.

① 생산 측면의 외부불경제를 보여주는 사례이다.
② 선착순 자원배분을 통해 해결할 수 있는 문제이다.
③ 정부의 시장개입축소를 주장하는 근거가 된다.
④ 무임승차를 배제할 수 없다는 점으로부터 비롯된다.
⑤ 소비에 경합성이 있어서 발생하게 되는 문제이다.

57 내부화 이론에서 주장하는 외부시장이 불완전한 경우에 해당하지 않는 것은?

① 개발품이 특허권이나 상표권에 의해 보호받지 못하는 경우
② 국가부도의 위험이 있는 경우
③ 규모의 경제가 존재하는 경우
④ 한 사람의 사용으로 인해 다른 사람의 보유량이 줄어들지 않는 경우
⑤ 정부의 간섭이 있는 경우

58 다음 자료를 통해서 계산한 EBITDA는 얼마인가?

〈H사 2023년 4분기 자료〉
- 매출액 : 2조 원
- 영업이익 : 1조 원
- 무형자산상각비 : 2,000억 원
- 감가상각비 : 5,000억 원
- 당기순이익 : 3,500억 원

① 7,000억 원
② 8,500억 원
③ 1조 원
④ 1조 7,000억 원
⑤ 2조 2,050억 원

59 대표적인 마케팅 변수인 4P에 해당하지 않는 것은?
① 공공재 ② 가격
③ 유통 ④ 광고
⑤ 제품

60 AIDMA모형에서 광고의 효과가 발생하는 순서가 바르게 연결된 것은?
① 관심 → 주의 → 기억 → 욕구 → 행위
② 주의 → 욕구 → 관심 → 기억 → 행위
③ 주의 → 관심 → 욕구 → 기억 → 행위
④ 욕구 → 관심 → 주의 → 행위 → 기억
⑤ 욕구 → 행위 → 관심 → 주의 → 기억

61 전체시장을 시장부문으로 구별하고 각 시장부문에서 가장 적합한 제품을 개발하는 마케팅 전략을 의미하는 용어는?

① 타깃마케팅
② 제품차별화 마케팅
③ 시장세분화 마케팅
④ 대량마케팅
⑤ 일대일마케팅

62 공공재에 대한 설명으로 옳지 않은 것은?

① 정부만이 공급할 수 있다.
② 여러 사람이 동시에 소비할 수 있다.
③ 특정인의 소비를 배제하는 것은 어렵다.
④ 한 사람의 소비가 다른 사람의 소비를 감소시키지 않는다.
⑤ 국방과 일기예보는 공공재에 해당한다.

63 상표에 관한 설명으로 옳지 않은 것은?

① 무상표는 상표유지를 위해 발생하는 비용을 감당할 수 없거나 제품의 특성이 비슷해 차별화가 필요 없는 경우 선택된다.
② 유통업자 상표는 도소매업자가 하청을 주어 생산된 제품에 도소매업자의 브랜드명을 부착하는 것이다.
③ 제조업자 상표는 브랜드이미지 관리를 위해 많은 비용을 지출하므로 상품가격이 상대적으로 높다.
④ 공동브랜드는 높은 인지효과가 있지만 품질관리가 어렵다.
⑤ 국내시장에서 지배적인 상표는 유통업자 상표이다.

64 다음 제품수명주기에서 ⓒ의 단계의 특징으로 옳지 않은 것은?

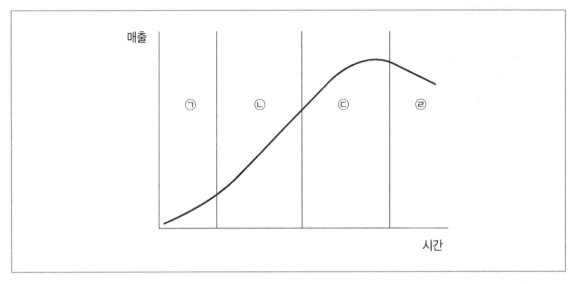

① 제품의 상표와 모델을 다양화하고 브랜드를 재활성화 한다.
② 유통전략을 집중적으로 강화하고 유통범위를 최대화 한다.
③ 판촉을 통해 상표전환을 시도한다.
④ 상표충성도가 높은 고객의 유지에 필요한 정도로 광고를 실시한다.
⑤ 시장세분화를 극대화 한다.

65 기준가격 결정방법에 해당하지 않는 것은?

① 목표가격 결정법
② 손익분기 분석법
③ 지각가치 기준법
④ 경쟁기준법
⑤ 할인가격 결정법

66 프랜차이즈 조직에서 본부 입장의 장점으로 옳지 않은 것은?

① 넓은 지역에 걸쳐 단시간에서 안정적인 판매망을 확보할 수 있다.

② 가입비나 로열티 등을 통해 안정적인 수입확보가 가능하다.

③ 가맹점의 점포 스타일이나 유니폼 등을 통일시켜 소비자에게 일관된 이미지를 줄 수 있다.

④ 환경변화에 따라 가맹점수를 조절함으로써 유연성 있는 경영이 가능해진다.

⑤ 직영점을 직접 운영하는 것보다 낮은 위험으로 더 높은 투자수익을 기둘 수 있다.

67 기업회계 기준서에서 기업들에게 공시하도록 요구하는 재무제표 종류에 해당하지 않는 것은?

① 재무상태표
② 포괄손익계산서
③ 자본변동표
④ 현금흐름표
⑤ 영업보고서

68 재무상태표의 대변에 부채의 증가가 기록될 때, 차변에 기록되는 내용이 아닌 것은?

① 자산의 증가
② 부채의 증가
③ 자본의 감소
④ 수익의 발생
⑤ 비용의 발생

69 기업의 투자활동을 통해 유출되는 현금흐름으로 옳지 않은 것은?

① 투자자산의 취득

② 자기주식의 취득

③ 유형자산의 취득

④ 무형자산의 취득

⑤ 대여금의 발생

70 IFRS의 일반적인 특징으로 볼 수 없는 것은?

① 재무제표 작성은 발생기준 회계와 계속기업이라는 가정에서 출발한다.

② 재무제표 항목의 순서나 형식에 자율성을 부여한다.

③ 법적 형식에 따라서 회계처리를 적용한다.

④ 투자자에게 해당기업에 대한 정보를 충실히 제공하는 데 목적을 두고 있다.

⑤ 연결재무제표와 공정가치로 경제적 실질을 반영한다.

71 투자자가 IFRS 재무제표를 분석할 때 유의해야 할 사항으로 옳지 않은 것은?

① 지분 50% 이상의 자회사들의 실적이 좋으면 연결기준적용으로 전체적인 기업실적이 개선된다.

② 브랜드가치가 높은 회사의 주가는 자산 재평가를 통해 주가상승 가능성이 높다.

③ 건물이나 기계설비 등이 노후한 회사의 경우 자산가치 감소로 PBR이 감소하여 주가하락 가능성이 높다.

④ 건설회사의 경우 건설공사계약이 이루어지면 준공하는 시점에 매출과 이익이 일괄 계상된다.

⑤ 건설회사 실적의 기간별 변동성이 커지게 된다.

72 기업의 활동을 관리함으로써 고객 가치 창출과 원가 절감을 통해 기업의 이익을 증대시키는 전략경영 관리회계 기법은 무엇인가?

① 적시생산시스템

② 품질원가관리

③ 목표원가관리

④ 활동기준경영

⑤ 수명주기 원가관리

73 채권의 특징에 관한 설명으로 옳지 않은 것은?

① 채권은 이자지급 방식에 따라 순수할인채권, 이표채, 복리채 등으로 나눌 수 있다.
② 액면이자는 지급이자를 계산하는 기준이 된다.
③ 영구채권은 만기가 없이 영원히 이자만 받는 채권이다.
④ 채권에 투자한 투자자는 이자를 지급받을 권리와 원금을 상환 받을 권리를 갖게 된다.
⑤ 표면이자는 시장가격에 표면이자율을 곱하여 계산한다.

74 자원의 배분과 관련된 설명 중 옳지 않은 것은?

① 파레토최적의 자원배분은 일반적으로 무수히 많이 존재한다.
② 일정한 전제조건이 충족될 대 완전경쟁시장에서의 일반균형은 파레토최적이 된다.
③ 파레토 효율적 자원배분에서는 재화생산에 있어서의 기회비용을 최소로 하고 있다.
④ 파레토 효율적 자원배분에서는 재화소비의 한계대체율이 모든 사람에게 동일하여야 한다.
⑤ 파레토최적에서 자원배분은 항상 사회후생이 극대화된다.

75 포트폴리오이론의 가정에 해당하지 않는 것은?

① 투자자는 위험중립적이며 기대효용의 증가를 목표로 한다.
② 투자자들은 투자대상의 수익률 확률분포를 미리 알고 있다.
③ 투자자의 효용은 기대수익과 위험에 의해 결정된다.
④ 투자자의 효용함수를 2차 함수로 가정하고 수익률의 확률분포는 정규분포로 가정한다.
⑤ 투자자들이 고려하고 있는 투자기간은 단일기간이다.

76 기업가치의 구성요소를 도출하는 방법에 관한 설명으로 옳지 않은 것은?

① 기업가치는 영업가치와 비영업자산가치의 합 또는 주주가치와 채권자가치의 합으로 계산한다.

② 영업가치는 DCF를 통해 구한 미래현금흐름의 현재가치로 계산한다.

③ 비영업자산가치는 비영업용 부동산과 같은 장부가치로 계산한다.

④ 주주가치는 주가배수를 통해 도출한 주가와 발행주식수의 곱, DCF를 도출한 기업가치에서 채권자가치 차감, EV배수를 통해 도출한 EV에서 순부채를 차감하여 계산한다.

⑤ 채권자가치는 부채의 시장가치 또는 미래현금흐름의 현재가치로 계산한다.

77 PER에 관한 설명으로 옳지 않은 것은?

① 보통주의 시장가격을 주당순이익으로 나누어 계산한다.

② 주당순이익과 주가가 비례관계를 보인다는 가정하에 이용되는 비율이다.

③ 다른 주식과 비교하여 상대적으로 PER가 낮은 주식을 저PER주라고 한다.

④ 실제PER가 정상PER에 비해 낮은 경우 기업가치가 주식가격에 충분히 반영되어 있지 않음을 의미한다.

⑤ 정상PER는 동일업종, 유사규모, 유사시장점유율을 갖는 비교기업들의 PER를 평균하여 구한다.

78 옵션거래의 특징에 관한 설명으로 옳지 않은 것은?

① 옵션거래는 제로섬 게임이다.

② 옵션을 산 사람이 있을 경우 반드시 판 사람이 존재한다.

③ 풋옵션을 매도한 사람은 옵션소유자가 만기에 이를 행사하면 행사가격을 받고 주식을 양도해야 한다.

④ 주식가격이 행사가격 이상일 경우 콜옵션 보유자는 옵션을 행사할 것이다.

⑤ 주식가격이 행사가격 이하일 경우 콜옵션 매도자가 권리 포기 시 프리미엄만큼 손실이 발생한다.

79 방어적 풋(protective put) 전략에 관한 설명으로 옳지 않은 것은?

① 주식 1주를 매입하면서 동시에 풋옵션 1개를 함께 매입하는 전략이다.

② 주가가 하락해도 손실은 제한적이다.

③ 주가상승에 따른 이익은 실현할 수 없다.

④ 주가가 옵션의 행사가격 이하로 하락하더라도 풋옵션 행사에 따른 이득으로 주식에서의 손실을 상쇄할 수 있다.

⑤ 포트폴리오의 가치가 행사가격 이하로 하락하는 것을 방지하는 전략이다.

80 선도거래와 선물거래의 차이점에 관한 설명으로 옳지 않은 것은?

① 선도거래는 장외장소에서 거래되고 선물거래는 장내장소에서 거래된다.

② 선도거래는 불완전 경쟁시장이고 선물거래는 완전 경쟁시장이다.

③ 선도거래는 결제소에 의해 일일정산되고 선물거래는 만기일에 결제된다.

④ 선도거래는 개별적으로 거래되고 선물거래는 정형화된 공개입찰방식으로 거래된다.

⑤ 선도거래는 당사자 간의 합의에 의해 계약이 이루어지고 선물거래는 표준화된 계약내용에 의해 계약이 이루어진다.

※ 정답 및 해설은 p.352에 있습니다.

1 아래와 같은 상황에서 형일이가 "○○중국집"에서 계속 일하기 위한 조건인 최소한의 연봉은?

> 현재 중국 음식점 "○○중국집"에서 일하고 있는 형일이는 내년도 연봉 수준에 대해 "○○중국집" 사장과 연봉협상을 벌이고 있다. 형일이는 만약의 경우 협상이 결렬될 경우를 대비해 퓨전 중국 음식점 "△△중국집" 개업을 고려하고 있는 상황이다. 이에 대한 시장 조사 결과는 아래와 같다.
> • 보증금 : 2억 원(은행에서 연리 7.5%로 대출 가능)
> • 임대료 : 연 4,000만 원
> • 연간 영업비용 : 직원 인건비 6,000만 원, 음식 재료비 8,000만 원, 기타 경비 4,000만 원
> • 연간 기대 매출액 : 3억 원

① 5,000만 원
② 5,750만 원
③ 6,000만 원
④ 6,500만 원
⑤ 8,000만 원

2 다음은 경기변동 주기와 발생 원인을 나열해 놓은 것이다. 이 중 옳지 않은 것은?

① 키친파동 – 재고투자
② 쥬글라파동 – 인적투자
③ 콘트라티에프파동 – 기술혁신
④ 건축순환 – 건축투자
⑤ 쿠즈네츠파동 – 경제성장률 변화

3 '잃어버린 10년'이라 불리는 1990년대 일본의 극심한 경기불황과 가장 관계 깊은 것은?

① 디노미네이션   ② 백워데이션

③ 디플레이션   ④ 쿼테이션

⑤ 애그플레이션

4 상대소득가설에 대한 설명으로 옳은 것은?

① 정기적이고 확실한 소득이 소비를 결정한다.

② 생애 평생의 소득수준이 현재의 소비를 결정한다.

③ 당기의 소득이 소득의 크기를 결정한다.

④ 소비는 한 번 늘어나게 되면 다시 줄이는 것이 어렵다.

⑤ 소비는 절대소득의 수준과 유동자산으로 결정된다.

5 GNP(국민소득총생산)의 추계에 포함되지 않는 것은?

① 새로운 주택의 건설   ② 예술인의 창작활동

③ 도자기의 생산   ④ 연극배우의 출연료

⑤ 전년도 미수금의 회수

6 국민소득 통계의 종류에 대한 설명으로 옳지 않은 것은?

① 영토기준 및 국적기준에 따라 국내총소득과 국민총소득으로 구분한다.

② 고정자본소모의 포함여부에 따라 시장가격 국민소득과 요소비용 국민소득으로 구분한다.

③ 평가연도가 당해 연도냐 기준 연도냐에 따라 명목 국민소득과 실질 국민소득이 있다.

④ 명목 GDP와 실질 GDP의 차이는 국민경제 전체의 물가수준(GNP디플레이터)으로 설명이 된다.

⑤ 명목국민소득은 그 해의 생산량에 그 해의 가격을 곱하여 산출된다.

7 경제성장률을 계산하는 방식으로 옳은 것은?

① (전년도 실질 GDP − 금년도 실질 GDP) ÷ 금년도 실질 GDP×100

② (금년도 실질 GDP − 전년도 실질 GDP) ÷ 금년도 실질 GDP×100

③ (금년도 실질총산출 − 전년도 실질 GDP) ÷ 금년도 실질 GDP×100

④ (금년도 실질총산출 − 전년도 실질총산출) ÷ 전년도 실질총산출×100

⑤ (금년도 실질 GDP − 전년도 실질 GDP) ÷ 전년도 실질GDP×100

8 국민들의 평균적인 생활수준을 알아보기 위하여 일반적으로 사용되는 지표는?

① 국민총소득　　　　　　　　　② 노동소득분배율

③ 1인당 GNI　　　　　　　　　④ 총투자율

⑤ 조세부담률

9 2023년 실질 GDP가 1,500이고 명목 GDP가 1,650일 경우, GDP 디플레이터는 얼마인가?

① 110　　　　　　　　　　　　② 90.9

③ 10　　　　　　　　　　　　　④ −10

⑤ 115

10 '정보의 비대칭'에 대한 설명으로 옳지 않은 것은? 원리 응용력(경영)

① 정보를 많이 가진 쪽이 항상 유리한 것은 아니다.

② 정보의 비대칭으로 인해 '도덕적 해이'와 '역선택'의 문제가 발생한다.

③ 주주와 대리인 사이의 이해상충 및 충돌의 문제가 발생하는 원인이 된다.

④ 정보를 가진 측이 정보를 갖지 못한 측의 유형을 판별하고자 하는 것을 '선별'이라 한다.

⑤ '신호발송'은 정보를 갖지 못한 측의 역선택을 줄이기 위해 정보를 가진 측이 행동하는 것이다.

11 독점이 발생하는 원인으로 볼 수 없는 것은?

① 정부의 규제   ② 생산기술의 독점
③ 생산요소의 독점   ④ 잠재적 기업들의 시장진입
⑤ 규모의 경제

12 러너지수(Lerner Index)에 관한 설명으로 옳지 않은 것은?

① 가격과 한계비용 간의 차이를 이용하여 독점력을 측정하는 지수이다.
② 완전경쟁기업은 러너지수가 0이 된다.
③ 러너지수를 통해 독점력의 정도를 파악할 수 있다.
④ 러너지수가 클수록 독점력의 크기가 더 크다고 할 수 있다.
⑤ 러너지수는 −1에서 1 사이의 값을 갖는다.

13 거시경제 변수들에 대한 설명 중 적절하지 않은 것은?

① 실질 GNI는 실질 GDP에 국외순수취요소소득 및 교역조건 변화 등에 의한 무역 손익을 합하여 구한다.
② GDP 디플레이터 상승률은 매년 일정한 재화 품목을 구입하는 비용이 상승하는 정도를 측정한다.
③ 이미 발행된 국채에 대한 이자 지급은 GDP에 포함되지 않는다.
④ 투자의 변동성은 소비의 변동성보다 크다.
⑤ 수출채의 국제가격이 수입재에 비하여 상승하였을 경우에, GNI 증가율이 GNP 증가율보다 높게 나타난다.

14 다음 중 완전보완재의 경우 최적 소비량 결정에 대한 내용으로 옳지 않은 것은?

① 소비자의 2개 상품 최적의 소비량은 언제나 동일하게 된다.
② 상품의 가격이 변하더라도 최적의 선택점은 변하지 않는다.
③ 소비자는 언제나 극단적인 소비 패턴을 보인다.
④ 소득이 변하더라도 최적의 소비점은 언제나 대각선 위에 존재한다.
⑤ 최적의 선택은 언제나 대각선 상에서 이루어진다.

15 보호무역론의 주장 근거로 옳지 않은 것은?

① 실업 방지
② 국가 안보
③ 외국 불공정무역 대응
④ 유치산업보호론
⑤ 효율적 자원배분

16 기회비용에 대한 설명으로 옳은 것은?

① 기회비용은 화폐 단위로 측정할 수 없다.
② 기회비용은 항상 음(−)이다.
③ 기회비용은 경제학에서 일반적으로 사용되는 비용개념과는 별개의 것이다.
④ 하나의 행위를 할 때의 기회비용은 그로 인해 포기된 행위 중 최선의 가치로 측정된다.
⑤ 기회비용은 암묵적 비용은 포함하지 않는다.

17 케인즈 단순모형에서의 균형에 관한 설명으로 옳지 않은 것은?

① 한계소비성향이 1보다 작기 때문에 소비함수의 기울기가 45도보다 작아서 총수요와 총공급이 교차하는 점이 생긴다.
② 생산물시장이 균형상태에 있다면 완전고용산출량에 미달하더라도 국민소득은 변하지 않는다.
③ 유효수요가 부족한 경우 노동시장에 실업이 존재하는 상태라도 균형국민소득이 유지될 수 있다.
④ 균형은 완전고용산출량 수준에서 이루어져야만 한다.
⑤ 균형국민소득은 총지출선과 45도의 기울기로 교차하는 점에서 달성된다.

18 다음 기사에서 설명하고 있는 개념으로 적절한 것은?

> 올해 높은 공모가가 예상되는 많은 기업이 신규 상장을 앞두고 있다. 공개된 H기업의 재산상태와 영업활동의 결과 공모가가 6조 원대로 전망되면서 많은 관심을 받고 있다. S기업 또한 최근 바이러스 치료제를 신규 개발하고 상장을 하는 데 박차를 가하고 있다.

① 유상증자
② 우리사주조합
③ 주식공개매수
④ 기업공개
⑤ 흡수합병

19 IS–LM 모델의 한계로 볼 수 없는 것은?

① 환율변동 등의 영향을 직접적으로 분석할 수 없다.
② 외부적 환경, 미래에 대한 기대 등이 변하지 않는 단기를 대상으로 하여 경제를 분석한다.
③ 폐쇄경제에서 공급 측면을 무시하고 총수요 측면만을 강조하는 부분균형모형이다.
④ 외생적 요인이 변화하는 장기를 대상으로 분석할 경우 IS–LM곡선은 이동 없이 고정되는 형태를 나타낸다.
⑤ 물가수준이 안정적이고 유휴생산설비나 불완전고용이 존재해 수요만 있으면 얼마든지 공급이 가능하다고 가정한다.

20 고전학파의 총공급곡선에 관한 설명으로 옳지 않은 것은?

① 가격과 임금의 완전신축성을 가정한다.
② 장기에는 총공급곡선이 자연산출량 수준에서 수직선이 된다.
③ 주어진 물가수준하에서 원하는 만큼 생산이 가능한 경우에는 총공급곡선이 수평선이 된다.
④ 장기에는 경제 전체의 총생산량이 노동, 자본, 생산기술 등 실물적 요인에 의해서만 결정된다.
⑤ 실질임금이 변하지 않으므로 고용량도 변동이 없고 총공급도 변동이 없다.

21 재정정책의 파급경로에 관한 설명으로 옳지 않은 것은?

① 정부지출이 증가하면 총지출이 증가하면서 국민소득도 증가한다.

② 국민소득이 증가하면 화폐수요가 증가하여 이자율이 상승한다.

③ 이자율의 상승으로 인해 민간부문의 투자가 감소하여 총지출이 감소한다.

④ 이자율이 하락하면 투자가 증가하므로 국민소득이 증가한다.

⑤ 승수모형에서보다 국민소득의 증가폭이 작게 나타난다.

22 가속도 원리에 관한 설명으로 옳지 않은 것은?

① 가속도 원리를 통하여 생산증가와 유발투자 사이의 관계를 설명할 수 있다.

② 투자가 이자율의 감소함수일 뿐만 아니라 소득의 증가함수일 경우 IS곡선의 기울기는 더욱 완만해진다.

③ 투자가 이자율만의 함수일 때 확대재정정책은 이자율을 상승시켜 투자를 감소시킨다.

④ 경기가 호황이고 이자율이 높을 때는 상대적으로 재정정책이 금융정책보다 더 효과적이다.

⑤ LM곡선의 기울기가 완만할 때 확대재정정책을 사용하면 투자가 증가할 가능성이 크다.

23 리카르도 등가정리가 성립하기 위한 조건으로 옳지 않은 것은?

① 저축은 자유롭고 차입은 자유롭지 않아야 한다.

② 저축이자율과 차입이자율이 동일해야 한다.

③ 완전자본시장의 가정이 충족되어야 한다.

④ 조세부담을 지는 경제활동인구의 증가율이 0%이어야 한다.

⑤ 소비자들이 합리적이고 미래지향적이어야 한다.

24 루카스 공급곡선에 관한 설명으로 옳지 않은 것은?

① 경제 전체의 공급곡선의 합으로 구성된 총공급곡선을 루카스 공급곡선이라고 한다.

② 예상치 못한 일반물가수준의 상승이 총공급의 감소를 이끌어낼 수 있음을 보여준다.

③ 가격의 신축성과 합리적 기대의 가정하에 노출된다.

④ 루카스 공급곡선은 새고전학파의 총공급곡선이라고도 한다.

⑤ 루카스 공급곡선을 전제한 상태에서 정부가 지출을 증가시키면 총공급곡선은 완전고용 국민소득수준에서 수직인 형태를 나타낸다.

25 항상소득가설에 관한 설명으로 옳지 않은 것은?

① 현재소득이 일시적으로 항상소득보다 커질 경우 평균소비성향은 일시적으로 하락한다.

② 생애주기가설과 마찬가지로 소비자이론을 따른다.

③ 개인의 소득이 매년 무작위적이고 일시적으로 변할 수 있다고 강조한다.

④ 사람들이 소비결정을 할 때 임시소득을 포함한 현재소득에 의존한다고 가정한다.

⑤ 평균소비성향은 현재소비에 대한 항상소득의 비율에 의존한다.

26 고전학파가 주장하는 투자와 이자율의 관계에 관한 설명으로 옳지 않은 것은?

① 이자율이 상승하면 현재가치 값은 감소한다.

② 이자율이 상승하면 미래 예상수익에 대한 할인 폭이 작아진다.

③ 이자율이 상승하면 투자를 통해 얻는 수입의 현재가치가 감소하게 된다.

④ 순현재가치가 0보다 작은 사업에 투자하는 것은 손실을 발생시키게 된다.

⑤ 투자는 이자율의 변화에 민감하게 반응하므로 투자의 이자율탄력성이 크다고 할 수 있다.

27 고전학파의 거래수량설과 관련된 가정으로 옳지 않은 것은?

① 완전고용 생산수준은 경제에 부존하는 생산요소량에 의존하며 단기적으로 일정하다.

② 가격이 완전히 신축적이어서 생산이 항상 완전고용 상태에서 이루어진다.

③ 화폐유통속도는 단기적으로 변하지 않는다.

④ 화폐유통속도는 장기적으로 개인의 소비행태, 지급기술 등 제도적 · 기술적 요인에 의존한다.

⑤ 생산량은 단기적으로 일정하고 거래량만 변화한다.

28 지니계수에 대한 내용으로 옳지 않은 것은?

① 지니계수는 전 계층의 소득 분배 상태를 하나의 숫자로 나타내므로, 특정 소득 계층의 소득 분배 상태를 나타내지 못한다는 한계가 있다.

② 소득 불평등을 나타내는 지표로는 지니계수 외에도 10분위 분배율이 있다.

③ 지니계수는 전체가구의 소득불평등도를 나타내는 대표적인 지표이다.

④ 지니계수가 0.40에서 0.50 사이이면, 이는 고른 균등 분배를 의미한다.

⑤ 지니계수는 0에서 1사이의 값을 가지며, 0에 가까울수록 불평등도가 높은 상태를 나타낸다.

29 유동성프리미엄이론에 관한 설명으로 옳지 않은 것은?

① 장단기채권 간에 불완전한 대체관계를 가정한다.

② 장기채권을 판매하기 위해 장기이자율을 단기예상이자율의 평균보다 높게 책정한다.

③ 장기이자율은 단기예상이자율의 평균과 유동성프리미엄의 합으로 나타낼 수 있다.

④ 유동성프리미엄은 −1~1까지의 값을 갖는다.

⑤ 채권의 만기가 길어질수록 유동성프리미엄의 값은 커진다.

30 기업이 균형실질임금보다 높은 효율임금을 지급하는 이유로 옳지 않은 것은?

① 실질임금이 높아지면 노동자가 다른 일자리를 구할 필요를 더 많이 느끼게 된다.

② 노동자는 일단 고용이 되면 근무태만의 도덕적 해이를 보일 수 있다.

③ 노동자의 생산성에 대해 기업이 정확히 알지 못하는 정보의 비대칭성이 존재하여 기업이 원하는 노동자를 선택하지 못하는 역선택에 직면할 수 있다.

④ 기업은 효율임금을 지급함으로써 교육 및 연수비용을 절감할 수 있는 이점이 생긴다.

⑤ 균형실질임금을 지급할 경우 평균 이하의 생산성을 지닌 노동자만 회사에 남게 될 것이다.

31 덤핑(Dumping)에 관한 설명으로 옳지 않은 것은?

① 제품을 생산비 이하로 판매하는 것을 덤핑의 예로 들 수 있다.

② 지속적 덤핑이 발생하는 이유는 해외생산자에게 보다 높은 이윤이 확보되기 때문이다.

③ 약탈적 덤핑을 상쇄하기 위한 무역규제조치는 대개 가격 차이를 상쇄하기 위한 반덤핑관세의 형태를 띠게 된다.

④ 약탈적 덤핑은 국내가격보다 해외가격을 낮게 책정하여 일시적으로 판매하는 것을 말한다.

⑤ 산발적 덤핑은 국내가격을 하락시키지 않고 일시적인 초과공급을 해소하기 위한 것이다.

32 경상수지 중 서비스 수지에 해당하는 항목으로 옳지 않은 것은?

① 특허권 사용료

② 임금

③ 정부서비스

④ 여행

⑤ 보험

33 J-curve 효과에 관한 설명으로 옳지 않은 것은?

① 환율 상승에 따른 경상수지의 변화가 J자 모양으로 나타나는 것을 말한다.

② 환율이 상승하더라도 외국의 수입수요에 대한 가격탄력성이 높지 않으면 단기간에 수출이 큰 폭으로 증가하지 않는다.

③ 양국의 수입재에 대한 수요탄력성의 합이 1보다 큰 경우에만 환율이 상승할 때 무역수지가 개선된다.

④ 환율이 상승하더라도 처음에는 수입액이 감소하지 않는 반면 외화표시 수출액은 감소하여 국제수지 적자가 확대된다.

⑤ 환율이 상승하여 경상수지가 호전되기까지 일반적으로 6개월 ~ 1년 정도의 시간이 소요된다.

34 변동환율제도의 장점으로 볼 수 없는 것은?

① 대외불균형을 해소하기 위한 정책에서 비롯되는 오류가 발생하지 않는다.

② 활발한 환율변동으로 인해 국제무역과 국제투자가 촉진된다.

③ 외부의 경제적 충격이 환율변화에 의해 차단된다.

④ 대내경제의 안정화에 유리하고 독자적인 통화정책을 시행할 수 있다.

⑤ 대외자산을 보유할 필요가 없어 대외자산 보유의 기회비용이 없다.

35 가격차별과 거리가 먼 사례는?

① 수험표를 지참한 수험생에게 제공하는 할인서비스

② 영화관에서 제공하는 조조할인

③ 라면 10개를 구입하면 1개를 서비스로 제공

④ 해외시장보다 한국시장에서 더 비싼 스마트폰

⑤ 일반좌석보다 더 비싼 가격을 받는 비행기 비즈니스 좌석

36 다음 기사를 보고 기업에 취하고 있는 마케팅 전략은?

> 학생이 입으면 그 브랜드는 망하게 된다는 유명 인플루언서의 게시글이 SNS를 뜨겁게 달구고 있다. 명품브랜드 G사는 90년대 영국의 차브족의 패션아이템이 되면서 브랜드가치기 큰 폭으로 떨어졌음을 밝힌 적이 있다. 이에 따라 대중들에게 인기가 높아진 명품브랜드 G사는 SNS계정을 삭제하고 고객들과 거리두기를 시행하고 있다.

① 니치마케팅
② 넛지마케팅
③ 포지셔닝
④ 디마케팅
⑤ 세그멘테이션

37 균형성과표의 기업 내부 프로세스 관점에 해당하는 지표로 옳지 않은 것은?

① 신제품 개발기간
② 정보시스템 활용 정도
③ 고객주문 반응시간
④ 불량 처리시간
⑤ 운영능력

38 가치기반 경영의 리스크관리기법에서 다루는 리스크가 아닌 것은?

① 시장리스크
② 신용리스크
③ 시스템리스크
④ 유동성리스크
⑤ 운영리스크

39 다음 사례에서 설명하는 실험의 특징으로 옳은 것은?

> 엘튼 메이요 교수와 연구팀이 전기회사 '호손 웍스' 공장에서 근무하는 근로자를 대상으로 진행한 이 실험에서 조명의 밝기에 따라 생산성과는 연관이 없음이 나타났다. 오히려 진행되는 실험에 대한 평가를 인지하면서 근로자의 능률이 높아진다는 것을 발견하였다.

① 근무환경에서 뚜렷한 상하계층제가 필요하다.
② 근로자가 근무할 때 기계처럼 일만하는 것을 반대한다.
③ 높은 효율성과 생산성을 추구하는 것이 근로자의 작업능률을 높인다.
④ 인간적인 요인은 근무환경에서 제일 중요하지 않다.
⑤ 근로자의 행동에서 가장 큰 요인은 경제적인 요인이다.

40 맥그리거의 Y이론의 가정으로 옳지 않은 것은?

① 지시, 강압 등의 수단이 사용된다.
② 일은 즐길 수 있는 자연스러운 것이다.
③ 적절한 조건만 갖추어지면 책임을 적극적으로 수용한다.
④ 인간은 목표 달성을 위해 스스로 통제하고 관리한다.
⑤ 인간은 잠재력을 가지고 있으며 상상력과 창의력을 발휘한다.

41 사후통제에 관한 설명으로 옳은 것을 모두 고른 것은?

> ㉠ 목표 대비 성과를 검토하고 조직성과 관리를 체계화한다.
> ㉡ 미래지향적인 성격이 강하다.
> ㉢ 적시에 정확한 정보가 제공되어야 한다.
> ㉣ 문제가 발생하기 전에 예방적인 관리행동을 수행하는 것이 핵심이다.
> ㉤ 향후 동일한 문제가 발생하지 않도록 개선조치를 마련한다.

① ㉠
② ㉡
③ ㉠㉢
④ ㉠㉤
⑤ ㉠㉡㉤

42 시장의 실패로 볼 수 없는 것을 모두 고르면?

> ㉠ 공공장소에서 흡연으로 주위 사람들이 고통을 받고 있다.
> ㉡ 과점시장에 참여하고 있는 기업들은 가격, 판매지역 등과 관련하여 담합한다.
> ㉢ 정부의 농산물 최저가격이 설정되고 초과 공급이 발생하였다.
> ㉣ 도로, 가로등, 전기 등의 생산을 시장에 맡기면 충분한 양의 공급이 이루어지지 않는다.

① ㉠㉡㉢   ② ㉠㉡
③ ㉡㉣   ④ ㉢
⑤ ㉣

43 다음 사례에서 설명하는 조직 관리체계에 해당하는 것은?

> A기업은 인사고과를 평가할 때 새로운 평가방법을 제시하였다. 최고경영진이 전사적인 차원에서 조직목표를 설정하면 그 목표를 모든 구성원이 공유한다. 마지막 단계에서는 구성원들은 상사와 협의하여 자신의 정한 목표를 설정하여 세분화를 한 뒤에 자율적으로 업무를 수행하는 것이다. 이 때 상사는 구성원에게 업무지시를 최소화하고 목표달성의 정도를 모니터링하고 정보제공, 중재, 오류보완 및 수정 등의 과정을 수행한다.

① 다면평가   ② 목표관리법
③ 인적평정센터법   ④ 행위기준고가법
⑤ 균형성과평가제도

44 인력선발도구의 합리성을 판단할 때 고려하는 요소로 적절하지 않은 것은?

① 신뢰성   ② 비교타당성
③ 예측타당성   ④ 구성타당성
⑤ 내용타당성

45 CRM에 대해 잘못 설명하고 있는 것은?

① 기존 고객을 유지하기 위한 대표적인 전략으로써 고객활성화전략, 애호도제고전략, 교차판매전략 등이 있다.

② 지속적인 피드백을 통해 고객의 니즈 및 개별특성의 파악과 더불어서 그에 맞는 상품, 서비스의 개발, 판매촉진활동을 말한다.

③ 점점 더 다양해지는 고객의 니즈에 유연하게 대처함으로써 수익의 극대화를 추구하는 것이라 할 수 있다.

④ 소비자들의 행동패턴, 소비패턴 등을 통해서 그들의 니즈를 알아내야 하는 내용들이 많으므로 고도의 정보 분석기술을 필요로 한다.

⑤ 신규고객의 확보를 위한 전략은 CRM의 대상이라고 할 수 없다.

46 임금형태 중 시간급에 관한 설명으로 옳지 않은 것은?

① 근로에 대한 동기부여로 생산성이 향상된다.

② 작업 시간을 기준으로 임금을 지급한다.

③ 임금안정성이 높다.

④ 단순시간급제는 절약임금과 낭비임금이 모두 회사로 귀속된다.

⑤ 복률시간급제는 작업능률에 따라 다단계의 시간당 임금률을 적용한다.

47 노사협의회에 관한 설명으로 옳지 않은 것은?

① 근로조건의 유지 및 개선을 목적으로 한다.

② 노동조합의 성립 여부와 관계없이 쟁의행위가 없는 평화로운 처리를 전제로 한다.

③ 근로자의 대표 및 사용자가 당사자가 된다.

④ 생산성 향상이나 경영활동 등과 같이 노사 간 이해가 공통된 사항을 대상으로 한다.

⑤ 법적 구속력 있는 계약의 체결은 없다.

48 르윈이 주장한 태도의 변화이론에 관한 설명으로 옳지 않은 것은?

① 태도의 변화는 해빙, 변화, 재동결의 3단계로 이루어진다.

② 해빙은 개인이 지니고 있던 습관 등의 이전 방식을 깨뜨리고 새로운 대체안을 받아들일 준비를 하는 것을 의미한다.

③ 순종은 개인이 다른 집단이나 개인에게 호의적인 반응을 얻기 위해 그들의 영향력을 수용하는 것을 의미한다.

④ 동일화는 다른 사람이나 집단의 주장이 자신의 가치체계에 부합되어 합당한 것으로 받아들여질 때 일어난다.

⑤ 재동결은 새롭게 획득한 태도나 행위가 지속적으로 작용하면서 고착화되는 것을 의미한다.

49 다음의 그림은 브룸의 기대이론이다. ㉠에 들어가는 용어로 옳은 것은?

① 성과-보상 기대감
② 노력-성과 기대감
③ 보상의 유의성
④ 동기유발력
⑤ 매력·가치

50 아래의 내용을 참고하여 ㈜ A전자의 의사 결정에 대해 추론한 것으로 옳은 것을 고르면?

> ㈜ A전자는 매월 150대의 전자계산기를 생산할 수 있는 설비를 갖추고 있으며 현재 국내 시장에서 매월 100대의 전자계산기를 한 대당 2만 원에 팔고 있다. 하루는 수출업자인 수경이 ㈜ A전자를 찾아와 수출용으로 50대의 전자계산기를 대당 9천 원에 팔 것을 제안하였다. ㈜ A전자가 매월 100대 생산할 때의 한 대당 평균비용은 1만 2천 원이며, 매월 150대 생산할 때의 대당 평균비용은 1만 원이다.

① 이윤이 증가하게 되므로 제안을 받아들여야 한다.
② 이윤은 감소하지만 대당 생산비용이 감소하므로 제안을 받아들여야 한다.
③ 이윤은 감소하지만 설비 가동률을 높일 수 있으므로 제안을 받아들여야 한다.
④ 50대를 더 생산하면 국내 시장가격이 하락하므로 제안을 받아들이지 말아야 한다.
⑤ 대당 생산비용보다 판매가격이 낮으므로 제안을 받아들이지 말아야 한다.

51 아래 사례의 질문 형태에 관한 설명으로 가장 적절하지 않은 것은?

> 예 한 조직의 리더로써 갖추어야 할 자질은 무엇이라고 생각하시나요?
> 예 어젯밤 뉴스가 당신에게는 어떤 의미가 있었나요?

① 정형적 질문형태이다.
② 선택형 질문에 비해 다양한 응답을 얻을 수 있다.
③ 수집된 자료는 해석자에 따라 달리 해석될 수 있다.
④ 분석을 하기 위한 코딩(coding)이 어렵다.
⑤ 조사의뢰자 또는 조사자 등이 미처 생각지 못한 새로운 아이디어를 얻을 수 있다.

52 'AE제도'에 대한 설명으로 가장 적절한 것은?
① 광고주의 광고 활동 전반을 도맡아 대행하는 제도
② 드라마 사전 제작 시스템
③ 라디오나 TV 등을 활용한 광고제도
④ 광고 없이 제작되는 방송국 프로그램
⑤ 방송프로그램 내에 의도적으로 광고를 노출하는 방법

53 다음과 같은 경제현상을 설명하는 데 가장 적합한 경제 개념은?

> 수도권의 주택 사정은 여전히 어렵다. 올해도 어김없이 수도권 아파트의 전세가 및 매매가가 상당한 비율로 올라가고 있다. 상계동이나 목동과 같은 신시가지를 개발하고, 분당, 평촌, 일산 등 신도시 개발을 통해 꽤 많은 주택이 공급되었음에도 불구하고 여전히 자기 집을 갖지 못한 가구가 많아 이사철만 되면 어려움을 겪고 있다.

① 매점매석　　　　　　　　　② 균형가격
③ 초과수요　　　　　　　　　④ 기회비용
⑤ 과잉공급

54 개인의 근로 · 재산소득에서 세금 · 사회보장기여금을 뺀 것으로 개인이 실제로 쓸 수 있는 소득은?

① GDP　　　　　　　　　　② GNI
③ PGDI　　　　　　　　　④ 실질 GDP
⑤ GNP

55 두 재화만 소비하는 소비자의 소득소비곡선이 우하향한다. 이로부터 추론할 수 있는 것을 모두 고르면?

> ㉠ 두 재화가 보완재이다.
> ㉡ 두 재화가 모두 정상재이다.
> ㉢ 두 재화 중 한 재화만 열등재이다.
> ㉣ 두 재화 중 한 재화만 엥겔곡선이 우상향한다.

① ㉠㉡　　　　　　　　　　② ㉡㉣
③ ㉢㉣　　　　　　　　　　④ ㉠㉡㉣
⑤ ㉠㉢㉣

56 임대아파트의 수요함수는 $Q_d = 1,000 - 7P$이고 공급함수는 $Q_s = 200 + 3P$이다. 정부가 임대료 상한을 50만 원으로 정한 경우 어떠한 상황이 발생하는가?

① 100만 원의 초과수요 발생

② 200만 원의 초과수요 발생

③ 300만 원의 초과공급 발생

④ 200만 원의 초과공급 발생

⑤ 300만 원의 초과수요 발생

57 공급 및 공급량의 변화와 관련된 다음 설명 중 옳지 않은 것은?

① 단위당 일정액의 보조금을 지급하면 공급이 증가한다.

② 가격상승이 예상되면 공급이 감소한다.

③ 신기술 개발로 생산비가 하락하면 공급량이 증가한다.

④ 생산면에서 대체재의 가격이 상승하면 공급이 감소한다.

⑤ 공급곡선이 수직선이면 공급곡선상의 모든 점에서 공급의 가격탄력성은 0이다.

58 중동의 정세가 불안정해짐에 따라 소비자와 생산자가 모두 향후 원유가격 상승을 예상할 때 나타날 휘발유 시장의 변화는?

① 가격상승, 거래량 증가

② 가격상승, 거래량 감소

③ 가격하락, 거래량 감소

④ 가격하락, 거래량 불분명

⑤ 가격상승, 거래량 불분명

59 독점적 경쟁시장과 과점시장의 공통적인 특징의 연결은?

> ⊙ 비가격경쟁   ⓒ 기업 간의 상호의존성
> ⓒ 가격선도자의 존재   ⓔ 비경쟁행위

① ㉠㉡
② ㉠㉢
③ ㉠㉣
④ ㉡㉢
⑤ ㉠㉡㉢

60 다음은 피들러의 리더십 유효성 상황모형에 대한 내용이다. 괄호 안에 들어갈 말로 적절한 것을 순서 대로 바르게 나열하면?

> 피들러는 중요 상황요소로서 리더와 부하 간의 신뢰관계, 과업구조, 리더 지위의 권력 정도라는 세 가지 요소로 본다. 이를 토대로 리더십 상황을 리더에게 유리한 상황과 불리한 상황으로 유형화하였 다. 이 모델에서는 상황이 리더에게 유리하거나 불리한 경우에는 (㉠) 리더십 유형이 적합하고, 중간 정도의 상황에서는 (㉡) 리더십 유형이 적합하다고 본다.

	㉠	㉡
①	인간관계지향적	업무지향적
②	인간관계지향적	리더지향적
③	업무지향적	리더지향적
④	업무지향적	인간관계지향적
⑤	리더지향적	업무지향적

61 한계효용이론의 기본가정에 해당하지 않는 것은?

① 소비자는 주어진 가격과 예산제약하에서 효용극대화를 추구한다.
② 화폐의 한계효용은 일정하다.
③ 한계효용체감의 법칙이 성립한다.
④ 효용의 서수적 측정이 가능하다.
⑤ 한계효용은 총효용곡선 접선의 기울기로 측정 가능하다.

62 다음 글에 따를 때 슈타켈버그(Stackelbuer) 경쟁의 결과로 옳은 것은?)

> • 시장에는 A, B 두 기업만 존재한다.
> • 시장수요곡선 : $Q = 40 - P$(단, $Q = Q_A + Q_B$이고, Q_A, Q_B는 A기업과 B기업의 생산량을 의미한다)
> • 한계비용 : $MC_A = MC_B = 0$
> • B기업은 A기업의 반응곡선을 알고, A기업은 B기업의 반응곡선을 모른다.

	Q_A	Q_B			Q_A	Q_B
①	5	10		②	7	13
③	8	16		④	9	18
⑤	10	20				

63 등간척도에 관한 설명으로 옳지 않은 것은?

① 사칙연산 중 곱하기와 나누기를 이용한 측정이 불가능하다.
② 양적인 정도의 차이를 나타내는 척도이다.
③ 절대 0값이 존재하지 않는다.
④ 속성에 대한 순위를 부여하며 순위 사이의 간격이 동일하다.
⑤ 소비자의 태도나 선호도 등의 측정에 이용된다.

64 제품의 관여도에 따른 마케팅 관리방법에 관한 설명으로 옳지 않은 것은?

① 고관여 제품이면서 제품 특성 차이가 클 경우, 제품의 차별성을 강조한다.
② 고관여 제품이면서 제품 특성 차이가 작을 경우, 소비자들이 구매 후 구매에 대한 확신을 갖도록 촉진한다.
③ 저관여 제품이면서 제품 특성 차이가 클 경우, 시장선도 소비자에게 넓은 진열면적과 많은 광고를 통해 습관적 구매를 유도한다.
④ 저관여 제품이면서 제품 특성 차이가 클 경우, 시장추종 소비자에게 무료샘플이나 할인샘플 등을 통한 시험구매 후 상품구매를 유도한다.
⑤ 저관여 제품이면서 제품 특성 차이가 작을 경우, 상품의 친숙도를 높이기 위해 자세한 설명이 되어 있는 광고문구를 사용한다.

65 목표시장을 선정할 때 실행하는 부분시장 도달전략에 해당하지 않는 것은?

① 단일시장 집중전략　　　　　　　② 제품전문화 전략
③ 시장전문화 전략　　　　　　　　④ 선택적 전문화 전략
⑤ 차별적 마케팅 전략

66 컨조인트 분석법에 관한 설명으로 옳은 것은?

① 소비자에게 다양한 제품개념을 제시하여 소비자들의 선호도와 구매의도를 파악한다.
② 소비자들이 제품의 특성에 대해 인지하고 있는 상태를 기하학적인 공간에 표시한다.
③ 소비자가 상표를 인지할 때 사용하는 평가 차원의 수와 속성의 종류를 파악할 수 있다.
④ 자사제품의 위치와 경쟁사제품의 위치를 비교하여 파악할 수 있다.
⑤ 관리적 관점에서 통제가 가능한 물리적 속성들로만 제품을 분석한다.

67 시장의 후발진입자에게 제품수명주기 전략이 갖는 시사점으로 볼 수 없는 것은?

① 시장개척자가 가지는 선도자로서의 장점은 없다.
② 지속적인 기술개선을 통해 기술적 우위를 확보할 수 있다.
③ 초기시장개발에 수반되는 위험과 불확실성을 회피할 수 있다.
④ 고객이 중요시하는 제품 속성에서 우수한 제품을 개발하여 기존 세분시장을 공략하는 전략은 시장개척자를 모방하는 전략으로 볼 수 있다.
⑤ 우회전략은 시장개척자가 진출하지 않은 세분시장에 진출하여 경쟁우위를 확보하는 전략이다.

68 서비스가 가지는 특징으로 볼 수 없는 것은?

① 무형성　　　　　　　　　　　　② 생산과 소비의 시차성
③ 서비스 질의 이질성　　　　　　④ 서비스 잠재력의 소멸성
⑤ 품질평가의 어려움

69 심리적 가격결정법에 해당하지 않는 것은?

① 지대가격

② 단수가격

③ 촉진가격

④ 관습가격

⑤ 준거가격

70 고객생애가치를 향상시키는 방법으로 적절하지 않은 것은?

① 큰 비용을 투자하여 잠재고객을 획득한다.

② 멤버십 프로그램으로 인센티브를 제공한다.

③ 제품에 사은품을 제공한다.

④ 고객이 관심도가 높은 상품을 추천한다.

⑤ 마일리지를 제공한다.

71 다음은 Formal 조직과 Informal 조직의 특징을 나타낸 것이다. 이에 대한 비교 설명으로 가장 옳지 않은 것은?

분류	Formal 조직	Informal 조직
①	의식적 · 이성적 · 합리적 · 논리적으로 편성	자연발생적 · 무의식적 · 비논리적으로 편성
②	공통목적을 가진 명확한 구조	공통목적이 없는 무형 구조
③	외형적 · 제도적 조직	내면적 · 현실적 조직
④	불문적 · 자생적 조직	성문적 · 타의적 조직
⑤	위로부터의 조직(Top-down)	밑으로부터의 조직(Bottom-up)

72 재무상태표 구성항목 중에 ⊙에 들어가는 요소가 아닌 것은?

자산	부채
	ⓒ
	자본
⊙	
	ⓒ

① 현금 및 현금성자산
② 유가증권
③ 건물
④ 자본잉여금
⑤ 산업재산권

73 유동성비율에 관한 설명으로 옳지 않은 것은?

① 기업의 단기부채에 대한 변제능력을 나타내는 비율이다.
② 유동비율이 100% 이상일 경우 유동성이 양호한 것으로 평가할 수 있다.
③ 유동비율이 높을수록 좋은 것은 아니다.
④ 당좌비율이 유동비율보다 기업의 단기 지급능력을 보수적으로 나타낼 수 있다.
⑤ 당좌비율은 유동자산에서 재고자산을 차감한 후 유동부채로 나눈 것이다.

74 소비자가 상표와 제품에 대한 관여도가 높은 소비자 유형의 특징으로 옳은 것은?

① 일상적인 상표 구매자에 해당한다.
② 시장을 선도하는 소비자에게 많은 광고로 습관적 구매를 유도한다.
③ 제품의 가격에 민감한 편이다.
④ 상표 간의 차이를 명확하게 알지 못한다.
⑤ 제품과 상표에 관심이 높으므로 제품의 차별성을 강조한다.

75 甲국은 고정환율제도를 시행하고 있으며 통화가치의 상승 압력이 있는 상황이지만 환율을 일정하게 유지하려 한다. 다음 중 발생할 가능성이 가장 높은 것은?

① 중앙은행이 국내통화 구매 → 외화보유액 감소
② 중앙은행이 국내통화 판매 → 외화보유액 감소
③ 중앙은행이 국내통화 구매 → 외화보유액 증가
④ 중앙은행은 외국통화 구매 → 외환보유액 감소
⑤ 중앙은행은 국내통화 판매 → 외환보유액 증가

76 시장이자율과 채권가격의 관계에 관한 설명으로 옳지 않은 것은?

① 채권가격은 이자율과 역의 관계를 갖는다.
② 만기가 길어질수록 이자율변동에 따른 채권가격 변동폭은 작다.
③ 이자율변동에 따른 채권가격의 변동폭은 체감적으로 증가한다.
④ 이자율 하락으로 인한 채권가격의 상승폭은 같은 크기의 이자율 상승으로 인한 채권가격의 하락폭보다 크다.
⑤ 표면이자율이 낮은 채권일수록 이자율 변동에 따른 채권가격의 변동률이 크다.

77 NPV법의 장점으로 옳지 않은 것은?

① 화폐의 시간가치와 투자안의 수익성을 동시에 고려할 수 있다.
② 내부수익률에 비해 계산이 간편하다.
③ 투자로 인한 기업가치의 증가분을 쉽게 파악할 수 있다.
④ 투자성과의 크기보다 투자금액의 효율성에 초점을 맞출 수 있다.
⑤ 기업의 최저요구수익률인 자본비용으로 재투자한다는 합리적인 가정을 전제한다.

78 CAPM의 가정인 완전시장의 요건에 해당하지 않는 것은?

① 세금 및 거래비용이 없다.
② 자산은 무한 분할이 가능하다.
③ 모든 투자자는 가격순응자이다.
④ 필요한 정보는 아무런 대가 없이 누구나 얻을 수 있다.
⑤ 다수의 투자자가 존재한다.

79 주식의 베타(β)에 대한 설명으로 옳지 않은 것은?

① 베타 값이 1보다 큰 경우는 시장 평균보다 수익률의 변동성이 큰 것이다.
② 비금속광물이나 음식료 등은 저베타 상위업종으로 경기방어주에 해당한다.
③ 베타계수를 통해서 펀드 성과를 평가하는 지표는 트레이너 지수이다.
④ 레버리지가 높은 기업은 레버리지가 낮은 기업보다 베타계수가 작다.
⑤ 높은 수익률이 기대될수록 베타수치가 높아진다.

80 다음 커뮤니케이션 네트워크 유형에 대한 내용으로 옳지 않은 것은?

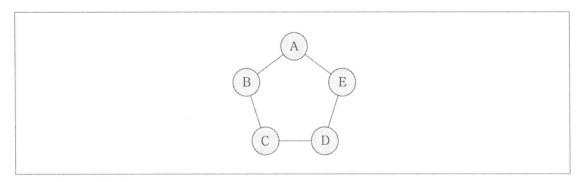

① 구성원 간 서열이 없을 경우 나타나는 형태이다.
② 구성원들 사이의 정보교환이 완전히 이루어지는 유형이다.
③ 주로 태스크포스 팀에서 볼 수 있는 유형이다.
④ 커뮤니케이션 목적이 분명할 경우에는 구성원들의 만족도가 높다는 이점이 있다.
⑤ 상황판단 및 문제해결이 느린 것이 단점이다.

※ 정답 및 해설은 p.361에 있습니다.

1 앵겔곡선(Engel curve : EC)이 아래의 그림과 같을 때, X재는?

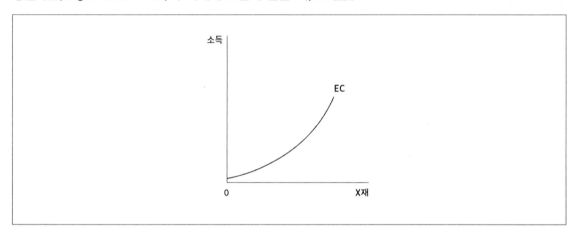

① 대체재

② 사치재

③ 필수재

④ 보완재

⑤ 열등재

2 용어와 설명의 연결이 옳지 않은 것은?

① 디플레이션 – 물가가 지속적으로 하락하는 현상

② 스태그플레이션 – 물가 상승과 경기후퇴가 동시에 나타나는 현상

③ 애그플레이션 – 농산물의 가격이 상승하며 물가가 상승하는 현상

④ 리플레이션 – 불황에도 물가는 상승하는 현상

⑤ 인플레이션 – 통화량이 팽창하여 화폐가치가 하락하고 물가는 계속 오르는 현상

3 다음 기사에서 설명하는 것으로 적절한 것은?

> 최근 5년간 한국 기업들이 매년 100여건 안팎의 특허소송을 당한 것으로 나타났다. 특허괴물로 불리는 이들은 한국 기업을 상대로 미국법원에 제기한 특허소송은 최근 5년 동안 500건이 넘고 있다. 제품을 생산하지는 않지만 소송과 라이선싱으로 수익을 추구하는 이 기업은 특허권을 대량으로 사들여 특허 기술에 대한 로열티를 받으면서 이익을 얻고 있다. 우리나라 대기업의 활동비중이 세계적으로 높아지면서 주요 공격 타깃이 되고 있다.

① PCT
② DTI
③ NPE
④ LTV
⑤ SPC

4 월가에서 신뢰와 명성이 높았던 자산운용가 버나드 메이도프가 초대형 금융사기를 벌였다는 사실이 2009년 1월 적발되었다. 그는 허황된 고수익을 제시하며 투자자를 끌어들여 뒤에 들어오는 투자자의 원금으로 앞사람의 이자를 지불하는 오래된 사기수법을 사용한 것으로 밝혀졌다. 다음 중 이와 관련된 것으로 적절한 것은?

① 구축효과
② 립스틱효과
③ 역경매
④ 폰지수법
⑤ 치킨게임

5 2008년 노벨경제학상을 수상한 경제학자 폴 크루그먼(Paul Krugman)은 아시아의 경제기적을 영감(Inspiration)이 아닌 땀(Perspiration)에 의한 것이라 논평을 하였는데 이러한 크루그먼의 주장을 뒷받침하기 위하여 필요한 이론적 도구는 무엇인가?

① 신무역이론
② 내생성장이론
③ 외생성장이론
④ 성장회계분석이론
⑤ 전략적 무역이론

6 "다 팔아" 할인점에서는 전단지에 인쇄된 할인 쿠폰을 오려 온 고객들에게 해당 제품을 10% 저렴하게 판매하고 있다. 다음 중 이 할인점의 판매 전략과 가장 가까운 것을 고르면?

① A양복점은 흠이 생긴 양복을 반값에 판다.

② B이발소는 10번 이발을 한 고객에게 한 번은 무료로 해 준다.

③ C빵집은 당일 판매되지 않은 빵을 복지단체에 무상으로 제공한다.

④ 독점 사업자인 D이동통신사는 개인보다 기업에 대해 시간당 더 높은 통신료를 부과한다.

⑤ E악기점은 연주가용 고급 원목 기타는 300만 원에, 보급형 합판 기타는 50만 원에 판매한다.

7 수업시간 오늘의 신문기사를 본 후 토론시간을 가졌다. 신문기사를 바르게 이해한 내용으로 적절한 것은?

> 농산물과 석유류 가격이 내려가면서 소비자물가 증가세가 2개월 연속 둔화됐다. 1일 통계청이 발표한 소비자 물가동향에 따르면 9월 소비자 물가는 지난해 같은 달에 비해 5.1% 상승했다. 소비자 물가는 올해 들어 2월 3.6%, 3월 3.9%, 4월 4.1%, 5월 4.9%, 6월 5.5%, 7월 5.9% 등으로 증가폭이 커지다 8월 5.6%에 이어 9월 5.1%로 2개월 연속 증가세가 둔화됐다. 9월 소비자 물가는 전월에 비해서는 0.1% 상승했다.

① 시은 : 물가증가세가 둔화되었지만 물가는 상승하였으므로 지난달과 임금이 동일하다면 실질임금은 줄어든 것과 마찬가지라고 생각합니다.

② 바다 : 하지만 명목임금이 상승했다면 결국 실질임금도 상승했다고 보는 것이 적절하지 않을까요?

③ 미림 : 물가가 무서운 속도로 상승하고 있으니 시민들의 기대 인플레이션도 심각할 것으로 예상됩니다.

④ 정현 : 이러한 시점에서 정부는 스태그플레이션을 염두에 두고 경제정책을 세워야 할 것입니다.

⑤ 승일 : 하지만 물가 상승보다 걱정되는 것은 경제의 성장입니다. 물가 상승은 곧 경제의 침체라고 봐도 무방하니 요즘 우리 경제가 얼마나 어려운지를 알 수 있는 자료라고 생각합니다.

8 우리나라의 경우 경제성장에 있어 생산요소별 기여율을 보면 자본스톡, 노동, 총요소생산성의 순으로 기여율이 높은 것을 알 수 있다. 특히 총요소생산성의 기여도 및 기여율은 매우 낮다. 특히 1990년대 들어서 1980년대에 비해 자본의 기여율은 더욱 높아졌으나 총요소생산성의 기여율은 더욱 낮아졌다. 이런 투자 효율성의 저하가 바로 외환위기의 근본적인 원인으로 지적될 수 있을 것이다. 다음 중 이와 같은 판단을 통해 총요소생산성(Total Factor Productivity)을 높이는 방안으로 적절하지 않은 것은?

① 규제 혁신
② 법치주의의 확립
③ 연구개발 투자 확대
④ 저축 증대를 통한 투자자본 확충
⑤ 교육혁신을 통한 인적자본의 생산성 제고

9 미국의 다우존스공업평균지수와 한국의 코스피지수에 대한 설명으로 옳지 않은 것은?

① 코스피지수는 1983년부터 시가총액방식으로 산출되고 있다.
② 다우존스공업평균은 지수산출 대상 종목의 주가를 단순 평균하여 산출한다.
③ 코스피지수는 시장 전체의 가치 변화를 정확히 반영한다.
④ 다우존스공업평균은 시장 분위기의 변화를 상대적으로 더 잘 반영한다.
⑤ 코스피지수는 벤처 및 중소기업 주가의 변화를 민감하게 반영한다.

10 소비자물가가 전년동기대비 3.6%나 올라 3년 2개월 만에 가장 높은 상승률을 기록하는 등 가파른 상승세를 지속하는 상황이며 또한 곡물 등 원자재 가격의 상승으로 수입물가 상승률도 15.6%에 달하고 있다. 다음 중 이에 대한 추론이 적절한 것은?

① 수입물가 상승은 경상수지 흑자 요인으로 작용한다.
② 지난해 초 정기예금을 든 사람들이 유리하다.
③ 부동산을 가지고 있는 사람들이 불리하다.
④ 고정금리보다 변동금리로 대출 받은 사람들이 불리하다.
⑤ 금융자산을 보유하고 있는 사람 역시 유리하다.

11 시장 내 기업들의 독과점 정도를 측정하는 지수인 허쉬만-허핀달 지수(HHI)에 관한 설명으로 옳지 않은 것은?

① 시장에 존재하는 기업들의 시장점유율을 제곱한 다음 모두 더하여 계산한다.

② 시장 점유율 상위 K개 기업들의 점유율을 합한 것이다.

③ 독점인 경우 HHI는 10,000이 된다.

④ 많은 기업들이 점유율을 공유할 경우 HHI는 0에 가까워진다.

⑤ 값이 클수록 독과점 정도가 심하다고 할 수 있다.

12 순차게임에 관한 설명으로 옳지 않은 것은?

① 게임나무로 표현되는 게임을 정규형, 보수행렬로 표현되는 게임을 전개형이라 한다.

② 순차게임의 균형에서는 내쉬조건뿐만 아니라 신빙성조건도 동시에 충족된다.

③ 한 경기자가 먼저 전략을 선택하면 다른 경기자가 그것을 보고 자신의 전략을 선택한다.

④ 순차게임은 게임나무의 형태로 표현된다.

⑤ 한 경기자가 다른 경기자에게 특정전략을 선택할 것처럼 암시하더라도 그 전략이 자신에게 유리하지 않은 전략이라면 실제로는 그 전략을 선택하지 않는다.

13 다음과 같이 X재와 Y재 두 가지 재화만 생산하는 국민경제에서 2024년의 GDP디플레이터는 2023년에 비하여 어떻게 변하였는가?

재화	2023년		2024년	
	수량	시장가격	수량	시장가격
X	3	20	5	20
Y	4	20	3	20

① 10% 상승

② 10% 하락

③ 20% 하락

④ 20% 상승

⑤ 변동 없음

14 수요독점이 발생할 수 있는 원인으로 볼 수 없는 것은?

① 생산요소가 특정산업에만 적용될 수 있을 때

② 특정 생산요소가 극도로 전문화되어 있을 때

③ 주민들의 이동이 어려울 때

④ 정책이나 제도에 의해 공급자가 제한될 때

⑤ 특징 지역에 한 기업만 존재할 때

15 외부성을 해결하기 위한 공적인 해결방안으로 볼 수 없는 것은?

① 가격통제   ② 수량통제

③ 오염배출권제도   ④ 조세의 부과

⑤ 합병

16 GDP에 대한 설명으로 옳지 않은 것은?

① GDP는 여러 거시경제지표 중에서 가장 중요한 지표로 인식된다.

② 명목 GDP는 당해연도의 생산물 수량에 당해연도의 시장가격을 곱해서 구한다.

③ 실질 GDP는 물가의 변화를 고려할 필요가 없는 당해 연도만의 경제상황을 분석할 때 유용하다.

④ 명목 GDP는 산출량의 변화가 없더라도 시장가격의 변화만으로도 변할 수 있다.

⑤ 명목 GDP에서 가격의 변화를 제외한 것이 실질 GDP이다.

17 인플레이션에 대한 설명으로 옳지 않은 것은?

① 1년간 평균물가수준이 상승한 정도를 백분율로 나타낸 것을 인플레이션율이라 한다.

② 물가 상승률이 극단적으로 높은 수준에 이르면 경제는 잘 작동하지 못하게 된다.

③ 물가가 급격히 상승하면 사람들은 돈이 들어오는 즉시 소비하려고 한다.

④ 물가가 급격히 상승하면 화폐의 구매력도 급격히 상승한다.

⑤ 인플레이션은 기업의 생산투자를 위축시키고 경제의 불확실성을 증대시킨다.

18 케인즈 단순모형의 특징으로 옳지 않은 것은?

① 유효수요에 따라 균형국민소득이 결정된다.

② 유효수요의 증대를 위해서는 소비가 활성화되어야 한다.

③ 유휴설비가 존재하므로 공급부족이 발생하지 않는다.

④ 총지출이 완전고용국민소득에 미치지 못할 경우 실업이 지속될 수 있다.

⑤ 장기적으로 가격과 임금이 유동적이다.

19 다음 사례에서 설명하는 실업은 무엇인가?

> 근로자 Y 씨는 직장을 옮기기 위해서 자발적으로 퇴직을 하였다. 실업기간이 길어지더라도 Y 씨는 더 나은 일자리를 찾기 위해 자기계발 시간을 가질 생각을 하고 있다. Y 씨는 구직기간 중에 일자리 정보를 알려주는 직업정보센터나 고용안정센터에 방문하여 직업에 관련한 다양한 도움을 받을 예정이다.

① 마찰적 실업

② 구조적 실업

③ 비자발적 실업

④ 실망실업

⑤ 잠재적 실업

20 절대소득가설 소비함수의 특징에 관한 설명으로 옳지 않은 것은?

① 소득이 없어도 생존을 위해 지출해야 하는 최소한의 생존소비가 존재한다.

② 소득이 증가함에 따라 소비함수의 양의 기울기가 점점 가파르게 된다.

③ 곡선형태와 직선형태의 소비함수 모두 평균소비성향이 한계소비성향보다 크다.

④ 곡선형태와 직선형태의 소비함수 모두 한계소비성향은 0과 1 사이의 값을 갖는다.

⑤ 곡선형태의 소비함수는 소득이 증가할 경우 한계소비성향이 감소한다.

21 아래의 그림과 같은 커뮤니케이션 네트워크 유형의 내용으로 가장 옳지 않은 설명은 무엇인가?

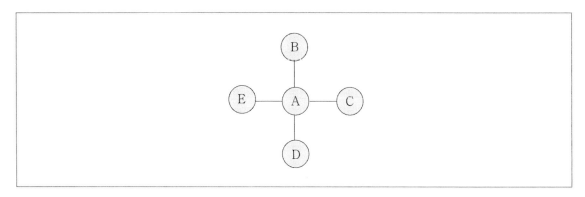

① 집단구성원 간 중심인물이 존재하고 있는 경우에 흔히 나타나는 구조이다.

② 구성원들의 정보전달이 어느 중심인물이나 집단의 지도자에게 집중되는 패턴이다.

③ 중심인물 등이 정보를 종합할 수 있기 때문에 문제해결 시 정확한 상황파악 및 신속한 문제해결이 이루어질 수 있는 이점이 있다.

④ 문제의 성격이 일상적일 경우에 유효하다.

⑤ 복잡한 문제이면서 어려운 경우에도 유효하다.

22 일경이는 두 가지 재화 x, y를 소비하고 있고 효용함수는 $\min(3x, y)$로 표시된다. 그리고 재화 x의 가격은 5원이고 y의 가격은 10원이다. 그가 재화$(x, y) = (11, 18)$와 같은 만족감을 제공하는 두 재화 x, y를 구입하는 데 필요한 최소한의 소득은 얼마인가?

① 202원

② 210원

③ 218원

④ 226원

⑤ 234원

23 사회주의 기업에 대한으로 가장 적절하지 않은 것은?

① 비효율적인 자원의 배분이 일어난다.

② 개개인에게 있어 선택자유의 제약이 있다.

③ 이익창출을 하는 것이 최대목표이다.

④ 계획에 있어서의 비신축성으로 인해 오류의 자동적 수정이 불가능하다.

⑤ 전략산업의 육성이 용이하다.

24 기업이 수직계열화 하는 경우 발생하는 기술적 경제 효과로 옳지 않은 것은?

① Search costs

② Negotiation costs

③ Coordination costs

④ Monitoring costs

⑤ Material costs

25 카르텔(Kartell)에 대한 설명과 가장 거리가 먼 것은?

① 경기변동에 의한 위험분산, 경영의 다각화, 이윤의 증대, 조직의 개선 등이 구성목적이다.

② 가맹기업 간 협정에 의해 성립된다.

③ 가맹기업의 경우 협정에 의해 일부 활동에 대해서는 제약을 받지만 법률적인 독립성은 잃지 않는다.

④ 가맹기업의 자유의사에 의해 결성된다.

⑤ 국민경제발전의 저해, 경제의 비효율화 등에 미치는 폐해가 크다.

26 산업구조에 대한 설명으로 타당하지 않은 것은?

① 독점적 경쟁시장은 기업들의 제품차별화와 밀접한 관련을 가진다.

② 완전경쟁시장의 장기균형 상태에서 기업들은 초과이윤을 얻지 못한다.

③ 독점기업이 이윤을 극대화하는 생산량은 한계수입과 한계비용이 일치하는 수준에서 결정된다.

④ 완전경쟁시장에서는 기업들이 진입과 퇴출이 자유롭지 않기 때문에 가격을 자유롭게 결정할 수 있다.

⑤ 완전경쟁기업이 상품차별화를 이루면 독점적 경쟁시장이 형성된다.

27 기업의 국제화 단계를 순서대로 나열한 것은?

① 상품의 수출입단계 → 기술정보의 수출입단계 → 자본의 수출입단계 → 인적자원의 교환단계 → 현지 사업단계 → 현지 진출단계

② 상품의 수출입단계 → 인적자원의 교환단계 → 자본의 수출입단계 → 기술정보의 수출입단계 → 현지 사업단계 → 현지 진출단계

③ 상품의 수출입단계 → 자본의 수출입단계 → 인적자원의 교환단계 → 현지 사업단계 → 기술정보의 수출입단계 → 현지 진출단계

④ 상품의 수출입단계 → 인적자원의 교환단계 → 기술정보의 수출입단계 → 자본의 수출입단계 → 현지 사업단계 → 현지 진출단계

⑤ 상품의 수출입단계 → 자본의 수출입단계 → 기술정보의 수출입단계 → 인적자원의 교환단계 → 현지 사업단계 → 현지 진출단계

28 생산가능곡선을 이동시키는 요인을 모두 고르시오.

㉠ 자본량 증가	㉡ 노동량 감소
㉢ 기술진보	㉣ 청년실업 감소

① ㉠㉢

② ㉠㉡㉢

③ ㉡㉣

④ ㉡㉢㉣

⑤ ㉠㉡㉢㉣

29 소득분배에 설명 중 옳은 것을 모두 고르면?

> ㉠ 로렌츠곡선이 대각선에 가까울수록 소득분배가 평등하다.
> ㉡ 지니계수가 0에 가까울수록 소득분배가 평등하다.
> ㉢ 지니계수와 로렌츠곡선은 서로 독립된 별개의 소득분배 지수이다.

① ㉠

② ㉠㉡

③ ㉡㉢

④ ㉠㉢

⑤ ㉠㉡㉢

30 다음의 상황에서 영희가 뮤지컬을 관람하기로 결정했다면 기회비용은 얼마인가?

> 주희는 3만 원을 지불하고 뮤지컬 티켓을 구입하였다. 이 티켓은 환불이 불가능하나 2만 원을 받고 중고시장에 팔 수 있다. 그런데 얼마 후, 주희는 평소 보고 싶었던 전시회가 같은 시간에 개봉한다는 것을 알게 되었다. 전시회 표의 가격은 1만 원이고, 주희가 전시회를 본다면 4만 원까지 지불할 용의가 있다. 뮤지컬과 전시회 중 어떤 것을 보더라도 추가비용은 들지 않는다고 한다.

① 2만 원

② 3만 원

③ 4만 원

④ 5만 원

⑤ 6만 원

31 브레튼우즈 체제하에서 시행된 내용에 해당하지 않는 것은?

① 미국 달러화를 기축통화로 하는 금환본위제도 시행

② 국제유동성 부족을 해소하기 위한 특별인출권 창출

③ IMF 및 IBRD 설립

④ 각국 통화의 자유로운 교환

⑤ 자유로운 변동환율제도 채택

32 다음 중 수요의 교차탄력성이 음수를 나타내는 재화로 짝지어진 것은?

① 주스와 우유

② 햄버거와 스테이크

③ TV와 컴퓨터

④ 소고기와 닭고기

⑤ 볼펜과 볼펜심

33 다음이 설명하는 것은?

민간 경제주체가 비용을 일체 지불하지 않고 협상을 한다면 외부효과에 의한 비효율성을 시장에서 스스로 해결할 수 있다. 당사자들의 자발적으로 협상으로 외부성이 해결되기 때문에 정부가 개입하지 않아도 된다는 이론이다.

① 대리인 문제

② 세이의 법칙

③ 그레샴의 법칙

④ 코즈의 정리

⑤ 슈바베의 법칙

34 물가 상승의 옳지 않은 것은?

① 공공요금 인상

② 기준금리 인하

③ 원자재가격 상승

④ 통화량 증가

⑤ 환율하락

35 한 나라 국민의 50%에 해당하는 사람들은 개인소득이 전혀 없고 나머지 50%에 해당하는 사람들에게는 모두 100만 원의 개인소득이 있다고 할 때, 지니계수의 값은?

① 0

② $\dfrac{1}{2}$

③ $\dfrac{1}{3}$

④ $\dfrac{1}{4}$

⑤ $\dfrac{1}{5}$

36 중앙은행의 금융정책에 따라 예상되는 경제현상은?

> 미국의 연방 준비제도(Fed)에서 기준금리가 자이언트 스텝으로 0.75% 올릴 것으로 발표했다. 연달아 추가 금리 인상을 할 의지를 보이며 국내 중앙은행에서도 이에 맞춰 기준금리를 인상을 할 것이라 발표하였다.

① 미국 경제에 대공황이 올 것이다.
② 부동산 가격이 급등할 것이다.
③ 환율이 상승으로 수출기업에 유리하다.
④ 투자가 늘어나면서 시장에 돈이 유통된다.
⑤ 투자자들이 신흥국에 투자를 한다.

37 적대적 M&A나 경영권 침해 시도 등이 발생했을 경우 공격자가 경영권을 획득하지 못하도록 독소 조항을 만들어 방어하는 경영권 보호제도는 무엇인가?

① 포이즌 필
② 황금낙하산
③ 차등의결권제도
④ 의무공개매수제도
⑤ 소수주주권

38 경제적 부가가치(EVA) 경영에 관한 설명으로 옳지 않은 것은?

① 전문경영자의 보상 평가기준으로 사용될 수 있다.

② 투자안의 경제성 평가기준으로 사용될 수 있다.

③ 매기간의 초과이익을 나타내므로 경영관리 분야에서 유용한 수단으로 사용된다.

④ 장기적인 관점에서 미래의 경제적 이익을 근거로 가치를 추정할 수 있다.

⑤ 주주가치 중심의 지표로서 이상적인 기업의 목표지표로 사용될 수 있다.

39 테일러 과학적 관리법에 대한 설명으로 옳지 않은 것은?

① 관리 대상이 경영관리, 공장관리, 생산관리까지 포괄적이다.

② 과업을 설정하는 과정에 객관성이 부족하다.

③ 시간연구 및 동작연구가 과업 설정의 기초가 된다.

④ 차별 성과급제를 도입하여 조직적인 태업을 사전에 예방한다.

⑤ 고임금에 대비하여 낮은 노무비가 원칙이다.

40 다음 중 사이먼(H. Simon)은 의사결정 대상의 성격에 따라 정형적 의사결정과 비정형적 의사결정으로 구분하고 있는데, 다음 중 비정형적인 의사결정에 대한 내용으로 적절하지 않은 것은?

① 전통적인 기법에서는 직관, 판단, 경험법칙 등에 의존했으며, 현대적 기법에서는 휴리스틱 기법을 활용하고 있다.

② 비일상적이면서 특수한 상황에 적용되는 성격을 지니고 있다.

③ 이러한 의사결정의 경우 주로 비구조화되어 있고, 결정에 대한 사항 등이 비일상적이며, 복잡한 조직 등에 적용된다.

④ 주로 전략적인 의사결정의 수준을 취하고 있다.

⑤ 이러한 조직구조에서의 의사결정은 주로 하위층에서 수행하게 된다.

41 기업의 사회적 책임의 유형에 해당하지 않는 것은?

① 자선적 책임   ② 윤리적 책임

③ 보상적 책임   ④ 경제적 책임

⑤ 법률적 책임

42 시간기준경쟁(TBC)에 관한 설명으로 옳지 않은 것은?

① 생산라인을 최대한 짧게 하고 공정계획을 현장에서 수립하여 생산시간을 단축한다.

② 관련 부서들이 모두 모여 의사결정을 할 경우 의견충돌로 인해 신속한 신제품 출시가 어렵다.

③ 영업사원과 공장부문을 직접 연결하는 정보시스템을 구축한다.

④ 제품이나 시장을 중심으로 조직이 구분되어 고객과 밀접한 관계를 맺을 수 있다.

⑤ 비용절감을 통한 경쟁우위 확보와 신속성이 차별화의 핵심 요소이다.

43 직무분석 방법의 장점에 관한 설명으로 옳지 않은 것은?

① 관찰법은 단순하고 반복적인 활동에 유용하다.

② 관찰법은 분석자가 풍부한 경험이 있을 경우 비교적 정확한 정보를 획득할 수 있다.

③ 면접법은 직무에 대한 정확한 정보를 획득하는 데 유용하다.

④ 질문서법은 시간과 노력을 절약할 수 있다.

⑤ 질문서법은 정식적인 정보를 획득하는 데 유용하다.

44 인사고과 방법 중 상대평가방법에 해당하지 않는 것은?

① 서열법   ② 평정척도법

③ 등급할당법   ④ 강제할당법

⑤ 표준인물비교법

45 인력수요를 예측할 때 양적 수요예측기법에 해당하는 분석방법이 아닌 것은?

① 생산성비율분석법　　　　　　　② 시계열분석법

③ 시나리오분석법　　　　　　　　④ 추세분석법

⑤ 회귀분석법

46 연공주의에 관한 내용이 바르게 연결되지 않은 것은?

① 합리성 여부 – 비합리적

② 승진요소 – 근속연수, 연령 등

③ 장점 – 고용의 안정 및 조직에 대한 애착심 증가

④ 승진제도 – 직계승진제도

⑤ 이해자 집단 – 노동조합

47 태도와 행동의 관계에 관한 설명으로 옳지 않은 것은?

① 직무불만족 시 조직시민행동이 나올 수 있다.

② 직무불만족에 대해 철수행동이 나올 수 있다.

③ 조직몰입은 직무성과에 (+) 영향을 준다.

④ 직무태도는 직무성과에 (+) 영향을 준다.

⑤ 직무태도가 직무성과에 미치는 영향의 크기는 크지 않다.

48 강화의 법칙(Reinforcement)에 따른 강화요인 4가지 중 이전의 부정적인 결과들의 부정적인 요소를 제거함으로써 긍정적인 영향을 주는 소극적인 강화는?

① 긍정적 강화　　　　　　　　　② 부정적 강화

③ 소거　　　　　　　　　　　　　④ 체벌

⑤ 단속강화법

49 현대적 조직에 해당하지 않는 것은?

① 네트워크 조직

② 위원회

③ 매트릭스 조직

④ 프로젝트 조직

⑤ 라인 조직

50 조직이론의 변천 과정이 바르게 연결된 것은?

① 폐쇄-사회적 조직이론 → 개방-사회적 조직이론 → 폐쇄-합리적 조직이론 → 개방-합리적 조직이론

② 폐쇄-합리적 조직이론 → 개방-합리적 조직이론 → 폐쇄-사회적 조직이론 → 개방-사회적 조직이론

③ 폐쇄-사회적 조직이론 → 폐쇄-합리적 조직이론 → 개방-사회적 조직이론 → 개방-합리적 조직이론

④ 폐쇄-사회적 조직이론 → 폐쇄-합리적 조직이론 → 개방-합리적 조직이론 → 개방-사회적 조직이론

⑤ 폐쇄-합리적 조직이론 → 폐쇄-사회적 조직이론 → 개방-합리적 조직이론 → 개방-사회적 조직이론

51 다음은 네트워크 유형에 의한 조직유효성에 대한 내용이다. 이 중 원(Circle)형에 관한 것으로 옳지 않은 항목은?

① 커뮤니케이션의 속도는 느리다.

② 구성원 만족도는 상당히 낮다.

③ 의사결정의 수용도는 높다.

④ 권한의 집중도는 낮다.

⑤ 의사결정의 속도는 느리다.

52 다음에서 설명하고 있는 것으로 적절한 것은?

다음은 제품과 서비스를 결합한 사례이다. 새로운 형태의 비즈니스 유형으로 전통적인 제조업에서 서비스라는 무형자산이 융합된 것이다

• 자동차에 유비쿼터스 환경을 구현
• 농촌 체험마을 관광 상품
• 기계 손상 실시간 모니터링 시스템

---

① 전략군 분석
② 코아피티션
③ 다이내믹 산업분석
④ 카니발리제이션
⑤ 서비타제이션

53 다음 생산가능곡선에 대한 설명으로 옳지 않은 것은?

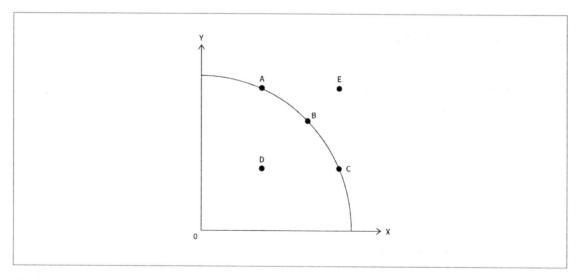

① 활용가능한 자원의 질과 양은 고정되어 있다.
② A점에서 C점으로의 이동은 X재 추가 생산에 따라 포기하게 되는 Y재의 생산량이다.
③ 곡선 내부에 위치한 D점은 비효율적인 생산이 이루어지고 있다.
④ 기술 진보가 나타나면 X재와 Y재 모두 A지점에서보다 많이 생산할 수 있다.
⑤ 곡선 외부에 위치한 E점은 사용 가능한 자원을 최소로 생산했을 때 달성할 수 있다.

54 수직적 통합의 단점으로 옳지 않은 것은?

① 성격이 다른 사업분야를 경영하는 문제가 대두될 수 있다.
② 경쟁의식 감소로 인해 기술혁신의 인센티브가 줄어든다.
③ 한 부분의 진부화가 전체의 진부화로 확산될 수 있다.
④ 기업의 유연성이 떨어지게 된다.
⑤ 생산비용과 시장비용이 많이 소요된다.

55 포터의 다섯 가지 경쟁요인에 해당하지 않는 것은?

① 신규 기업 간 경쟁   ② 잠재적 경쟁기업
③ 구매자 교섭력   ④ 공급자 교섭력
⑤ 대체재 위협

56 전략캔버스에 관한 설명으로 옳지 않은 것은?

① 레드오션 전략을 구축하기 위한 분석도구이다.
② 경쟁자들이 어디에 투자를 하는지 어떤 분야에서 경쟁을 하는지를 이해하는 것이 목적이다.
③ 수평축은 업계가 경쟁하고 투자하는 요소의 범위이다.
④ 수직축은 구매자들이 느끼는 경쟁요소들의 수준 정도이다.
⑤ 그래프 상의 표시점이 높을수록 기업이 구매자에게 제공하는 것이 많음을 의미한다.

57 아담스미스의 절대우위론에 관한 설명으로 옳지 않은 것은?

① 무역을 통해 한 국가가 이익을 보면 상대국은 반드시 손해를 보는 제로섬 게임이라는 관점에 대한
   비판에서 출발한 이론이다.
② 각국은 생산에 있어서 생산성 높은 재화에만 집중하고 무역을 통해 재화를 교환한다.
③ 각국의 특화된 제품을 서로 교환함으로써 전체적인 부의 증대가 가능해진다.
④ 한 국가가 다른 국가에 비해 모든 재화의 생산에 있어 절대우위일 경우 무역은 발생하지 않는다.
⑤ 생산의 효율성이 발생하여 양국의 생산량 합계가 무역 전보다 무역 후에 훨씬 커지게 된다.

58 WTO에 관한 설명으로 옳지 않은 것은?

① 법인격이 있는 국제기구이다.

② 분쟁해결은 분야별로 산재되어 있다.

③ 위반국에 대한 강제적인 집행능력을 보유한다.

④ 관세인하와 비관세장벽의 철폐를 강화하였다.

⑤ 공산품과 농산물 이외에 지적재산권, 투자조치도 규제대상이다.

59 다음 중 디지털 경제하에서 소비활동의 변화로 적절하지 않은 것은?

① 시간과 공간의 제약이 없어져 전 세계가 하나의 시장이 된다.

② 전자상거래의 활성화로 거래비용이 획기적으로 줄어드는 마찰 없는 경제가 도래한다.

③ 일대일 마케팅에서 매스 마케팅으로 전환된다.

④ 가상점포의 확대로 판매 및 주문 처리비용이 감소하여 시장진입장벽이 낮아지면서, 신규기업의 참여에 의한 경쟁 심화로 가격하락을 촉진시키게 된다.

⑤ 소비자의 제품선택의 폭이 확대된다.

60 해외직접투자 방법 중 합작투자의 장점으로 볼 수 없는 것은?

① 참여기업 간 정보교환

② 위험부담의 감소

③ 규모의 경제 달성

④ 경쟁완화

⑤ 무역장벽 극복

61 마케팅의 개념으로 옳지 않은 것은?

① 시장에서 출발한다.

② 고객의 욕구를 우선으로 한다.

③ 단기성과를 지향한다.

④ 저압적, pull 방식을 이용한다.

⑤ 고객만족을 통한 이윤 창출을 목표로 한다.

62 다음 정부가 가난한 사람에게 식비를 보조하는 방법 중 파레토 효율성을 저해하지 않는 것은?

① 일정 소득 이하의 사람들에게 선착순으로 쌀을 배부하는 방법

② 민간자선단체에서 낮은 가격의 식사를 제공하는 급식소 형태

③ 주식인 쌀의 가격을 규제하여 가격상한을 설정하는 방법

④ 일정 소득 이하의 가난한 사람에게 소득을 보조하는 방법

⑤ 고소득층의 세금을 올려서 저소득층의 복지에 투자하는 방법

63 모집단의 특성을 기준에 비례하여 표본을 추출하는 표본추출방법은?

① 편의표본추출법   ② 할당표본추출법

③ 판단표본추출법   ④ 층화표본추출법

⑤ 군집표본추출법

64 소비자 의사결정 과정에서 대안을 평가하는 비보완적 방식이 아닌 것은?

① 사전편집식   ② 결합식

③ 분할식   ④ 다속성 태도모형

⑤ 순차적 제거모형

65 비차별적 마케팅 전략에 관한 설명으로 옳지 않은 것은?

① 세분시장 간의 차이를 고려하지 않으며 단일제품으로 전체시장을 공략하는 전략이다.

② 경쟁전략의 원가우위전략과 유사한 마케팅 전략이다.

③ 다양한 마케팅 믹스로 소비자들의 욕구에 부합하는 제품을 제공하여 기업의 매출액이 증가한다.

④ 대량유통경로, 대량광고매체, 대량생산체제를 통한 경제성을 추구한다.

⑤ 제품수명주기의 도입기에서 주로 선택된다.

66 제품수명주기의 도입기에 관한 설명으로 옳지 않은 것은?

① 막대한 R&D 비용, 유통망 구축비용 등으로 기업의 현금흐름은 대개 적자이다.

② 시장에서 급속한 판매성장과 경쟁자의 등장이 나타난다.

③ 고소득층이나 혁신층을 대상으로 주로 마케팅을 한다.

④ 시장세분화의 필요성은 그다지 크지 않다.

⑤ 1차 수요를 유발시켜 소비자의 제품에 대한 인지도를 높이는 것이 목표이다.

67 내쉬균형에 관한 다음의 설명 중 옳지 않은 것은?

① 담합이 이루어지면 내쉬균형이 존재하지 않는다.

② 내쉬균형점에서 파레토 효율성이 충족되지 않을 수 있다.

③ 내쉬균형 이론을 이용하면 과점기업의 전략선택 여부를 파악할 수 있다.

④ 각각의 경기자가 전략을 변경할 이유가 없는 상태에서 내쉬균형이 성립한다.

⑤ 내쉬균형 상태에서는 상대방의 효용 손실 없이는 자신의 효용을 증가시킬 수 없다.

68 광고와 인적판매를 비교한 내용으로 옳지 않은 것은?

① 광고는 소비재, 저관여제품 등에 유리하지만, 인적판매는 산업재, 고관여제품 등에 유리하다.
② 광고는 불특정 다수를 대상으로 하지만, 인적판매는 특정의 소수를 대상으로 한다.
③ 광고는 표준화된 정보를 제공하지만, 인적판매는 고객별 개별화된 정보의 제공이 가능하다.
④ 광고는 제공 가능한 정보의 양에 제한이 없지만, 인적판매는 제공 가능한 정보의 양이 제한된다.
⑤ 광고는 1인당 비용이 저렴하지만, 인적판매는 1인당 비용이 높다.

69 사채에 대한 설명으로 옳지 않은 것은?

① 회사채 등급 중 AAA ~ BBB 등급이 투자등급으로 분류된다.
② 전환사채(Convertible Bond)란 주식으로 전환 가능한 사채를 말한다.
③ 신주인수권부사채(Bond with Warrants)는 향후 신주 발행 시 신주인수권이 부여되는 사채이다.
④ 옵션부사채(Bond with imbedded Option)의 종류는 콜옵션부사채와 풋옵션부사채가 있다.
⑤ 시장이자율보다 액면이자율이 큰 경우 할인발행하게 된다.

70 회계정보를 이용하는 기타 정보이용자에 해당하지 않는 사람은?

① 경영자
② 재무분석가
③ 일반대중
④ 정보중개인
⑤ 종업원

71 회계정보의 질적 특성에 해당하지 않는 것은?

① 효율성
② 이해가능성
③ 목적 적합성
④ 비교가능성
⑤ 신뢰성

72 손익계산서를 작성할 때 별도로 기재하는 이익에 해당하는 것은 무엇인가?

① 특별이익
② 매출총이익
③ 영업이익
④ 법인세비용 차감 전 순이익
⑤ 계속사업이익

73 안정성비율에 해당하는 것을 모두 고르면?

㉠ 부채비율	㉡ 유동비율
㉢ 이자보상배율	㉣ 재고자산회전율
㉤ 주가장부가액비율	

① ㉠㉢
② ㉠㉡
③ ㉠㉣
④ ㉡㉤
⑤ ㉡㉣

74 다음은 M건설회사의 2024년 재무상태표이다. 2024년 M건설회사의 유동비율은?

(단위 : 억 원)

과목	금액	과목	금액
유동자산	200	유동부채	350
비유동자산	600	비유동부채	550

① 25.1%
② 39.7%
③ 43.2%
④ 57.2%
⑤ 88.8%

75 증권시장선(SML)의 기대수익률을 구하는 계산식으로 옳은 것은?

① 무위험이자율 + (요구수익률 - 시장포트폴리오 기대수익률) × 시장포트폴리오 베타
② 무위험이자율 + (시장포트폴리오 기대수익률 - 요구수익률) × 시장포트폴리오 위험프리미엄
③ 요구수익률 + (시장포트폴리오 기대수익률 - 요구수익률) × 시장포트폴리오 베타
④ 요구수익률 + (무위험이자율 - 시장포트폴리오 기대수익률) × 시장포트폴리오 위험프리미엄
⑤ 무위험이자율 + (시장포트폴리오 기대수익률 - 무위험이자율) × 시장포트폴리오 베타

76 듀레이션에 관한 설명으로 옳지 않은 것은?

① 순수할인채권의 듀레이션은 만기와 같다.
② 만기가 길수록 듀레이션은 길어진다.
③ 액면이자율이 높을수록 듀레이션은 짧아진다.
④ 시장이자율이 높을수록 듀레이션은 짧아진다.
⑤ 이자율 하락이 예상되면 듀레이션이 긴 채권을 매도한다.

77 유사거래비교법에 대한 설명으로 옳지 않은 것은?

① 외부환경변화에 덜 민감하다.
② 계산법이 간편하다.
③ 경영권 프리미엄을 반영하여 계산이 가능하다.
④ 비교가능거래를 찾는 것이 쉽지 않다.
⑤ 정보 접근성에 제한이 있다.

78 옵션의 개념에 관한 설명으로 옳지 않은 것은?

① 옵션은 이미 존재하는 증권의 가격에 따라 수익이 결정되는 조건부 청구권이다.

② 콜옵션은 특정 주식을 미리 정해진 가격에 매입할 수 있는 권리를 말한다.

③ 옵션매입자는 옵션매도지로부터 거래할 권리를 부여받는다.

④ 유럽형 옵션은 미리 정해진 기간에 언제든지 권리를 행사할 수 있다.

⑤ 옵선의 계약비용은 양(+)이어야 한다.

79 선물의 개념에 관한 설명으로 옳지 않은 것은?

① 선물은 현재 외환, 채권, 주식 등을 기초자산으로 하는 금융선물만 존재한다.

② 현물이 인도되어 선물계약의무가 이행되는 날을 선물만기일이라고 한다.

③ 선물가격은 기초자산의 현물가격에 연동해서 변화한다.

④ 현금결재방식은 선물가격과 선물만기일의 현물가격과의 차이만큼 정산하는 방식이다.

⑤ 선물계약은 만기 이전에 반대매매를 통해 거래가 종료되는 것이 일반적이다.

80 H사의 재무자료를 일부를 통해 알 수 있는 PER의 값은?

- 매출액 : 5억 원
- 예상 세후 순이익 : 3억 원
- 주식 수 : 30만주
- 기업 1주당 주가 : 3만 5천 원

---

① −30

② −15

③ 0

④ 20

⑤ 35

※ 정답 및 해설은 p.370에 있습니다.

1   아래에 제시된 그림의 곡선 BC는 주어진 양의 생산요소와 생산기술을 사용하여 최대한으로 생산할 수 있
    는 빵과 과자의 조합을 나타낸 것이다. 이에 대한 설명으로 가장 적절하지 않은 것은?

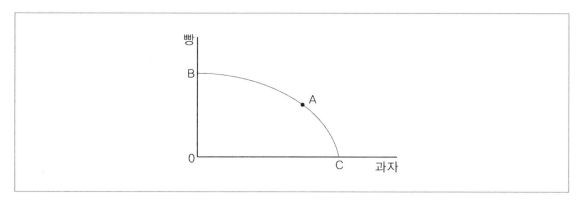

① A점은 효율적인 빵과 과자 생산량의 조합 중 하나이다.

② A점에서 빵의 생산을 늘리려면 과자의 생산은 반드시 줄여야 한다.

③ 빵과 과자를 모두 A점보다 적게 생산할 수 있다.

④ 기술진보가 일어나면 빵과 과자를 모두 A점보다 많이 생산할 수 있다.

⑤ 과자를 더 많이 생산할수록 포기해야 하는 빵의 생산량은 줄어든다.

2 다음 기사에서 시행한 정책으로 나타날 수 있는 효과는?

> 중국 중앙은행 인민은행은 외화 지급준비율을 8%에서 6%로 인하했다가 2%를 추가적으로 하향 조
> 정하였다. 이러한 지급준비율 인하는 외국자본 이탈, 코로나 봉쇄, 부동산 위기 등의 악재로 생기는
> 부담감을 낮추기 위한 움직임으로 보이고 있다.

① 통화공급이 늘어나고 대출이 증가하게 된다.
② 통화공급이 늘어나고 대출이 감소하게 된다.
③ 통화공급이 줄어들고 대출이 증가하게 된다.
④ 통화공급이 줄어들고 대출이 감소하게 된다.
⑤ 통화공급, 대출 모두 불변한다.

3 다음 ㉠에 들어가는 용어는?

> 경기가 급속히 둔화되는 와중에 글로벌 식품 가격이 최근 급등하면서 일부 신흥국가들이 (㉠)
> 에 빠질 가능성이 증가하고 있다. K일보에서 "최근 곡물 가격이 급등하면서 가계소비 중 식품구입
> 비중이 높은 개발도상국이 갑작스러운 소비자물가 상승 압력에 직면했다"며 "식료품 가격이 오르면
> 경기부양을 위한 금리인하 등의 정책선택이 제한돼 (㉠)에 대한 우려가 고조된다"고 설명했
> 다. 글로벌 투자가들은 선진국 경기가 둔화되는 와중에도 경기부양책 가동의 여지가 높은 신흥 경제
> 국에 투자해 10%가량의 수익을 올려왔지만 점차 고조되는 (㉠) 가능성에 발목이 잡힐 수 있
> 다고 경고했다.

① 디플레이션
② 인플레이션
③ 페이퍼링
④ 스태그플레이션
⑤ 마이너스 금리

4 아래 그림은 네트워크 유형에 따른 조직유효성 중 완전연결(All Channel)형을 나타낸 것이다. 이에 대해 추론한 내용으로 적절하지 않은 것은?

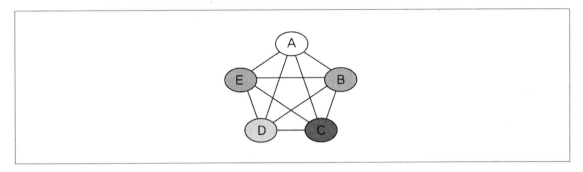

① 커뮤니케이션 속도는 빠르다.
② 커뮤니케이션 정확도가 높다.
③ 권한집중도는 낮다.
④ 구성원들의 만족도는 높다.
⑤ 의사결정의 속도는 상당히 느리다.

5 다음 사례에서 설명하고 있는 불공정거래는?

K 씨는 P제약회사에서 근무 중인 동료 J 씨에게 획기적인 당뇨병 치료제 개발이 완료됨과 함께 우량회사와 합병을 앞두고 있다는 말을 들었다. 이에 K 씨는 이와 같은 소식의 발표가 있기 일주일 전에 P제약회사의 주식을 대량 매수하였다. 뉴스에서 대대적으로 P제약회사의 호재소식을 기사로 내보내자 주식은 처음 구매했을 때보다 상승하였다. 이에 K 씨는 매매차익을 취득하고 주식을 매도하였다.

① 주식 대량보유 보고의무 위반
② 시세조종
③ 주가조작
④ 내부자거래
⑤ 신고 공시의무 위반

6 종합부동산세의 존·폐에 관한 상반된 주장을 통해 이들 논리로부터 유추한 내용으로 적절하지 않은 것은?

> • 존치론 : 종합부동산세란 소수의 부동산 부자들로부터 걷은 세금으로 지방의 서민들을 지원하는 세금이다. 우리나라보다 부동산 보유세율이 몇 배나 높은 미국과 같은 선진국들은 보유세율을 정상화한다는 의미에서도 종부세는 폐지할 수 없다. 부동산 시장을 안정시키고 투기를 잡기 위해서라도 종부세는 필수적이다. 만약 종부세를 폐지한다면 이는 소수의 부자들만을 위함이다.
>
> • 폐지론 : 선진국의 보유세는 일반적으로 종부세와 같은 누진율이 아닌 부동산을 가진 모든 국민이 동일한 세율로 납부하는 정률세로 운영된다. 일부 부자들에게만 지방 재정에 관한 책임을 떠넘긴다는 점에서 종부세는 정의롭지도 못하며, 더구나 고가의 부동산을 보유했다고 해서 진짜 부자인 것도 아니다. 또한 세금이 부동산 가격을 안정시키는 효과 역시 없다.

① 폐지론자는 세금은 고루 부담하는 보편성을 가져야 정의롭다고 믿는다.
② 존치론자의 논리에 따르면 종부세가 아닌 재산세를 올려야 한다.
③ 폐지론자는 보유세를 무겁게 매기는 것에 반대한다.
④ 존치론자는 세금 인상이 부동산 투기를 억제한다고 믿는다.
⑤ 폐지론자는 순자산에 매기는 부유세에 찬성할 가능성이 높다.

7 X재에 대한 수요의 소득 탄력성이 −3이고 X재 수요의 Y재에 대한 교차탄력성이 2라고 할 때 옳은 것은?

① X는 열등재이고 X재와 Y재는 대체재 관계이다.
② X는 열등재이고 X재와 Y재는 보완재 관계이다.
③ X는 정상재이고 X재와 Y재는 대체재 관계이다.
④ X는 정상재이고 X재와 Y재는 사치재 관계이다.
⑤ X는 정상재이고 X재와 Y재는 기펜재 관계이다.

8 다음에서 설명하고 있는 것은?

> 개인이 받은 주택담보대출 이외에도 신용대출, 카드론 등 금융권에서 받은 대출정보를 합산한 금액에서 연간 원리금을 연소득으로 나눈 비율이다. 대출을 원하는 사람의 소득에 대비하여 전체 금융부채에 대한 대출상환능력이 적절한지를 심사하기 위한 것이다.

① 유동비율
② 당좌비율
③ 주택담보대출비율
④ 총부채상환비율
⑤ 총부채원리금상환비율

9 KOSPI와 주가지수 산출방식이 다른 지수를 모두 고른 것은?

> ㉠ Dow 30   ㉡ KOSDAQ
> ㉢ S&P 500   ㉣ Nikkei 225

① ㉠㉡   ② ㉠㉢
③ ㉠㉣   ④ ㉢㉣
⑤ ㉠㉢㉣

10 가격효과, 대체효과, 소득효과에 대한 설명으로 옳지 않은 것은?

① 정상재의 경우 가격효과와 대체효과 모두 음(−)의 값을 가진다.
② 정상재의 경우 음(−)의 가격효과가 양(+)의 소득효과보다 크므로 대체효과는 음(−)이다.
③ 가격효과는 소득효과와 대체효과의 합으로 구한다.
④ 열등재의 경우 음(−)의 대체효과가 양(+)의 소득효과보다 크므로 가격효과는 음(−)이다.
⑤ 기펜재의 경우 양(+)의 소득효과가 음(−)의 대체효과보다 크므로 가격효과는 양(+)이다.

11 수요의 소득탄력성에 대한 설명으로 옳지 않은 것은?

① 소득탄력성이 1보다 큰 경우 재화의 종류 중 사치재에 해당한다.

② 소득탄력성이 0보다 작은 경우 열등재이다.

③ 소득탄력성이 0.5라면 사치재에 해당한다.

④ 재화가 두 종류인 경우 모두 1보다 크거나 모두 1보다 작을 수 없다.

⑤ 필수재의 소득탄력성은 0과 1 사이이다.

12 생산물시장이 불완전경쟁적일 경우 나타날 수 있는 현상에 관한 설명으로 옳지 않은 것은?

① 생산물시장이 불완전경쟁적일 경우, '가격 = 한계수입'의 관계가 성립하지 않는다.

② 생산요소를 한 단위 추가로 고용할 때 얻을 수 있는 수입은 한계생산물가치가 된다.

③ 한계수입생산 곡선은 한계생산물가치 곡선보다 항상 왼쪽에 위치한다.

④ 동일한 임금수준에서 완전경쟁적일 때보다 고용량이 줄어든다.

⑤ 한계생산체감의 법칙으로 인해 한계수입생산 곡선은 우하향한다.

13 소비자 A가 1기에 얻은 소득(Y)을 1기와 2기의 소비로 배분하여 효용을 극대화하고자 한다. 이때 소비자 A의 예산제약식은 $C_1 + \dfrac{C_2}{1+r} = Y$ (C_1, C_2는 각각 1기와 2기의 소비량, r은 실질이자율)이며, 효용함수는 $U(C_1, C_2) = C_1 C_2$라고 할 때 1기의 한계소비성향은?

① $\dfrac{1+r}{2}$

② $\dfrac{1}{3}$

③ $\dfrac{1+r}{5}$

④ $\dfrac{1}{2}$

⑤ 1

14 국민 경제에서 소비지출의 증가 요인이 아닌 것은?

① 금리 하락

② 부의 증가

③ 현재소득 증가

④ 물가 상승

⑤ 미래소득 증가 예상

15 후생경제학의 제1정리에 관한 설명으로 옳지 않은 것은?

① 이상적인 조건을 갖춘 시장경제에서 이루어지는 일반균형은 항상 효율적이다.

② 완전경쟁적인 완비된 시장에서 달성되는 일반균형은 반드시 파레토효율적이다.

③ 제1정리는 공평한 자원의 배분에 대한 기준을 제시하지 못한다.

④ 사회적으로 가장 바람직한 자원배분 상태가 무엇인지에 대해 답을 주지 못한다.

⑤ 시장은 서로 상충하는 경제주체들의 욕구를 조화시켜 사익의 추구가 공익을 달성하게끔 이끈다.

16 다음 그래프는 경기변동을 보여준다. 그래프에서 ㉠에 해당하는 것은?

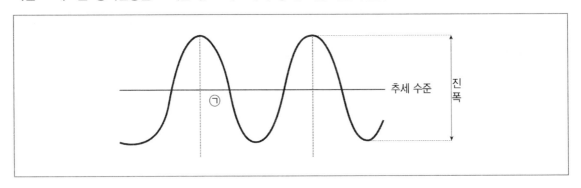

① 호황   ② 후퇴

③ 불황   ④ 정점

⑤ 회복

17 생산요소의 가격비가 한계기술대체율(MRTS)보다 클 때, 생산자의 바람직한 행동은?

① 자본의 투입을 증가시켜야 한다.

② 노동과 자본의 투입을 증가시켜야 한다.

③ 노동의 투입을 증가시켜야 한다.

④ 노동과 자본의 투입을 감소시켜야 한다.

⑤ 자본의 투입을 감소시켜야 한다.

18 화폐시장에서의 유동성 함정에 대한 설명으로 옳은 것은?

① 유동성 함정에 빠진 경우 화폐시장의 균형을 나타내는 LM곡선은 수직으로 나타난다.

② 화폐수요의 이자율 탄력성은 무한대가 된다.

③ 이자율이 변화되더라도 국민소득은 불변이다.

④ 유동성 함정은 고전학파의 이론이다.

⑤ 유동성 함정에 빠진 경우 국민소득이 증가하면 이자율도 증가한다.

19 노동자 오인모형에 관한 설명으로 옳지 않은 것은?

① 노동자가 명목임금에 관한 정보는 빨리 알지만 물가수준에 관한 정보는 빨리 알지 못하는 것을 전제한다.

② 정보의 불완전성으로 인해 총공급곡선이 우상향 하는 것을 설명하는 모형이다.

③ 화폐환상이 존재하는 경우 물가가 상승할 때 고용량의 증가로 생산량이 증가하면서 우상향의 총공급곡선이 도출된다.

④ 노동공급은 예상실질임금을 기준으로 결정되지만 노동수요는 실질임금에 의해 결정된다.

⑤ 상대가격에 관한 착각은 노동자에게 발생하고 기업에게는 발생하지 않는다.

20 부의 효과에 관한 설명으로 옳지 않은 것은?

① 소비가 소득뿐만 아니라 부의 증가에 의해서도 증가한다는 것을 의미한다.

② 고전학파는 경제가 유동성함정에 빠졌더라도 부의 효과가 존재한다면 확대금융정책으로 경기침체에서 벗어날 수 있다고 주장한다.

③ 이자율이 하락하면 실질 부가 감소하여 균형국민소득이 줄어들게 된다.

④ IS곡선의 기울기가 완만해지면 가파를 때보다 LM곡선 이동이 유발하는 국민소득 증가효과가 더욱 커진다.

⑤ 부의 효과를 도입하면 금융정책의 유효성이 증대된다.

21 정(+)의 저축에 대한 내용으로 옳지 않은 것은?

① 저축은 현재 소득을 얻고 있는 젊은 세대가 주축이 되어 행해진다.

② 자신이 예측하는 것보다 더 오래 살 수 있는 가능성이 있으므로 현재소비를 억제할 필요가 있다.

③ 청·장년의 인구가 노년의 인구보다 많을 경우에는 사회전체의 저축이 부(−)의 값을 갖게 된다.

④ 경제성장률이 높아지면 젊은 세대의 자산이 노년 세대의 자산보다 커지게 된다.

⑤ 유산을 남길 경우 자신의 효용이 정(+)의 값을 가진다고 한다면 사망시점에서 부의 가치도 정(+)의 값을 갖는다고 할 수 있다.

22 토빈의 q를 구하는 공식으로 옳은 것은?

① 토빈의 q = 주식시장에서 평가된 기업의 시장가치 ÷ 기업의 실물자본의 대체비용

② 토빈의 q = 기업의 실물자본의 대체비용 ÷ 주식시장에서 평가된 기업의 시장가치

③ 토빈의 q = 재무제표에서 평가된 기업의 장부가치 ÷ 기업의 실물자본의 대체비용

④ 토빈의 q = 기업의 실물자본의 대체비용 ÷ 재무제표에서 평가된 기업의 장부가치

⑤ 토빈의 q = 주식시장에서 평가된 기업의 시장가치 ÷ 재무제표에서 평가된 기업의 장부가치

23 유동성함정에 관한 설명으로 옳지 않은 것은?

① 화폐수요곡선이 수평의 형태를 나타낸다.

② 기대이자율에 비해 시장이자율이 매우 낮은 상태다.

③ 화폐에 대한 투기적 수요가 무한대가 된다.

④ 화폐공급이 증가하더라도 증가된 통화량이 모두 화폐수요로 흡수된다.

⑤ 경기가 호황일 때 나타난다.

24 한 국가의 통화공급을 구하려고 할 때 필요한 항목에 해당하지 않는 것은?

① 현금통화비율   ② 지급준비율

③ 지급준비금   ④ 화폐유통속도

⑤ 현금통화

25 화폐의 공급곡선과 수요곡선을 이동시키는 원인에 관한 설명으로 옳은 것은?

① 물가수준이 오르면 화폐수요곡선은 우측으로 이동한다.

② 사람들의 부가 증가하면 화폐수요곡선은 좌측으로 이동한다.

③ 중앙은행이 화폐공급을 늘리면 화폐공급곡선은 좌측으로 이동한다.

④ 경제의 거래량이 감소하면 화폐수요곡선은 우측으로 이동한다.

⑤ 이자율이 하락하면 화폐공급곡선은 좌측으로 이동한다.

26 인플레이션의 원인 중 공급측 원인에 해당하지 않는 것은?

① 생산비 상승   ② 임금의 상승

③ 원자재가격의 상승   ④ 통화량 증가

⑤ 기후조건의 변화

27 오쿤의 법칙을 통해 실업률과 실질GDP 간의 관계를 나타내고자 할 때 필요한 변수에 해당하지 않는 것은?

① 실제 GDP
② 명목 GDP
③ 상수
④ 실제실업률
⑤ 자연실업률

28 다음 계산식 중 옳지 않은 것은?

① 유동비율 = 유동자산(당좌자산 + 재고자산) ÷ 유동부채 × 100
② 매출액순이익률 = 순이익 ÷ 매출액 × 100
③ 재고자산회전율 = 매출액 ÷ 재고자산 × 100
④ 부채비율 = 부채총계 ÷ 자본총계 × 100
⑤ 총자산회전율 = 매출원가 ÷ 총자산 × 100

29 화폐적 균형경기변동 이론에 관한 설명으로 옳지 않은 것은?

① 루카스는 화폐량의 역할을 중시하는 프리드먼 등의 주장을 발전시켜 화폐적 경기변동이론을 제시하였다.
② 일반 균형상태에서 거시경제변수들이 결정되기 때문에 경기변동의 동조성을 잘 설명한다.
③ 불완전 정보에서 예상치 못한 충격이 발생할 경우 경제주체들이 이것을 개별적 충격으로 오인하여 국민소득에 변화를 가져오게 된다.
④ 예측하지 못한 통화공급 증가가 발생하면 일시적으로 경기호황이 발생한다.
⑤ 경기변동의 지속성을 설명하기 어렵다는 단점을 갖는다.

30 내생적 성장이론 모형에 해당하지 않는 것은?

① 솔로우모형

② R&D모형

③ AK모형

④ 인적자본모형

⑤ 학습효과모형

31 다음은 관세를 부과할 경우 소국의 관세효과를 그래프로 나타낸 것이다. 해당하는 값으로 옳지 않은 것은?

(1) 영역 값 : 10

(2) 영역 값 : 4

(3) 영역 값 : 5

(4) 영역 값 : 3

① 소비자 잉여 : −22

② 생산자 잉여 : 10

③ 재정 수입 : 5

④ 총잉여 : −15

⑤ 후생손실 : 7

32 관세부과 정책, 그리고 수량할당 정책을 시행할 때 각각 다르게 적용되는 항목끼리 짝지어진 것은?

① 소비자잉여와 생산자잉여

② 소비자잉여와 이윤총잉여

③ 재정수입과 수입업자의 초과이윤

④ 재정수입과 생산자잉여

⑤ 수입업자의 초과이윤과 이윤총잉여

33 가장 일반적으로 사용되는 것으로, 서비스수지와 소득수지 등이 해당하는 국지수지로 옳은 것은?

① 경상수지

② 자본수지

③ 종합수지

④ 상품수지

⑤ 무역수지

34 고정환율제도의 장점으로 볼 수 없는 것은?

① 환율유지를 위해 국가에서 스스로 가격을 규제하기 때문에 인플레이션이 낮아진다.

② 환율을 안정적으로 유지함에 따라 환위험이 없다.

③ 국가 간 활발한 자본거래로 인하여 무역과 투자가 촉진된다.

④ 국제수지의 불균형이 자동적으로 조정될 수 있다.

⑤ 화폐시장의 교란이 실물경제에 영향을 미치지 않는다.

35 다음 사례에서 설명하는 것은?

> 명품가방이 주력상품인 H사에서 신제품으로 반려견 밥그릇을 첫 출시한다고 예고하였다. 이 밥그릇은 도자기로 제작되었으며 유려한 곡선으로 고급스러운 이미지를 자아낸다. 판매개시 전이지만 H사의 반려견 밥그릇은 높은 인기와 강력한 브랜드이미지로 많은 사람들의 호응을 얻고 있다.

① 후광 효과

② 초두 효과

③ 스놉 효과

④ 디드로 효과

⑤ 바넘 효과

36 공기업의 장점이 아닌 것은?

① 독립채산제
② 경영활동에 대한 공공통제
③ 경영의 공익성
④ 충분한 자유재량권 부여
⑤ 유리한 자본조달

37 고객관계관리(CRM)에 관한 설명으로 옳지 않은 것은?

① 고객과의 관계를 바탕으로 평생고객가치를 극대화하기 위한 전략이다.
② 공급자로부터 소비자에게 이르는 일련의 공급과정을 정보의 흐름, 제품의 흐름, 재무의 흐름을 중심으로 통합화한 경영체계이다.
③ 고객의 모든 접점을 통해 최상의 고객만족 서비스를 제공한다.
④ 신규 고객유치와 기존 고객유치를 동시에 추구한다.
⑤ 고객맞춤 서비스 전략을 통해 고객 이탈 방지 및 우수고객의 유지가 기업의 수익성 증대에 도움이 된다.

38 지각은 사람이 환경에 의미를 부여하기 위해 감각적 인상을 조직 및 해석하는 일련의 과정을 의미하는데 다음 지각에 영향을 미치는 요소 중 지각 대상 관련 요소로 바르게 묶은 것은?

㉠ 태도	㉡ 동작
㉢ 흥미	㉣ 소리
㉤ 배경	㉥ 시간

① ㉠㉡㉥
② ㉡㉢㉣
③ ㉡㉣㉤
④ ㉢㉣㉤
⑤ ㉢㉤㉥

39 A사와 B사는 자동차 시장의 경쟁업체이다. 두 업체는 2023년 신모델 출시여부를 상대방의 전략에 따라 결정하려고 한다. 다음 표를 보고 내쉬(Nash) 균형에서의 A사 이윤은 얼마인가?

A사＼B사	출시	출시하지 않음
출시	A사 70, B사 60	A사 200, B사 10
출시하지 않음	A사 30, B사 210	A사 120, B사 70

① 10

② 30

③ 70

④ 120

⑤ 200

40 근대적 관리론자인 버나드의 주장으로 옳지 않은 것은?

① 조직을 인간의 협동적 노력의 결정체인 협동시스템으로 간주한다.

② 조직의 성립에 개인들의 공헌의욕과 활동을 총괄할 수 있는 공통목적이 필요하다.

③ 인간을 합리적 경제인이 아닌 제한된 합리성을 지닌 관리인으로 바라본다.

④ 조직이 공헌의욕을 확보하기 위해서는 개인에게 확실한 유인을 제공한다.

⑤ 조직을 존속시키는 전제조건은 공헌과 유인의 균형이다.

41 현대적 통제기법 중 하나인 목표에 의한 관리법(MBO)에 관한 설명으로 옳지 않은 것은?

① 지속적으로 중간평가를 통하여 피드백이 이루어진다.

② 기존의 관리법과 다르게 목표 설정 과정에 종업원을 참여시킨다.

③ 실제 목표를 설정하는 데 어려움이 있다.

④ 조직문화가 권위적일수록 효과적이다.

⑤ 단기적 목표와 수치에만 중점을 둔다.

42 리엔지니어링의 구성 요소에 해당하지 않는 것은?

① 업무에 대한 재평가　　　　　② 수직적 계층을 다기능팀 중심으로 재편
③ 새로운 정보시스템　　　　　　④ 고객중심 관점
⑤ 부서별 혁신

43 직무평가 방법의 종류에 해당하지 않는 것은?

① 분류법　　　　　　　　　　　② 요소비교법
③ 서열법　　　　　　　　　　　④ 관찰법
⑤ 점수법

44 인사고과 오류의 종류로 볼 수 없는 것은?

① 규칙적 오류　　　　　　　　　② 유사 오류
③ 대조 효과　　　　　　　　　　④ 논리적 오류
⑤ 기계적 오류

45 다음에서 설명하는 승진의 유형은 무엇인가?

> 승진 대상에 비해 직위가 부족한 경우 종업원의 사기저하나 이직을 방지하기 위해 조직을 변화시켜 직위계층을 늘림으로써 승진의 기회를 확대시킨다.

① 조직화 승진　　　　　　　　　② 대용 승진
③ 역직 승진　　　　　　　　　　④ 신분자격 승진
⑤ 연공 승진

46 독점시장의 균형상태를 표시한 것으로 옳은 것은?

① MR＝MC＞P   ② MR＞MC＞P

③ P＞MR＝MC   ④ P＞MR＞MC

⑤ MR＞MC＝P

47 아래 그림과 같은 형태의 조직구조에 관한 설명으로 가장 적절하지 않은 것은?

① 각 프로젝트별로 필요 인력을 기능별 조직으로부터 배정하는 형태로 구성원들은 최소 두 개의 부서에 해당된다.

② 소수의 제품라인을 지니고 있는 중규모의 조직에 가장 적절하다.

③ 인적자원을 효과적으로 활용할 수 있으며, 새로운 시장 변화에 융통성 있게 대처할 수 있다.

④ 명령일원화의 원칙에 위배되지 않는다.

⑤ 다양한 인간관계 기술에 대한 교육훈련이 필요하다.

48 허츠버그의 동기-위생이론(Motivation-hygiene theory)에서 위생요인과 동기유발 요인에 의해 직무만족도가 결정된다. 다음 중 위생요인에 해당하는 것은?

① 고용보장   ② 성취감

③ 인정   ④ 책임감

⑤ 성장

49 집단의사결정의 장점으로 옳은 것은?

① 일의 전문화가 가능하다.

② 시간과 비용을 절약한다.

③ 집단사고가 발생할 위험이 낮다.

④ 신속한 행동이 유리하다.

⑤ 의견불일치로 인한 갈등은 일어나지 않는다.

50 다음 그림은 마이클 포터의 경쟁전략에 해당한다. ㉠에 들어가는 것은?

① 중간상
② 유통
③ 제조기업
④ 생산성
⑤ 산업 내에 경쟁자

51 호퍼와 센델의 전략경영 형성 단계로 옳은 것은?

① 전략의 식별 → 갭의 분석 → 전략적 대체안 → 환경의 분석 → 자원의 분석 → 전략의 평가 → 전략의 선택

② 전략의 식별 → 환경의 분석 → 자원의 분석 → 갭의 분석 → 전략적 대체안 → 전략의 평가 → 전략의 선택

③ 전략의 식별 → 갭의 분석 → 전략의 평가 → 전략의 선택 → 전략적 대체안 → 환경의 분석 → 자원의 분석

④ 전략의 식별 → 전략의 선택 → 전략적 대체안 → 환경의 분석 → 갭의 분석 → 전략의 평가 → 자원의 분석

⑤ 전략의 식별 → 자원의 분석 → 갭의 분석 → 전략적 대체안 → 전략의 평가 → 전략의 선택 → 환경의 분석

52 Mcclleland의 성취동기 이론에서 가장 강조되는 욕구는 무엇인가?

① 성격욕구

② 존경욕구

③ 성취욕구

④ 친교욕구

⑤ 권력욕구

53 마일스와 스노가 말하는 전략—구조 유형에 대한 내용 중 방어형 전략에 해당하는 것으로 볼 수 없는 것은?

① 기능별 구조 및 제품별 구조를 결합한 느슨한 조직구조를 취한다.

② 안정 및 능률을 목표로 하는 전략이다.

③ 광범위한 분업 및 공식화의 정도가 높은 기능별 조직구조를 취하는 경향을 보인다.

④ 단순한 조정메커니즘과 계층경로를 통한 갈등 해결을 한다.

⑤ 집권화된 통제 및 복잡한 수직적 정보시스템이다.

54 공정별 배치에 관한 내용으로 옳지 않은 것은?

① 공정별 배치는 초기의 투자비가 저렴하다.

② 운반거리도 길고, 자재의 취급에 따른 비용이 높다.

③ 작업 형태에 있어 복잡하며 숙련성이 요구된다.

④ 자유 경로형으로서의 신축성이 높다고 할 수 있다.

⑤ 표준품의 대량생산에 가장 적합한 방식이다.

55 화폐공급량은 민간의 현금보유량과 금융기관이 발행하는 예금화폐의 합계이고, 본원통화는 민간의 현금보유량과 금융기관의 지불준비금의 합계이다. 민간의 예금 대비 현금보유 비율이 0.2이고 금융기관의 지불준비율이 0.1인 경우, 화폐승수는?

① 2.0

② 3.0

③ 4.0

④ 5.0

⑤ 6.0

56 다음의 조건이 주어진 경우 실업률을 산출하면?

> - 전체 인구 100,000명
> - 경제활동인구 50,000명
> - 실업자 수 5,000명
> - 15세 이상 인구 80,000명
> - 취업자 수 45,000명

① 6.25%
② 11%
③ 16%
④ 10%
⑤ 5%

57 외부에서 충격이 발생하자 어느 나라의 통화량은 12% 증가하고 화폐의 유통속도는 4% 감소하였다고 한다. 또한 이 충격으로 물가수준은 5% 상승하였다. 이 경우 이 나라 실질 GDP의 증가율은 몇 %인가?

① 3%
② 5%
③ 7%
④ 8%
⑤ 9%

58 요구불예금만 존재하며, 예금은행 조직 밖으로의 현금누출은 없다고 가정하자. 이때 본원적 예금이 1,000원, 법정지급준비율 10%라면 은행조직 전체의 대출총액은 최대 얼마까지 가능한가?

① 1,000원
② 5,000원
③ 6,000원
④ 8,000원
⑤ 9,000원

59 대손충당금에 대한 설명으로 옳은 것은?

① 기업의 부채를 주식으로 전환한 금액

② 매출액과 소요 비용이 일치될 때의 금액

③ 기업이 재투자하기 위해 보유하고 있는 순이익의 누적액

④ 외상 매출금, 대부금 등이 회수되지 않고 손실되는 것에 대비하여 설정하는 계정

⑤ 공ㆍ사채나 은행융자 등에 대한 이자 지불이나 원리금 상환이 불가능해진 상태

60 매년 400만 원의 이자를 영원히 받는 영구채권이 있다고 할 시에, 현재 이자율이 연리 5%에서 8%로 상승할 경우에 해당 채권의 가격은 어떻게 되는가?

① 3,000만 원 하락하게 된다.

② 3,000만 원 상승하게 된다.

③ 4,000만 원 하락하게 된다.

④ 4,000만 원 상승하게 된다.

⑤ 1,000만 원 상승하게 된다.

61 기업이 고객과 접촉하는 모든 과정을 통해 고객이 충분한 대가를 받고 있다고 느끼게 하여 자사 고객으로 계속 남도록 유도하는 마케팅은 무엇인가?

① 관계 마케팅   ② 전사적 마케팅

③ 내부 마케팅   ④ 고객생애가치

⑤ 데이터베이스 마케팅

62 시간을 효과적으로 관리하여 시간적 측면에서 경쟁우위를 확보하고자 하는 마케팅 활동은?

① 터보 마케팅

② 감성 마케팅

③ 애프터 마케팅

④ 공생 마케팅

⑤ 계몽 마케팅

63 자료의 정보에 대한 신뢰수준이 높은 척도 순으로 나열한 것은?

① 등간척도 - 서열척도 - 명목척도 - 비율척도

② 서열척도 - 명목척도 - 비율척도 - 등간척도

③ 서열척도 - 명목척도 - 등간척도 - 비율척도

④ 명목척도 - 서열척도 - 등간척도 - 비율척도

⑤ 명목척도 - 등간척도 - 서열척도 - 비율척도

64 시장을 세분화하는 요건으로 볼 수 없는 것은?

① 유효타당성   ② 실행가능성

③ 분석가능성   ④ 측정가능성

⑤ 신뢰성

65 니치시장의 요건으로 옳지 않은 것은?

① 주요 경쟁자들의 관심

② 수익성 있는 규모와 구매력

③ 성장잠재력

④ 필요한 기술과 자원 보유

⑤ 소비자선호를 구축하여 경쟁자의 공격으로부터 방어 가능

66 아래의 내용은 고객의 특성을 이해해서 기업경영에 있어서의 성공을 거둔 사례이다. 해당 기업에서 경영에 적용한 고객의 특성은 무엇인가?

> 미국 홈 디포의 경우에서는 목표로 한 고객층이었던 DIY(DO-It-Yourself)족이 나이를 먹어감에 따라 이들의 욕구도 변할 것이라고 생각하였다. 점포에서 무료상담 및 낮은 가격으로 직접 카펫이나 또는 문난방 시스템 등을 설치해 주는 서비스를 시작해서 대성공을 거두었다.

① 고객의 접촉 중시

② 고객의 가치 중시

③ 고객의 신뢰 중시

④ 고객의 감성 중시

⑤ 고객의 민감한 변화 중시

67 저가전략을 사용하기 적합한 시장여건으로 옳지 않은 것은?

① 수요의 가격탄력성이 높은 경우

② 규모의 경제 효과가 미미한 경우

③ 진입장벽이 낮은 경우

④ 경쟁기업에 비해 원가우위인 경우

⑤ 시장에 경쟁자 수가 많은 경우

68 기업은 자금조달을 위해 주식과 사채를 발행한다. 다음 설명 중 옳지 않은 것은?

① 주식은 보통주와 우선주로 나뉜다.

② 주식과 사채는 자본 측면의 자본조달이다.

③ 주식은 유동성 위험이 없지만 사채는 일정 시점에 상환해야 하는 유동성 위험이 존재한다.

④ 주식은 경영성과에 따라 배당이 지급되지만 사채는 경영성과와 무관하다.

⑤ 우선주 소유자는 주주총회에서 의결권이 없다.

69 과점모형에 대한 설명 중 옳은 것은?

① 베르트랑 모형의 경우 각 기업은 초과이윤을 얻는다.

② 굴절수요곡선모형에서 각 기업은 경쟁기업의 가격조정에 민감하게 반응한다.

③ 쿠르노 모형에서 각 기업은 상대방 기업의 가격을 주어진 것으로 보고 자신의 가격을 결정한다.

④ 베르트랑 모형에서 각 기업은 상대방 기업의 생산량을 주어진 것으로 보고 자신의 생산량을 결정한다.

⑤ 쿠르노 모향의 균형은 각 기업의 반응곡선이 교차하는 점에서 결정된다.

70 현금흐름표에 관한 설명으로 옳지 않은 것은?

① 자본을 구성하고 있는 납입자본, 이익잉여금 등 자본요소 변동에 관한 정보를 얻을 수 있다.

② 현금흐름을 영업활동, 투자활동, 재무활동으로 구분하여 표시한다.

③ 재무상태표와 손익계산서를 보완하기 위한 용도로 많이 사용한다.

④ 기간별 현금의 유입과 유출 내용을 표시한다.

⑤ 향후 발생할 위험이 있는 기업 자금의 과부족 현상을 사전에 파악할 수 있다.

71 기업의 재무활동을 통해 유입되는 현금흐름으로 옳지 않은 것은?

① 장단기 차입금의 차입

② 이자수익과 배당금수익

③ 사채발행

④ 주식의 발행

⑤ 자기주식의 매각

72 재무비율 계산식이 옳지 않은 것은?

① 주가수익비율 = 액면가 ÷ 주당순이익

② 총자산회전율 = 매출액 ÷ 총자산

③ 배당성향 = 배당총액 ÷ 당기순이익

④ 이자보상배율 = 영업이익 ÷ 이자비용

⑤ 총자본이익률 = 매출액순이익률 × 총자본회전율

73 손익분기점과 목표이익을 분석하는 계산식으로 옳은 것은?

① 목표매출액 = 변동비 + 고정비 + 목표이익

② 손익분기점 매출액 = 공헌이익 + 변동비 + 고정비

③ 손익분기점 판매량 × 단위당 공헌이익 = 변동비

④ 손익분기점 매출액 × 공헌이익률 = 공헌이익

⑤ 목표판매량 × 단위당 공헌이익 = 변동비 + 목표이익

74 다음 내용을 바탕으로 A주식의 시장가격을 구하면 얼마인가?

- 매년 말 배당금 : 1,500원
- 시장포트폴리오 기대수익률 : 15%
- 무위험이자율 : 5%
- 주식A의 베타 : 1.5
- 현재 A주식의 시장수익률 : 10%

① 5,000원
② 7,500원
③ 10,000원
④ 15,000원
⑤ 20,000원

75 리더의 행동을 생산에 대한 관심과 사람에 대한 관심을 기준으로 구분하여 연구한 블레이크(Blake)와 무톤(Mouton)의 관리격자연구에 따른 리더십 유형에 대한 설명으로 적절하지 않은 것은?

① 무관심형(1-1) - 리더는 업무에 대한 지시만 하고 어려운문제가 생기면 회피한다.
② 중도형(5-5) - 절충에 신경을 쓰기 때문에 때로는 우유부단하게 비칠 수 있다.
③ 과업형(9-1) - 리더 혼자서 의사결정을 하고 관리의 초점도 생산성 제고에 맞춰진다.
④ 컨츄리클럽형(1-9) - 부하의 욕구나 동기를 충족시키면 그들이 알아서 수행할 것이라는 전제하에 나타나는 리더십이다.
⑤ 팀형(9-9) - 팀의 업적에만 관심을 갖는 리더로 부하를 하나의 수단으로 취급할 수 있다.

76 IPR법의 단점으로 옳지 않은 것은?

① 현금흐름에 따라 내부수익률이 존재하지 않을 수 있다.
② 현금흐름이 아닌 순이익으로 평가하여 화폐의 시간가치를 고려한다.
③ 현금유입액이 투자기간 동안 내부수익률로 재투자된다는 가정은 지나치게 낙관적이다.
④ 시행착오법과 보간법을 동시에 사용하여 근사치를 추정하므로 계산법이 어렵다.
⑤ 계산결과가 비율로 산출되므로 가치합계의 원칙을 적용할 수 없다.

77 EV배수에 관한 설명으로 옳지 않은 것은?

① EV배수는 기업가치를 평가하는 데 사용된다.

② EV/EBIT는 수익성을 나타내는 지표이다.

③ EV/EBITDA는 영업이익에 비현금비용을 가산한 수치이다.

④ EV/EBITDA는 실무에서 가장 많이 쓰이는 비율이다.

⑤ EBITDA는 외부환경 변화에 자유롭지 못하다.

78 콜 옵션 가격을 결정하는 요인에 관한 설명으로 옳지 않은 것은?

① 행사가격이 낮을수록 콜옵션 가격은 상승한다.

② 주가변동성이 클수록 콜옵션 가격은 하락한다.

③ 만기가 길수록 콜옵션 가격은 상승한다.

④ 무위험이자율이 상승할수록 콜옵션 가격은 상승한다.

⑤ 현금배당이 늘어날수록 콜옵션 가격은 하락한다.

79 옵션과 선물의 차이점에 관한 설명으로 옳지 않은 것은?

① 옵션은 권리가 부여되고 선물은 의무가 부여된다.

② 옵션은 프리미엄을 지불하고 선물은 증거금을 예치한다.

③ 옵션은 만기 이전에 행사가 가능하고 선물은 반대매매 하지 않을 경우 만기에 행사된다.

④ 옵션은 결제일이 경과할 경우 권리가 소멸되고 선물은 결제일이 경과할 경우 의무를 이행한다.

⑤ 옵션은 위험의 한정이 불가능하고 선물은 위험의 한정이 가능하다.

80 포항으로 홀로 여행을 떠난 민재는 오후 늦게서야 배고픔을 느끼게 되어 주변 A횟집으로 들어갔다. 하지만 메뉴판을 보는 순간 너무나 많은 종류의 회를 보고 민재는 무엇을 선택해야 할지 고민하고 있다. 다음 중 아래와 같은 선택에 대한 평가기준이 제시된 경우 보완적 평가방식에 의해 민재가 선택하게 되는 횟감의 종류는 무엇인가?

평가기준	중요도	횟감 종류				
		광어	우럭	물회	참치	오징어
가격	40	2	2	1	7	3
반찬 종류	30	2	3	1	5	3
서비스 수준	50	2	2	2	4	6

① 광어

② 우럭

③ 물회

④ 참치

⑤ 오징어

※ 정답 및 해설은 p.379에 있습니다.

1 다음 기사에서 설명하는 것은?

> 최근 원자재 가격의 상승이 대폭 상승하였다. 기업에서 가격 인상이 불가피해진 상황이지만 물가가 상승한 탓에 소비가 위축되어 쉽게 가격인상을 하지 못하고 있다. 세계 물가가 치솟는 가운데 코로나와 전쟁의 여파로 유통망에도 난항이 생기면서 기업에서는 제품의 크기와 양을 줄이는 방안을 도입하였다. 가격은 유지하되 제품 안에 들어간 개수를 줄이거나 양을 줄이면서 제품 가격을 인상하지 않았지만 가격을 올리는 효과를 내고 있다.

① 에코플레이션
② 슈링크플레이션
③ 스크루플레이션
④ 아이언플레이션
⑤ 차이나플레이션

2 차별적 대안으로 비교분석이 가능하여 고객으로 하여금 직접적으로 구매가치를 결정할 수 있게 하는 고객행동 유발의 특성은?

① 대조 및 나열행동 효과
② 선도 효과
③ 세뇌행동 효과
④ 유인행동 효과
⑤ 구성 및 연출효과

3 다음 내용과 관련 있는 현상을 가리키는 경제학 용어는 무엇인가?

이 현상은 소비가 현재 소득 변수에만 의존하는 게 아니라 과거 경험에도 영향을 받는다는 것으로 제품구매에서도 그대로 적용된다. 3000cc급 자동차를 타던 사람은 소득이 감소해도 좀처럼 1000cc 경차로 자가용을 바꾸기 어렵다. 최첨단 스마트폰을 쓰는 사람에게 2G폰이 전혀 매력적인 상품이 아닌 것도 같은 맥락으로 이해할 수 있다. 제조사들은 매년 신제품, 프리미엄 제품을 만들어 낸다. 제품은, 특히 공산품은 시간이 지날수록 단가하락이 뚜렷하다. 이러한 특징은 IT기기 분야에서 더욱 그렇다. 10년 전에도, 5년 전에도 주력 데스크톱 PC 가격은 150만 원 수준이었다. 평균 판매 제품 단가 하락을 막기 위해서도 제조사들은 첨단 기능의 제품을 끊임없이 출시해야 한다.

① 전시효과
② 경쟁효과
③ 가격효과
④ 편승효과
⑤ 톱니효과

4 다음과 같은 경제상황에서 정부가 실시할 수 있는 정책으로 적절하지 않은 것은?

대기업의 체감경기지수가 하락하고, 중소기업 평균가동률 상승세가 둔화되는 등 기업 경기 악화에 대한 우려가 커지고 있다. 전국경제인연합회(이하 전경련)가 발표한 매출액 기준 600대 기업 대상 기업경기실사지수(BSI) 조사 결과 올해 전망치는 94.7로 기준선 100을 밑돌았다. BSI는 작년부터 전망치가 꾸준히 하락하다가 지난달에 101.1까지 상승했지만 한 달 만에 다시 하락세로 돌아섰다. 이는 수출 증가세 지속, 민간소비 개선, 설비투자 증가세 전환 등 경기개선 조짐에도 불구하고 환율 하락에 따른 향후 수출 부담, 가계부채 증가세에 따른 소비부진 우려 등이 반영된 것으로 분석된다.

① 정부지출을 늘려 경기를 부양한다.
② 기업의 투자와 관련된 각종 규제를 완화한다.
③ 저소득층에 대한 부채탕감제도를 마련한다.
④ 외환시장에 개입하여 달러화를 매각한다.
⑤ 중소기업 활성화 대책을 마련한다.

5 다음 글에서 언급한 임금과 관련된 내용으로 옳지 않은 것은?

> 소비자 물가가 안정세를 보이면서 올 들어 근로자들의 실질임금이 증가세를 이어가고 있다. 기준 농업을 제외한 종사자 1인 이상 사업체 2만 8,000개를 표본으로 한 사업체 노동력 조사 결과, 상용근로자 5인 이상 사업체의 1인당 월평균 임금총액은 272만 3,000원으로 지난해 같은 달보다 4.7% 상승했다. 소비자물가지수를 고려한 실질임금은 2.2% 상승해 올 들어 5개월 연속 증가세를 유지했다. 실질임금은 지난해 감소세에서 9.6%로 큰 폭 증가세로 돌아선 이후 상승세를 유지했다. 근로자 1인당 월평균 총 근로시간은 지난해 같은 기간대비 2.4시간 증가했다.

① 케인즈학파 학자들은 임금이 경직적이라고 보았다.
② 고전학파 학자들은 물가가 상승할 경우 명목임금의 상승을 바로 요구한다고 보았다.
③ 명목임금은 단순히 화폐단위로 표시한 임금을 의미한다.
④ 실질임금을 통해 실제 구매력을 알 수 있다.
⑤ 명목임금이 일정하고 물가지수가 상승했다면 실질임금은 상승한다.

6 다음 기사와 같이 기업들이 투자를 회피하는 요인으로 적절하지 않은 것은?

> 기업경영평가 회사인 CEO스코어에 따르면, 국내 500대 기업 중 1분기 실적을 보고한 302개사의 실적을 분석한 결과 이들의 총투자 규모는 31조 원으로 작년 1분기보다 8.3% 줄어든 것으로 집계됐다. 반면 이들 기업의 단기금융상품을 포함한 현금성 자산은 총 196조 원으로 작년 말 대비 무려 10.8%나 늘어났다. 10대 그룹 소속 계열사들의 투자부진은 더 심했다. 10대 그룹 99개 계열사의 1분기 말 현금성 자산은 147조 원으로 지난해 말 대비 10.9% 늘었으나 투자는 18조 4천억 원으로 지난해 1분기보다 10.7% 줄어들었다. △△그룹의 경우, 15개 계열사의 1분기 투자액은 총 6조 1천억 원으로 작년 동기대비 31%나 줄었다. 반면 현금성 자산은 총 55조 8천억 원으로 11.2% 늘었다.

① 경기가 나빠질 것으로 예상한다.
② 자본재 가격의 변동폭이 크다.
③ 투자의 한계효율이 이자율보다 크다.
④ 순현재가치가 0보다 작다.
⑤ 토빈의 q값이 1보다 작다.

7 통화공급량이 증가하더라도 이자율은 더 이상 하락하지 않는 현상을 설명하는 것으로 적절한 것은? 지식

① 유동성 함정   ② 자본의 한계효율

③ 화폐수량설   ④ 기회비용

⑤ 한계소비성향

8 다음 중 정부의 재정지출 확대정책으로 인하여 구축효과가 크게 나타나지 않는 경우는 무엇인가?

① 소비함수가 이자율에 대하여 상당히 탄력적인 경우

② 민간투자의 이자율 탄력도가 상당히 크게 나타나는 경우

③ 투기적 화폐수요의 이자율 탄력도가 상당히 큰 경우

④ 고전학파의 화폐수량설에 의거하는 경우

⑤ 통화주의자의 신화폐수량설이 성립되는 경우

9 마이클 포터(M. Porter)의 산업구조분석에 대해서 설명한 내용이 옳지 않은 것은?

① 고객의 영향력이 클수록 기업은 더 많은 위협을 받는다.

② 공급업체가 소수일 경우 관리의 효율성을 기할 수 있어 기업에게 유리하다.

③ 고객의 수가 적을수록 제품이 표준화되어 있어 고객의 영향력은 강력해진다.

④ 퇴출장벽으로는 타 사업과의 연계, 경영자의 감정적 반응 등이 있다.

⑤ 특정 회사에 대체할 수 있는 제품이 존재한다면 이것은 기업에게 위협이 된다.

10 자본재의 사용자 비용(user's cost of capital)에 포함되지 않는 것은?

① 감가상각비   ② 수리비

③ 이자   ④ 자본이득

⑤ 구입가격

11 다음 기사에서 설명하고 있는 현상은?

> 금리가 상승하면서 주식과 채권 시장의 낙폭이 심해지자 개인투자자들이 주식시장에서 돈을 회수하고 있다. 기준금리 상승으로 은행의 금리가 평균 4.5%까지 오르면서 예·적금의 이자율이 오르고 원금이 보장되며 안전성이 있는 예·적금으로 옮기고 있다. 시중은행에서는 정기예금의 잔액이 40조 원 이상으로 늘어났으며 초고액 예금 계좌수가 증가하고 있다고 밝혔다.

① 그레이트 로테이션   ② 역머니무브
③ 풍선효과   ④ 트리클 다운
⑤ 어닝쇼크

12 수요독점에서의 균형에 관한 설명으로 옳지 않은 것은?

① 수요독점기업에 의한 요소시장균형에서 임금은 노동의 한계가치보다 낮다.
② 수요독점기업은 한계요소비용과 한계수입생산이 일치하는 점에서 생산요소를 고용한다.
③ 수요독점기업의 한계요소비용곡선은 시장공급곡선보다 더 가파른 기울기를 가진다.
④ 완전경쟁일 때에 비해 생산요소의 고용량과 가격이 모두 높아지게 된다.
⑤ 시장공급곡선은 수요독점기업의 평균요소비용에 해당한다.

13 로렌츠곡선에 관한 설명으로 옳지 않은 것은?

① 한 국가 내에서의 소득분배정도를 파악하기 위해 나타낸 곡선이다.
② X축엔 인구의 누적비율, Y축엔 소득의 누적점유율이 들어간다.
③ 그림으로 시각화되어 있어서 소득분배의 정도를 구체적으로 판별할 수 있다.
④ 완전균등분배가 이뤄지면 로렌츠곡선은 대각선의 모양을 갖는다.
⑤ 소득분배가 불균등해질수록 로렌츠곡선은 아래쪽으로 늘어진 모양을 갖는다.

14 일반균형의 조건에 관한 설명으로 옳지 않은 것은?

① 소비자는 주어진 예산제약하에서 자신의 효용이 극대화되는 상품묶음을 선택한다.

② 소비자는 자신의 효용을 극대화하는 만큼의 생산요소를 공급한다.

③ 생산자는 주어진 생산기술하에서 자신의 이윤이 극대화되는 생산량을 공급한다.

④ 생산자는 소비자의 이윤을 극대화하는 만큼의 생산요소를 수요한다.

⑤ 모든 상품시장과 생산요소시장에서의 수요량과 공급량이 일치한다.

15 시장실패의 원인으로 보기 어려운 것은?

① 불완전경쟁

② 공공재

③ 불확실성

④ 가격의 탄력성

⑤ 외부성

16 GDP갭을 구하는 계산식으로 옳은 것은?

① 실질 GDP - GDP 디플레이터

② 실질 GDP - 명목 GDP

③ 명목 GDP - GDP 디플레이터

④ 실질 GDP - 잠재 GDP

⑤ 잠재 GDP - 실질 GDP

17 다음과 같은 현상이 발생하는 경우 나타나는 영향은?

ㄱ 가계 소비지출의 감소

ㄴ 기업의 투자지출 감소

ㄷ 순수출수요의 감소

ㄹ 최저임금 인상

ㅁ 수입 원자재 가격 인상

---

① 물가가 상승한다.

② 물가가 하락한다.

③ 기업 생산비용이 감소한다.

④ 실질 GDP가 증가한다.

⑤ 실질 GDP가 감소한다.

18 IS곡선에 관한 설명으로 옳지 않은 것은?

① IS곡선이란 생산물시장의 균형이 이루어지는 이자율과 국민소득의 조합을 나타내는 선이다.

② 이자율이 하락하면 균형국민소득이 증가하므로 IS곡선은 우하향 하는 형태를 나타낸다.

③ 케인즈학파는 투자가 이자율에 대해 탄력적이므로 IS곡선이 완만한 기울기를 갖는다고 주장한다.

④ IS곡선의 기울기를 결정하는 것은 한계저축성향과 투자의 이자율탄력성이다.

⑤ 한계저축성향이 클수록 IS곡선은 더 가파른 기울기를 갖는다.

19 금융정책의 목표로 보기 어려운 것은?

① 국제수지 균형   ② 물가안정

③ 지방채 발행   ④ 완전고용 달성

⑤ 통화공급 조절

20 완전경쟁시장구조에 대한 설명 중 옳지 않은 것은?

① 가격＝한계비용의 등식은 단기균형의 필요조건이다.

② 기업의 단기공급곡선은 서로 같지 않을 수도 있다.

③ 시장수요곡선과 개별기업이 직면하는 수요곡선은 서로 동일하지 않다.

④ 제품의 동질성, 기업들의 자유로운 진입과 퇴출은 완전경쟁시상의 조건에 해당한다.

⑤ 산업의 장기공급곡선은 이미 시장에 진입해 있는 기존 기업들의 장기공급곡선의 합이다.

21 다음 중 환율에 관한 설명으로 적절하지 않은 것은?

① 절대적 구매력평가설에 의하면 환율은 양국통화의 구매력에 의해 결정되어진다.

② 이자율평가설은 자본통제와 같은 제약이나 거래비용 등이 존재하면 성립하지 않는다.

③ 환율의 오버슈팅은 외부의 교란 요인에 의해 환율이 일시적으로 장기균형에서 대폭 이탈하였다가 시간이 지나면서 점차 장기균형으로 복귀하게 되는 환율의 과징조정 현상이다.

④ 구매력평가설의 기본 가정은 일물일가의 법칙이 성립한다는 것이다.

⑤ 이자율평가설에 의하면 만약 한국의 이자율이 미국보다 2% 높음에도 불구하고 미국에서 한국으로 자본이동이 이루어지지 않고 있다면 사람들이 환율이 2% 미만으로 상승할 것으로 예상하고 있음을 의미한다.

22 생애주기가설에 관한 설명으로 옳지 않은 것은?

① 생애주기가설은 시계열 소비함수를 설명하기 위해 제안된 이론이다.

② 단기적으로 소득의 변동이 크더라도 소비의 변동은 상대적으로 작게 나타난다.

③ 변동이 큰 소득에 비해 소비는 큰 변동 없이 완만하게 움직이려는 속성을 지닌다.

④ 소비자가 소비를 선택할 때 현재소득뿐만 아니라 미래소득도 함께 고려해야 한다.

⑤ 사람들의 소비는 현재의 소득에만 의존하지 않고 과거의 최고 소득수준에도 영향을 받는다.

23 예비적 저축가설에 관한 설명으로 옳지 않은 것은?

① 예비적 저축효과가 존재할 경우 현재소비는 늘게 되고 미래소비는 줄게 된다.

② 소비자는 미래소비를 충당하기 위해 현재에 저축을 하게 된다.

③ 항상소득가설과 랜덤워크가설을 일반화한 형태이다.

④ 소비자는 미래의 불확실성 정도에 따라서 소비와 저축을 합리적으로 조정한다.

⑤ 불확실성과 소비증가율 사이에 정(+)의 관계가 성립한다.

24 다음 중 구매인원에 대한 제한은 없으나 구매시간은 제한을 두어 일정 시간 동안만 제품을 할인하여 판매하는 방식'에 가장 가까운 소셜커머스 형태는 무엇인가?

① 소셜 쇼핑 앱스(Social Shopping Apps)

② 퍼체이스 쉐어링(Purchase-Sharing)

③ 소셜 쇼핑(Social Shopping)

④ 플래쉬 세일(Flash Sale)

⑤ 그룹 바이(Group-Buy)

25 화폐의 기능에 관한 설명으로 옳지 않은 것은?

① 상대방이 원하는 물품을 가지고 있지 않다 하더라도 거래가 쉽게 성립될 수 있게 한다.

② 한 시점에서 어떤 시점까지 구매력을 보관해준다.

③ 재화를 서로 교환하는 것에 비해 거래비용을 크게 낮출 수 있다.

④ 차익거래를 통해 이득을 쉽게 챙길 수 있다.

⑤ 일반적인 구매력을 가지고 있어 자산으로서의 기능도 담당한다.

26 본원통화에 관한 설명으로 옳지 않은 것은?

① 예금은행이 고객의 인출요구에 대비하여 보유하고 있는 금액이다.

② 중앙은행을 통하여 시중에 나온 현금을 말한다.

③ 본원통화가 1단위 공급되면 통화량은 공급량보다 훨씬 크게 증가한다.

④ 본원통화는 중앙은행의 통화성 부채이다.

⑤ 일반은행이 공급하는 예금통화의 기초가 된다.

27 이자율에 영향을 미치는 요인 중 채무불이행 위험에 관한 설명으로 옳지 않은 것은?

① 채무불이행 위험이 증가하면 투자자들은 정부채를 회사채보다 더욱 선호한다.

② 회사채의 채무불이행 위험이 커질수록 채무불이행 위험프리미엄은 작아진다.

③ 정부채를 제외한 대부분의 채권은 채무불이행 위험이 존재한다.

④ 채무불이행 위험은 신용위험이라고도 한다.

⑤ 정부채 이자율과 회사채 이자율의 차이는 채무불이행 위험프리미엄을 반영한다.

28 채권자가 예상인플레이션율만큼 명목이자율을 더 높게 설정하더라도 채권자가 불리한 것을 고려하여 보다 높은 수준의 명목이자율을 요구하는 것은?

① 구두창 비용　　　　　　　　② 스태그플레이션

③ 메뉴비용　　　　　　　　　　④ 피셔효과

⑤ 다비효과

29 과점기업의 가격결정이론으로 볼 수 없는 것은?

① 선도기업이론

② 굴절수요곡선이론

③ 게임이론

④ 이부가격설정이론

⑤ 카르텔에 의한 가격설정이론

30 개방형 펀드에 대한 설명으로 바르지 않은 것은?

① 투자자의 경우 펀드회사에 상시 신규투자 또는 자금 등을 회수하도록 요청이 가능하다.

② 유가증권의 투자목적으로 설립된 법인인 뮤추얼펀드이다.

③ 한 펀드가 하나의 투자회사로서 투자자가 펀드의 주주이다.

④ 주로 단기에 환매하는 경우에는 일정 기간을 정해서 환매수수료를 부과한다.

⑤ 추가입금의 여부와 관계없이 환매가 불가능한 펀드이다.

31 정부가 관세를 부과할 경우 나타날 수 있는 경제적 효과로 옳지 않은 것은?

① 수요가 탄력적일수록 소비감소 효과가 크게 나타난다.

② 관세가 생산, 소비, 수입량에 미치는 효과는 소국과 대국이 동일하다.

③ 관세를 부과하면 국내의 소비자 잉여는 감소하고 생산자 잉여는 증가한다.

④ 대국이 수입상품에 관세를 부과하면 대국의 수입상품가격이 하락하고 대국의 교역조건이 악화된다.

⑤ 소국이 관세를 부과할 경우 반드시 사회후생에 손실이 발생한다.

32 다음에서 설명하는 무역장벽은 무엇인가?

> 일정량 이상의 특정상품에 대한 수입을 금지시키는 제도로써 비관세장벽 중에서 가장 많이 이용된다.

① 수량할당   ② 수출자유규제
③ 수입과징금   ④ 수출보조금
⑤ 수입허가제

33 국제수지표를 작성할 때, 경상계정의 대변에 들어가지 않는 항목은 무엇인가?

① 직접투자자금 유입
② 재화의 수출
③ 용역의 수출
④ 투자소득 수취
⑤ 경상이전수입

34 매력평가설에 관한 설명으로 옳지 않은 것은?

① 환율변동률은 양국의 인플레이션율의 차이로 나타낼 수 있다.
② 일물일가의 법칙을 적용할 수 있다.
③ 재화의 교역이 자유롭다고 가정한다.
④ 무역장벽이 낮고 거래비용이 낮은 선진국일수록 구매력평가설이 잘 적용된다.
⑤ 구매력평가설이 실제 외환시장의 환율결정원리를 모두 설명할 수 있다.

35 주주관계활동(IR)에 관한 설명으로 옳지 않은 것은?

① 기업이 주주나 투자자 등을 대상으로 펼치는 전사적 홍보 및 재무활동을 의미한다.
② PR과 IR은 활동을 펼치는 대상이 각각 다르다.
③ 기관투자자 등 투자자만을 대상으로 하여 기업의 경영활동에 관한 정보를 제공한다.
④ 계량적인 정보만 제공하며 비계량적인 정보는 제공하지 않는다.
⑤ 기업은 IR을 통해 자금조달의 측면에서 유리한 효과를 얻을 수 있다.

36 휴대폰 및 컴퓨터만을 생산하는 어느 경제에서 각각의 가격 및 생산량은 아래의 표와 같다. 만약, 생산된 물건은 모두 다 소비된다고 가정하였을 때 2025년의 실질 GDP와 GDP 디플레이터는 각각 얼마인가? (단, 기준 연도는 2024년이다.)

분류	휴대폰 가격	휴대폰 생산량	컴퓨터 가격	컴퓨터 생산량
2024년	100	50	100	30
2025년	110	60	150	40

① 실질 GDP : 10,000, 디플레이터 : 126
② 실질 GDP : 10,000, 디플레이터 : 128
③ 실질 GDP : 10,000, 디플레이터 : 130
④ 실질 GDP : 10,000, 디플레이터 : 132
⑤ 실질 GDP : 10,000, 디플레이터 : 134

37 유상증자가 기업에 미치는 영향이 아닌 것은?

① 자본총계가 증가한다.
② 회사가 발행한 전체 주식수가 증가한다.
③ EPS가 하락한다.
④ 자금을 확보한다.
⑤ 새로 발행한 주식을 기존 주주에게 무료로 제공한다.

38 시장부가가치(MVA)에 관한 설명으로 옳지 않은 것은?

① EVA의 단기적 속성이라는 한계를 보완해 줄 수 있는 지표이다.
② 미래에 예상되는 초과이익을 할인한 현재가치이다.
③ 수익에 따른 위험의 감안과 화폐의 시간가치 개념을 충분히 반영하지 못할 수 있다.
④ 기업의 시장가치와 투하자본과 차이를 의미한다.
⑤ 주식시장의 영향을 받는다.

39 베버의 관료제의 특징에 관한 설명으로 옳지 않은 것은?

① 합법적으로 제정된 법규에 의한 지배가 이루어진다.

② 전문적인 자격기준과 보수제도가 존재한다.

③ 문서에 근거하여 업무가 진행된다.

④ 구성원의 감정적인 관계와 편견을 포함한 인격적인 규칙이 존재한다.

⑤ 명령체계 일원화를 위해 피라미드형 인간관계가 존재한다.

40 인간관계관리론의 호손실험 결과에 관한 설명으로 옳지 않은 것은?

① 조직 내의 효율적 의사소통 경로의 중요성을 강조한다.

② 기업조직은 기술적, 경제적 시스템일 뿐만 아니라 사회적 시스템이기도 하다.

③ 민주적 리더십보다 권위적 리더십을 강조한다.

④ 회사가 정한 공식적 규범보다 비공식조직과 기준이 작업자의 태도와 성과를 결정한다고 본다.

⑤ 일반적으로 조직의 유효성은 만족의 증가를 통해 가능하다.

41 다음 인터넷 마케팅의 신상품 전략과 관련된 설명 중 적절하지 않은 것은?

① 기존 브랜드명을 사용하여 완전한 신규상품라인을 만드는 경우, 예를 들어 마이크로소프트가 자사명을 이용하여 인터넷 서비스를 새로 만드는 경우는 불연속형 혁신상품이라기 보다 신상품으로 라인을 확장하는 것이다.

② 신상품 전략 중 불연속형 혁신상품 전략이 위험도가 가장 높다.

③ 기업은 신상품 전략 중에서 마케팅 목표와 위험회피, 현재 브랜드명의 강도, 자원의 유무 및 경쟁사 등을 고려하여 한 가지 이상의 전략을 선택한다.

④ 여섯 가지 종류 즉, 불연속형 혁신상품, 신상품라인의 확장상품, 기존 상품라인의 확장상품, 기존 상품의 개량상품, 재포지셔닝 상품, 저가격 지향상품 등이 있다.

⑤ 기존 상품라인의 확장상품 전략이 위험도가 가장 낮다.

42 가격차별 정책이 실효성을 갖기 위한 조건으로 옳지 않은 것은?

① 수요자에게 시장지배력이 있어야 한다.

② 공급자에게 시장지배력이 있어야 한다.

③ 수요자 집단을 동일한 상품에 대해 분할할 수 있어야 한다.

④ 수요자 집단 간 가격탄력도가 달라야 한다.

⑤ 수요자 사이에 차익거래가 없어야 한다.

43 직무평가 방법 중 하나인 요소비교법에 관한 설명으로 옳지 않은 것은?

① 많은 시간과 비용이 소요되는 단점이 있다.

② 내용이 복잡하여 이해하기 어렵고 기준직무를 산정하는 데 어려움이 있다.

③ 기준직무만 적절히 산정된다면 점수법보다 유리한 방법이라고 할 수 있다.

④ 평가요소별 평가로 인하여 신뢰성과 타당성이 증가한다.

⑤ 평가기준이 구체적이기 때문에 비교하기가 용이하다.

44 인력을 모집할 때 내부인력을 활용할 경우 기대할 수 있는 장점으로 옳은 것은?

① 인력수요에 대한 양적 충족이 가능하다.

② 업무습득을 위한 교육훈련비를 줄일 수 있다.

③ 조직분위기를 쇄신할 수 있다.

④ 인력선택의 폭이 넓어진다.

⑤ 기존의 인건비 및 급여수준을 유지할 수 있다.

45 사회후생함수가 갖추어야 할 조건으로 애로우(Kenneth J. Arrow)가 제시하지 않은 것은?

① 선호의 비제한성   ② 완비성과 이행성

③ 파레토 원칙   ④ 무관한 대안으로부터의 독립

⑤ 비배제성

46 자금차입과 같은 다른 재무활동에 변화가 없는 경우 액면분할이 기업에 미치는 영향으로 거리가 먼 것은?

① 자본이득이 생기지 않는다.

② 주식을 적당한 가격으로 분할하여 개인이 쉽게 매매할 수 있어 유동성을 높인다.

③ 주주의 지분에 변동이 생긴다.

④ 적대적 M&A에 대항하여 경영권을 방어한다.

⑤ 기업가치에는 변화가 없이 주식의 수가 늘어난다.

47 슘페터가 말한 혁신의 개념과 관련성이 가장 먼 것은 무엇인가?

① 기존의 연료 대신 수소로 움직이는 동력 장치를 개발해 이에 대한 실용화 단계에 있다.

② 인구가 많은 인도로 여러 기업들이 새롭게 진출하여 전략을 구상하고 있다

③ 과감한 구조조정으로 인해 기업 조직을 효율적으로 개선하였다.

④ 경기가 호황국면으로 접어들어 수요가 늘게 되자 다시금 공장의 가동률을 높였다.

⑤ 전산의 자동화로 인해 업무시간에 있어서의 비약적인 단축을 만들어냈다.

48 리더가 제시한 문제에 대해 참가자들이 자유롭게 의견을 제시하는 방법으로 질보다 양을 중시하는 창의성 개발 방법은?

① 고든법

② 델파이법

③ 브레인스토밍

④ 분석적 기법

⑤ 강제관계 기법

49 쇠사슬형 의사소통 네트워크가 갖는 특징에 관한 설명으로 옳지 않은 것은?

① 위원회나 태스크 포스 등이 해당된다.

② 의사결정속도가 빠른 편이다.

③ 결정의 수용도가 낮은 편이다.

④ 권한의 집중도가 높은 편이다.

⑤ 구성원의 만족도가 낮은 편이다.

50 하급자들이 스스로 판단하고 행동하며 그 결과를 책임질 수 있는 셀프리더가 될 수 있도록 지원하는 리더십은?

① 거래적 리더십

② 변혁적 리더십

③ 카리스마적 리더십

④ 수퍼 리더십

⑤ 서번트 리더십

51 수익증권에 관한 설명 중 옳지 않은 것은?

① 수익증권에 관련한 투자자는 투자신탁회사의 주주가 아니다.

② 펀드에 대한 운용과 관리에 따른 투명성이 상당히 높다.

③ 재산운용에 있어 신탁을 의뢰하여 해당 수익을 취득할 권리가 표기된 증권이다.

④ 펀드의 운용에 있어 중도해지가 어렵다.

⑤ 투자신탁회사는 신탁되어진 포트폴리오에 대한 청구권을 나타내는 수익증권을 발행해서 자금을 모은다.

52 인플레이션 발생 시 가장 유리한 경제주체는?

① 채권자
② 현금 소유자
③ 실물자산 소유자
④ 수출업자
⑤ 봉급생활자

53 X재 가격이 상승하면서 X재의 거래량이 증가할 때 변동 요인으로 옳은 것은? (단, 하나만 변동한다.)

① 소비자의 수가 감소하였다.
② 보완재 가격이 상승하였다.
③ 대체재 가격이 상승하였다.
④ 생산요소의 가격이 상승하였다.
⑤ 생산요소의 가격이 하락하였다.

54 다음 기사에서 설명하고 있는 이것은?

> 개인투자자들을 중심으로 이것을 금지하라는 요구가 커지고 있는 가운데 금융감독원은 K기업을 대대적으로 수사하고 있다. 급변하고 있는 시장환경에서 시장 참여자들이 불안을 느껴하면서 이것을 한시적으로 금지할 것인가를 고려하고 있다. 이번에 시행되게 된다면 2008년 글로벌 금융위기, 2011년 미국 신용등급 강등, 2020년 팬데믹으로 인한 증시 급락 이후로 시행되는 네 번째 사례가 된다. 이것은 주식을 보유하지 않은 상태에서 주식을 빌려서 하는 투자로 초단기 매매차익을 얻을 수 있지만 개인은 할 수 없는 매도주문이다.

① 공매도
② 유상감자
③ 스톡옵션
④ 시뇨리지
⑤ 선물옵션

55 과세 물건의 수량 또는 금액이 많아짐에 따라 세율이 낮아지는 구조의 조세는?

① 목적세   ② 역진세

③ 누진세   ④ 간접세

⑤ 비례세

56 비관세 장벽에 대한 설명으로 옳지 않은 것은?

① 수입품목에 대해 정부의 허가가 필요한 수입허가제가 있다.

② 국내 산업을 보호를 위해 수출품에 높은 관세를 부과하여 수입을 규제한다.

③ 특정상품의 수량을 제한하는 수량할당제도가 가장 큰 비중을 차지한다.

④ 수입을 억제하기 위해서 조세를 부과하는 수입과징금제도가 있다.

⑤ 수출재의 생산을 위해서 보조금을 지급하는 수출보조금 제도가 있다.

57 제조전략에서 중요하게 여기는 구성변수로 보기 어려운 것은?

① 신속성   ② 품질

③ 쇠퇴기간   ④ 원가

⑤ 신축성

58 다음 중 성격이 다른 하나는?

① 과거자료 유추법   ② 델파이법

③ 위원회에 의한 예측법   ④ 경기지표법

⑤ 시장조사법

59 푸시(Push)전략에 대한 설명으로 가장 옳지 않은 것을 고르면?

① 제조업자가 중간상을 대상으로 중간상이 소비자를 향해 제품을 밀어낸다는 의미이다.

② 소비자들의 브랜드 애호도가 낮다.

③ 제품 브랜드 선택이 점포 안에서 이루어지는 특성이 있다.

④ 광고와 홍보를 주로 사용한다.

⑤ 충동구매가 잦은 제품의 경우에 적합한 전략이다.

60 테일러와 관련한 설명으로 보기 가장 어려운 것은?

① 기업 조직의 운영에 있어 기획이나 실행의 분리를 기본으로 하고 있다.

② 전체 작업에 있어 시간 및 동작연구를 적용하고 표준작업시간을 설정하고 있다.

③ 직능적 조직에 의해 관리의 전문화를 꾀하고 있다.

④ 차별성과급제를 도입하였다.

⑤ 임금은 생산량에 반비례하고, 임금률의 경우 시간연구로 인해 얻은 표준에 따라 결정하였다.

61 SWOT 분석에 대한 다음의 설명 중 옳지 않은 것은?

① 최대한 상세하게 기술하여 보는 사람의 이해를 도와야 한다.

② SO전략은 내부의 강점을 살려 외부의 기회를 포착하는 전략이다.

③ ST전략은 내부의 강점을 살려 외부의 위협을 회피하는 전략이다.

④ WO전략은 내부의 약점을 보완해서 외부의 기회를 포착하는 전략이다.

⑤ WT전략은 내부의 약점을 보완해서 외부의 위협을 회피하는 전략이다.

62 마케팅 조사를 설계할 때 필요로 하는 1차 자료의 특성에 관한 설명으로 옳지 않은 것은?

① 조사결과의 비밀을 유지할 수 있다.

② 자료수집 방법을 탄력적으로 적용할 수 있다.

③ 자료의 정확성과 적합성이 높다.

④ 본 마케팅조사에 이용될 수 있는 간접적 자료이다.

⑤ 조사자가 직접 수집하는 자료이다.

63 피시바인의 확장이론이 가지는 특징으로 옳지 않은 것은?

① 행동요인에 영향을 미치는 개인적 요인은 대상에 대한 태도이다.

② 행동의도는 개인적 요인과 사회적 요인에 의해서 결정된다.

③ 행동의도에 영향을 미치는 사회적 요인은 주관적 규범이다.

④ 소비자가 제품을 구매하는 것은 제품의 특성 때문이 아니라 자신이 제품을 구매하면서 얻게 되는 편익 때문이다.

⑤ 주관적 규범은 규범적 신념과 순응적 동기로 결정된다.

64 소비재를 구매습관에 따라 구분할 때, 선매품에 관한 설명으로 옳지 않은 것은?

① 고객이 구매하기 전 몇 개의 점포를 방문하여 가격, 품질 등을 비교하여 구매하는 제품이다.

② 구매빈도가 낮고 편의품보다 가격이 높다.

③ 소비자들에게 타 회사 제품과 차별화된 자사 제품의 특징과 가격에 대해 정보를 제공하려는 전략이 필요하다.

④ 소비자들의 상표 충성도가 매우 높은 편이다.

⑤ 여성용 의류, 가구, 가전제품 등이 선매품에 해당한다.

65 기업이 동등한 범주 내의 제품에 두 가지 이상의 브랜드를 사용하여 시장점유율을 높이고 경쟁자의 진입을 막는 브랜드 전략은?

① 다상표 전략   ② 개별브랜드 전략

③ 라인확장 전략   ④ 브랜드확장 전략

⑤ 수직적 패밀리브랜드 전략

66 제품믹스의 구조에 관한 설명으로 옳지 않은 것은?

① 각 제품들을 모아 제품라인을 만들고 이러한 제품라인을 다시 합한 것이 제품믹스이다.

② 제품믹스의 넓이는 기업이 지니고 있는 제품믹스의 수를 의미한다.

③ 제품믹스의 길이는 제품믹스 내에 있는 전체 제품의 수를 의미한다.

④ 제품믹스의 깊이는 특정 제품라인 내에 있는 한 제품이 창출해내는 품목의 수를 의미한다.

⑤ 제품라인의 길이는 제품라인 내에 있는 제품의 수를 의미한다.

67 서비스의 마케팅 믹스(7P)에 해당하는 것이 아닌 것은?

① Plan   ② People

③ Place   ④ Price

⑤ Process

68 집중적 유통전략에 관한 설명으로 옳지 않은 것은?

① 상품구매를 위해 적극적인 정보탐색을 하는 전문품과 선매품에 주로 사용되는 전략이다.

② 가장 높은 커버리지를 획득할 수 있는 전략이다.

③ 가능한 한 많은 소매점으로 자사제품을 취급하게 하여 소비자에게 제품의 노출수준을 증대시킨다.

④ 유통비용의 증가와 유통경로에 대한 통제력 약화의 단점이 있다.

⑤ 소비자들에게 인지도가 증가되는 장점이 있다.

69 촉진수단의 하나인 PR(Public Relation)에 관한 설명으로 옳지 않은 것은?

① 비인적 매체를 통해 제품, 서비스 등을 뉴스나 논설의 형태로 다루어 수요를 자극하는 수단이다.

② 언론보도, 기자회견, 간행물 등이 대표적인 예이다.

③ 기업이 아닌 독립적인 3자에 의해 시행되므로 높은 신뢰성을 얻을 수 있다.

④ 촉진의 속도가 느리고 고객 1인당 비용이 높은 단점이 있다.

⑤ 기업이 통제하기 어려운 측면이 있어 원하지 않는 정보까지 노출될 수 있다.

70 재무제표상 현금 및 현금성 자산에 대한 설명 중 옳지 않은 것은?

① 보통예금, 당좌예금 및 요구불예금은 현금에 포함된다.

② 타인발행 당좌수표 중 부도가 난 수표는 현금에 포함하지 않는다.

③ 우편환증서와 같이 현금으로 바로 지급받을 수 있는 증서는 현금에 포함된다.

④ 상환우선주는 부채와 같이 만기에 상환하는 주식으로 현금성자산에 포함되지 않는다.

⑤ 현금성자산은 가치변동이 없어야 하며, 큰 거래비용이 없이 현금으로 전환 가능하여야 하며 취득 당시 만기가 3개월 이내여야 한다.

71 손익계산서에 관한 설명으로 옳지 않은 것은?

① 기업의 성과를 발생원인별로 보고한다.

② 기업자금의 구체적인 운용상황을 나타낸다.

③ 일정 기간 동안의 기업의 수익 창출력에 관한 정보를 얻을 수 있다.

④ 일정 기간 동안의 영업활동흐름을 나타내는 동태적 보고서이다.

⑤ 일정 기간 동안의 기업 순자산의 변동원인을 보고하는 기본 재무제표이다.

72 인터넷상의 가격설정 전략에 대한 설명으로 적절하지 않은 것은?

① 인터넷 상품의 가격 인하 압력요인으로 최저가격 검색기능, 브랜드 확립 우선의 가격 결정, 상품의 독자성, 인터넷 판매의 낮은 경비 등을 들 수 있다.

② 인터넷 상품의 가격상승 요인으로 운송경비와 소비자의 불만, 경매고객끼리의 경쟁에 의한 물품 가격의 상승, 웹사이트의 개발비용과 유지관리비, 무료상품 및 샘플 제공, 높은 인터넷 마케팅과 광고비 등을 들 수 있다.

③ 기업은 마케팅 목표를 달성하기 위한 전체적인 전략을 개발하고 이 전략을 기초로 각 상품군이나 시장에 대한 가격전략을 개발하고 계획 및 조정해야 한다.

④ 가격설정 전략에 영향을 미치는 요소는 마케팅 목표, 상품원가, 상품 수요, 경쟁환경, 정부규제의 영향 등을 들 수 있다.

⑤ 주문처리 비용의 상승, 재고비용의 상승, 높은 출점비용과 유통센터 운영비용, 카탈로그 인쇄 및 광고 판촉물에 대한 배포비용, 높은 고객서비스 비용 등 물류비 및 고객관리비용의 상승을 초래한다.

73 매출채권회전율에 관한 설명으로 옳지 않은 것은?

① 매출채권에 대한 투자효율성을 나타내는 비율이다.
② 회전율이 높을수록 효율성이 낮음을 의미한다.
③ 회전율이 높을수록 대부분의 결제가 현금으로 이뤄지고 있는 것이다.
④ 매출액을 평균매출채권으로 나누어 계산한다.
⑤ 매출채권평균회수기간과 밀접한 관계를 갖는다.

74 배당평가 모형에 관한 설명으로 옳지 않은 것은?

① 제로성장모형, 항상성장모형은 배당평가 모형의 대표적인 모형이다.
② 배당이 일정할 경우 주식가격은 배당금을 할인하여 산출한 현재가치이다.
③ 배당금이 일정하여 증가하지 않는 경우에 적용하는 주식평가모형을 제로성장모형이다.
④ 배당이 일정한 비율로 계속 증가할 경우 할인율이 성장률보다 작아야 한다는 전제조건이 필요하다.
⑤ 배당률이 불규칙하게 증가하는 경우 할인율보다 성장률이 높은 경우는 일시적이고 성장률보다 할인율이 높은 경우가 일반적이다.

75 자본예산 과정이 바르게 연결된 것은?

① 현금흐름 추정 → 투자기회의 탐색과 선정 → 투자안의 선택 또는 기각 → 통제 및 사후관리
② 현금흐름 추정 → 투자안의 선택 또는 기각 → 투자기회의 탐색과 선정 → 통제 및 사후관리
③ 투자기회의 탐색과 선정 → 현금흐름 추정 → 투자안의 선택 또는 기각 → 통제 및 사후관리
④ 투자기회의 탐색과 선정 → 투자안의 선택 또는 기각 → 현금흐름 추정 → 통제 및 사후관리
⑤ 투자안의 선택 또는 기각 → 투자기회의 탐색과 선정 → 현금흐름 추정 → 통제 및 사후관리

76 고객 기대에 영향을 미치는 요인 중 고객의 내적 측면의 요소만 고르면?

⊙ 개인적인 욕구
ⓒ 시간적인 제약
ⓒ 환경적인 조건
② 과거의 서비스 경험
⑩ 고객이 이용 가능한 경쟁적인 대안
⑭ 구전에 의한 커뮤니케이션

① ㉠㉡
② ㉠㉣
③ ㉡㉣
④ ㉢㉮
⑤ ㉯㉮

77 위험프리미엄에 관한 설명으로 옳지 않은 것은?

① CAPM에서 사용되는 위험프리미엄은 일반적으로 역사적 자료를 바탕으로 추정된다.
② 정치 불안정이 경제적 불안정으로 연결될 가능성이 있는 시장일수록 위험프리미엄은 크다.
③ 일반적으로 규모가 작고 위험이 높은 기업들이 많을수록 전체 주식의 평균위험프리미엄은 상승한다.
④ 선진국의 위험프리미엄은 신흥시장의 위험프리미엄보다 크다.
⑤ 경제의 변동성이 클수록 위험프리미엄은 증가한다.

78 PSR의 장단점에 관한 설명으로 옳지 않은 것은?

① 과소·과대평가 주식을 평가하는 데 유용하다.

② 매출액은 회계처리 방법에 따르므로 임의조정이 어렵다.

③ 변동성이 낮아 신뢰성이 높다.

④ 수익성을 반영하지 못하는 단점이 있다.

⑤ 분자인 주가와 분모인 매출액의 상관성이 모호하다.

79 스트래들 전략에 관한 설명으로 옳지 않은 것은?

① 동일한 주식에 대해 동일한 만기와 행사가격을 갖는 콜옵션 1개와 풋옵션 1개로 구성된다.

② 주가가 향후 큰 변동을 보일 것으로 예상되나 방향이 불확실할 때 유용하다.

③ 만기일의 주가가 행사가격과 동일할 경우 손실이 발생한다.

④ 만기일의 주가가 행사가격보다 올라가는 경우 콜옵션 행사를 통해 이익을 얻는다.

⑤ 만기일의 주가가 행사가격을 벗어나는 경우 언제든지 이익을 얻을 수 있다.

80 스왑(Swap)에 관한 설명으로 옳지 않은 것은?

① 옵션이나 선물과 같이 표준화된 금융상품의 하나이다.

② 거래효과 면에서 선도거래 및 선물거래와 유사한 성격을 갖는다.

③ 스왑의 유형에는 금리스왑과 통화스왑이 있다.

④ 시장불균형을 이용한 차익거래와 이자율변동 및 환율변동에 따른 위험헷지 목적이다.

⑤ 장외시장에서 개별적인 형태로 주로 거래가 이루어진다.

※ 정답 및 해설은 p.386에 있습니다.

1 다음 중 노동자 측의 쟁의 행위에 해당하지 않은 것은?

① 파업
② 태업
③ 불매운동
④ 직장점거
⑤ 직장폐쇄

2 성과급에 대한 설명으로 알맞은 것은?

① 직무수행 능력을 기준으로 임금을 준다.
② 종업원의 근속연수를 기준으로 임금을 준다.
③ 종업원의 임금을 성과나 능력에 따라 다르게 지급한다.
④ 동일 직무를 한 종업원은 같은 임금을 주는 것을 말한다.
⑤ 전문인력 확보에 어려움을 겪는다.

3 다음 중 애드호크라시와 가장 관련이 없는 것은?

① 지위나 역할에 따라 종적으로 조직되었다.
② 환경변화에 적응적인 조직이다.
③ 기능별로 분화된 횡적 조직이다.
④ 다양한 기술을 가지고 있는 비교적 이질적인 전문가 집단이다.
⑤ 앨빈 토플러가 미래의 충격에서 관료제를 대체할 조직으로 설명하였다.

4 다음 중 조직 내 갈등의 생성단계와 설명으로 옳지 않은 것은?

① 잠재적 갈등은 갈등이 존재하지 않는 상태를 말한다.

② 지각된 갈등은 상대방에 대해 적대감이나 긴장감을 지각하는 것을 말한다.

③ 감정적 갈등은 상대방에 대해 적대감이나 긴장을 감정적으로 느끼는 상태를 말한다.

④ 표출된 갈등은 갈등이 밖으로 드러난 상태를 말한다.

⑤ 갈등의 결과는 갈등이 해소되었거나 잠정적으로 억제되고 있는 상태를 말한다.

5 다음 중 기업 조직에서의 사회적 책임의 중요성에 대한 내용으로 옳지 않은 것은?

① 기업의 사회적 책임의 중요성은 자유주의 발전에 근거를 두고 있다.

② 사회적 책임의 중요성 내지 필요성은 권력−책임−균형의 법칙에 있다.

③ 기업의 사회적 책임의 중요성은 자주성의 요구에 있다.

④ 기업의 사회적 책임은 기업이 당연히 지켜야 할 의무는 포함하지만 이익을 사회에 공유, 환원하는 것은 포함하지 않는다.

⑤ 기업의 사회적 책임의 중요성은 기업 자체의 노력에 있다.

6 지식 경영에 대한 이해로 옳지 않은 것은?

① 지식과 정보의 생산, 유통, 사용, 축적은 컴퓨터와 인터넷 등 정보통신 기술의 발달이라는 물리적인 기반에 기초해서 이루어진다.

② 지식경영은 조직 전체의 문제해결 능력을 비약적으로 향상시키는 경영방식이라 할 수 있다.

③ 지식은 앎을 바탕으로 무엇인가를 새롭게 창출하고 조직해 체계화함으로써 다시 새로운 것을 창출할 수 있는 기술과 정보까지도 포괄하는 개념을 말한다.

④ 지식경영은 조직 전체의 문제해결능력과 기업 가치를 향상시키고 기업의 경쟁력을 향상시킬 수 있다.

⑤ 지식경영은 기업을 둘러싼 환경이 급변함에 따라 이에 적극 대응하기 위한 지속적인 혁신과 함께 이를 가능하게 하는 지식의 중요성이 커짐에 따라 필립 코틀러에 의해 제창된 개념이다.

7 프랜차이즈 시스템에 대한 설명으로 적절하지 않은 것은?

① 통상적으로 타인에게 상표의 사용권, 제품의 판매권, 기술 등을 제공하고 그 대가로 가맹금, 보증금, 로열티 등을 받는 것을 프랜차이즈 시스템이라고 한다.

② 상호, 상표 등의 노하우를 가진 자를 프랜차이지(Franchisee), 이들로부터 상호의 사용권, 제품의 판매권 등을 제공받는 자를 프랜차이저(Franchisor)라고 한다.

③ 프랜차이저는 대량구매에 의한 규모의 경제달성이 가능하다.

④ 프랜차이지는 처음부터 소비자에 대한 신뢰도를 구축할 수 있다.

⑤ 프랜차이지는 스스로의 문제해결 및 경영개선의 노력을 등한시할 수 있다.

8 다음 중 유통경로에 대한 설명으로 거리가 먼 것은?

① 유통경로는 일단 구축되면 이를 변경하기가 용이하지 않으므로 다른 마케팅믹스 요소에 비해 보다 신중한 관리가 필요하다.

② 유통경로는 고객이 제품이나 서비스를 사용 또는 소비하는 과정에 참여하는 독립적인 조직들의 집합체로서, 경로 구성원은 자신의 활동을 수행함에 있어 다른 경로 구성원에 영향을 주거나 받지 않아 효율성이 높다.

③ 유통경로 내의 중간상은 제조업체로부터 공급받은 제품을 그대로 소비자에게 전달하는 단순한 역할을 수행하기도 하지만 제품이 지닌 가치에 새로운 가치를 추가하는 역할을 수행하는 경우가 더 많다.

④ 유통경로 내의 중간상은 제품의 구매와 판매에 필요한 정보탐색의 노력을 감소시켜, 제조업자의 기대와 소비자 기대 간의 차이를 조정해 준다.

⑤ 유통경로 내의 중간상은 제조업자와 소비자 사이에 구매와 판매를 보다 용이하게 해 주고, 교환과정에 있어 거래비용 및 거래횟수를 감소시켜 줄 수 있다.

9 통상적으로 소비재는 편의품, 선매품, 전문품 및 미탐색품으로 분류된다. 이들 중 전문품에 대한 설명과 가장 거리가 먼 것은?

① 제품에 대한 사전지식에 의존하지 않고 주로 구매시점에 제품특성을 비교평가 후 구매하는 제품이다.
② 전속적 혹은 선택적 유통경로의 구축이 더욱 바람직하다.
③ 소비자가 특정 상표에 대해 가장 강한 상표충성도를 보인다.
④ 제품차별성과 소비자 관여도가 매우 높은 특성을 지닌다.
⑤ 주로 구매력이 있는 소비자들만을 대상으로 판촉활동을 실시하는 것이 효과가 크다.

10 다음 중 비교광고(Comparative Advertising)의 효과에 대한 설명으로 옳지 않은 것은?

① 일반적으로 인지적이며 감정적인 동기가 동시에 일어날 때 그리고 소비자들이 세부적이며 분석적인 상태에서 광고를 처리하는 경우에 효과가 최상으로 발휘된다.
② 경쟁브랜드에 높은 선호도를 가진 소비자에게는 효과가 작다.
③ 과학적인 실험을 통하여 검증된 내용을 근거로 비교광고가 실행될 때 그 효과가 더욱 크다.
④ 고관여 제품의 경우 비교광고의 새로운 내용이 소비자의 주의를 끄는데 더욱 효과적이므로 보다 적합하다.
⑤ 기존 제품에 비해 두드러진 장점을 가지고 있으나 아직 충분히 알려지지 않은 신규 브랜드에서 더욱 효과적이다.

11 고객서비스의 주요 구성요소 중 '거래 중 요소'에 대한 설명으로 옳은 것은?

① 물적유통과 직접적인 관련은 없지만 대고객 서비스 관점에서 상당히 중요한 역할을 한다.
② 제품보증, 부품 및 수선서비스, 고객불만처리절차 등을 들 수 있다.
③ 구매 촉진 및 고객의 신뢰를 구축하는 데 중점을 둔다.
④ 재구매나 고객충성도를 형성하도록 하는 역할을 한다.
⑤ 주문처리, 결제 편의성 등 원활한 구매를 목적으로 한다.

12 자료에 대한 내용으로 적절하지 않은 것은?

① 정보는 개인이나 조직의 의사결정에 이용됨으로써 개인이나 조직의 행동방향을 결정지어 준다.

② 자료는 관찰이나 또는 측정 등을 통해 수집된 정보를 실제 문제해결에 도움이 될 수 있도록 해석하고 정리한 것이다.

③ 1차 자료는 어떤 목적을 달성하기 위하여 직접 수집하여 생성한 자료를 말한다.

④ 1차 자료는 2차 자료에 비하여 시간, 비용, 인력이 많이 든다.

⑤ 2차 자료에는 정부에서 발표하는 각종 통계자료, 이미 발표된 논문, 신문기사, 각종 기관이나 조사회사에서 발표되는 결과 등이 포함된다.

13 다음 중 기업 조직이 자금을 조달하는 각종 원천에 대한 설명으로 옳지 않은 것은?

① 채권발행의 경우 기업 경영진의 지배력은 유지되는 장점이 있다.

② 팩토링은 대표적인 담보대출의 한 형태이다.

③ 단기자금 조달을 위해 신용대출을 활용하기도 한다.

④ 주식 매각의 장점은 주주들에게 주식배당을 할 법적 의무가 없어진다는 것이다.

⑤ 채권발행은 부채의 증가로 인해 기업에 대한 인식에 악영향을 끼칠 수 있다.

14 소비자들이 미래의 현금흐름보다는 현재의 현금흐름을 더 선호하는 이유로 보기 어려운 것은?

① 현재의 현금은 새로운 투자기회가 주어질 경우 생산 활동을 통하여 높은 수익을 얻을 수 있다.

② 디플레이션 하에서 미래의 현금흐름은 동일한 금액의 현재 현금흐름보다 그 구매력이 떨어지게 된다.

③ 미래의 현금은 인플레이션에 따르는 구매력 감소의 가능성이 항상 존재하고 있다.

④ 소비자들은 미래의 소비보다는 현재의 소비를 선호하는 시차선호의 성향이 있다.

⑤ 미래의 현금흐름은 미래의 불확실성으로 인하여 항상 위험이 존재하게 된다.

15 다음과 같은 조건에서 손익분기점에 도달하기 위한 ㈜ 매경의 연간매출수량과 연간매출액을 구하면?

> ㈜ 매경은 ㈜ 테스트 전자가 생산한 PC를 유통하는 기업이다. 이 PC의 판매단가는 150만 원이고 단위당 변동비는 120만 원이다. 그리고 ㈜ 매경이 이 PC를 유통하는 데 연간 고정비는 6억 원이라고 한다.

① 1,500대, 22.5억 원
② 2,000대, 30.0억 원
③ 2,500대, 37.5억 원
④ 3,000대, 45.0억 원
⑤ 3,500대, 52.5억 원

16 평가 과정에서 발생하는 주관적 효과 오류에 대한 설명으로 옳은 것은?

① 가까운 대상과 비교하여 평가하는 것
② 자신과 유사한 사람에게 후한 점수를 주는 것
③ 가장 최근에 얻어진 정보에 비중을 더 많이 주어 평가
④ 자신의 감정이나 특성을 타인에게 전가시켜 평가하는 것
⑤ 개인을 평가할 때 실제 평가보다 더 후하게 평가하는 것

17 재고관리에 대한 설명으로 옳지 않은 것은?

① 과다재고는 과소재고에 비해 대량발주로 주문비용을 절감할 수 있겠지만, 재고회전율이 저하되고 보관비용이 증가한다.
② 과소재고는 과다재고에 비해 재고수량관리 측면에서 용이해지지만 서비스율이 낮아진다는 위험이 있다.
③ 계절적인 원인으로 수요가 변동되거나 공급이 특정시기에 집중되는 상품의 경우 안정성을 유지하기 위한 재고의 저장이 필요하다.
④ 재고를 보유하고자 하는 이유 중의 하나는 규모의 경제를 추구할 수 있기 때문이다.
⑤ 재고관리의 목표는 재고유지비용의 절감보다는 고객서비스 향상에 중점을 두는 것이다.

18 다음 (　)의 내용을 순서대로 올바르게 나열한 것은?

자산은 재무상태표(대차대조표) 작성일로부터 1년을 기준으로 (　)과 (　)으로 구분한다. (　)은 1년 이내에 현금화할 수 있는 자산을 의미하며 다시 (　)과 (　)으로 분류한다.

---

① 유동자산 → 비유동자산 → 유동자산 → 투자자산 → 당좌자산
② 유형자산 → 무형자산 → 유형자산 → 투자자산 → 당좌자산
③ 유동자산 → 비유동자산 → 유동자산 → 당좌자산 → 재고자산
④ 유형자산 → 무형자산 → 유형자산 → 당좌자산 → 재고자산
⑤ 무형자산 → 투자자산 → 유동자산 → 당좌자산 → 재고자산

19 다음 중 사업포트폴리오 분석에 대한 설명으로 옳은 것을 모두 고르면?

㉠ BCG 매트릭스는 시장성장률과 절대적 시장점유율을 두 축으로 총 4개의 사업영역으로 분류한다.
㉡ BCG 매트릭스의 캐시카우영역에서는 현상유지 또는 수확전략을 취한다.
㉢ BCG 매트릭스의 문제아영역은 시장성장률은 낮지만 절대적 시장점유율이 높은 전략사업단위를 지칭한다.
㉣ BCG 매트릭스가 시장점유율을 사업단위의 경쟁적 지표로 취한 것은 경험곡선효과 때문이다.
㉤ GE&Mckinsey의 사업매력도-사업강점분석은 BCG 매트릭스보다 각 차원별로 여러 구성요인을 반영하여 사업영역을 9개로 구분한다.

---

① ㉠㉡㉢
② ㉠㉢㉣
③ ㉡㉣㉤
④ ㉡㉢㉣
⑤ ㉢㉣㉤

20 다음에 제시된 노동쟁의 조정 방법 중 강제성을 띠는 것은?

㉠ 알선
㉡ 중재
㉢ 조정
㉣ 긴급조정

① ㉠㉡   ② ㉠㉢
③ ㉠㉢   ④ ㉡㉢
⑤ ㉡㉣

21 다음과 같이 기존 유통채널에 새로운 유통채널이 추가되는 경우, 이로 인해 발생하는 이익은?

자동차 버전의 양판점, 문 연다!
국산차, 수입차를 브랜드 구분 없이 한 장소에서 비교해보고 구매할 수 있는 이른바 자동차 버전의 양판점이 연내에 전국 19곳에서 문을 연다. 자동차 전문 양판점은 이번에 국내에서 처음 시도되는 것이다. 수십 년간 계속된 기존 국내 자동차시장의 '원 브랜드 숍(one brand shop : 하나의 브랜드만으로 상품을 구비한 매장)' 방식의 유통구조에 적지 않은 변화가 예상된다.

① 중간상의 참여로 생산자와 소비자 간의 직접거래에 비해 거래빈도의 수 및 이로 인한 거래비용을 낮출 수 있다.
② 유통경로에서 다양하게 수행되는 기능들, 즉 수급조절, 보관, 위험부담, 정보수집 등을 제조업자가 모두 수행하기보다는 전문성을 갖춘 이러한 유통업체에게 맡기는 것이 보다 경제적이다.
③ 제조업자들은 목표 잠재고객들이 어디에 위치하고 있고 어떻게 그들에게 도달할 수 있는지를 알기가 어려워 이를 파악하기 위해 상당한 비용을 지불하여야 하므로, 이러한 중간상을 이용하면 적은 비용으로 더 많은 잠재고객에 도달할 수 있고 탐색비용도 줄일 수 있다.
④ 제조업자와 소비자 사이에 이러한 중간상이 개입하게 되면 제조업자는 소수의 중간상과 거래할 수 있으므로 수많은 소비자와 개별적 거래를 하는 불편에서 벗어날 수 있다.
⑤ 제조업자와 구매자 간에 발생하는 불일치를 해소할 수 있다.

22 다음 중 구매자의 교섭 능력이 높은 것을 모두 고르면?

> ㉠ 구매자가 다수일 때
> ㉡ 제품의 차별화가 되어있을 때
> ㉢ 구매자가 전방통합 할 것이라고 위협
> ㉣ 전환비용이 낮을 때
> ㉤ 구매자가 제품에 대한 자세한 정보를 가질 때

① 0개
② 1개
③ 2개
④ 3개
⑤ 4개

23 아래에서 설명하고 있는 추종상표의 마케팅 전략과 가장 적합한 소비자 구매행동 유형은?

> • 추종상표는 낮은 가격, 할인 쿠폰, 무료샘플 등을 활용하여 시장 선도제품을 사용하고 있는 소비자들로 하여금 상표전환을 유도하는 전략을 사용하는 것이 유리하다.
> • 시장선도 상표는 넓은 진열면적을 점유하며, 재고부족을 없애고 빈번한 광고를 통하여 소비자로 하여금 습관적 구매를 유도하는 전략을 사용하는 것이 유리하다.

① 복잡한 구매행동
② 습관적 구매행동
③ 태도지향적 구매행동
④ 고관여 구매행동
⑤ 다양성 추구 구매행동

24 다음 중 자본시장선(CML)에 관한 설명으로 옳은 것을 모두 고르면?

> ㉠ 위험자산과 무위험자산을 둘 다 고려할 경우의 효율적 투자 기회선이다.
> ㉡ 자본시장선 아래에 위치하는 주식은 주가가 과소평가된 주식이다.
> ㉢ 개별주식의 기대수익률과 체계적 위험 간의 선형관계를 나타낸다.
> ㉣ 효율적 포트폴리오의 균형가격을 산출하는데 필요한 할인율을 제공한다.

① ㉠㉡
② ㉡㉢
③ ㉠㉣
④ ㉢㉣
⑤ ㉡㉢㉣

25 수현이는 작은 가게를 인수하려고 한다. 아래에 제시된 내용을 활용해서 3년치의 현금유입에 대한 현재가치를 계산하면?

> • 시장조사 결과 1년 후에 3,000,000원, 2년 후에 4,000,000원, 3년 후에 5,000,000원의 현금유입이 발생할 것으로 나타났다
> • 시장이자율은 연간 10%로 가정한다
> • 최종 답은 10,000원의 자리에서 버림하여 구한다.

① 약 9,700,000원
② 약 10,600,000원
③ 약 12,000,000원
④ 약 13,200,000원
⑤ 약 15,000,000원

26 지현이는 이번 여름휴가에 친구들이랑 강릉으로 여행을 계획하고 있다. 아래의 표를 참조하여 보완적 평가방식을 활용해 지현이와 친구들이 강릉까지 이동 가능한 교통운송 수단을 고르면 어떤 대안이 선택될 수 있는가?

평가기준	중요도	교통운송수단에 관한 평가				
		비행기	기차	고속버스	승용차	자전거
경제성	20	4	5	4	3	9
디자인	30	4	4	5	7	1
승차감	40	7	5	7	8	1
속도	50	9	8	5	6	1

① 기차

② 비행기

③ 고속버스

④ 승용차

⑤ 자전거

27 전략적 이익모형(SPM)에 관한 설명으로 옳지 않은 것은?

① 총자산이익률은 유통기업의 영업활동 효율성을 잘 나타내는 지표로서 총자산회전율과 순매출이익률을 곱하여 산출한다.

② 레버리지 비율은 기업이 장단기 차입금에 의존하고 있는 정도를 나타내는 것으로서, 비율이 높을수록 차입금 보다 자기 자본에 대한 의존도가 높고 재무구조가 안정되어 있음을 의미하므로 성장 가능성은 낮다.

③ 순매출이익률은 영업활동의 원가대비 가격의 효과성을 의미하고 당기순이익을 순매출로 나눈 비율이다.

④ 소매업에서 자산회전율이 향상하더라도 투자수익률이 크게 영향을 받지 않으나, 자산회전율을 통한 투자수익률의 제고는 바람직할 수 있다.

⑤ 순매출이익률이나 총자산회전율은 영업활동의 효율성을 제대로 나타내는 데 적합한 지표는 아니다.

28 다음 중 기업문화를 효과적으로 변화시키기 위한 조건을 모두 고르면?

> ㉠ 안정적인 조직
> ㉡ 위기를 맞이한 조직
> ㉢ 신생기업
> ㉣ 역사기 깊은 조직
> ㉤ 약한 문화를 가진 조직
> ㉥ 강한 문화를 가진 조직
> ㉦ 외부로부터 영입된 리더의 등장

① ㉠㉢㉤
② ㉡㉣㉤
③ ㉠㉣㉥㉦
④ ㉡㉢㉤㉦
⑤ ㉣㉤㉥㉦

29 다음의 사례를 참조하여 관련한 내용으로 보기 어려운 것은?

> • A사 자동차
> • 배기량에 따른 구분 : 5,000cc, 4,000cc, 3,000cc
> • 크기에 따른 구분 : 대형, 중형, 소형

① 자사의 제품 및 서비스 등에 대한 고객들의 식별 정도를 높이고, 나아가 반복 구매를 유도해 내려는 것이다.
② 제품 및 광고 판촉 등을 제공하기 위한 비용이 증가하게 된다.
③ 소비자 욕구를 보다 정확히 이해하고 그에 맞는 제품과 서비스를 제공함으로서 전문화의 명성을 얻기 위함이다.
④ 주로 자원이 풍부한 기업에 많이 쓰이는 전략이다.
⑤ 전체 시장의 매출은 증가한다.

30 아래 그림은 제품수명주기(PLC)를 나타낸 것이다. 이러한 제품수명주기(PLC) 단계 중 성숙기에 이루어지는 판매촉진 전략으로 가장 적절한 것은?

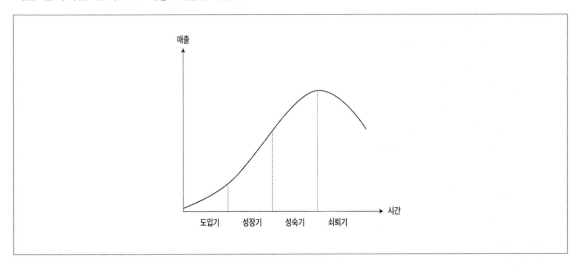

① 수요확대에 따라 점차적으로 판촉을 감소한다.
② 제품가격을 높이는 대신 짧은 기간에 모든 판촉수단을 활용하는 전략을 실행한다.
③ 상표전환을 유도하기 위한 판촉을 증대한다.
④ 제품의 인지도 향상을 위한 강력한 판촉을 전개한다.
⑤ 매출 증대를 위한 판매촉진 활동은 최저 수준으로 감소시킨다.

31 혼자 일할 때보다 집단으로 일할 때 다른 사람들을 믿고 노력을 줄이는 현상을 막기 위한 방안으로 적절하지 않은 것은?

① 과업을 전문화시켜 책임소재를 분명하게 한다.
② 개인별 성과를 측정하여 비교할 수 있게 한다.
③ 본래부터 일하려는 동기 수준이 높은 사람을 고용한다.
④ 직무충실화를 통해 직무에서 흥미와 동기가 유발되도록 한다.
⑤ 팀의 규모를 늘려서 각자의 업무 행동을 쉽게 관찰할 수 있게 한다.

32 매슬로우의 욕구단계를 낮은 단계에서 높은 단계 순으로 나열한 것은?

⊙ 작업환경

ⓒ 기숙사

ⓒ 동호회

ⓒ 직장에서의 승진

ⓒ 창의성

---

① ㉠→㉡→㉢→㉣→㉤

② ㉡→㉠→㉢→㉣→㉤

③ ㉡→㉢→㉣→㉠→㉤

④ ㉢→㉠→㉤→㉡→㉣

⑤ ㉣→㉤→㉡→㉠→㉢

33 아래의 기사를 읽고 문맥상 괄호 안에 공통적으로 들어갈 말로 가장 적절한 것은?

실제로 약의 임상시험에서는 모르고 가짜 약을 받은 환자들도 통증이 사라진다거나 기분이 좋아지는 효과가 나타난다. (   )가 전부일 때도 있다. 그래서 제약회사가 개발한 신약이 정부의 승인을 받으려면 반드시 가짜 약과 비교한 임상시험 결과를 제출하여 이 이상의 효과를 증명해야 한다. 이렇듯 신약 개발에는 어려움을 주는 (   )이지만 최근에는 이를 이용해서 약효를 높이려는 연구가 활발하다. 지난 2월 이탈리아 튜린대학교 연구팀은 파킨슨병 환자의 약물 치료에 가짜 약을 사용해서 도움을 주는 방법에 대한 연구결과를 발표했다. 파킨슨병은 완치할 수 있는 치료약이 없어서 진행을 늦추고 증상을 완화시키는 약을 주로 사용하게 되는데, 이때 되도록 약을 적게 써야 부작용을 줄일 수 있고, 장기간 지속적으로 효과를 볼 수 있다. 연구팀은 환자들에게 미리 가짜 약이 섞여 있을 수 있다고 알려주고 치료 5일째에 환자들 모르게 가짜 약을 주사했다.

---

① 펠츠만 효과(Feltsman Effect)

② 안데르센 효과(Andersen Effect)

③ 노시보효과(Nocebo Effect)

④ 피그말리온 효과(Pygmalion Effect)

⑤ 플라시보 효과(Placebo Effect)

34 아래에 제시된 세 가지 상관관계의 공통점은 제3의 변인에 의해 두 변인 간에 존재하는 관계가 설명될 수 있다는 것이다. 이러한 관계를 무엇이라고 하는가?

> • 어떤 날의 빙과류 판매량과 익사자 수 간의 관계
> • 신발 크기와 운동복 사이즈 간의 관계
> • 키와 몸무게 간의 관계

① 인과관계
② 허위관계
③ 매개관계
④ 조절관계
⑤ 불공정관계

35 고객 커뮤니케이션 방법들(광고, 홍보, 판매원, 구전, 웹사이트 등)의 상대적 비교로 가장 옳은 것은? (단, 통제력은 광고주가 커뮤니케이션 메시지에 대한 통제의 정도이고, 유연성은 개별 고객에 맞춘 커뮤니케이션의 유연한 정도이며, 신뢰성은 고객이 커뮤니케이션의 원천에 대한 신뢰하는 정도를 의미한다.)

① 광고는 통제력과 유연성이 높은 데 비해 신뢰성은 낮다.
② 홍보는 유연성이 낮은 데 비해 통제력과 신뢰성은 높다.
③ 매장의 판매원은 통제력과 유연성이 높은 데 비해 신뢰성이 낮다.
④ 구전은 신뢰성과 유연성이 높은 데 비해 통제력은 낮다.
⑤ 자사 웹사이트는 통제력과 신뢰성이 높은 데 비해 유연성은 낮다.

36 다음 중 유통정보시스템을 통한 후방통합화(backward integration)의 사례라고 할 수 있는 것은 무엇인가?

① A사는 QR시스템을 도입하여 유통업체의 경쟁력을 높여주고 있다.

② B사는 고객 회사의 제조공정을 컴퓨터에 입력하고 각 공정에 맞는 플라스틱을 적시에 공급한다.

③ C사는 많은 공급업체들과 전자적으로 판매정보를 바로 공급업체들과 공유함으로써 재고관리에 도움을 받고 있다.

④ D 자동차 회사는 E 자동차 회사를 인수하여 동급의 자동차 생산에 주요 부품을 공유하여 비용을 절감하고 있다.

⑤ 의료품 제조업체인 F사는 병원들과 연계하여 통신 네트워크로 주문을 받고 있다.

37 (주) 매경투자주식회사의 옵션운용부에서 근무하는 A부터 E까지 5명의 펀드매니저가 다음과 같은 옵션거래 전략을 구성하였다. 옵션의 기초자산(Underlying Assets)인 주식의 가격이 향후 대폭 상승할 경우에 가장 불리한 투자결과를 낳을 것으로 예상되는 매니저는 누구인가? (단, 옵션의 행사가격들은 현재의 주가에 근접하고 있으며, 동일한 주식을 기초자산으로 하고 있다고 가정한다.)

① E 매니저 – 주식을 매입하고 매입한 주식에 대한 풋옵션을 동시에 매입

② D 매니저 – 높은 행사가격을 가진 콜옵션을 매입하고, 낮은 행사가격을 가진 콜옵션을 발행

③ C 매니저 – 행사가격이 다른 콜옵션과 풋옵션을 동시에 매입

④ B 매니저 – 행사가격이 동일한 콜옵션을 매입하고 동시에 풋옵션을 발행

⑤ A 매니저 – 주식을 매입하고 매입한 주식에 대한 콜옵션을 동시에 발행

38 아래의 기사 내용에 해당하는 수요상황에 가장 적합한 마케팅 접근 방법은?

㈜ 풍풍은 주방세제를 생산하는 기업으로 주력생산품은 '거품 뿡뿡'이라는 주방세제이다. 그런데 최근 들어 정부의 환경친화적 제품생산을 독려하는 추세가 가속화되면서, 환경단체들이 거품뿡뿡과 유사한 세제가 환경오염을 일으킨다고 주장하여 제품 사용에 대한 보이콧을 진행하는 등 자사의 제품에 대해 부정적 기류가 일고 있다는 사실이 파악됐다. ㈜ 풍풍은 이러한 점을 고려, 환경친화적 주방세제 '바싹 행궈'를 출시하였다. 그러나 신제품에 대한 시장의 반응은 냉랭했다. ㈜ 풍풍의 경영진은 소비자 심층면접을 통해 고객들이 왜 신제품을 사용하지 않는지에 대해 조사하였다. 그 결과, 소비자들은 기존의 제품을 사용하면 거품이 잘 생겨서 더욱 깨끗하게 세척할 수 있다는 성능 환상(Performance Illusion)을 보유하고 있다는 점을 밝혀냈다. ㈜ 풍풍은 이러한 문제를 해결하기 위해 마케팅 대안을 강구하기로 결정하였다.

① 전환 마케팅
② 일대일 마케팅
③ 디마케팅
④ 입소문 마케팅
⑤ 매스 마케팅

39 아래의 사례와 관련성이 가장 높은 것을 고르면?

페디그리(Pedigree)는 매출액의 일정 비율을 유기견 보호소에 기부하고 유기견들의 입양을 장려하는 캠페인을 진행함으로써 소비자들로부터 강한 공감을 이끌어내었고 차별화하기 어려운 애완견 사료 시장에서 뛰어난 성과를 거둘 수 있었다.

① 넛지마케팅(nudge marketing)
② 스프레드 마케팅(spread marketing)
③ 체험마케팅(experience marketing)
④ 공익연계마케팅(cause-related marketing)
⑤ MOT마케팅(Moment of Truth Marketting)

40 아래 고가의 차량 사진을 참고하여 관련한 경로 커버리지 전략에 대한 추측이 가능한 설명으로 적절하지 않은 것은?

① 판매지역별로 하나의 중간상들에게 자사제품의 유통에 대한 독점권을 부여하는 방식의 전략을 의미한다.

② 소비자들이 제품 구매 전에 상표 대안들을 비교 및 평가하는 특성을 지닌 선매품에 적합한 전략이다.

③ 중간상들에 대해서 적극적인 판매노력을 기대할 수 있다.

④ 자사의 제품 이미지에 적합한 중간상들을 선택함으로써 브랜드 이미지를 강화할 수 있다.

⑤ 제한된 유통으로 인해 판매기회가 상실될 우려가 있다.

41 과점구조를 가진 스마트TV 시장에서 스마트TV가 초과공급 상태라고 할 때 가격결정에 대한 설명으로 옳은 것은?

① 시장의 원리가 적용되기 때문에 공급보다 수요가 커 가격이 하락한다.

② 공급과 수요의 차이를 좁히기 위해 스마트TV를 생산·공급하는 기업들은 생산·공급량을 줄이려 한다.

③ 생산·공급보다 수요가 크기 때문에 기업들은 이 격차를 줄이기 위해 생산·공급량을 감소시킬 것이 예상되므로 향후 가격은 지금보다 오른 수준에서 시장에 의해 결정된다.

④ 스마트TV를 생산·공급하는 기업들은 판매량을 늘리기 위해 가격을 낮춘다.

⑤ 동일한 상품을 생산·공급하는 기업들은 시장의 수요와 공급에 의해 가격이 결정되며, 기업 간 차별화된 상품은 기업이 가격을 결정한다.

42 다음 중 수요의 가격탄력성 크기를 결정하는 요인과 관련된 설명으로 가장 거리가 먼 것은?

① 재화의 용도가 다양할수록 가격탄력성은 크다.

② 평균적으로 사치품인 경우 가격탄력성은 크다.

③ 대체재가 있는 경우의 가격탄력성은 크고 대체재가 없으면 가격탄력성은 작다.

④ 평균적으로 생활필수품인 경우 가격탄력성은 작다.

⑤ 소득에서 재화의 가격이 차지하는 비중과 가격탄력성은 반비례한다.

43 다음 중 정보통신산업 분야에서 수확체증 현상이 일어나는 이유로 적절하지 않은 것은?

① 범위의 경제가 실현되기 때문이다.

② 한계비용이 증가되기 때문이다.

③ 규모의 경제가 실현되기 때문이다.

④ 소비자 학습 효과가 발생되기 때문이다.

⑤ 네트워크 효과가 발생되기 때문이다.

44 다음 중 유통점의 전략이나 성과에 영향을 미치는 상품의 탄력성에 대한 설명으로 옳은 것은?

① 소득이 증가함에 따라 수요량도 증가하면 수요의 소득탄력성은 0보다 작다.

② 상품 A의 가격이 상승하여 상품 B의 판매량이 증가하는 경우, 교차탄력성은 0보다 크므로 상품 A와 상품 B는 보완관계이다.

③ 상품이 열등재인 경우에 그 상품의 수요곡선은 음(−)의 기울기를 갖는다.

④ 수요의 가격탄력성이 탄력적일 경우, 가격이 상승하면 총매출액은 감소하고 가격이 하락하면 총매출액은 증가한다.

⑤ 수요곡선이 선형인 경우에는 수요곡선상의 위치와 관계없이 가격탄력성이 같지만, 수요곡선이 비선형인 경우에는 수요곡선상의 위치에 따라 가격탄력성이 달라진다.

45 운송요금(운임)은 운송용역의 가격으로 사람 또는 재화를 수송해주는 대가로 지불 및 수취하는 화폐액을 의미한다. 운임에 관한 설명으로 적절하지 않은 것은?

① 운임을 결정하는 방법 중 일반균형이론은 운송도 재화이기 때문에 운송에 영향을 미치는 다른 요소들의 관계에 의해 운임이 결정된다는 이론이다.

② 운임을 결정하는 방법 중 용역가치설은 수요자가 운송용역에 대해 가치를 인정할 때 운임이 결정되는 것으로 운임의 최고한도를 형성한다.

③ 운임의 변동폭에 의해 운송수단(수송능력)의 변동폭이 결정되므로 운임의 탄력성의 크기와 운송수단(수송능력)의 탄력성의 크기는 서로 일치한다.

④ 운임을 결정하는 방법 중 운임비용설은 운임에 소요되는 비용에 의해 운임이 결정된다는 이론으로 운임의 최저한도를 형성한다.

⑤ 운송수단의 사회적 공공성 때문에 통제를 받는 국내 운송의 경우 자유로운 환경에 속해 있는 국외 운송보다 운임의 변동성이 더 작게 발생한다.

46 통상적으로 상권이 발달한 도심에는 비슷한 식료품을 취급하는 대형마트를 비롯하여 중소형 소매점까지 매우 다양한 업태의 유통점이 많지만, 내면적으로 자세히 관찰하면 각 유통점에서 판매하는 상품들이 동일하지 않은 경우를 많이 볼 수 있다. 어떤 점포에서는 브랜드를 내세우기도 하고, 어떤 점포에서는 식료품의 맛을 강조하기도 하며, 어떤 점포에서는 파격적인 가격을 제시하기도 한다. 이러한 현상은 식료품유통시장이 어떠한 형태를 띠고 있기 때문인가?

① 완전경쟁

② 독점

③ 과점

④ 독점적 경쟁

⑤ 의도적 경쟁

47 다음 중 X재 시장의 수요-공급모형에서 X재의 보완재 가격이 상승하는 경우, X재의 균형가격과 균형거래량은 어떻게 변화하는가?

① 균형가격은 상승하고, 균형거래량은 증가한다.

② 균형가격은 하락하고, 균형거래량은 증가한다.

③ 균형가격은 상승하고, 균형거래량은 감소한다.

④ 균형가격은 하락하고, 균형거래량은 감소한다.

⑤ 균형가격 및 균형거래량은 변화하지 않는다.

48 완전 경쟁시장에서 기업들의 비용구조가 모두 같은 산업의 장기수요공급모형에서 시장수요가 증가한다면, 경쟁균형에서 개별기업이 얻는 이윤은 어떻게 변하게 되는가?

① 양(+)에서 제로(0)로

② 음(−)에서 제로(0)로

③ 제로(0)에서 제로(0)로

④ 양(+)에서 음(−)으로

⑤ 음(−)에서 양(+)으로

49 다음 중 시장 실패 요인으로 옳지 않은 것은?

① 긍정적 외부성

② 소비의 비경합성과 배제불가능성

③ 불완전한 정보

④ 역선택

⑤ 규모에 대한 수익체감 기술

50 다음 중 국내총생산에 관한 설명으로 옳지 않은 것은?

① 중고 자동차의 거래는 국내총생산에 포함되지 않는다.

② 최루탄의 생산은 국내총생산에 포함된다.

③ 자가 아파트의 임대료 상승분은 국내총생산에 포함되지 않는다.

④ 국내총생산은 생산자의 국적과 관계가 없다.

⑤ 포항제철에 재고로 남아있는 강철은 생산 연도의 국내총생산에 포함된다.

51 다음 완전경쟁산업 내의 한 기업에 대한 설명으로 적절하지 않은 것은?

① 시장가격보다 높은 가격을 책정하면 시장점유율은 0이 된다.

② 이 기업이 직면하게 되는 수요곡선은 우하향한다.

③ 장기에 손실(음의 이윤)이 발생하면 퇴출한다.

④ 한계수입은 시장가격과 동일하다.

⑤ 이윤극대화 생산량에서는 시장가격과 한계비용이 같다.

52 다음 중 리카디언 등가 정리에 대한 설명으로 적절하지 않은 것은?

① 소비자가 근시안적 견해를 가지면 이 정리는 성립되지 않는다.

② 현재의 감세가 현재의 민간 소비를 증가시킨다는 주장과는 상반된 것이다.

③ 소비자가 차입제약에 직면하면 이 정리는 성립되지 않는다.

④ 정부가 미래의 정부지출을 축소한다는 조건에서 현재 조세를 줄이는 경우에 현재의 민간 소비는 변하지 않는다.

⑤ 민간경제주체는 합리적 기대를 한다.

53 주민 A, B, C가 살고 있는 어느 특정한 지역에 공원이 건립되면, 주민 A, B, C는 각각 900만 원, 800만 원, 300만 원의 화폐가치에 해당하는 효용을 얻을 수 있다. 또한, 이 공원은 유지비용 및 입장료도 없다. 만일 건립과 관련해 정부가 개입하지 않는다는 가정하에 가장 적절한 설명은?

① 주민 아무도 자신의 효용의 화폐가치를 밝히지 않고, 그만큼 부담하지도 않아 공원은 건립되지 못할 것이다.

② 주민 A, B만이 각각 자신의 효용의 화폐가치를 밝히고, 그만큼 부담하여 1,700만 원 규모의 공원이 건립될 것이다.

③ 주민 A, B, C가 각각 자신의 효용의 화폐가치를 밝히고, 그보다 많이 부담하여 2,000만 원 규모보다 큰 공원이 건립될 것이다.

④ 주민 A, B, C가 각각 자신의 효용의 화폐가치를 밝히고, 그만큼 부담하여 2,000만 원 규모의 공원이 건립될 것이다.

⑤ 주민 A만이 자신의 효용의 화폐가치를 밝히고, 그만큼 부담하여 900만 원 규모의 공원이 건립될 것이다.

54 어떤 소비자는 부드럽고 원점에 대해 볼록한 무차별곡선을 가진다. 이 소비자는 100만 원을 X재와 Y재의 소비에 사용한다. X재 가격이 5만 원, Y재 가격이 10만 원일 때, 이 소비자가 선택한 조합은 X재 12단위와 Y재 4단위이다. Y재 가격이 5만 원으로 하락하였을 때, 이 소비자가 선택한 조합은 X재 14단위와 Y재 6단위이다. 이때 유추가능한 사실로 보기 어려운 것은?

① 예산집합은 확대된다.

② X재는 열등재이다.

③ Y재에 대한 개별수요곡선의 도출이 가능하다.

④ Y재로 표시한 X재의 한계대체율(MRSXY)은 증가하게 된다.

⑤ 대체효과는 음수이다.

55 아래 그림에서 D는 수요곡선, S가 공급곡선이이다. 만약 현재 가격이 P_2일 때 어떤 일이 발생하는가?

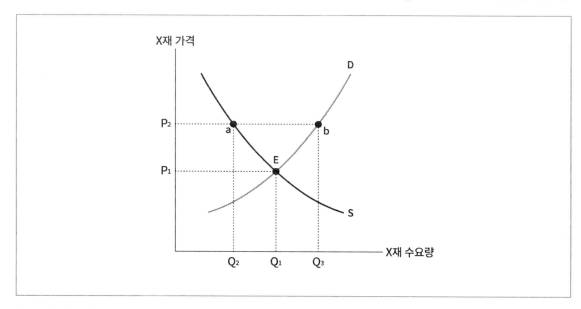

① 초과 수요가 발생해 가격이 하락한다.

② 초과 공급이 발생해 가격이 하락한다.

③ 초과 공급이 발생해 가격이 상승한다.

④ 초과 수요가 발생해 가격이 상승한다.

⑤ 가격이 상승하거나 또는 하락하지 않는다.

56 다음 중 총수요충격 및 총공급충격에 대한 내용으로 적절하지 않은 것은?

① 기술진보로 인한 양(+)의 총공급충격은 자연실업률수준을 하락시킬 수 있다.

② 명목임금이 하방경직적일 경우 음(−)의 총공급충격이 발생하면 거시경제의 불균형이 지속될 수 있다.

③ 총공급충격으로 인한 경기변동에서 물가는 경기역행적이다.

④ 총공급충격에 의한 스태그플레이션은 합리적 기대가설이 주장하는 정책무력성의 근거가 될 수 있다.

⑤ 총수요충격으로 인한 경기변동에서 물가는 경기순행적이다.

57 다음 중 폐쇄경제에서 실질이자율에 대한 설명으로 적절한 것을 모두 고르면?

> ㉠ 가격경직성을 가정하는 케인즈학파에 의하면 단기 실질이자율은 화폐시장에서 수요와 공급이 일치되도록 결정된다.
> ㉡ 고전학파 이론에 의하면 실질이자율은 대부자금시장에서 저축과 투자가 일치되도록 결정된다.
> ㉢ 고전학파와 케인즈 학파 모두 실질이자율의 하락은 투자지출의 증가를 가져오는 것으로 설명한다.
> ㉣ 고전학파와 케인즈 학파 모두 통화량 증가는 실질이자율의 하락을 가져오는 것으로 설명한다.

① ㉠㉡㉢   ② ㉠㉡㉣

③ ㉡㉢㉣   ④ ㉠㉢㉣

⑤ ㉠㉡㉢㉣

58 2010년과 2015년의 빅맥 가격이 아래와 같다. 일물일가의 법칙이 성립할 때, 적절하지 않은 내용은 무엇인가? (단, 환율은 빅맥 가격을 기준으로 표시한다.)

	2010년		2015년	
원화 가격	달러화 가격	원화 가격	달러화 가격
5,000원	5달러	5,400원	6달러

① 빅맥의 1달러당 원화가격은 두 기간 사이에 10% 하락했다.

② 달러 대비 원화의 실질환율은 두 기간 사이에 변하지 않았다.

③ 2015년 원화의 명목환율은 구매력평가환율보다 낮다.

④ 달러 대비 원화의 가치는 두 기간 사이에 10% 상승했다.

⑤ 빅맥의 원화가격은 두 기간 사이에 8% 상승했다.

59 다음 중 A국에서 조세 정책의 변화로 인해 나타나게 될 영향에 대한 추론으로 가장 적절한 것은?

> A국은 작년까지 개인 소득을 세 구간으로 나누어 각각 10%, 30%, 40%의 누진세율을 적용하였으나, 금년에는 소득 구간은 그대로 두되 구간별로 각각 10%, 20%, 30%의 누진세율을 적용하였다. 또한 비례세 제도를 적용하는 부가가치세의 세율을 10%에서 20%로 올렸다.

① 고소득층의 조세 저항이 커질 것이다.
② 조세 수입 중 직접세의 비중이 확대될 것이다.
③ 조세 부담의 역진성이 약화될 것이다.
④ 정부의 조세 수입이 증가할 것이다
⑤ 조세의 소득 재분배 효과가 약화될 것이다.

60 독점시장에서 거래되는 어떤 상품에 대한 시장수요함수(Q_D)와 독점기업의 단기총비용함수 (TC)가 아래와 같은 식으로 표시된다고 할 때, 정부가 해당 상품의 출고 시 한계비용의 10%에 해당하는 부가가치세를 부과할 경우에 나타나는 현상으로 적절한 것은? (단, Q_D는 수요량, Q_S는 생산량, P는 가격을 나타낸다.)

> • 시장수요함수 : $Q_D = 220 - P$
> • 단기총비용함수 : $TC = 100Q_S + 50$

① 과세 후 독점기업의 이윤은 550만큼 감소할 것이다.
② 생산자와 소비자는 세금을 단위당 5씩 동일하게 분담할 것이다.
③ 이 상품으로부터 징수되는 부가가치세 총수입은 600이 될 것이다.
④ 과세 후 소비자 잉여는 25만큼 감소할 것이다.
⑤ 과세 후 독점기업의 이윤극대화 생산량은 10만큼 감소할 것이다.

61 독점기업과 독점적 경쟁기업의 과잉설비에 대한 설명 중 옳은 것을 모두 고른 것은?

> ⓐ 통상적으로 과잉설비규모는 독점적 경쟁보다 독점의 경우가 더 크게 나타난다.
> ⓑ 독점기업 또는 독점적 경쟁기업이 직면하는 수요곡선이 탄력적일수록 과잉설비규모는 크다.
> ⓒ 과잉설비가 존재한다는 것은 자원배분이 비효율적으로 이루어지고 있음을 의미한다.

① ⓐ
② ⓐⓑ
③ ⓑⓒ
④ ⓐⓒ
⑤ ⓐⓑⓒ

62 아래 그래프는 X재 시장의 변화를 나타내고 있는데, 이에 대한 설명으로 적절한 것은 무엇인가?

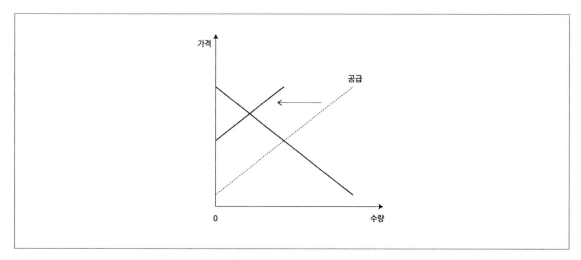

① 소비자 잉여는 일정하다.
② 사회적 잉여는 증가하였다.
③ 균형 가격은 하락하였다.
④ 생산자 잉여는 증가하였다.
⑤ 균형 거래량은 감소하였다.

63 다음의 사례를 읽고 연철이와 우진이의 소비행위에 있어서의 공통점으로 옳은 것은?

> • 우진이는 화장품을 구입할 때 'animal testing free'라는 마크가 부착된 제품을 선택하는데, 그 이유는 해당 마크가 부착된 제품은 동물을 대상으로 실험하지 않고 생산되기 때문이다.
> • 연철이는 'XX' 사의 초콜릿을 사 먹는다. 'XX' 사의 초콜릿 제조사는 친환경적으로 생산된 원료를 사용하는데, 해당 원료를 재배하는 농부들에게 정당한 몫을 지불하기 때문에 고가이지만 'XX' 사 초콜릿을 먹는다.

① 우진이와 연철이는 광고에 의존해서 충동적으로 구매를 결정한다.
② 우진이와 연철이는 제품가격 및 품질 등을 최우선으로 고려한다.
③ 우진이와 연철이는 소비를 통해 스스로의 부를 과시하고자 한다.
④ 우진이와 연철이는 유행에 편승해서 무비판적으로 구매를 결정한다.
⑤ 우진이와 연철이는 제품을 선택할 시에 윤리적인 가치를 고려한다.

64 다음 중 경제성장에 관한 설명으로 옳지 않은 것은?

① 쿠즈네츠 가설에 의하면 경제성장의 초기 단계에서 소득분배가 일단 악화되는 추세를 보이다가 성장이 어느 정도 이루어지면서 차츰 개선된다.
② 성장회계는 일정한 기간 동안 달성된 경제 성장에 대해 어떤 요인이 어느 정도의 기여를 했는지 알아보는 분석 방법이다.
③ 내생적 성장에 관한 학습효과(Learning-By-Doing)모형은 의도적인 교육투자의 중요성을 강조한다.
④ 경제발전의 양적 성장은 노동과 자본의 확충에 의한 성장을, 질적 성장은 기술진보에 의한 성장을 말한다.
⑤ 솔로우의 성장모형에서는 1인당 소득이 낮은 나라일수록 경제가 빠르게 성장하여 선진국 수준으로 수렴한다.

65 다음 중 한계편익과 한계비용이 같다는 조건이 반드시 충분조건일 수 있는 경우는 무엇인가?

① 한계편익곡선의 기울기가 양(+)이고, 한계비용곡선의 기울기도 양(+)인 경우

② 한계편익곡선의 기울기가 제로(0)이고, 한계비용곡선의 기울기도 제로(0)인 경우

③ 한계편익곡선의 기울기가 음(−)이고, 한계비용곡선의 기울기는 양(+)인 경우

④ 한계편익곡선의 기울기가 음(−)이고, 한계비용곡선의 기울기도 음(−)인 경우

⑤ 한계편익곡선의 기울기가 양(+)이고, 한계비용곡선의 기울기는 음(−)인 경우

66 아래에 제시된 그림은 A 기업의 X재 생산량에 의한 총수입 및 총비용을 나타낸 것이다. 이에 대한 분석으로 바르게 설명한 것을 고르면? (단, 생산된 X재는 모두 판매된다.)

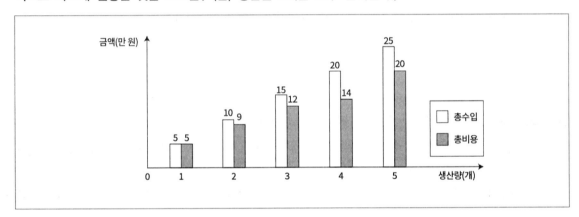

① 생산량이 4개일 때 이윤이 극대화된다.

② 생산량이 1개씩 증가할 때마다 추가로 발생하는 비용은 감소하게 된다.

③ 생산량이 1개씩 증가할 때마다 추가로 얻는 수입은 증가하게 된다.

④ 생산량이 3개일 때 X재 1개당 생산 비용이 가장 작다.

⑤ 생산량이 2개일 때 이윤은 음(−)의 값을 가지게 된다.

67 아래에 제시된 그림은 X재 시장 균형점의 변화($E_1 \rightarrow E_2$)를 나타내고 있다. 해당 그림에 대해 추론한 내용으로 가장 적절한 것을 고르면? (단, X재는 정상재이다.)

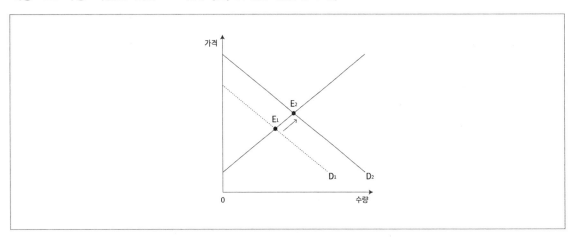

① X재의 대체재 가격의 상승은 이러한 변화의 원인이 될 수 있다.
② 소득의 감소는 이러한 변화의 원인이 될 수 있다.
③ 생산자 잉여는 감소하게 된다.
④ 거래량은 감소하게 된다.
⑤ 판매수입은 변하지 않는다.

68 다음 중 가격통제정책에 관한 설명으로 적절하지 않은 것은?

① 최고가격제는 장기적으로 볼 때 통제대상 상품의 공급증대를 유도하게 된다.
② 최고가격제하에서는 암시장이 형성될 가능성이 높다.
③ 최저가격제하에서는 만성적인 초과공급상태를 야기시키게 된다.
④ 경쟁시장에서 달성될 수 있는 임금수준보다 높은 수준에서 최저임금이 설정되어야 그 목적을 달성할 수 있다.
⑤ 이중곡가제를 실시할 경우 일반적으로 소비자잉여는 증가하게 된다.

69 다음 중 현시선호의 약공리를 바르게 설명한 것은?

① A, B, C가 선택가능할 때 A를 선택하였다면 A, B만이 선택가능할 때에도 A를 선택해야 한다.

② A를 선택할 때 B가 선택가능하였다면 B를 선택할 때에는 C가 선택가능해야 한다.

③ A를 선택할 때 B가 선택가능하였다면 B를 선택할 때도 A가 선택가능해야 한다.

④ A를 선택할 때 B가 선택가능하였고 B를 선택할 때 C가 선택가능하였다면 C를 선택 할 때 A는 선택불가능해야 한다.

⑤ A를 선택할 때 B가 선택가능하였고 B를 선택할 때 C가 선택가능하였다면 A를 선택 할 때도 C도 선택가능해야 한다.

70 비대칭 정보의 상황에서 일어날 수 있는 현상으로 보기 어려운 것은?

① 시장균형은 언제나 존재하지만 파레토최적을 만족하지 않을 수도 있다.

② 시장에서의 거래 규모가 축소되거나 또는 아예 시장이 폐쇄될 수도 있다.

③ 정보를 가진 쪽에서는 정보가 없는 쪽을 위해 최선의 노력을 경주하지 않을 수도 있다.

④ 악화가 양화를 구축하는 그레샴의 법칙대로 좋은 품질의 상품이 시장에서 사라질 수도 있다.

⑤ 자신이 공급하는 상품이 우수하다는 것을 알리는 신호를 보내려고 노력하게 된다.

71 다음 중 기업들이 소비자들에게 제공하게 되는 보증(warranty)에 대한 내용으로 옳은 것은?

① 생산자들은 품질이 더 좋은 상품일수록 예상 수리비용이 적기 때문에 보증을 해 줄 가능성이 더 높다.

② 보증은 소비자들이 기업들보다 제품의 질에 대해 많은 정보를 갖고 있을 때 신호 수단으로서 가장 효과적이다.

③ 비대칭정보의 문제가 존재하는 시장에서는 기업들이 보증을 제공하지 않으려 한다.

④ 보증은 소비자들이 기업들보다 소비자들의 선호에 대해 많은 정보를 갖고 있을 때 신호 수단으로서 가장 효과적이다.

⑤ 보증은 기업들이 소비자들보다 소비자들의 선호에 대해 많은 정보를 갖고 있을 때 신호 수단으로서 가장 효과적이다.

72 최근의 세계경기 침체에 대응한 거시경제 정책에 대한 내용으로 옳지 않은 것은?

① 경기회복에 대한 기대는 장기금리의 하락을 통해 재정 진작의 승수효과를 감소시키게 된다.

② 케인즈의 소득–지출 모형에 의하면 조세 삭감보다 동일한 규모의 정부지출 증가가 경기부양에 좀 더 효과적이다.

③ 연구개발(R&D) 부문에 대한 정부지출의 증가는 단기적으로 경기 부양을 가져올 뿐만 아니라 장기적인 성장 잠재력을 향상시킬 수 있다.

④ 항상소득가설에 의하면 대규모 재정 진작책에 따른 국가부채 증가는 미래 조세부담의 증가와 함께 재정진작의 승수효과를 일부 상쇄할 수 있다.

⑤ 케인즈의 투자적 화폐수요(speculative demand for money)에 의하면, 금리가 0에 가까운 상황에서 추가적인 확장적 통화정책은 효과를 거두기 어렵다.

73 다음 글을 통해 합리적 선택에 대해 시사하는 것으로 가장 적절한 설명은?

> 1960년대 유럽의 두 국가는 초음속 여객기의 연구 개발에 공동으로 투자하게 되었다. 이후에 적은 좌석 수 및 높은 관리 비용으로 인해 경제성이 낮을 것이라는 문제가 제기되었으나, 양국의 정부는 그동안에 들인 비용이 아까워 운항을 개시하게 되었다. 그러나 과도한 운항 비용 및 적은 시장의 수요로 인해 적자가 누적되었으며, 결국에 양국 정부는 초음속 여객기의 운항을 중단하게 되었다. 이렇듯 회수가 불가능한 비용에 집착하여 잘못된 선택을 하는 경우에 더 큰 손해를 가져올 수 있다.

① 사회적 후생보다 개인적 편익을 우선시해야 한다.

② 기회비용에 매몰 비용을 포함해서는 안 된다.

③ 편익보다 기회비용이 큰 대안을 선택해야 한다

④ 윤리적 가치를 가장 우선적으로 고려해야 한다.

⑤ 기회비용에 암묵적 비용을 포함해서는 안 된다.

74 아래에 제시된 그림은 어느 국가의 기준 금리 변화에 대한 추세를 나타내고 있다. A, B에 대한 옳은 설명을 〈보기〉에서 모두 고르면?

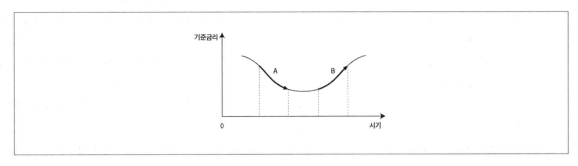

⊙ B는 소비 지출을 촉진하는 요인이 되었을 것이다.
⊙ A는 투자를 촉진하는 요인이 되었을 것이다.
⊙ B는 총수요를 억제하는 요인이 되었을 것이다.
⊙ A는 물가상승을 억제하는 요인이 되었을 것이다.

① ⊙⊙
② ⊙⊙
③ ⊙⊙
④ ⊙⊙
⑤ ⊙⊙⊙⊙

75 다음 중 어떤 재화의 한계효용이 0일 경우 의미하는 것은?

① 이 재화에 대한 총효용은 최대치에 이르렀다.
② 이 재화는 소비자에게 수요가 없음을 의미한다.
③ 이 소비자는 상품의 구매에 있어 균형에 도달하였음을 의미한다.
④ 이 재화에 대한 총효용도는 0일 것이다.
⑤ 이 재화의 가격이 0임을 의미한다.

76 과점시장에 대한 다음 설명 중 가장 적절한 것은?

① 과점시장에 속한 기업들은 모두 동질적인 상품만 생산한다.

② 진입장벽이 거의 없기 때문에 신규기업의 진입이 매우 용이하다.

③ 무수히 많은 기업들이 자신의 이윤극대화를 위하여 경쟁하고 있으며, 개별기업들은 모두 가격수용자이다.

④ 과점시장에서 각 기업이 책정하는 가격은 서로 다를 수 있다.

⑤ 기업들의 담합은 그들이 생산하는 상품의 가격을 하락시키므로 정부는 과점기업들의 담합을 유도해야 한다.

77 아래 박스 안의 내용은 X재, Y재, Z재의 관계를 나타낸 것이다. X재의 원자재 가격 상승으로 인해 각 재화 시장에 미칠 영향에 대한 추론으로 적절한 것을 고르면? (단, 모든 재화는 수요와 공급의 법칙을 따른다.)

> X재 및 Y재는 용도가 비슷해 서로 대체해서 소비할 수 있는 관계이며, X재 및 Z재는 함께 사용함으로써 만족감이 더욱 커지는 관계에 있다. 하지만 Y재 및 Z재는 서로 연관 관계가 없다.

① Y재의 균형 거래량은 감소할 것이다.

② Z재의 균형 가격은 상승할 것이다.

③ X재의 수요량은 증가할 것이다.

④ Y재의 수요는 증가할 것이다.

⑤ Z재의 수요는 증가할 것이다.

78 2000년대에 들어서서 미국이 지속적으로 경상수지적자를 보인 반면에, 동아시아와 중동 산유국들은 지속적으로 경상수지 흑자를 보인 현상을 세계경제불균형(global imbalance)이라 한다. 이에 대한 설명으로 옳지 않은 것은?

① 기축통화로서 미 달러화의 상대적인 약세를 가져왔다.

② 2007~2008년 글로벌 금융위기를 가져온 구조적 원인 중 하나이다.

③ 미국의 과잉 저축 또는 동아시아 국가 및 산유국들의 과소비에서 기인한다.

④ 경상수지 흑자국의 자본이 미국으로 유입되는 달러 리사이클링(dollar recycling)이 미국 내 유동성 공급의 증가를 가져왔다.

⑤ 국민소득계정에 의하면 주어진 투자 및 민간저축 하에서 재정적자의 증가는 순수출의 감소를 가져온다.

79 국내 농민들은 쌀 개방을 전면적으로 반대하고 있는 상황이다. 만약에 국제가격보다 높은 가격을 유지하고 있는 국내의 쌀 시장이 전면 개방되었을 경우, 이론적으로 나타나는 변화에 대한 설명으로 적절한 것은? (단, 쌀은 정상재이고 거래비용은 없다고 가정한다)

① 국내 쌀 시장의 생산자 잉여는 감소하게 된다.

② 국내 쌀 시장의 사회적 잉여는 개방 전보다 감소하게 된다.

③ 국내 쌀 시장의 생산자 잉여는 증가하고 소비자 잉여는 감소한다.

④ 국내 쌀 생산량이 증가하게 된다.

⑤ 국내와 쌀 교역을 하는 국가들의 이익은 감소하게 된다.

80 아래의 그림과 같이 국제유가 상승과 같은 공급충격이 국내 경제에 미치는 영향에 대한 내용으로 바르게 설명한 것은 무엇인가?

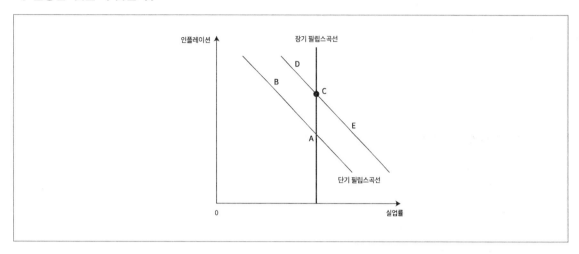

① 국내 경제가 C → E → A로 움직이게 될 것이다
② 국내 경제가 C → B → A로 움직이게 될 것이다.
③ 국내 경제가 C → D → B로 움직이게 될 것이다.
④ 국내 경제가 A → E → C로 움직이게 될 것이다.
⑤ 국내 경제가 A → B → C로 움직이게 될 것이다.

※ 정답 및 해설은 p.396에 있습니다.

1 집단성과급제에 대한 설명으로 가장 옳지 않은 것은?

① 카이저플랜은 개인적 인센티브를 적용한다.

② 프렌치시스템은 실제 산출액에서 기대산출액을 차감한 모든 비용 절약분을 노동자에게 배분하는 집단 성과급제이다.

③ 스캔론 플랜은 노사협력에 의한 생산성 향상을 위한 제안제도로 판매가치를 기준으로 한 보너스 플랜을 기본으로 한다.

④ 링컨플랜은 성과급과 이윤분배제도를 혼합한 것이다.

⑤ 레만플랜은 가치성과에 노동생산성을 기초로 한 일정률을 곱해서 부가노동성과를 산출하여 분배한다.

2 다음 중 매슬로우와 ERG 이론에 대한 설명으로 옳지 않은 것은?

① 매슬로우는 모든 욕구가 하위 욕구에서 상위 욕구로 발전한다고 하였다.

② ERG 이론에는 존재 욕구, 관계욕구, 성장 욕구가 있다.

③ 매슬로우의 존경욕구는 알더퍼의 성장욕구에 해당한다.

④ 알더퍼는 만족-진행 및 좌절-퇴행이 가능하다고 하였다.

⑤ 매슬로우 이론은 ERG 이론의 문제점을 보완하여 제시되었다.

3 다음 중 MBO의 한계점으로 보기 어려운 것은?

① 장기적인 목표를 강조하는 경향이 있다.

② 부문 간에 과다 경쟁이 일어날 수 있다.

③ 계량화할 수 없는 성과가 무시될 수 있다.

④ 신축성 또는 유연성이 결여되기 쉽다.

⑤ 도입 및 실시에 시간, 비용, 노력이 많이 든다.

4 다음 중 최상위 경영전략인 기업 수준의 경영전략으로 옳지 않은 것은?

① 경쟁사에 비해 우수한 품질의 제품을 제공하려는 차별화전략

② 기존 시장에 새로운 제품으로 진입하기 위한 제품개발전략

③ 기존 사업과 연관된 다른 사업을 인수하여 고객을 확보하려는 다각화전략

④ 기존 제품의 품질 향상을 통해 시장점유율을 높이려는 시장침투전략

⑤ 새로운 시장에 기존의 제품으로 진입하여 시장을 확장하는 시장개발전략

5 다음 중 적절하지 않은 설명은?

① 혁신이론은 지식 경영과는 간접적인 관계를 지니고 있다.

② 정보기술 시스템은 지식 경영 분야에서 가장 빠른 성장과 발전을 거듭하고 있는 분야이다.

③ 지식경제에서는 기업, 조직, 개인, 공동체가 효율적으로 지식을 창출, 획득, 전달, 공유할 수 있어야 한다.

④ 기술이전과 네트워크이론은 조직 내부가 아닌 조직 외부로부터의 지식창출과 관련된 분야이다.

⑤ 혁신이론은 국가의 정책과 체계에 관한 이론들까지 제시해 주고 있다.

6 다음 중 아웃소싱 전략에 관한 내용으로 옳지 않은 것은?

① 근로자들의 고용불안과 근로조건의 악화라는 단점이 있다.

② 정보통신기술(ICT)의 발달 등과 같은 최근의 환경변화는 아웃소싱을 파트너십에 입각한 전략적 차원으로 전환시키고 있다.

③ 통상적으로 정보기술의 개발능력 부족 등으로 잘 정비된 외부업체의 네트워크를 활용하기 위해 아웃소싱을 하게 된다.

④ 아웃소싱 전략은 경비절약, 기업의 규모축소, 전문화 등이 목적이다.

⑤ 핵심사업 부문에 집중, 채용의 용이성, 수수료 부담의 감소, 이직률의 하락, 고객에 대한 높은 충성도 등의 이점이 있다.

7 다음 경력의 닻(career anchor)에 관한 사항 중 아래의 내용을 포함하는 것은?

> • 책임 수준 및 리더십 발휘의 기회
> • 전체 조직에 대한 공헌 기회의 증대

① 자율성 닻

② 관리역량 닻

③ 기업가정신 닻

④ 도전 닻

⑤ 봉사 닻

8 다음 중 경로 커버리지의 한 형태인 집약적 유통에 관한 사항으로 거리가 먼 것은?

① 시장의 범위를 확대시키는 전략이라고 할 수 있다.

② 이러한 유통형태에 대해 소비자들은 제품을 구매함에 있어 특별히 많은 노력을 기울이지 않는다.

③ 주로 편의품(라면, 세제, 껌, 스타킹 등)이 이에 속한다고 할 수 있다.

④ 중간상 통제가 상당히 용이하다.

⑤ 편의성이 증가하는 경향이 강하다.

9 상품별로 상권이 넓은 순서로 배열한 것은?

① 편의품 → 선매품 → 전문품
② 선매품 → 편의품 → 전문품
③ 전문품 → 편의품 → 선매품
④ 전문품 → 선매품 → 편의품
⑤ 선매품 → 전문품 → 편의품

10 다음 중 가격관리에 관한 설명으로 옳지 않은 것은?

① 로스 어버전(loss aversion)은 소비자들이 이득보다 손실에 더 민감하게 반응할 경우 가격인하보다는 가격인상에 더 민감하게 반응하는 현상을 말한다.
② 유보가격(reservation price)은 가격변화를 느끼게 만드는 최소의 가격변화폭에 해당하는 가격을 말한다.
③ 준거가격(reference price)은 구매자가 가격이 저가인지 고가인지를 판단하는 데 기준으로 삼는 가격을 말한다.
④ 가격-품질 연상(price-quality association)은 가격이 높을수록 품질이 높을 것으로 믿는 것을 말한다.
⑤ 최저수용가격(lowest acceptable price)은 구매자들이 품질을 의심하지 않고 구매할 수 있는 가장 낮은 가격을 말한다.

11 다음 중 광고와 판매촉진의 비교에 관한 설명으로 옳지 않은 것은?

① 광고는 브랜드 관련 기억증가의 효과를 추구하지만, 판매촉진은 판매의 즉각적인 증가 효과를 추구한다.
② 광고의 기본 목표는 매출 신장이지만, 판매촉진의 기본 목표는 소비자 태도 변화이다.
③ 광고는 브랜드를 인식하지 못한 소비자를 목표 고객으로 하지만, 판매촉진은 타사 브랜드 애용자를 목표 고객으로 한다.
④ 광고는 중장기적인 효과를 추구하지만, 판매촉진은 단기적인 효과를 추구한다.
⑤ 광고는 간접적이고 보통 수준의 당기 이익에 공헌하지만, 판매촉진은 직접적이고 높은 수준의 당기 이익에 공헌한다.

12 다음의 내용이 설명하고자 하는 것과 가장 관련성이 높은 것은?

> 치약
>
> 충치 예방 기능, 미백 효과의 기능

① 이미지에 따른 포지셔닝
② 경쟁제품에 따른 포지셔닝
③ 사용상황에 따른 포지셔닝
④ 제품사용자에 따른 포지셔닝
⑤ 제품속성에 따른 포지셔닝

13 제품의 라이프사이클이 점점 짧아지고 제조기술 등이 급변함에 따라 급증하고 있는 간접비를 합리적인 기준으로 직접비로 전환하는 것으로, 투입자원이 제품이나 서비스 등으로 변환하는 과정을 명확하게 밝혀 제품 또는 서비스의 원가를 계산하는 방식은?

① Gross Margin Return On Labor
② Gross Margin Return On Selling area
③ Direct Product Profitability
④ Gross Margin Return On Inventory investment
⑤ Activity Based Costing

14 신상품 개발에 대한 설명으로 적절하지 않은 것은?

① 아이디어 뿐만 아니라 상용화 단계도 포함된다.
② 비내구재 신상품의 매출은 '시용' 및 '반복'의 과정을 따른다.
③ 신시장을 창출하는 혁신적 신상품이 얻을 수 있는 판매량은 잠재 구매자를 대상으로 한 콘셉트 테스트 방법으로 예측하기 용이하다.
④ 내구재의 경우 구매자들의 만족도를 조사하는 것이 중요하다.
⑤ 기술중심 개발만으로는 시장 요구를 반영하지 못한다.

15 소비재 시장과 산업재 시장의 특성을 비교했을 때 적절하지 않은 것은?

① 산업재 수요는 궁극적으로 소비재 수요로부터 파생된다.

② 산업재 수요는 소비재 수요에 비해 가격탄력적이다.

③ 공급자와 구매자의 밀접한 관계가 형성되어 있다.

④ 산업재 수요는 소비재 수요에 비해 수요의 변동이 심하다.

⑤ 산업재 시장의 구매자는 전문적 구매를 하는 경향이 있다.

16 다음 사례를 설명한 M&A 방어 전략으로 가장 적합한 것은?

> A, C 기업이 B기업을 적대적으로 인수하려고 하자 이를 인지하고 B기업이 공개적으로 A기업의 주식을 매수하였다. A기업이 C기업 인수 시도하려고 할 때 오히려 C기업이 A기업의 지분 10%를 인수하였을 때에 이에 해당하는 M&A 방어 전략이다.

① 차입매수   ② 포이즌 필

③ 역공개매수   ④ 차등의결권

⑤ 황금낙하산

17 다음 중 제조업자가 개방적 유통경로보다 전속적 유통경로를 취하게 되는 동기를 모두 고르시오.

> ㉠ 소매업자가 재고를 대규모로 유지할 필요가 경우
> ㉡ 전문품을 적극적으로 마케팅할 필요가 있는 경우
> ㉢ 제조업자가 중간상에 대한 통제를 강화하고자 하는 경우
> ㉣ 유통업자가 상품설치 및 수리서비스를 수행해야 하는 경우
> ㉤ 제조업자가 중간상으로 하여금 해당 상품을 적극적으로 촉진시키고자 하는 경우

① ㉠㉡㉢   ② ㉡㉢㉣

③ ㉡㉢㉣㉤   ④ ㉠㉡㉢㉣

⑤ ㉠㉡㉢㉣㉤

18 다음 그림은 BCG 매트릭스를 나타낸 것이다. 이에 관한 설명으로 옳지 않은 것은?

① 스타의 경우에는 자금의 투자를 필요로 하며, 동시에 경쟁우위가 있어 많은 수익을 발생시키는 사업 부이다.

② 캐시카우의 경우 시장리더로서 안정적인 지위를 확보하고 있어 많은 이익을 발생시키는 형태이다.

③ 퀘스천의 경우 대단히 매력적이지만 상대적으로 시장점유율이 낮기 때문에 오히려 시장성장에 따른 잠재적 이익이 실현될 수 있는 사업부이다.

④ 도그의 경우 이익 창출도 어렵고 미래에 개선 가능성도 희박하므로 해당 사업을 축소 또는 철수하는 전략을 택할 수 있다.

⑤ 위 매트릭스는 시장성장률과 상대적인 시장점유율이 기업의 현금흐름과 깊은 관계가 있다고 가정하고 있다.

19 아래에 제시된 자료를 이용하여 계산한 재무 활동으로 인한 현금흐름을 구하면?

• 기초현금	2,000,000원
• 기말현금	2,700,000원
• 영업활동으로 인한 현금흐름	200,000원
• 투자활동으로 인한 현금흐름	100,000원

① 100,000원   ② 200,000원

③ 300,000원   ④ 400,000원

⑤ 500,000원

20 정보의 전달은 최종 의사결정자까지를 의미한다고 할 때 다음 중 집권화와 분권화가 바람직한 조건에 해당되는 경우가 아닌 것은?

	집권화가 유리함	분권화가 유리함
① 정보전달 비용	정보전달비용이 크지 않을 때	정보가치에 비해 전달비용이 클 때
② 의사결정 정보	원거리 정보가 의사결정에 가치가 있을 때	현장 의사결정자가 수집한 정보를 중앙에 전달하기 어려울 때
③ 신뢰	조직구성원의 신뢰가 높을 때	조직구성원의 신뢰가 낮을 때
④ 동기유발	단순하고 체계적인 업무	복잡하고 동태적인 업무
⑤ 시간의 가치	의사결정의 가치에 비해 정보전달 시간이 오래 걸릴 때	의사결정의 가치에 비해 정보전달 시간이 오래 걸리지 않을 때

21 최근 많은 기업들은 자사의 성과를 향상시키기 위한 방법으로 소비자심리를 파악하여 구매동기나 구매욕구를 자극하고 있다. 이와 관련된 이론적 설명으로 적절하지 않은 것은?

① Maslow는 욕구단계설에서 예를 들어 배고픈 사람은 예술세계의 최근 동향, 다른 사람들에게 어떻게 보일까하는 문제, 자기가 깨끗한 공기를 마시고 있는지에 관해서는 관심이 없다는 것을 주장하였다.

② Freud에 의하면 소비자는 특별한 상표를 검토할 때 이미 기업이 주장한 그 상표의 능력뿐만 아니라 기타 무의식적인 단서에 반응하므로 형태, 크기, 무게, 자재, 색상 및 상표명 등으로 동기를 부여하여야 한다.

③ Maslow는 소비자들이 특정한 시기에 특정한 욕구에 의해 움직인다는 것을 욕구단계설(또는 욕구계층설)로 주장하였다.

④ 동기부여이론들은 욕구가 강렬하고 충분한 수준으로 일어나면 구매동기가 된다고 주장한다는 점에서 공통점이 있다.

⑤ Herzberg는 동기부여 이론에서 불만족 요인과 만족 요인을 개발하였는데, 불만족 요인이 없다는 것으로도 충분히 구매동기를 부여할 수 있다고 판단함으로써 기업들은 불만족 요인의 제거를 통해 구매동기를 부여할 수 있다고 주장하였다.

22 아래에 제시된 내용을 읽고 밑줄 친 부분에 대한 설명으로 옳은 것을 고르시오.

"더이상 혼자서는 경쟁력을 가질 수 없다"

식품업계에 異업종과 손잡고 시장을 개척해 나가는 공생마케팅이 활발하게 전개되고 있다. 업계에 따르면 온라인이 보편화되면서 정보의 흐름과 생활 속에서의 활용 속도가 빨라지고 있는 가운데 식품업체들은 기존 수요층과 다소 성격이 다른 신수요를 창출하기 위해 패션 통신 카드업체 등 다른 업종과의 제휴를 통한 시너지 효과를 노리고 있다. 업체들은 이같은 이업종 공생마케팅으로 고객확보와 브랜드 인지도 제고 등 간접 홍보라는 두 마리 토끼를 잡을 수 있다는 데 매력을 두고 있다.

도저히 어울릴 것 같지 않은 장류업체 A사와 패션브랜드 B사와의 결합이 대표적인 케이스.

장류업체 A사는 지난해 패션브랜드 B사와 전략적 제휴를 통해 패션브랜드 B사의 신세대 소비자들에게 일찍부터 올드 브랜드인 장류업체 A사의 이미지를 심어 미래의 고객으로 끌어들이는 전략을 펼치고 있다. 여성의 사회진출 등 세태의 변화에 따라 전통 장류도 사먹는 시대가 열리고 있는 점을 감안 패션브랜드 B사를 선호하는 신세대야말로 장류업체 A사 제품의 확실한 미래고객이라는 데 마케팅의 초점을 맞추고 있다.

---

① 데이터베이스에 있는 고객의 신상 정보, 구매 경험에 관한 정보 등을 활용하여 개별 고객의 욕구를 파악하고 꾸준히 마케팅 활동을 전개해 나가는 것이다.

② 제품의 개발·생산판매 등에서 환경보호를 중시하는 마케팅 활동을 펼치게 되는 것이다.

③ 개인의 필요와 욕구를 만족시키되 사회적 환경과 복지를 해치지 않는 범위 내에서 행해져야 한다.

④ 고객의 취향이 다양화되고 수요가 불안정하며 기업 간 경쟁이 치열해짐에 따라 한 기업의 자원뿐만 아니라 여러 기업의 마케팅 자원을 공동으로 이용함으로써 상호이익을 극대화하고 위험을 회피할 수 있는 방안을 모색하게 되는 것이다.

⑤ 소비자의 특성에 따라 시장을 몇 개로 세분화한 후, 각 세분 시장의 특성에 맞는 마케팅 활동을 펼치는 것이다.

23 다음 중 카르텔의 특징에 해당하는 사항을 모두 고르시오.

> ㉠ 생산 및 판매에 있어 경쟁을 방지하고 수익을 확보하기 위해 동종상품이나 상품군을 독립기업 간에 수평적으로 결합하는 형태
>
> ㉡ 시장을 지배할 목적으로 동종 혹은 이종 기업이 자본적 결합에 의해 완전히 하나의 기업이 되는 형태
>
> ㉢ 일반적으로 대기업이 자본지배를 목적으로 여러 산업에 속한 중소기업의 주식을 보유하거나 이들에게 자금을 대여하여 금융적으로 결합한 형태
>
> ㉣ 참여기업들은 법적, 경제적 독립성을 유지할 때 경제적 효력 발생
>
> ㉤ 실질적으로는 독립성을 상실하게 되지만 외형상으로는 독립성이 유지되는 형태

① ㉠㉤   ② ㉡㉤

③ ㉢㉣   ④ ㉠㉤

⑤ ㉢㉤

24 아래의 자료를 이용하여 계산한 '(주) 프리티' 사의 2024년 매출원가는 얼마인가?

'(주) 프리티' 사의 2024년 자료	
당기매입액	₩500,000
매입환출	₩40,000
매입할인	₩10,000
기초상품재고액	₩70,000
매입에누리	₩30,000
매입할인	₩10,000
기말상품재고액	₩30,000

① ₩400,000

② ₩420,000

③ ₩440,000

④ ₩450,000

⑤ ₩460,000

25 아래와 같은 상황에서 '(주) 캐리' 사가 취할 수 있는 마케팅 분석방법으로 가장 적절한 것은?

> 공기청정기를 판매하는 '(주) 캐리' 사는 다양한 판매촉진을 통해 매출부진에서 벗어나고자 한다. 가격인하와 할인쿠폰행사 그리고 경품행사가 매출향상에 효과적인가를 판단하기 위해 각 판촉방법 당 5개 지점의 자료를 표본으로 선정하여 판촉유형이 매출에 미치는 효과여부에 관한 조사를 실시하기로 했다.

① 표적집단면접법(FGI, Focus Group Interview)
② 요인분석(factor analysis)
③ 분산분석(ANOVA, analysis of variance)
④ 다차원척도법(MDS, Multi-Dimensional Scaling)
⑤ 회귀분석(regression analysis)

26 다음 중 직무충실화에 대한 설명으로 옳은 것을 모두 고르면?

> ㉠ 허즈버그의 2요인에 기초한 수직적 직무확대
> ㉡ 반복적인 업무의 단조로움과 지루함을 줄일 수 있다.
> ㉢ 높은 수준의 지식과 기술이 필요하다.
> ㉣ 직무설계의 전통적 접근방법이다.

① ㉠㉡
② ㉠㉢
③ ㉠㉣
④ ㉡㉢
⑤ ㉠㉢㉣

27 아래의 사례는 서비스 마케팅 조사의 요소 중 무엇에 관한 설명인가?

오 마이(Oh, My) 베이커리 카페는 음식을 먹는 매장에 가장한 손님을 보내 접점 직원, 레스토랑, 음식에 대한 설문지를 작성하게 한다. 이때 직원들은 다음과 같은 기준에 의해 평가된다.
- 고객이 입구에 들어선 후 3초 이내에 인사하는가?
- 상냥하게 인사하는가?
- 주문받을 때 추가 품목을 권하는가?
- 음식을 가져다주기 전에 지불해주기를 요청하는가?
- 영수증을 받았는가?
- 거스름돈을 정확하게 받았는가?
- 주문한 음식이 정확하게 나왔는가?

① 상실고객조사(lost customer research)
② 추적전화 또는 사후거래조사(trailer calls or posttransaction surveys)
③ 고객패널(customer panels)
④ 미스테리 쇼핑(mystery shopping)
⑤ 미래기대조사(future expectation research)

28 다음 중 GE 맥킨지 매트릭스에 대한 내용으로 옳지 않은 것은?

① BCG 매트릭스보다 세부적으로 분석한 형태이다.

② 원의 크기는 단위사업의 성장률을 나타낸다.

③ 사업단위는 전략적이다.

④ GE 매트릭스의 이익창출영역은 BCG 매트릭스의 캐쉬 카우, 물음표 사업부랑 동일하다.

⑤ 위 그림은 BCG 매트릭스와 마찬가지로 각 사업단위를 독립적으로 파악하고 내부적 자원만 고려하는 한계점을 지닌다.

29 다음 〈표〉는 '갑' 공기업의 신규 사업 선정을 위한 2개 사업(A, B) 평가에 관한 자료이다. 〈표〉와 〈조건〉에 근거한 〈보기〉의 설명 중 옳은 것을 모두 고른 것은?

〈표 1〉 A와 B사업의 평가 항목별 원점수

(단위 : 점)

분류	평가항목	A 사업	B 사업
사업적 가치	경영전략 달성 기여도	80	90
	수익창출 기여도	80	90
공적 가치	정부정책 지원 기여도	90	80
	사회적 편익 기여도	90	80
참여 여건	전 인력 확보 정도	70	70
	사내 공감대 형성 정도	70	70

※ 평가 항목별 원점수는 100점 만점임

<표 2> 평가 항목별 가중치

분류	평가항목	가중치
사업적 가치	경영전략 달성 기여도	0.2
	수익창출 기여도	0.1
공적 가치	정부정책 지원 기여도	0.3
	사회적 편익 기여도	0.2
참여 여건	전 인력 확보 정도	0.1
	사내 공감대 형성 정도	0.1
합계		1.0

〈조건〉

- 신규 사업 선정을 위한 각 사업의 최종 점수는 평가 항목별 원점수에 해당 평가 항목의 가중치를 곱한 값을 모두 합하여 산정한다.
- A와 B사업 중 최종 점수가 더 높은 사업을 신규 사업으로 최종 선정한다.

〈보기〉

ㄱ 각 사업의 6개 평가 항목 원점수의 합은 A 사업과 B 사업이 같다.
ㄴ '공적 가치'에 할당된 가중치의 합은 '참여 여건'에 할당된 가중치의 합보다 작고, '사업적 가치'에 할당된 가중치의 합보다 크다.
ㄷ '갑' 공기업은 A 사업을 신규 사업으로 최종 선정한다.
ㄹ '정부정책 지원 기여도' 가중치와 '수익창출 기여도' 가중치를 서로 바꾸더라도 최종 선정되는 신규 사업은 동일하다.

① ㄱㄴ
② ㄱㄷ
③ ㄱㄹ
④ ㄴㄹ
⑤ ㄷㄹ

30 아래의 사례를 읽고 밑줄 친 내용으로 미루어 보아 추론 가능한 사실로 옳지 않은 것은?

[단독] '독성 실험비' 3억 아낀 A+사, <u>광고 선전</u>에는 140억 펑펑

초유의 '가습기 살균제 사망 사건'에서 최대 가해 업체인 A+사가 문제의 상품개발 당시 140억 원이 넘는 광고 · 선전비용을 지출했던 것으로 드러났다. 이와 대조적으로 수억 원이 소요되는 흡입 독성 실험은 고의적으로 실시하지 않아 재차 모럴해저드 논란과 함께 법적 · 윤리적 책임을 피하기 어렵게 됐다.

A+사는 매년 100억 원이 넘는 돈을 광고비로 사용한 것으로 조사됐다. 2010년의 경우 광고비가 250억 원을 넘기도 했지만 2011년 주식회사 법인을 유한회사로 변경한 다음부터는 따로 공시를 하지 않았다. 1999년과 2000년 들어간 접대비 역시 총 4억 원에 육박하기도 했다.

---

① 신문광고, TV와 라디오 광고, 온라인 광고 등이 있다.

② 내용 등에 대한 통제가 불가능하다.

③ 비인적 매체를 활용한 촉진방식이다.

④ 사용 매체에 따른 비용을 지불한다.

⑤ 상대적으로 신뢰도가 낮다는 결과를 초래할 수 있다.

31 다음이 설명하는 것은?

> 이것은 기업의 조직에서 관리자가 권력을 지니는 것은 그가 많은 잠재적 보상능력(호의적인 인사고과, 인정, 급여인상, 승진, 호의적인 업무할당 및 책임부여, 격려 등)을 지니고 있기 때문이다. 하지만 호의적인 업무나 또는 조직 내 중요한 책임할당의 경우에, 수임자가 이러한 무거운 책임감을 부담스러워 하든가 불안해한다면 그것은 보상이라고 볼 수 없다.

① 강압적 권력
② 전문적 권력
③ 준거적 권력
④ 합법적 권력
⑤ 보상적 권력

32 '이것'은 통상적으로 기업 조직의 상하 구성원들이 서로의 참여 과정을 통해 기업 조직 단위와 구성원의 목표를 명확하게 설정하고, 그로 인한 생산 활동을 수행하도록 한 뒤, 업적을 측정 및 평가함으로써 조직 관리에 있어서의 효율화를 기하려는 일종의 포괄적인 조직관리 체제를 의미한다. 또한 이 방식은 종합적인 조직운영 기법으로 활용될 뿐만 아니라, 근무성적평정 수단으로, 더 나아가 예산 운영 및 재정관리의 수단으로 다양하게 활용되고 있는 방식이다. '이것'은 무엇인가?

① X이론
② 목표에 의한 관리
③ Y이론
④ 자기통제
⑤ 문제해결

33 아래의 기사 내용은 맥그리거의 X이론에 관한 것이다. 밑줄 친 부분에 대한 내용으로 옳지 않은 것은?

> 미국 신용등급 강등, 중국의 급격한 긴축정책, 유럽 재정파탄 등 각 국에서 시작된 위기가 도미노처럼 전 세계로 퍼지고 있다. 리먼 브러더스 파산이 일으킨 글로벌 금융위기는 지구촌 전체를 뒤흔들었다.
>
> 기업들은 어떤가. GM, 모토로라 등 세계 최고의 왕좌에서 군림했지만 나락의 길을 걷고 있다. 전문가들은 문제의 원인을 오래된 경영과 낡은 리더십에서 찾고 있다. 하루에도 몇 번씩 끊임없이 변하는 '가속'의 시대에서 구태의연한 경영 방식으로는 살아남을 수 없다는 지적이다. 이미 기존 경제이론으로 설명할 수 없는 예측 불가능한 시대가 됐다.
>
> 어떤 변화에도 대응할 수 있는 체력을 갖추려면 무엇이 필요할까. 기업 내 다양성을 극대화하고 지속가능성을 갖춰야한다는 목소리가 주목받고 있다. 새로운 버전으로 진화한 리더십이 기업의 미래를 결정한다. '블루오션 전략', '블랙 스완' 등으로 파이낸셜타임즈 경제도서상을 수상한 국제적인 리더십 전문가 닐스 플레깅은 이 책을 통해 미래 경영의 대안으로 '언리더십(Un-leadership)'을 주장한다.
>
> '부정'을 뜻하는 'Un'은 이전에 옳다고 믿었던 상식을 파괴하는 새로운 발상을 의미한다. 꿈의 기업이라 불리는 구글은 직원들을 통제하는 인재 관리에서 벗어나 무한한(Un-limited) 창의력을 펼칠 수 있는 분위기를 제공했다. 저가 항공사의 신화인 사우스웨스트항공은 직원들이 현장에서 직접 여러 사안을 결정한다. '직원들의 생각이 곧 전략'이라는 지금까지 볼 수 없었던(Un-seen) 원칙을 고수하고 있는 것. 첨단소재기업인 고어는 직장 내에 직급이 존재하지 않으며(Un-management), 부서와 업무를 규정하지 않는다(Un-structure).
>
> 이들은 대표적인 언리더십 기업이다. 언리더십은 리더십 자체를 부정하지 않는다. 현대 경영에서 보편적으로 정의된 수직적이고 영웅적인 리더십에 반기를 든다. 유연하고 개방적으로 조직을 이끄는 21세기형 새로운 리더십이다. 이 책은 구글, 사우스웨스트항공, 고어 등 경제 위기 속에서도 성공적인 사업을 이끌고 있는 기업의 독특한 경영 방식과 기업 문화가 모두 언리더십으로 무장하고 있음을 보여준다. 상식과 고정관념을 파괴하는 언리더십은 비즈니스 생태계 진화를 주도하고 있다.
>
> 언리더십의 가장 큰 토대가 되는 이론은 세계적인 경영학가 더글러스 맥그리거의 'XY이론'이다. 우리는 그 중에서 맥그리거의 X이론에 대해서 더 알아보기로 한다.
>
> (중략)

① 인간은 조직의 문제해결에 필요한 창의력이 부족하다.

② 과업은 본질적으로 모든 인간이 싫어하는 것이다.

③ 인간은 엄격하게 통제되고, 성취하도록 강요되어야 한다.

④ 인간은 애정의 욕구와 존경의 욕구에 의해 동기화된다.

⑤ 인간은 야망이 없고, 책임을 회피하며, 지시되기를 좋아한다.

34 다음 제품계열길이와 관련된 전략에 대한 설명 중 가장 옳지 않은 항목은?

① A 자동차 회사가 005로 성공하자 007과 003로 제품계열을 연장시킨 것은 양방향 연장전략 (two-way stretch)에 해당된다.

② 기존의 이미지로 인해 표적고객들이 고급 신제품의 품질을 신뢰하지 않을 수 있는 위험은 상향연장전략(upward stretch)에 해당되는 위험이다.

③ Unilever가 1,600여개나 되는 브랜드 수를 100여 개 미만으로 과감하게 줄인 것은 계열가지치기전략(line pruning)에 해당된다.

④ 한 계열 내에 있는 기존 품목들과 가격, 품질 등에서 큰 차이가 없는 새로운 품목을 추가하는 것은 계열충원전략(line filing)에 해당된다.

⑤ 고가품, 고기능 제품을 생산하던 기업이 저가품, 저기능 제품을 추가하는 전략은 자사 브랜드의 고급 이미지를 더욱 강화시키기 위한 하향연장전략(downward stretch)에 해당된다.

35 아래 기사를 읽고 (A) 부분에 해당하는 단계에 대한 옳은 설명을 고르시오.

'옴니채널'이란 '멀티채널'에서 한 단계 더 진화한 것으로, 온·오프라인상의 모든 쇼핑 채널이 유기적으로 연결돼 소비자가 어떤 채널을 이용하든 시간과 장소에 상관없이 쇼핑할 수 있는 것을 말한다. 미국의 메이시스 백화점이 가상현실 기술을 활용한 매직미러와 비콘 서비스 등 옴니 채널 전략으로 매출을 끌어올려 주목을 받은 바 있다. 디지털 비즈니스의 진화를 살펴보면 CRM과 웹이 기술기반이 되는 웹 세상, 그리고 전통 비즈니스가 온라인으로 이식되는 e비즈니스 단계를 거쳐 2015년 이후 세계는 빅 데이터와 모바일 그리고 소셜이 요소기술로 작용하는 옴니채널 마케팅의 시대가 시작됐다고 볼 수 있다.

옴니채널 시대의 소비자 행동은 근본적으로 이전과 달라졌다. 전통적인 소비자 구매행동 모델은 쇼핑을 '주의-관심-욕구-기억-소비행동' 5단계로 설명하고 있다. 그러나 옴니채널 환경에서 스마트폰을 사용하는 소비자들은 '주의-관심-검색-소비행동-공유'라는 새로운 5단계 패턴을 보이고 있다. 이 두 가지 소비행동 모델의 차이점은 쇼핑 이전에 거치는 검색과정과 쇼핑행동 이후에 자신의 쇼핑 결정과 소비 체험에 대해 공유하는 과정이 새롭게 추가되었다는 점이다.

옴니채널 소비자의 쇼핑 사례를 살펴보자. 직장인 A씨는 출근 준비 중 무심코 켜진 TV 홈쇼핑 채널을 보다가 평소 관심을 두었던 전자 제품의 할인행사가 진행되고 있음을 보았다. (A) 출근길 지하철에서 스마트폰을 통해 제품 상세 설명을 본 후 가격과 제품 사양을 검색했다. 스마트 폰으로 주문하면 집 앞의 편의점에서 픽업할 수 있는 스마트 픽업 서비스를 이용해 주문하고 당일 퇴근하면서 제품을 픽업했다. (B) 당일 물건을 찾아올 수 있어서 여러모로 편리했다. 집에서 사용한 후 사용 후기를 댓글로 올렸다.

① 광고 메시지를 통해서 제품의 소비나 또는 사용 등에 대해 욕구를 느끼는 단계
② 광고 메시지나 브랜드의 이름 등을 기억 또는 회상하는 단계
③ 제품의 구매나 매장의 방문 등 광고 메시지에 영향을 입은 행동을 하는 단계
④ 매체에 삽입되어진 광고를 접하는 수용자가 주의를 집중하는 단계
⑤ 구입 전후로 소비자가 느끼는 심리적 불안정의 단계

36 아래 그림에 관한 내용을 참조하여 유추 가능한 내용으로 보기 가장 어려운 것은?

① 초반부터 소비자에 대한 신뢰도의 구축이 가능하다.

② 이러한 점포들이 많아질수록 통제에 따른 어려움이 따르게 된다.

③ 운영에 있어 각 점포의 실정에 맞지 않을 수 있다.

④ 실패에 대한 리스크가 낮다.

⑤ 가맹본부에 대한 낮은 의존도가 장점이다.

37 아래의 기사와 관련성이 가장 높은 것을 고르면?

> 지난 2월 초 소주 업계에서는 甲주류회사의 'A소주'와 乙주류회사의 'B소주'에서 20도 소주를 출시하
> 면서 두 회사 간 치열한 경쟁이 벌어지고 있다. 특히 이 두 주류회사들은 화장품을 증정하는 프로모
> 션을 함께 벌이면서 고객 끌어들이기에 안간힘을 쓰고 있다.
> 'A소주'는 지난 4월부터 5월까지 서울 경기 강원 지역 중에 대학가와 20대가 많이 모이는 유흥상권
> 에서 화장품을 이용한 판촉행사를 진행하고 있다. 'A소주'를 마시는 고객에게 게임을 통해 마스크 팩
> 과 핸드크림을 나눠주고 있다. 또한 'B소주'에서도 서울 경기 지역에서 폼 클렌징을 증정하고 있다.
> 두 주류회사들의 주요 목표 층은 20대와 30대 남성들로 멋내기에도 관심 있는 계층이어서 화장품에
> 대한 만족도도 매우 높은 것으로 알려지고 있다. 'A소주' 판촉팀 관계자는 수십 개 판촉팀을 나눠 진
> 행하는데 마스크 팩이나 핸드크림을 증정 받은 남성들의 반응이 좋아 앞으로 화장품 프로모션은 계
> 속 될 것이라고 말했다. 이 관계자는 또 "화장품이 소주의 판촉물로 선호되는 것은 무엇보다도 화장
> 품이라는 아이템이 깨끗하고, 순수한 느낌을 주고 있어 가장 적합한 제품"이라고 덧붙였다. 특히 폼
> 클렌징을 증정 받아 사용해본 고객들은 사용 후 폼 클렌징을 직접 구매하고 있어 판매로 이어지면서
> 화장품 업계에서도 적극 권유하고 있다. 업계 관계자는 "화장품과 식품음료업체 간의 이러한 마케팅
> 은 상대적으로 적은 비용으로 브랜드 인지도와 매출을 동시에 높일 수 있는 효과를 거둘 수 있다"며
> "비슷한 소비층을 목표로 한 업종 간의 마케팅이 더욱 활발하게 전개될 것"이라고 전망했다.

① 제품의 수요 또는 공급을 선택적으로 조절해 장기적인 측면에서 자사의 이미지 제고와 수익의 극대화
  를 꾀하는 마케팅 활동이다.
② 시장의 경쟁체제는 치열해지고 이러한 레드 오션 안에서 틈새를 찾아 수익을 창출하는 마케팅 활동이다.
③ 유통 경로 수준에 있는 기업들이 자본, 생산, 마케팅 기능 등을 결합해 각 기업의 경쟁 우위를 공유
  하려는 마케팅 활동이다.
④ 이메일이나 또는 다른 전파 가능한 매체를 통해서 자발적으로 어떤 기업이나 기업의 제품을 홍보할
  수 있도록 제작하여 널리 퍼지게 하는 마케팅 활동이다.
⑤ 자사의 상품을 여러 구설수에 휘말리도록 함으로써 소비자들의 이목을 집중시켜 판매를 늘리려는 마
  케팅 활동이다.

38 다음의 사례를 설명한 것으로 가장 적절한 것은 무엇인가?

> 甲회사의 숙취해소음료 A는 주로 남성 소비자들에게 판매되어 왔는데 요즘은 여성들의 사회참여 및 음주가 높아짐에 따라 여성을 목표로 한 A 레이디를 출시하였다.

① 신상품 개발(new product development) 전략
② 시장침투(market penetration) 전략
③ 시장개발(market development) 전략
④ 다각화(diversification) 전략
⑤ 가격경쟁(Cost Leadership)전략

39 다음 성격과 태도에 관한 설명으로 옳지 않은 것은?

① MBTI에서는 개인이 정보를 수집하는 방식과 판단하는 방식에 근거하여 성격유형을 분석하고 성격유형에 적합한 직업을 제시하고 있다.
② 자기효능감이란 특정한 일을 성공적으로 수행할 수 있는지에 대한 스스로의 믿음을 의미한다.
③ 성격유형을 A형과 B형으로 구분할 때, A형의 성격을 지닌 사람은 B형의 성격을 지닌 사람보다 경쟁적이고 조급한 편이다.
④ Big 5 성격유형 중 경험에 대한 개방성이란 다른 사람들과 잘 어울리고 남을 신뢰하는 성향을 의미한다.
⑤ 성공의 원인은 자신의 능력이나 노력 등의 내재적 요인에서 찾고, 실패의 원인은 과업의 난이도나 운 등의 외재적 요인에서 찾으려는 경향을 자존적 편견이라고 한다.

40 프랜차이즈와 관련한 기사 내용 중 일부를 읽고 밑줄 친 부분으로 보아 추측 가능한 내용으로 옳은 것은?

'A죽' 대박 김치죽 알고보니 '쓰레기 죽' 파문

'A죽' 본사, 가맹점주 2명 상대 손배소

먹다 남은 식재료로 죽을 만들어 이른바 '쓰레기 죽' 파장을 몰고 온 A죽 사건이 본사와 가맹점 간 소송으로 이어지게 됐다.

7일 서울중앙지법에 따르면 프랜차이즈 업체 'A죽' 본사는 다른 손님이 먹다 남긴 김치 등을 재활용한 가맹점 업주 송 씨(42)와 홍 씨(43) 등을 상대로 각각 3억 원의 손해배상 청구 소송을 제기했다.

본사는 소장에서 "지난해 11월 서울 관악구와 영등포구에 있는 가맹점 두 곳에서 손님이 반찬으로 남기고 간 김치를 재활용해 다시 죽을 조리하는 모습이 방송 프로그램에 방영되면서 전국 가맹점들의 매출 급감 사태가 발생했다"고 주장했다.

본사는 1,200여 개에 이르는 전국 A죽 가맹점의 매출 손실을 모두 합하면 1개월에 50억 원에 달한다고 추산했다.

본사는 "가맹점 매출이 감소함에 따라 식재료를 공급하는 본사의 매출도 38억 원이 줄어 지난해 순수익이 예상보다 약 9억 원 감소했다"고 덧붙였다. 실제로 소비자들은 일부 A죽 가맹점에서 먹다 남은 식재료를 다시 써서 음식을 만들고 있다는 사실이 알려진 후 인터넷을 통해 '쓰레기 죽을 먹지 않겠다'는 등의 반응을 보였다. 이에 따라 송 씨(42)와 홍 씨(43) 등은 지난해 12월 점포를 자진 폐업했다.

---

① 소액의 자본으로도 시작이 가능하다는 것을 알 수 있다.
② 재료의 대량구매에 의한 규모의 경제달성이 가능하다고 볼 수 있다.
③ 사업 초기부터 소비자에 대한 신뢰도의 구축이 가능하다.
④ 실패의 위험성이 상당히 적다고 할 수 있다.
⑤ 하나의 프랜차이즈 실패는 타 지점과 전체 시스템에 영향을 미칠 수 있다.

41 현재 및 미래의 두 기간에 걸쳐 소비하는 갑의 현재 소득은 1,000, 미래소득 300, 현재 부(wealth) 200이다. 이자율이 2%로 일정할 때, 갑의 현재 소비가 800이라면 최대가능 미래 소비는 얼마인가?

① 708

② 715

③ 745

④ 810

⑤ 930

42 한계소비성향이 0.8인 어떤 국민경제에서 2,000억 원만큼 국민소득을 증대시키기 위한 재정정책으로 옳은 것은? (조세는 정액세이며 투자와 순수출은 모두 일정한 값으로 고정되어 있다고 가정한다.)

① 조세 500억 원을 감면한다.

② 1,000억 원만큼의 조세를 감면하고 1,000억 원만큼 정부의 지출을 줄인다.

③ 1,000억 원만큼의 조세를 징수하여 1,000억 원만큼 정부의 지출을 늘린다.

④ 국채 발행을 통해 조달한 자금으로 정부지출 500억 원을 늘린다.

⑤ 조세 및 정부의 지출에 대해 아무런 변화를 주지 않는다.

43 다음 중 최고가격제의 실행으로 인해 발생할 수 있는 문제점으로 보기 어려운 것은?

① 시장의 균형가격보다 높은 수준으로 결정된다.

② 암시장이 출현하게 된다.

③ 재화의 품질이 저하된다.

④ 초과수요가 발생하게 된다.

⑤ 사회적인 후생손실이 발생한다.

44 동일한 양의 중국산 마늘과 국산 마늘에 대한 소비자 A의 만족도가 언제나 동일할 경우에, 중국산 마늘 가격이 국산 마늘의 가격에 비해 5% 저렴할 때, 마늘에 대한 소비자의 수요는 어떻게 되는가?

① 수요의 전량을 중국산에 의존하게 된다.

② 수요의 7%를 중국산에 의존하게 된다.

③ 수요의 35%를 중국산에 의존하게 된다.

④ 수요의 60%를 중국산에 의존하게 된다.

⑤ 수요의 88%를 중국산에 의존하게 된다.

45 자본재의 가격이 500원이고, 생산물의 가격은 100원이다. 만약에 실질이자율이 15%, 감가상각률이 5%로 주어져 있을 때 자본의 사용자 비용을 계산하면 얼마인가?

① 50

② 100

③ 150

④ 200

⑤ 250

46 외부효과로 적절하지 않은 것은?

① 양봉업자가 접근해 옴으로써 과수원의 수확이 증가하였다.

② 비료공장의 오염물질 방출로 인해 어민들이 피해를 입게 되었다.

③ 공원의 조성으로 인해 인근 주민들의 편익이 증대되었다.

④ 비행기의 소음으로 인해 비행장 주변의 생활에 지장을 받고 있다.

⑤ 교회의 종소리로 인해 이웃주민들이 불면증에 시달린다.

47 우월전략균형에 대한 내용으로 옳지 않은 것은?

① 우월전략균형에서는 언제나 자원배분이 파레토 효율적이다.

② 우월전략균형은 과점기업이 의사결정 시에 직면하는 전략적인 상황을 전혀 반영하지 못하고 있다.

③ 우월전략균형은 직관적으로 분명하지만, 우월전략균형이 존재하는 게임이 흔하지 않다.

④ 우월전략은 상대방의 전략에 관계없이 언제나 자신의 보수가 가장 커지는 전략을 의미한다.

⑤ 우월전략균형은 내쉬균형이지만 내쉬균형이 반드시 우월전략균형은 아니다.

48 완전경쟁기업 및 독점기업의 근본적인 차이에 대한 설명으로 옳은 것은?

① 독점기업이 책정하는 가격은 한계비용보다 높지만 완전경쟁의 경우는 오히려 한계비용보다 낮다.

② 독점기업이 직면하고 있는 수요의 탄력성은 완전경쟁기업이 직면하고 있는 그것보다 크다.

③ 완전경쟁기업은 어떤 주어진 가격으로 그가 원하는 만큼 판매할 수 있지만 독점기업은 판매량을 증가시키려면 그 가격을 인하하지 않으면 안 된다.

④ 독점기업은 이윤극대화를 추구하는데 비해, 완전경쟁기업은 가격과 평균비용의 일치를 추구한다.

⑤ 독점기업은 그에게 초과이윤을 가져오는 가격을 항상 요구할 수 있는데 비해, 완전경쟁기업은 그러한 이윤을 결코 얻을 수 없다.

49 다음 중 열등재에 대한 설명으로 적절한 것은?

① 소득효과의 크기가 대체효과보다 큰 재화이다.

② 수요곡선의 기울기가 양(+)인 재화를 의미한다.

③ 가격이 상승하게 되면 수요량이 증가한다.

④ 재화의 가격이 변화할 때 소득효과 및 대체효과는 동일한 방향이다.

⑤ 재화의 가격이 변화할 때 소득효과 및 대체효과는 반대 방향이다.

50 기술의 발전으로 인해 개인용 컴퓨터(PC)의 생산비용이 하락할 경우에 개인용 컴퓨터(PC) 시장에서 나타날 것으로 생각되는 변화로 옳은 것은?

① PC공급의 감소, PC가격의 하락, PC수요의 증가
② PC공급의 증가, PC가격의 하락, PC수요량의 증가
③ PC공급의 증가, PC가격의 하락, PC수요의 증가
④ PC공급량의 증가, PC가격의 하락, PC수요의 증가
⑤ PC공급량의 증가, PC가격의 하락, PC수요량의 증가

51 생산가능곡선이 원점에 대해 오목한 형태를 취하는 이유로 옳은 것은?

① 재화생산에 있어 특화의 이익이 발생하기 때문이다.
② 생산에 투입되는 자원의 기회비용이 일정하기 때문이다.
③ 각 재화마다 생산에 기여하는 정도가 다르기 때문이다.
④ 재화의 생산에 활용되는 자원이 희소하기 때문이다.
⑤ 자원이 재화생산에 비효율적으로 활용되고 있기 때문이다.

52 다음 중 예상하지 못한 인플레이션의 영향으로 적절하지 않은 것은?

① 봉급생활자나 연금생활자가 불리해진다.
② 기업의 명목적인 조세부담이 증가하게 된다.
③ 구두창비용과 메뉴비용이 발생하게 된다.
④ 명목환율이 불변이면 실질 순수출은 증가하게 된다.
⑤ 고정이자를 지급하는 장기채권에 대한 수요가 감소하게 된다.

53 최근 들어서 휴일 근무, 잔업처리 등 일정량 이상의 노동을 기피하는 풍조가 사회적으로 확산되고 있는데, 이러한 현상에 대한 분석도구로서 가장 잘 활용될 수 있는 것은 무엇인가?

① 노동수요독점
② 후방굴절 노동공급곡선
③ 범위의 경제
④ 화폐적 환상
⑤ 규모의 경제

54 다음 중 IS-LM 모형에서 거시경제정책이 국민소득에 미치는 영향으로 적절하지 않은 것은?

① 화폐수요가 소득에 민감하게 반응할수록 확장적 재정정책은 국민소득을 크게 증가시킨다.
② 한계소비성향이 클수록 긴축적 통화정책은 국민소득을 크게 감소시킨다.
③ 소득세율이 낮을수록 확장적 통화정책은 국민소득을 크게 증가시킨다.
④ 투자가 이자율에 민감하게 반응할수록 확장적 통화정책은 국민소득을 크게 증가시킨다.
⑤ 화폐수요가 이자율에 민감하게 반응할수록 긴축적 재정정책은 국민소득을 크게 감소시킨다.

55 다음 중 소비함수가 $C = 400 + 0.7\,Y_d$ 일 경우, 저축함수(S)를 바르게 나타낸 것은? (단, C는 소비지출, Y_d는 처분가능소득을 나타냄)

① $S = 400 + 0.3\,Y_d$
② $S = 500 + 0.9\,Y_d$
③ $S = -400 + 0.7\,Y_d$
④ $S = 400 + 0.7\,Y_d$
⑤ $S = -400 + 0.3\,Y_d$

56 예산집합이 다음 그림과 같이 축소되는 경우는?

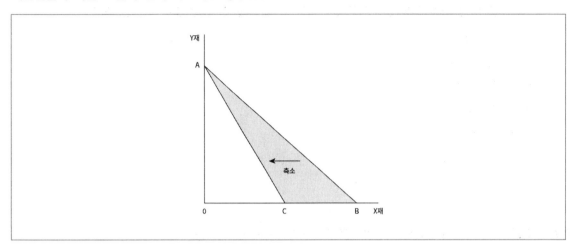

① X재 가격이 상승하는 경우
② X재 가격이 하락하는 경우
③ X재와 Y재의 가격이 모두 하락하는 경우
④ 소득이 증가하는 경우
⑤ Y재 가격이 하락하는 경우

57 아래에 제시된 내용에 대한 분석 및 추론으로 적절한 것을 고르면? (단, A국의 쌀은 수요 및 공급 법칙을 따른다.)

> 현재 A국에서는 쌀 1kg을 4달러에 거래하고 있고 초과 수요 또는 초과 공급은 없다. 하지만 A국 정부는 국민의 다수를 차지하는 (㉠)의 생활 안정을 위해 ㉡ 쌀 1kg의 가격이 3달러를 넘지 못하도록 하는 정책을 검토하고 있다고 발표하였다.

① ㉠에는 '쌀을 생산하는 농민'이 들어갈 수 있다.
② ㉡을 시행할 경우 쌀의 시장 거래량은 감소할 것이다.
③ ㉡을 시행할 경우 갑국 쌀 시장에서 초과 공급 현상이 발생할 것이다.
④ ㉡은 실효성이 없을 것이다.
⑤ ㉡은 최저 가격제이다.

58 아래의 그림은 완전경쟁기업의 이윤함수를 나타낸 그래프이다. 아래의 그림에서 T_A와 T_B는 이윤함수에 대해 A점과 B점에서 그은 접선의 기울기인데 가로축과 평행선을 이루고 있다. 다음의 산출량 중 한계수입과 한계비용이 서로 같고, 산출량이 증가함에 따라 한계비용이 체증하는 것은 무엇인가?

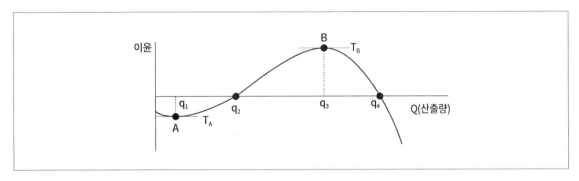

① q_1

② q_2

③ q_3

④ q_4

⑤ 정답 없음

59 다음 중 관세동맹(Customs Union)을 체결할 경우 그에 따른 효과에 대한 내용으로 옳지 않은 설명은?

① 가장 효율적으로 생산하는 비동맹국으로부터의 수입이 비효율적으로 생산하는 동맹국으로부터의 수입으로 대체되는 무역전환 효과가 발생할 수 있다.

② 무역전환효과는 언제나 무역창출효과보다 크게 나타난다.

③ 관세의 인하 또는 폐지로 인해 자국에서 생산되던 재화가 동맹국으로부터 수입되는 무역창출 효과가 나타날 수 있다.

④ 무역전환효과가 무역창출효과보다 충분히 클 때에 사회적 후생이 감소할 수 있다.

⑤ 무역전환효과와 무역창출효과는 동시에 발생할 수 있다.

60 아래 그림은 제품 X의 수요곡선이다. 수도곡선이 D_1에서 D_2로 바뀔 때 변화에 대한 내용으로 옳은 것은?

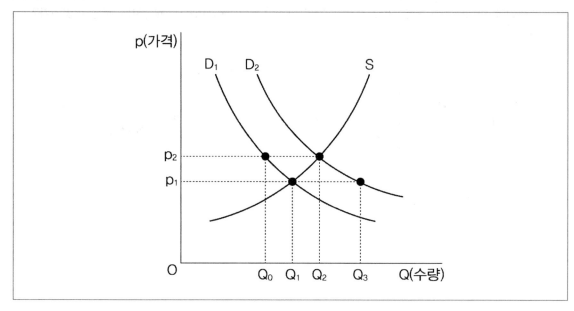

① 수요량이 감소하였다.

② 수요량이 증가하였다.

③ 수요가 감소하였다.

④ 수요가 증가하였다.

⑤ 수요 및 수요량의 변화가 없다.

61 다음 중 무차별곡선의 성질이 아닌 것은 무엇인가?

① 두 재화가 완전대체재인 경우에 무차별곡선은 L자 형태를 띠게 된다.

② 원점에 대해서 볼록하다.

③ 동일한 무차별곡선에서는 효용이 동일하다.

④ 원점으로부터 멀리 있는 무차별곡선의 효용이 크다.

⑤ 무차별곡선이 교차하지 않는다.

62 다음 중 밑줄 친 ㉠, ㉡에 대한 설명으로 가장 적절한 것을 고르면?

> ㉠ A 버섯은 소비자들이 식용으로 애용하는 버섯 중 하나이다. 이러한 A 버섯은 농장에서 대량적인 생산이 용이한 관계로 가격이 저렴하다. ㉡ B 버섯은 식이 섬유가 풍부하고 성인병 예방에 효과가 있어 구입하려는 사람들이 많다. 그러나 B 버섯은 흙 속의 다이아몬드라고 불릴 정도로 채집하기 힘들어 상당히 높은 가격에 거래된다.

① ㉡은 ㉠에 비해 공급이 많다.
② ㉠은 무상재, ㉡은 경제재이다.
③ ㉠은 ㉡과 달리 경제적 가치가 있다.
④ ㉡은 ㉠에 비해 희소성이 크다.
⑤ ㉠은 ㉡에 비해 희귀성이 크다.

63 아래 내용을 보고 X재 시장에 대해 옳은 분석 및 추론을 〈보기〉에서 모두 고르면?

> • X재 시장에서는 수요 및 공급 법칙이 적용된다.
> • 시장가격이 400원일 때 수요량은 200개이고, 공급량은 100개이다.
> • 시장가격이 500원일 때 수요량은 100개이고, 공급량은 200개이다.

> (보기)
> ㉠ 시장 가격이 500원일 때 시장 거래량은 200개이다.
> ㉡ 수요가 감소하면 시장가격이 500원일 때의 초과 공급은 감소한다.
> ㉢ 수요가 증가하면 시장가격이 400원일 때의 초과 수요는 증가한다.
> ㉣ 균형가격은 400원보다 높고 500원보다 낮다.

① ㉠㉡
② ㉠㉢
③ ㉠㉣
④ ㉡㉣
⑤ ㉢㉣

64 아래의 그림은 개별기업의 총비용곡선 TC와 직선인 총수입곡선 TR을 나타내고 있다. 이 그림에서 직선 tt'과 TT'은 각각 Q_0와 Q_2의 산출량 수준에서 총비용곡선 TC에 대한 접선들이며, 모두 총수입곡선 TR과 평행하다. 또는 B_1은 TC의 변곡점에 해당한다. 이때 아래 그림의 기업에 대한 설명 중 가장 적절한 것은?

① TC의 세로축 절편이 양이므로 독점기업이다.

② TR이 원점을 지나는 직선이므로 독점기업이다.

③ TR이 원점을 지나는 직선이므로 완전 경쟁기업이다.

④ TC의 세로축 절편이 양이므로 완전 경쟁기업이다.

⑤ TR이 원점을 지나는 직선이므로 과점기업이다.

65 아래에 제시된 설명은 독점적 경쟁에 관한 것이다. 서술된 내용 중 옳은 것을 모두 고르면?

> ㉠ 생산하는 재화의 이질성이 낮을수록 수요는 탄력적이다.
> ㉡ 생산하는 재화의 이질성이 높을수록 초과설비규모가 작아진다.
> ㉢ 진입과 퇴거가 대체로 자유롭다.
> ㉣ 비가격경쟁 때문에 재화의 생산비가 높아지는 문제점이 존재한다.
> ㉤ 경쟁이 심하기 때문에 기술혁신이 가장 잘 이루어지는 시장이다.

① ㉠㉢
② ㉡㉢
③ ㉠㉡㉢
④ ㉠㉢㉣
⑤ ㉠㉢㉤

66 다음 중 국제무역과 관련한 내용으로 옳지 않은 것은?(단, 국내 수요곡선은 우하향하며, 국내 공급곡선은 우상향하는 것으로 가정한다.)

① 헥셔-오린 정리에 의하면 각 국은 상대적으로 풍부한 생산요소를 많이 사용하는 재화에 비교우위가 있다.
② 유치산업보호론에 의하면 저개발국가의 기업들은 해외의 기업들과 경쟁할 수 있을 때까지 보호받아야 한다.
③ 비교우위론에 의하면 각 국가는 생산의 기회비용이 상대적으로 낮은 재화에 특화하는 것이 유리하다.
④ 수입쿼터를 부과하게 되면 수입 한 단위당 국내 가격과 국제가격의 차이에 해당하는 액수가 수입업자에게 돌아간다.
⑤ 관세를 부과하게 되면 생산자의 후생은 감소하고 반대로 소비자의 후생은 증가하게 된다.

67 다음 중 가격효과에 대한 설명으로 가장 적절한 것은 무엇인가?

① 대체효과는 항상 부(−)의 값을 갖는다.

② 수요의 가격효과는 항상 부(−)의 값을 갖는다.

③ 수요의 가격효과는 항상 정(+)의 값을 갖는다.

④ 소득효과는 항상 정(+)의 값을 갖는다.

⑤ 소득효과와 가격효과의 합은 항상 정(+)의 값을 갖는다.

68 다음 중 완전경쟁시장에서 공급곡선은 완전 비탄력적이고, 수요곡선은 우하향한다. 현재 시장균형가격이 20일 때, 정부가 판매되는 제품 1단위당 4만큼의 세금을 부과할 경우 판매자가 받는 가격(㉠)과 구입자가 내는 가격(㉡)은 얼마인가?

① ㉠ : 20, ㉡ : 24

② ㉠ : 20, ㉡ : 20

③ ㉠ : 18, ㉡ : 22

④ ㉠ : 16, ㉡ : 20

⑤ ㉠ : 16, ㉡ : 16

69 아래에 제시된 표는 X재의 수요 및 공급을 나타낸 것이다. 이에 대한 내용으로 적절한 것은?

가격(원)	수요량(개)	공급량(개)
500	200	100
600	180	130
700	160	160
800	140	190
900	120	220

① 모든 가격 수준에서 공급량이 50개씩 증가하는 경우 균형 가격은 500원이 된다.

② 600원의 가격 수준에서 초과 공급량은 50개이다.

③ 모든 가격 수준에서 수요량이 50개씩 감소하는 경우 균형 가격은 600원이 된다

④ 500원의 가격 수준에서는 가격 하락 압력이 존재한다.

⑤ 정부가 800원을 가격 하한선으로 설정할 경우 초과 수요가 발생한다.

70 아래의 내용은 현주의 오늘 하루에 있었던 내용을 기록한 것의 일부를 나타낸 것이다. 이때 밑줄 친 ㉠, ㉡에 대한 설명으로 가장 적절한 것을 고르면?

현주는 오늘 병원에서 ㉠ 독감 예방 접종을 받았다. 가격도 비싸고 주사 또한 아팠지만 독감에 걸리지 않을 것 같아 안심이 되었다. 오후에는 집에서 편히 쉬려는데 집 근처에 있는 ㉡ 가구 제작공장의 소음 때문에 제대로 쉴 수 없었다.

---

① ㉠은 부정적인 외부 효과, ㉡은 긍정적인 외부 효과를 유발하게 된다.

② ㉡을 통해 공급된 가구는 사회적인 최적 수준보다 높은 가격으로 거래된다.

③ ㉡으로 인해 발생하게 되는 사적 비용은 사회적인 비용보다 크다.

④ ㉠의 소비에 보조금을 지급하게 되면 독감 예방 접종량은 감소하게 된다.

⑤ ㉠의 소비로 인해 발생하게 되는 사회적 편익은 사적인 편익보다 크다.

71 아래에 제시된 자료에 대한 설명으로 옳은 것을 고르면?

아래의 그림은 X재와 Y재만을 생산하는 A국 및 B국의 생산가능곡선을 나타낸다. 양국은 서로 비교우위가 있는 재화의 생산에만 특화해 교역하였으며, A점 및 B점은 각각 교역 후의 A국 및 B국의 소비점이다. (단, 교역은 거래비용 없이 양국간에만 이루어지며, 양국이 보유한 생산 요소의 양은 동일하다.)

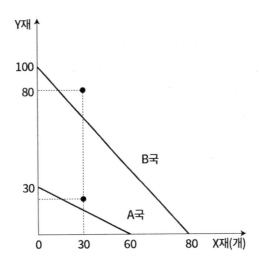

① A국은 X재와 Y재 생산 모두에 절대우위를 가진다.

② B국에서 X재 1개 생산의 기회비용은 Y재 $\frac{4}{5}$개이다.

③ A국은 Y재 생산에, B국은 X재 생산에 특화하였다.

④ 교역조건은 X재 1개당 Y재 $\frac{3}{2}$개이다.

⑤ 교역 후 B국에서 X재로 표시한 Y재 1개 소비의 기회비용은 증가하였다.

72 아래에 제시된 그래프의 (가)~(나)는 A국에서 계획하고 있는 소득세제안을 표현한 것이다. 해당 그래프에 대한 분석으로 적절한 것을 고르면? (단, 과세 후 소득 = 과세 대상 소득−세금)

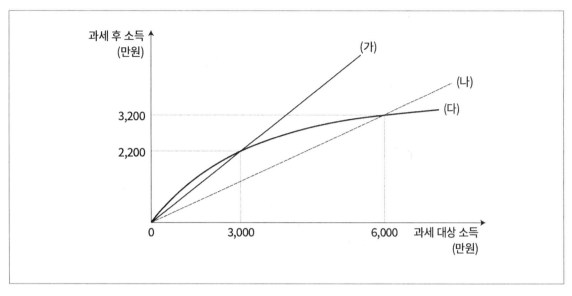

① 과세대상소득이 3,200만 원인 사람의 세액은 (다)보다 (가)에서 더 크다.

② 과세 후 소득이 2,800만 원인 사람의 세액은 (나)에서 제일 크다.

③ (다)는 (나)보다 조세부담의 역진성이 크게 나타나게 된다.

④ (나)는 (가)보다 낮은 세율을 적용한다.

⑤ (가)는 모든 과세대상 소득수준에서 동일한 세액을 부담한다.

73 아래의 그림에서 생산자잉여를 나타내는 영역은 어디인가?

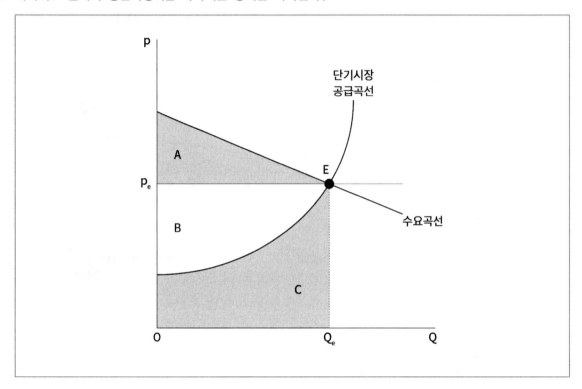

① B+C

② A+B

③ C

④ B

⑤ A

74 아래의 내용은 A국의 라면 시장에 대한 그래프와 그에 관한 상황을 제시한 것이다. 관련한 내용을 읽고 그에 따른 추론으로 적절한 것은?

A국에서는 라면의 과다 섭취가 당뇨를 유발한다는 연구가 발표되었다. 그로 인해 A국에서는 소비자들의 햄버거에 대한 선호도가 낮아져 아래 그림의 라면 시장의 수요가 변동하게 되었다.

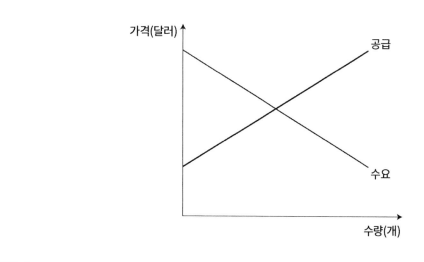

① 라면에 대한 사회적 잉여는 증가할 것이다.
② 라면에 대한 균형 가격은 상승할 것이다.
③ 라면에 대한 생산자 잉여는 증가할 것이다.
④ 라면에 대한 균형 거래량은 감소할 것이다.
⑤ 라면에 대한 판매 수입은 증가할 것이다.

75 아래 그림은 X재와 Y재를 소비하는 소비자의 균형점에 관련한 것이다. 이때 아래의 그림에서 직선 AA' 는 본래의 예산을 나타내고 직선 BB' 는 X재와 Y재의 가격이 동시에 변화한 후의 예산선을 나타낸다. 이러한 두 예산선이 E점에서 만나게 될 시에 X재와 Y재의 가격은 어떻게 변화하는가?

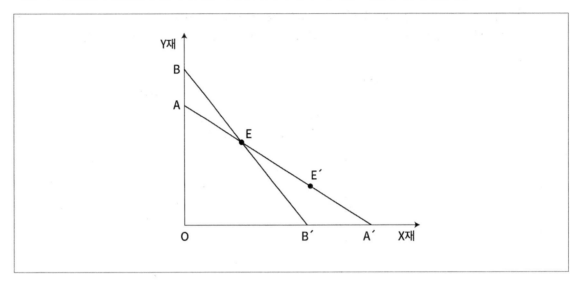

① X재 가격은 올랐으며, Y재 가격은 내렸다.
② X재 가격은 내렸으며, Y재 가격은 올랐다.
③ X재 가격 및 Y재 가격이 모두 올랐다.
④ X재 가격 및 Y재 가격이 모두 내렸다.
⑤ X재 가격 및 Y재 가격이 모두 변동 없다.

76 아래의 그림은 단기의 한계비용곡선(MC), 평균가변비용곡선(AVC), 평균총비용곡선(ATC), 평균고정비용 곡선(AFC)을 나타내고 있다. 이때 한계비용곡선(MC)과 평균총비용곡선(ATC)에 해당하는 곡선은 무엇 인가?

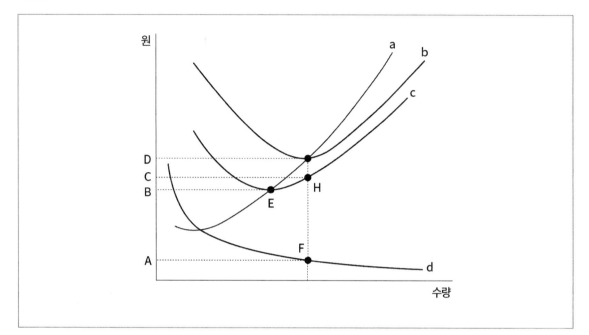

① $b = MC, d = ATC$

② $b = MC, a = ATC$

③ $a = MC, b = ATC$

④ $c = MC, b = ATC$

⑤ $c = MC, d = ATC$

77 아래의 내용을 참조하여 독점기업과 독점적 경쟁기업의 과잉설비에 대한 내용으로 옳은 것을 모두 고른 것은?

> ㉠ 통상적으로 과잉설비규모는 독점적 경쟁보다 독점의 경우가 더 크게 나타난다.
>
> ㉡ 독점기업 또는 독점적 경쟁기업이 직면하는 수요곡선이 탄력적일수록 과잉설비규모는 크다.
>
> ㉢ 과잉설비가 존재한다는 것은 자원배분이 비효율적으로 이루어지고 있음을 의미한다.

① ㉠

② ㉠㉡

③ ㉡㉢

④ ㉠㉢

⑤ ㉠㉡㉢

78 국내의 연간이자율이 8%, 미국의 연간이자율이 6%이고, 미화 1달러당 현물환율이 1,000원이라고 할 때에 무위험(또는 커버된) 이자율평가설에 따르면 미달러화의 3개월 만기 적정 선물환율은 얼마가 되어야 하는가?

① 1,000원

② 1,001원

③ 1,005원

④ 1,007원

⑤ 1,009원

79 다음 중 독점시장에 대한 진입장벽이라고 볼 수 없는 것은?

① 수출보조금 제도

② 특허제도

③ 정부의 규제

④ 원료공급에 대한 지배

⑤ 규모의 경제

80 아래 박스 안의 내용에서 밑줄 친 ㉠~㉢에 대한 설명으로 가장 적절한 것은?

> ㉠ 연필은 한 사람이 사용하면 다른 사람이 이를 유용하게 사용하기 어렵다. 즉, 갑이 연필을 사용한다면 이 연필을 동시에 을이 사용할 수 없다. 또한 이 연필의 구매자는 다른 사람이 이를 사용하지 못하도록 하는 재산권을 가진다.
>
> 지식은 여러 사람이 동시에 유용하게 사용할 수 있다. 내가 수학 문제를 풀기 위하여 ㉡ 사칙 연산을 사용하더라도 다른 사람이 동시에 이를 유용하게 사용할 수 있다. 한편 ㉢ 일부 지식에 대해서는 사칙 연산과 달리 특허 등을 통하여 재산권이 부여된다.

① ㉡은 배제성을 가진다
② ㉢은 비경합성을 가진다
③ ㉡은 ㉠과 달리 경합성을 가진다.
④ ㉢은 ㉡과 달리 비배제성을 가진다.
⑤ ㉠은 비배제성을 가진다.

※ 정답 및 해설은 p.406에 있습니다.

1 성과관리를 위한 평가 방법에 대한 설명으로 옳지 않은 것은?

① 결과 평가법은 조직 구성원들의 수긍도가 높은 편이다.

② 피드백을 제공하는 데에 유용한 것으로 행동평가법이 있다.

③ 특성 평가법은 개발비용이 적게 들고 활용하기 쉬우나 평가오류의 가능성이 높다.

④ 행동(역량) 평가법은 개발과 활용에 있어서 시간과 비용이 많이 드는 단점이 있다.

⑤ 결과 평가법은 주로 장기적인 관점을 지향하므로 개발과 활용에 있어서 시간이 적게 든다.

2 다음은 교육훈련 기법 중 직장 외 교육훈련에 관한 설명이다. 이에 대한 설명으로 옳지 않은 것은?

① 이 방식은 현장의 직속 상사를 중심으로 하는 라인 담당자를 중심으로 해서 이루어진다.

② 교육훈련을 담당하는 전문스태프의 책임하에 집단적으로 교육훈련을 실시하는 방식이다.

③ 기업 내의 특정한 교육 훈련시설을 통해서 실시되는 경우도 있고, 기업 외의 전문적인 훈련 기관에 위탁하여 수행되는 경우도 있다.

④ 이러한 방식은 현장 작업과 관계없이 계획적으로 훈련할 수 있는 방식이다.

⑤ 이러한 방식은 훈련결과를 직무 현장에서 곧바로 활용하기 어렵다는 문제점이 있다.

3 성격에 관한 설명으로 옳지 않은 것은?

① 마키아벨리즘(machiavellism)은 자신의 목적을 위해 다른 사람을 이용하고 통제하려는 성향이다.
② 자신에게 일어나는 일을 통제할 수 있다고 믿으면 내재론자(internal locus of control)라고 한다.
③ 자기관찰(self-monitoring)은 환경의 신호를 읽고 해석하여 자신의 행위를 환경요구에 맞춰 조절해 가는 성향이다.
④ 나르시시즘(narcissism)은 위험을 감수하는 성향이다.
⑤ 자기효능감(self-efficacy)은 특정 과업을 얼마나 잘 수행할 수 있는가에 대한 믿음이다.

4 인적자원관리 과정에 따른 구성 내용으로 옳지 않은 것은?

① 확보관리는 계획, 모집, 선발, 배치 등에 관한 것이다.
② 개발관리는 경력관리, 이동관리에 관한 사항을 다룬다.
③ 평가관리는 직무분석, 인사고과 등에 내용을 다룬다.
④ 보상관리는 교육훈련, 승진관리 등에 관련한 사항을 중점적으로 다룬다.
⑤ 유지관리는 인간관계관리, 근로조건관리, 노사관계관리 등의 내용을 다룬다.

5 기능식 조직(functional organization)의 단점에 대한 설명으로 옳지 않은 것은?

① 명령이 통일되지 않아 전체적으로 관리가 어려워지는 경우가 있다.
② 각 관리자가 담당하는 전문적 기능에 대한 합리적인 업무분장이 실제로는 용이하지 않다.
③ 책임의 소재가 불명확하고 조직의 모순은 사기를 떨어뜨린다.
④ 일의 성과에 따른 정확한 보수를 가감할 수 없다.
⑤ 각각의 직원이 차지하는 직능이 지나치게 전문화되어 그 수가 많아지면 간접적 관리자가 증가되어 고정적 관리비가 증가한다.

6　구조조정에 대한 설명으로 옳지 않은 것은?

① 다운사이징은 조직의 슬림화를 통해 능률의 증진을 추구한다.

② 아웃소싱은 조직의 비핵심적인 부분을 외부에 위탁하여 핵심적인 부분에 집중할 수 있게 하는 전략이다.

③ 전략형 아웃소싱은 자사의 핵심역량에 관련된 가치 활동은 철저히 내부화시키고 그렇지 않은 가치 활동은 분사, 외주 등의 방법을 통해 시장 거래에 의존한다.

④ 맥나이어는 벤치마킹은 기업의 지속적 개선을 위해 외부기업과 비교하여 관리하고 평가하는 것이다.

⑤ 리엔지니어링은 기존의 프로세스를 점점 개선하는 기법이다.

7　다음 중 CRM과 관련한 내용으로 옳지 않은 것은?

① 점점 더 다양해지는 고객의 니즈에 유연하게 대처함으로써 수익의 극대화를 추구하는 것이라 할 수 있다.

② 기존 고객을 유지하기 위한 대표적인 전략으로써 고객활성화전략, 애호도 제고 전략, 교차판매전략 등이 있다.

③ 소비자들의 행동패턴, 소비패턴 등을 통해서 그들의 니즈를 알아내야 하는 내용들이 많으므로 고도의 정보 분석기술을 필요로 한다.

④ 지속적인 피드백을 통해 고객의 니즈 및 개별특성의 파악과 더불어서 그에 맞는 상품, 서비스의 개발, 판매촉진활동을 말한다.

⑤ 신규고객의 확보를 위한 전략은 CRM의 대상이라고 할 수 없다.

8 다음의 내용을 읽고 괄호 안에 들어갈 말로 옳은 것을 순서대로 나열한 것은?

> 유통경로에서의 수직적 통합에는 두 가지 유형이 있다. (㉠)은/는 제조회사가 도소매업체를 소유하거나 도매상이 소매업체를 소유하는 것과 같이 공급망의 상류 기업이 하류의 기능을 통합하는 것이다 반면 (㉡)은 도소매업체가 제조기능을 수행하거나 소매업체가 도매기능을 수행하는 것과 같이 공급망의 하류에 위치한 기업이 상류의 기능까지 통합하는 것이다.

① ㉠ 후방통합, ㉡ 전방통합
② ㉠ 전방통합, ㉡ 후방통합
③ ㉠ 경로통합, ㉡ 전방통합
④ ㉠ 전략적 제휴, ㉡ 후방통합
⑤ ㉠ 전략적 제휴, ㉡ 경로통합

9 다음 중 제품확충전략(Product Filling)에 대한 내용으로 옳지 않은 것은?

① 이는 기업의 가용자원이 부족해지기 시작하는 시점에 가장 적절히 활용할 수 있는 전략이다.
② 다양한 욕구를 가진 세분시장을 공략할 수 있는 효과가 있다.
③ 소비자의 혼돈을 불러일으킬 만큼의 과다한 확충은 오히려 비용상승을 불러올 수 있다.
④ 기존의 제품계열 내에서 품목을 추가시킴으로써 제품확장을 도모하는 것을 말한다.
⑤ 과다한 품목의 확충으로 수익성 감소가 유발될 수 있다.

10 인터넷쇼핑에 대한 차별화로 점포소매상들이 취할 수 있는 전략으로 가장 적절하지 않은 내용은?

① 보다 세심하고 개인화된 인적판매를 통해 고객서비스를 더욱 강화한다.
② 온라인채널과의 실시간 가격경쟁을 통해 진입장벽을 형성하고 기존 시장을 방어한다.
③ 표적 고객의 추구편익을 더욱 정확히 충족시킬 수 있는 서비스를 개발한다.
④ 점포 내에서의 편안한 분위기, 고객과의 인간적 유대강화 등 쇼핑의 즐거움과 인적 관계를 중시한다.
⑤ 오프라인채널과 함께 온라인채널도 병행하는 하이브리드 채널을 활용하기도 한다.

11 아래의 내용에서 설명하고 있는 무점포소매업 소매방식은?

> 약 30분 정도의 케이블 TV 프로그램으로 제품 소개와 오락적 요소를 동시에 제공하며 전화로 주문을 받는다.

① 인포머셜(Informercial)
② 텔레마케팅(Telemarketing)
③ 직접반응광고(Direct−Response Advertising)
④ 직접 판매(Direct selling)
⑤ 간접광고활동(Below the line)

12 다음이 설명하고 있는 마케팅 분석 방법은 무엇인가?

> 어떠한 제품이나 서비스, 매장 등에 대해서 여러 가지 대안들을 만들었을 때, 그 대안들에 부여하는 소비자들의 선호도를 측정하여 소비자가 각 속성(attribute)에 부여하는 상대적 중요도와 각 속성수준의 효용을 추정하는 분석방법

① 군집 분석
② 요인 분석
③ 컨조인트 분석
④ 판별 분석
⑤ t − 분석

13 일반적으로 마케팅 담당자가 직면하는 수요의 상황과 그 개념으로 옳은 것은?

① 부정적 수요는 소비자들이 그 제품을 알지 못하거나 무관심한 상태를 말한다.

② 잠재수요는 소비자들이 시장에 나와 있는 모든 제품을 적절하게 구입하고자 하는 상태를 말한다.

③ 감소수요는 소비자들이 간혹 그 제품을 구입하거나 전혀 구입하지 않는 상태를 말한다.

④ 불건전 수요는 소비자의 구매가 계절별·월별·주별·일별·시간대별로 변화하는 수요를 말한다.

⑤ 초과수요는 소비자들이 현존 제품으로 만족할 수 없는 강한 욕구를 갖고 있는 상태를 말한다.

14 다음 중 촉진믹스에 대한 설명으로 적절하지 않은 것은?

① 인적판매의 경우 대체로 타 촉진믹스에 비해 고비용이 발생한다.

② 판매촉진의 주된 목적은 제품에 대한 체계적이고 설득력 있는 정보를 제공하는 것이다.

③ 인적판매는 소비자 유형별로 개별화된 정보를 전달할 수 있다.

④ 광고는 제품 또는 서비스 정보의 비대면적 전달방식이다.

⑤ 광고는 커뮤니케이션을 위한 직접적인 비용을 지불한다는 점에서 홍보(publicity)와 구분된다.

15 다음 중 상품믹스를 실현시키는 과정에서 발생할 수 있는 상품구색의 패러독스 개념으로 옳은 것은?

① 소매상의 주력상품과는 관련이 없으나 잘 팔리는 저마진 제품을 함께 진열하여 더 많이 판매하는 현상을 말한다.

② 서로 연관이 되는 상품을 함께 진열하였을 때 각각 진열했을 때보다 더 많이 팔림으로 인해 자주 품절이 발생하는 현상을 말한다.

③ 주력으로 삼는 상품이 잘 팔리지 않아 회전율을 높이고자 계산대 옆에 둠으로써 판매가 더 잘 되는 현상을 말한다.

④ 업체 간 경쟁이 치열해지면서 기존에 취급하지 않던 제품까지 취급하게 되어 비용이 상승하는 현상을 말한다.

⑤ 너무 다양하게 제품을 제공하였을 때 고객이 제품선택에 어려움을 느끼게 되는 현상을 말한다.

16 다음에 제시된 내용 중 태도를 구성하는 요소만으로 바르게 짝지은 것은?

> ㉠ 인지적 요소
> ㉡ 정치적 요소
> ㉢ 행동적 요소
> ㉣ 조화적 요소
> ㉤ 보상적 요소
> ㉥ 감정적 요소

① ㉠㉡㉣
② ㉠㉢㉣
③ ㉡㉣㉤
④ ㉡㉢㉥
⑤ ㉠㉣㉤

17 창의성 개발기법에 대한 설명으로 가장 바르지 않은 항목은?

① 창의성 개발기법에는 자유연상법, 분석적 기법, 강제적 관계기법 등이 있다.
② 브레인스토밍과 고든법은 둘 다 질을 중시하는 기법이다.
③ 강제적 기법은 정상적으로 관계가 없는 둘 이상의 물건이나 아이디어를 강제로 연관을 짓게 하는 방법이다.
④ 집단 내에서 창의적이고 의사결정을 증진시키는 방법으로 델파이법과 명목집단법도 이 범주에 포함시킬 수 있다.
⑤ 브레밍스토밍법은 리더가 하나의 주제를 제시하면 자유롭게 토론하는 것으로 양을 중시한다.

18 다음 중 아래 그림과 같은 조직에 관한 설명으로 옳지 않은 것은?

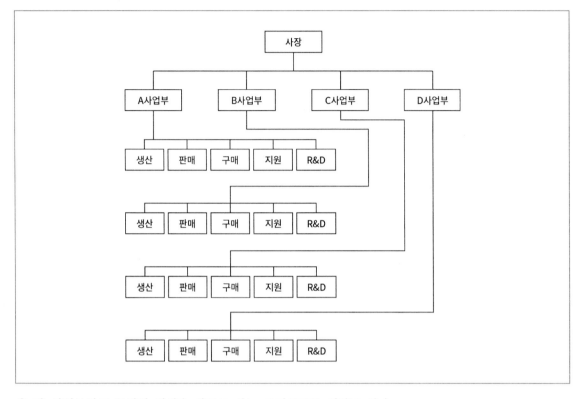

① 각 사업부별로 독립된 경영을 하도록 하는 조직구조를 취하고 있다.

② 이러한 조직 형태로 인해 최고경영층은 일상적인 업무 결정에서 해방되어 기업 전체의 전략적 결정에 몰두할 수 있다는 이점이 있다.

③ 의사결정에 대한 책임이 일원화되고 명확해진다.

④ 각 사업 단위는 자기 단위의 이익만을 생각한 나머지 기업 전체적으로는 손해를 미치는 부문 이기주의적 경향을 띠게 된다.

⑤ 사업부 내에 관리 및 기술 등의 스탭을 갖게 되지 못하므로 합리적인 정보수집 및 분석을 할 수 없다는 문제점이 있다.

19 A 투자자는 주식 100주를 주당 1,000원에 매수하고, 1년 후 주당 1,200원에 처분했으며, 보유기간 중에 주당 100원의 배당금을 받았다. 이때 A 투자자의 주식수익률은 얼마인가?

① 10% ② 25%

③ 30% ④ 35%

⑤ 40%

20 아래 그림은 경로커버리지 전략에 관한 것이다. 이에 대한 분석으로 적절하지 않은 것은?

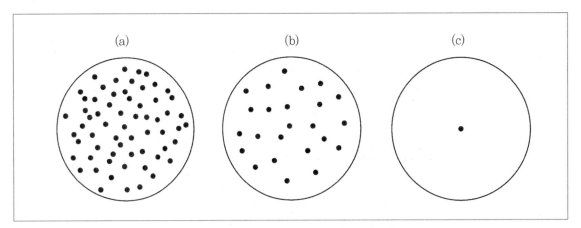

① (a)의 경우에는 어느 지역에서 구입하던지 간에 품질 및 가격 등이 비슷한 대량생산 제품을 취급한다.

② (b)의 경우, 일정 자격요건을 지닌 점포만이 자사의 제품을 취급할 수 있는 형태의 커버리지라고 볼 수 있다.

③ (c)의 경우 소비자들의 제품에 대한 전문지식도 중요하지만 동시에 판매원들의 제품에 대한 지식이 소비자들의 구매에 영향을 끼치게 된다.

④ (a)는 전체적으로 매출이 증가하지만, 동시에 유통비용이 증가하며, 통제가 어렵다는 문제가 있다.

⑤ 위 그림에서 (b)가 유통경로 계열화의 가장 강력한 형태라고 할 수 있다.

21 다음 제조기업이 구축하는 유통경로 중 통합적 유통경로에 대한 설명으로 옳지 않은 것은?

① 유통경로에 참여하는 유능한 중간상이 많을수록 제조기업은 유통경로를 통합하려는 의지가 강하고, 유능한 중간상이 적을수록 의지는 약화된다.

② 제조기업이 판매원들을 고용하고 시장 커버리지를 넓히기 위해 다수의 점포를 개설해야 하므로 유통경로 구축에 많은 투자가 필요하다.

③ 제조기업의 의도대로 유통기능을 설정할 수 있으므로, 유통경로 참여자에 대한 제조기업의 통제권을 높일 수 있다.

④ 제조기업이 규격화된 상품을 판매하는 것보다는 상품을 구매자의 요구에 맞추는 것이 중요한 경우에 통합적 유통경로가 더 적합하다.

⑤ 제조기업이 판매와 영업에 있어서 독특하거나 차별적인 노하우 등과 같이 다른 기업에 누출되지 말아야 하는 '영업비밀'을 많이 보유한 경우에 통합적 유통경로가 적합하다.

22 다음의 대화는 읽고 허츠버그의 2요인에 대한 두 사람의 대화 중 일부이다. 이 중 원모가 선호하는 내용에 대한 요소에 해당하지 않는 것은?

> 형일 : 허츠버그의 2요인 이론은 매슬로 모형의 상하 계층 욕구를 충족시킬 수 있는 두 계층의 요인을 가정하고 있잖아.
>
> 원모 : 응, 그렇지. 위생요인과 동기요인이라는 2가지 큰 틀을 가지고 있지. 그런데 내 생각에는 일종의 만족 증진요인에 해당하는 것들이 많은 조직 구성원들의 바람을 한데 모을 수 있고 더욱 열심히 업무에 매진하게 할 수 있는 것이라 생각해.

① 책임감
② 회사의 정책
③ 발전성
④ 성취감
⑤ 직무 자체가 주는 도전성

23 아래의 내용은 자원봉사자 A 씨의 인터뷰 내용 중 일부를 발췌한 것이다. 해당 인터뷰 사례에 관련된 이론에 대해 기술한 것으로 옳지 않은 것을 고르면?

> 저는 자원봉사자로서 병원 호스피스로 몇 년간 봉사했어요. 임종을 기다리는 환자에게 성경도 읽어주고 찬송가도 불러주며 그들의 손발이 되어 주는 게 기뻤죠. 그러다가 얼마 전부터 다른 병원에서 하루에 십만 원씩 받는 간병인으로 채용되었어요. 환자를 돌보는 것은 예전과 같은데 이상하게도 더이상 예전같은 행복감을 느낄 수가 없어요.

① 인간이 행동원인을 규명하려는 심리적 속성인 자기귀인(self-attribution)에 근거한 인지평가이론이다.
② 외적동기화가 된 사람들은 과제수행을 보상의 획득이나 처벌회피와 같이 일정한 목적을 달성하기 위한 수단으로 여긴다.
③ 외적인 보상에 의해 동기 유발되어 있는 경우에 급여지급 같은 내적동기를 도입하게 되면 오히려 동기유발정도가 감소한다는 내용이다.
④ 재미, 즐거움, 성취감 등 때문에 어떤 행동을 하는 것은 내재적 동기에 근거한 것이다.
⑤ 보상획득, 처벌, 회피 등 때문에 어떤 행동을 하는 것은 외재적 동기에 근거한 것이다.

24 '(주) 여행'의 올해 말 주당순이익은 1,000원으로 예상되며, 주주들의 요구수익률은 20%이다. 이때 성장이 없다고 가정하는 무성장모형(zero growth model)을 적용할 경우, '(주) 여행'의 현재 주가를 구하면?

① 1,500원

② 3,000원

③ 5,000원

④ 8,000원

⑤ 9,500원

25 다음은 '(주) 혜원'의 조직 내 갈등수준 및 집단성과 수준 등에 관한 그래프를 나타낸 것이다. 이에 대한 자료를 옳게 해석한 것은?

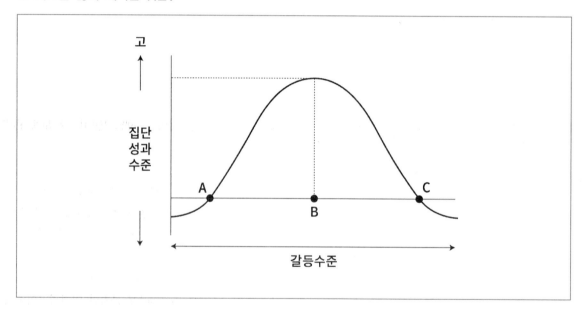

① 조직에서 갈등 수준 및 성과는 언제나 정비례 관계이다.

② A점에서 갈등은 순기능을 나타내고 있다.

③ C점에서 갈등은 순기능을 나타내고 있으며 조직의 내부 수준은 혁신적이며 생동적이다.

④ 갈등은 조직구성원이나 부서 간의 경쟁을 통해 조직구성원들이 서로 경쟁하는 결과만 야기하기 때문에 동기부여에 기여하기 어렵다.

⑤ 경영자의 경우에는 적정한 갈등 수준을 유지하며 갈등의 순기능을 최대화하도록 노력할 필요가 있다.

26 다음 중 아래의 그림과 연관되는 내용으로 보기 어려운 것을 고르면?

직무번호		직무명		소속	
직군		직종		등급	
직무개요					

◆ 수행요건

일반요건	남녀별 적성		최적연령범위	
	기초학력		특수자격	
	전공계열		전공학과	
	필요 숙련기간		전환가능 부서/직무	
	기타			

소요능력	지식	종류	세부내용 및 소요정도	
	학술적 지식			
	실무적 지식			

① 기업 조직에서 업무를 세분화 및 구체화해서 구성원들의 능력에 따른 업무 범위를 적절히 설정하기 위한 수단으로 사용된다.

② 직무의 수행과 관련한 과업 및 직무행동 등을 일정한 양식에 따라 기술한 문서를 의미한다.

③ 주로 인적요건에 초점을 두고 있다.

④ 이에 해당하는 기본요건으로는 간결성, 명확성, 일관성, 완전성 등이 있다.

⑤ 구성원들이 직무분석의 결과를 토대로 만들어진 것이다.

27 다음 중 2개 이상의 참가 기업이 상호 간 지배관계가 없이 독립성을 유지하면서 상호 간 보완적 역할을 일종의 경영상 또는 금융상 협조관계에 의해 결합하는 형태에 해당하는 것으로 옳은 것을 모두 고르면?

> ㉠ 카르텔(cartel)
>
> ㉡ 트러스트(trust)
>
> ㉢ 콘체른(concern)
>
> ㉣ 콤비나트(kombinat)
>
> ㉤ 콘글로머리트(conglomerate)
>
> ㉥ 조인트 벤처(joint venture)

① ㉠㉡㉤

② ㉠㉢㉣

③ ㉡㉢㉥

④ ㉢㉤㉥

⑤ ㉣㉤㉥

28 아래에 제시된 제품들에 대한 설명으로 옳지 않은 것은?

ㄱ

ㄴ

ㄷ

① ㄱ의 경우에는 제품의 비교와 구매에 있어서 최소한의 노력을 기울이므로 관여도가 낮다.

② ㄱ의 경우에는 저가격을 유지해야 하며 가능한 많은 소매상이 취급하여 소비자가 쉽게 구매할 수 있도록 전략을 세워야 한다. 따라서 마케팅 요소 4P 중 특히 경로(place)변수에 초점을 맞춰야 한다.

③ ㄴ의 경우에는 여러 점포를 통해 상품을 비교한 후 최종 구매가 이루어지는 제품이다.

④ ㄷ의 경우에는 구입이 필요한 경우 드물게 구입하게 된다.

⑤ ㄷ의 경우에는 소수의 점포만으로 충분하며 점포의 이미지 관리도 매우 중요하며 주로 고차원 중심지(CBDs)에 입지하고 집심성 점포인 경우가 일반적이다.

29 다음 중 소비자가 구입하고자 하는 휴대전화를 다음과 같이 평가했을 때의 설명으로 옳은 것은?

분류	가중치	A 제품	B 제품	C 제품	D 제품
통화품질	9	8	7	8	9
가격	8	6	9	8	7
디자인	7	7	5	5	8
AS 기간	6	8	9	6	5

① 보완적 접근법으로 휴대전화를 선택하면 A 제품을 선택하게 된다.
② 사전 편집식 접근법으로 휴대전화를 선택하면 B 제품을 선택하게 된다.
③ 보완적 접근법으로 휴대전화를 선택하면 C 제품을 선택하면 된다.
④ 사전 편집식 접근법으로 휴대전화를 선택하면 D 제품을 선택하게 된다.
⑤ 보완적 접근법으로 휴대전화를 선택하면 C 제품을 선택하게 된다.

30 아래의 그림을 참고하여 마케팅 전략에 대한 내용으로 옳지 않은 것을 고르면?

① 그림 1의 전략일 때는 제품수명주기 상에서 성숙기, 쇠퇴기에 해당한다.
② 그림 1의 경우에는 전체 시장 매출이 증가하게 된다.
③ 그림 2의 전략일 때는 제품수명주기 상에서 도입기에 사용한다.
④ 그림 2는 자원이 한정적일 때 사용한다.
⑤ 그림 3은 다양성 제품인 경우에 해당한다.

31 우리나라 증권시장에서 외국인의 투자비중이 40%를 넘어섰다. 외국인 투자의 증가가 우리 경제에 미치는 영향으로 가장 옳지 않은 사항은?

① 국내 증시의 변동성을 낮출 수 있다.

② 국부유출의 논란이 일 수 있다.

③ 국내 기업의 가치를 높일 수 있다.

④ 국내 기업의 투명성을 높일 수 있다.

⑤ 외국인 매도세로 돌아설 경우 증시에 충격을 줄 수 있다.

32 실제 고객과의 커뮤니케이션은 아래의 그림과 같은 형태로 대부분이 진행된다. 아래 그림은 커뮤니케이션 과정을 도식화한 것인데 이를 참조하여 설명한 내용으로 옳지 않은 것은?

① 커뮤니케이션 과정의 효율성을 결정하는 외부현상(Noise) – 모든 커뮤니케이션 과정 중에는 그 행위의 성공확률을 저해하는 요소들이 있다. 크게는 환경적인 요소나 문화적인 요소들이 있을 수 있고 언어적인 요소에 의해서도 생겨날 수 있다.

② 커뮤니케이션 과정 내의 기능(Encoding와 Decoding) – 발신자가 메시지를 만들어내는 방법론이 되고, 반대로 해독은 수신자가 메시지를 받아들이는 방법론이 된다.

③ 행위의 도구(Message와 Media) – 메시지는 발신자가 수신자에게 "전달하고 싶은 정보"다. 그리고 미디어는 채널 channel이라 해도 무방한, 그 정보가 전달되는 통로가 된다.

④ 커뮤니케이션 행위의 주체(Sender와 Receiver) – 발신자는 과정을 시작하고 메시지를 생성 및 전달하는 주체가 되고, 수신자는 메시지를 받는 사람이자 반응과 피드백을 보이는 주체가 된다.

⑤ 커뮤니케이션 자체가 의도한 부가효과(Response와 Feedback) – 수신자는 메시지를 해독해서 받아들인다. 그리고 그 메시지에 부합하여 무언가의 행위를 한다. 그러한 행위가 발신자가 의도한 것이었다면 이번 메시지는 비효과적이었다고, 반대로 예상하지 않은 행위였다면 암호화작업이나 메시지 자체가 효과적이 되었다고 알 수 있다.

33 아래의 내용을 읽고 AI 채용시스템과 관련하여 옳지 않은 것은?

> 지난 수십 년간 조직은 인사데이터를 효율적으로 수집·저장·검색·분석하기 위해, 인적자원 정보시스템(human resource information system: HRIS)을 도입하여 활용해 오고 있다. 한층 더 나아가 최근, 국내·외 선진 IT회사들은 기계학습(machine learning)을 통해 자동화된 AI(artificial intelligence) 채용시스템을 상용화하였고, 많은 기업들이 이를 도입하거나 도입을 검토하고 있다. 예를 들어, A사(社)는 채용담당자들의 수작업에 의한 1단계 서류심사에서의 높은 경쟁률(100:1)로 인한 탈락자들의 불만을 해소하고 모든 지원자들에게 면접 기회를 부여함과 동시에 상세한 피드백을 제공하기 위해, 기존 입사자의 채용 데이터와 입사 후 성과평가 데이터에 기반한 기계학습을 통해 새로운 '온라인 AI 채용시스템'을 구축·활용하고자 한다. 이 시스템을 간략하게 설명하자면, 지원자가 온라인으로 서류를 제출하고 화상 면접을 위해 시스템에 접속하면, 제출한 서류에 기반하여 '온라인 AI 채용시스템'이 질문을 자동생성하고 지원자의 답변을 분석하여 적합한 지원자를 선발한 후, 2단계 실무 면접 단계로 이동시키는 것이다.

① 최근 화두가 되는 AI를 인적자원관리 중 확보관리에 도입하였다.
② AI 채용시스템은 과거 존재하였던 장애인, 남녀차별 등 채용 시 존재하는 법적문제를 완전히 해결해준다.
③ AI 면접을 도입하여 모든 지원자들에게 기회를 부여하여 지원자들의 서류전형 탈락 가능성이 줄어들었다.
④ AI 면접을 통해 수작업 서류전형보다 기업과 조직에게 신뢰성 있는 결과를 줄 것이다.
⑤ 인적자원 정보시스템(human resource information system: HRIS)에 있던 정보를 바탕으로 빅데이터(big data)분석을 통해 이루어진다.

34 아래의 기사를 읽고 밑줄 친 부분에 관한 설명으로 보기 어려운 것은?

'세계 최고'라는 수식어가 어색하지 않은 세계 최대 유통업체 월마트

월마트는 매년 미국 주요 경제전문지가 선정하는 최고 기업 리스트에서 1, 2위 자리를 놓치지 않는다. 포춘이 선정한 글로벌 500대 기업 순위에서 지난해 1위 자리는 월마트의 차지였다. 월마트는 현재 전 세계 1만132개 매장과 220만명이 넘는 종업원을 거느린 '유통 공룡'이다. 2011 회계연도 매출은 전년보다 5.9% 증가한 4439억 달러였다. 이는 미국 기업 중 최고 실적이다.

매출 규모를 기준으로 월마트를 지난해 글로벌 500대 기업 중 맨 처음에 올렸다. 포춘은 총 매출을 공개한 모든 기업을 대상으로 글로벌 500대 기업을 선정한다. 월마트에 대해서는 가장 미국적인 기업으로 평가되는 한편 열악한 복리후생제도와 과도한 저가정책이 지역 경제에 악영향을 미친다는 비판도 만만치 않게 받고 있다. 하지만 '최소의 비용으로 최대의 만족을 준다'는 샘 월튼의 경영철학은 오늘날의 월마트를 있게 한 원동력이다. 이는 경쟁사들이 저가 공세를 펴고 있는 사이 저렴하고 품질 좋은 제품을 팔고 있다는 인식이 소비자들 사이에 확산하면서 불황 속에서도 선전하는 밑거름이 되고 있다.

월마트의 성공 핵심은 'EDLP(Every Day, Low Price)'에 있다고 전문가들은 입을 모으고 있다.

월마트는 2차 세계대전 후 미국 경제가 급성장하던 1962년 7월2일 미국 아칸소 주 로저스에 1호점을 열었다. 저가를 앞세운 월마트는 소도시에서 돌풍을 일으키며 무섭게 성장했다. 당시 개인 상점과 소규모 슈퍼마켓뿐이던 미국에서 월마트의 저가 전략은 혁명이나 다름없었다. 이후 월마트는 푸에르토리코 캐나다 아르헨티나 브라질에 이어 1996년에는 중국에도 합작 방식으로 진출했다. 현재 월마트 매장이 가장 많은 나라는 멕시코(2088) 영국(541) 브라질(512) 등의 순이다.

① 가격경쟁 압박 감소의 효과가 있다.
② 효율적인 물류시스템의 구축이 가능하다.
③ 광고비 증가라는 문제점에 봉착하게 된다.
④ 대형마트 등에서 주로 활용하는 가격결정 방식이다.
⑤ 재고관리 개선의 효과가 있다.

35 다음의 내용을 읽고 RFM 분석기법에 대해 추론 가능한 내용으로 가장 거리가 먼 것을 고르면?

> 유통업계 마케팅에서 VIP 고객을 일컬을 때마다 등장하는 법칙이 있다.
> 상위 20%만 확보하면 전체의 80%를 잡는 효과를 나타낼 수 있다고 해석되는 '파레토 법칙'(Paretos law)'. 이 법칙에 의해서 백화점의 귀족마케팅이 이루어진다. 백화점의 VIP는 충분한 경제력을 갖춘 30∼50대 중산층 이상의 고객. 그만큼 경기에 덜 민감하고, 일정액 이상 매출을 보장한다. 최근 지역 백화점들이 VIP 마케팅을 강화하고 있다. 심지어 'VIP 중의 VIP'를 따로 선정해 특별 관리할 만큼 정성을 쏟아 붓고 있다. 지역 백화점들은 VIP를 정할 때 'RFM 분석기법'을 적용한다. 'R'(Recency : 최근성)은 얼마나 최근에, 'F'(Frequency : 빈도)는 얼마나 자주 왔으며, 'M'(Monetary : 금액)은 얼마나 많은 돈을 썼느냐는 뜻이다. 대구백화점은 자사카드 및 멤버십 카드 고객을 대상으로 'RFM' 분석을 통해 6개월마다 약 1천명의 상위 고객을 '애플클럽' 회원으로 관리한다. 대백카드 매출액을 기준으로 상위 1%의 애플고객이 전체 카드매출 중 무려 13%를 차지하며, 상위 20%가 매출의 70%를 책임진다.

① R은 구매의 최근성을 의미하는 것으로 최초 가입 일에서 현재까지의 제품 또는 서비스 사용기간을 표현한다.

② F는 구매의 빈도로써 일정기간 동안 어느 정도의 구매가 발생하였는지를 분석하는데, 구매의 횟수가 늘어날수록 고객 로열티가 높아진다.

③ M은 최초 가입일로부터 현재까지 구매한 평균금액의 크기를 분석하는데, 평균구매금액이 많을수록 고객의 로열티는 낮아진다.

④ RFM 분석은 단 기간 내 고객을 분류하고 이에 대응한 맞춤형 전략을 펼치는데 있어 많은 이해력을 제공하는 방법론이라 할 수 있다.

⑤ RFM 분석은 고객의 가치를 판단하고, 이들에 대한 마케팅 효율을 높이며, 추후 이들로부터 얻을 수 있는 수익을 극대화하도록 해 주는 중요한 요소이다.

36 아래의 내용을 포괄하고 있는 것으로 가장 적절한 것은?

> ㉠ '유리' 커피 프랜차이즈 업체는 매장 안에서는 머그잔을 활용하고 있으며 전체 매장의 플라스틱 빨대를 종이 빨대로 교체하였다.
>
> ㉡ '서울' 대형마트는 일회용 비닐 봉투 사용이 금지되어 장바구니 사용을 장려하는 게시물을 부착하고 홍보하였다.
>
> ㉢ '신속' 대형마트는 중소유통업과의 상생발전을 위해 2주에 한 번씩 휴점하였다.

① 경제적 환경
② 정치·법률적 환경
③ 기술적 환경
④ 지리적 환경
⑤ 사회문화적 환경

37 광고에서 유머소구(humor appeal)의 효과로 볼 수 없는 것만을 모두 나열한 것은?

> ㉠ 비유머 메시지보다 설득력이 높다.
>
> ㉡ 주의를 끄는 데 효과적이다.
>
> ㉢ 광고물과 광고하는 브랜드에 호감을 증가시킨다.
>
> ㉣ 전달자의 신뢰성을 높여준다.
>
> ㉤ 브랜드에 대한 이해를 방해한다.

① ㉠㉣㉤
② ㉡㉣㉤
③ ㉠㉡㉢㉣
④ ㉡㉢㉣㉤
⑤ ㉠㉡㉢㉣㉤

38 아래의 내용이 설명하고 있는 것과 가장 관련이 깊은 가격결정방법은 무엇인가?

> 본 제품과 이에 따른 소모품이 있을 경우에 소비자는 본 제품을 구매하기 위해 지불한 금액을 매몰비용으로 인식하지 않고, 소모품을 정기적으로 구입함으로써, 본 제품에 대한 투자를 회수한다고 생각하는 경향이 있다. 따라서 소비자들은 본 제품에 대해 초기에 많은 금액을 지불하기보다는 가격이 저렴하고 가치 있는 본 제품을 사용하면서 이에 따르는 소모품은 그 가격이 다른 브랜드보다 조금 비싸더라도 기꺼이 이를 구매하려 한다.

① 유인가격결정(loss-leader pricing)
② 이분가격결정(two-part pricing)
③ 노획가격결정(captive pricing)
④ 묶음가격(price bundling)
⑤ 이미지 가격결정(image pricing)

39 아래와 같은 상황에서 적합한 전략적 의사결정으로 옳지 않은 것은?

구분	생산원가 경쟁력 보유	생산원가 경쟁력 없음
넓은 시장	A	B
한정적 시장	C	D

① A의 경우, 기업은 시너지효과와 학습곡선효과의 혜택을 누릴 수 있다.
② B의 경우, 제품의 연구개발능력을 강화하여 차별화 전략을 수행한다.
③ C의 경우, 시장점유율과 수익성을 향상시키기 위해 매스마케팅을 실시한다.
④ B의 경우, 경쟁기업보다 차별화된 재화나 서비스를 제공해야만 한다.
⑤ A의 경우, 원가경쟁력을 바탕으로 원가우위 전략을 펼친다.

40 다음 기사로 알 수 있는 마케팅 기법에 대한 설명으로 옳은 것은?

> 암살을 소재로 한 미국 영화 〈기밀작전〉이 온·오프라인에서 총 3,600만 달러(약 396억 원)의 수익을 내며 '흥행 대박'을 기록하고 있다. 해킹, 테러 위협, 개봉 취소 등의 우여곡절이 B급 코미디 영화를 화제작으로 끌어올렸다. 온라인 판매 수익은 3,100만 달러를 넘어 A 제작자 영화 중 온라인에서 가장 흥행한 영화로 기록됐다. 온라인 개봉 뒤 첫 4일간 수익만 1,500만 달러였던 것으로 알려졌다. 이와 별도로 〈기밀작전〉을 상영 중인 미국 전역의 독립영화관 558곳을 통해서도 A 제작사는 500만 달러 이상의 수익을 냈다. 〈기밀작전〉은 특정 국가 최고 지도자와 인터뷰를 하게 된 미국 토크쇼 진행자들이 CIA로부터 '암살 작전' 지령을 받은 뒤 벌어지는 사건들을 그린 코미디 영화다. 당초 이 영화는 미국 전역 3,000개 극장에서 개봉될 예정이었지만 A 제작사가 테러 위협 등을 이유로 개봉을 전면 취소했다가 다시 상영을 결정하는 우여곡절을 거치며 개봉관 규모가 대폭 축소됐다. 수준 미달의 영화였다는 혹평도 쏟아졌다. 그럼에도 영화가 흥행에 성공한 것은 개봉 전 영화를 둘러싼 갖가지 논란이 오히려 소비자들에게 더 많은 궁금증을 자아내도록 작용했기 때문이다. 지난해 말 상영 취소가 결정되자 미국에서는 "위협에 굴복해 표현의 자유라는 가치를 무너뜨려서는 안 된다."는 여론이 빗발쳤다. 결국 일부 독립영화관에서 영화 상영이 결정되자 미국 정부는 "우리는 표현의 자유와 예술적 표현의 권리를 수호하는 나라에 살고 있다."며 환영했다. 이 같은 논란 끝에 〈기밀작전〉은 사람들의 이목을 집중시켰고, 연말연시 미 극장가의 최고 화제작이 됐다.

① 위 내용은 자신들의 상품을 각종 구설수에 휘말리도록 함으로써 소비자들의 이목을 집중시켜 판매를 늘리려는 마케팅 기법이다.
② 시장의 빈틈을 공략하는 새로운 상품을 잇따라 시장에 내놓음으로써, 다른 특별한 제품 없이도 셰어(share)를 유지시켜 가는 마케팅 기법이다.
③ 고객의 기분과 정서에 영향을 미치는 감성적 동인을 통해 브랜드와 고객 간의 유대 관계를 강화하는 마케팅 기법이다.
④ 네티즌이 이메일이나 다른 전파 가능한 매체를 통해 자발적으로 어떤 기업이나 기업의 제품을 홍보하기 위해 널리 퍼뜨리는 마케팅 기법이다.
⑤ 온라인상에서 다수의 불특정 타인과 관계를 맺을 수 있는 서비스이다.

41 법정지급준비율이 20%인 상황에서 A가 중앙은행으로부터 받은 현금 100만 원을 은행에 요구불예금으로 예치할 경우에, 이로 인해 나타나게 되는 경제의 통화량은 얼마나 증가하게 되는가? (단, 은행은 요구불 예금 및 대출만으로 자금을 조달 및 운용하며, 초과지급준비금 및 민간 보유 현금은 모두 0이다.)

① 140만 원   ② 270만 원

③ 330만 원   ④ 480만 원

⑤ 500만 원

42 다음 솔로우(Solow)의 성장 모형에서 경제가 균제상태(steady state)에 있었다. 그런데 외국인 노동자의 유입에 대한 규제가 완화되어 인구의 증가율이 높아졌다고 할 시에, 초기 균제상태와 비교할 때 새로운 균제상태에 대한 설명 중 가장 바르지 않은 내용은? (단, 기술의 변화는 없다고 가정한다.)

① 자본 한계생산성의 증가   ② 1인당 소득수준의 하락

③ 1인당 소득 증가율의 하락   ④ 1인당 자본의 감소

⑤ 총소득 증가율의 상승

43 어떤 산업에서의 수요함수는 P=90-Q이며, 기업 A의 한계비용(MC_1)과 기업 B의 한계비용(MC_2)이 $MC_1 = MC_2 = 30$일 때에 꾸르노 균형에서 A, B 두 기업의 생산량 합을 구하면?

① 15   ② 20

③ 35   ④ 40

⑤ 55

44 서울의 외곽지역 중 한 곳인 A지역의 중형주택 임대료가 평균 15% 정도 인상됨에 따라 중형주택에 대한 임대수요가 30% 감소하였을 시에, 중형주택 임대수요의 가격탄력성을 구하면?

① 1.0   ② 2.0

③ 3.0   ④ 4.0

⑤ 5.0

45 규범경제학(normative economic)의 범주에 포함되는 것으로 볼 수 있는 내용은 무엇인가?

① 유치산업을 보호하기 위해 수입관세를 인상해야 한다.
② 정부의 확대재정정책은 이자율을 상승시켜 민간투자를 감소시키게 된다.
③ 통화량이 증가하게 되면 물가가 상승한다.
④ 완전경쟁기업이 독점화되면 사회적 순후생손실이 발생하게 된다.
⑤ 생산요소의 고용을 늘리면 한계수확이 점차 줄어들게 된다.

46 다음 중 MRTS(한계기술대체율)의 체감이 의미하는 것으로 가장 적절한 것은?

① 노동가격이 자본의 가격보다 높음을 말한다.
② 자본이 노동보다 대체하기 어려움을 말한다.
③ 자본가격이 노동가격보다 높음을 말한다.
④ 요소의 대체가 갈수록 어려워짐을 말한다.
⑤ 요소의 대체가 갈수록 쉬워짐을 말한다.

47 다음 중 독점기업에 이윤세를 부과할 때 나타나는 결과로 옳은 것은?

① 독점가격이 상승하게 된다.
② 산출량이 감소하게 된다.
③ 산출량이 증가하게 된다.
④ 산출량에는 아무런 영향이 없다.
⑤ 독점기업의 평균비용 및 한계비용곡선이 상방으로 이동하게 된다.

48 굴절수요곡선 이론에 비추어 보아, 과점가격이 경직적인 이유로 옳은 것은?

① 경쟁기업의 규모가 비슷하여 가격선도를 하는 기업이 없기 때문이다.
② 경쟁기업 간의 담합 현상 때문이다.
③ 경쟁기업이 안정적인 판매를 위해 가격을 고정시키기 때문이다.
④ 경쟁기업이 가격보다는 품질경쟁을 하기 때문이다.
⑤ 경쟁기업이 가격인하경쟁을 하되 가격인상경쟁은 하지 않기 때문이다.

49 케인즈의 국민소득 결정 모형에서 소비 $C = 0.7Y$이며, 투자 $I = 80$이다. 이때 정부지출이 10에서 20으로 증가할 시에, 균형국민소득의 증가분을 구하면? (단, C는 소비, Y는 국민소득, I는 투자)

① 1

② $\dfrac{100}{3}$

③ 17

④ $\dfrac{100}{7}$

⑤ 25

50 여러 거시 변수의 측정에 관한 설명에서 적절하지 않은 것은?

① M2는 M1보다 반드시 크다.
② 수입 농산물의 가격상승은 GDP 디플레이터에는 영향을 미치지 않지만 소비자 물가지수는 상승시킨다.
③ 신종 플루의 유행으로 국내에서 백신 생산이 증가하면 GDP가 증가한다.
④ 한국의 타이어 회사가 중국에서 생산하여 한국으로 수입 판매한 타이어의 가치는 한국의 GDP에 포함된다.
⑤ 파업에 참가하여 생산활동을 하지 않은 근로자도 취업자에 포함된다.

51 다음 무차별곡선에 관한 내용으로 옳지 않은 것은?

① 무차별곡선들은 서로 교차하지 않는다.
② 무차별곡선상의 모든 상품묶음은 소비자에게 동일한 만족을 준다.
③ 두 재화 간의 대체가 어려울수록 경사가 완만하게 볼록하다.
④ 통상적으로 원점에 대해서 볼록한 형태를 보이게 된다.
⑤ 두 재화 간의 한계대체율이 일정한 경우 무차별곡선은 직선이다.

52 투자승수에 관한 내용으로 옳지 않은 것은?

① 화폐수요의 소득탄력성이 클수록 투자승수는 커지게 된다.
② 투자의 이자율탄력성이 클수록 투자승수는 작아지게 된다.
③ 한계소비성향이 클수록 투자승수는 커지게 된다.
④ 유발투자가 존재하면 투자승수는 커지게 된다.
⑤ 한계수입성향이 높아지면 투자승수는 작아지게 된다.

53 등량곡선에 대한 설명으로 적절하지 않은 것은?

① 한계기술대체율체감의 법칙이 적용되지 않을 경우에는 등량곡선이 원점에 대해 볼록하지 않을 수도 있다.

② 생산요소 간의 대체성이 낮을수록 등량곡선의 형태는 직선에 가깝다.

③ 등량곡선은 서로 교차하지 않는다.

④ 원점으로부터 멀리 위치한 등량곡선일수록 높은 산출량을 나타낸다.

⑤ 등량곡선의 기울기를 한계기술대체율이라 한다.

54 독점기업의 행동에 단기적으로 아무런 영향을 미치지 않는 세금부과 방법은 무엇인가?

① 독점기업의 노동고용 1단위당 일정비율의 음(−)의 세금을 부과하는 방법

② 독점기업의 이윤에 일정비율의 세금을 부과하는 방법

③ 판매되는 제품 가격의 일정비율로 세금을 부과하는 방법

④ 판매되는 제품 1단위당 일정액의 세금을 부과하는 방법

⑤ 독점기업 차입금의 이자율에 대해 일정비율의 세금을 부과하는 방법

55 다음 중 생산요소에 대한 수요를 파생적 수요(derived demand)라고 부르는 이유는?

① 생산자들이 비싼 생산요소를 저렴한 생산요소로 대체하기 때문에

② 생산요소의 수요곡선이 우하향이기 때문에

③ 생산요소에 대한 수요는 생산물에 대한 수요에 의존하기 때문에

④ 정부수요가 민간 수요를 보완하기 때문에

⑤ 생산요소에 대해 어느 것도 아니다.

56 아래에 제시된 표를 참조하여 이에 대한 분석으로 옳은 내용을 고르면?

> X재와 Y재만을 생산하는 A국과 B국은 비교 우위 상품만을 생산하여 교역하기로 합의하였다. A국과 B국의 생산 현황은 아래의 표와 같다. 단, A국과 B국이 보유한 생산 요소의 양은 동일하며, 각국의 생산 가능 곡선은 직선이다.
>
> | 분류 | 특화 전 생산량 | | 특화 후 생산량 | |
> |---|---|---|---|---|
> | | X재 | Y재 | X재 | Y재 |
> | A국 | 50개 | 100개 | 0개 | 200개 |
> | B국 | 100개 | 200개 | 300개 | 0개 |

① B국에서 X재 1개 생산의 기회비용은 Y재 1개이다.
② A국에서 Y재 1개 생산의 기회비용은 X재 2개이다.
③ X재와 Y재를 1 : 3의 비율로 교환하면 A국 및 B국 모두에게 이익이다.
④ A국은 X재, B국은 Y재 생산에 비교 우위가 있다.
⑤ A국은 X재와 Y재 생산 모두에 절대 우위가 있다.

57 다음 중 경제적 지대에 대한 내용으로 옳지 않은 것은?

① 경제적 지대는 공급량이 제한될 경우에 발생하게 된다.
② 어떠한 생산요소의 경제적 지대가 0이면 그 요소는 기존의 용도에 사용되지 않는다.
③ 경제적 지대는 전용수입을 초과하는 요소수입이다.
④ 경제적 지대는 생산자 잉여를 구성한다.
⑤ 정부가 인허가를 통해서 특정 기업에 독점영업권을 부여하는 경우, 비생산적인 지대추구 행위를 유발할 수 있다.

58 어떤 독점적 경쟁기업이 6단위째 상품을 15원에 판매하였는데, 이때 한계수입은 5원이고, 한계비용＝평균비용＝5원이었다고 할 경우, 장기적으로 보았을 때 이 기업과 타 경쟁기업이 취할 행동을 바르게 나타낸 것은?

① 타 기업들이 진입하여 이 기업의 수요곡선을 좌측으로 밀어낼 것이다.

② 이 기업이 탈퇴함으로써 자신의 수요곡선을 우측으로 이동시킬 것이다.

③ 타 기업이 진입할 것이나 이 기업의 수요곡선에는 변화가 없을 것이다.

④ 타 기업들이 진입하여 이 기업의 수요곡선을 우측으로 밀어낼 것이다.

⑤ 어느 쪽으로도 곡선의 변화가 없을 것이다.

59 기업이 한계수입과 한계비용이 동일한 점에서 생산하고 있을 때 설명으로 옳은 것은?

① 생산량의 증가는 한계이윤을 증가시킬 것이다.

② 어떠한 생산량의 변화도 한계이윤을 감소시킬 것이다.

③ 생산량의 증가는 총이윤을 증가시킬 것이다.

④ 어떠한 생산량의 변화도 총이윤을 감소시킬 것이다.

⑤ 이상의 어느 것도 아니다.

60 아래의 자료를 분석한 내용으로 가장 적절한 것은?

A국과 B국은 서로 다른 세율 적용 방식의 소득세 제도를 채택하고 있다. 양국에서는 과세 대상 소득에 대해서 소득세만을 부과하므로 과세 후 소득은 '과세 대상 소득−소득세'로 나타낼 수 있다. 아래에 제시된 그림은 양국에서의 과세 대상 소득에 따른 과세 후 소득의 크기를 나타낸다.

① A국에서는 과세 대상 소득이 커질수록 소득세율이 높아진다.
② B국의 소득세 제도가 A국의 소득세 제도보다 소득 재분배 효과가 크다.
③ B국에서는 과세 대상 소득의 증가율보다 소득세 증가율이 낮다.
④ B국과 같은 세율 적용 방식의 사례로 우리나라의 부가 가치세를 들 수 있다.
⑤ 과세 대상 소득이 많은 사람일수록 A국보다 B국의 소득세 제도를 더 선호할 것이다.

61 재화의 배제가능성(excludability)과 경합성(rivalry)에 대한 내용으로 옳지 않은 것은?

① 붐비지 않는 유료 고속도로의 경우 배제가능성은 있으나 경합성은 없다.
② 인터넷에 무료로 공개된 폭탄제조법은 배제가능성과 경합성이 없다.
③ 남대문 시장에서 팔리는 청바지는 배제가능성과 경합성이 있다.
④ 광화문 사거리 건물옥상에 설치된 대형화면으로 중계되는 월드컵 축구중계는 배제가능성과 경합성이 없다.
⑤ 지하철 구내 소규모 공중화장실은 배제가능성과 경합성이 없다.

62 다음 중 쌀과 옷 두 재화만 생산하는 한 나라의 경제 데이터가 아래 표와 같을 때, 아래의 표와 관련한 내용으로 적절하지 않은 것은?

분류	쌀		옷	
	가격(원)	생산량(가마)	가격(원)	생산량(벌)
2023년(기준연도)	10	150	12	50
2024년	12	200	15	100

① 2024년의 라스파이레스 물가지수는 121.4이다.
② 실질 경제성장률은 52.4%이다.
③ 2023년의 명목 GDP는 2,100원이다.
④ 2024년 실질 GDP는 3,200원이다.
⑤ 2023년의 GDP 디플레이터는 65.6이다.

63 산업의 장기공급곡선에 대한 내용으로 옳지 않은 것은?

① 산업의 장기공급곡선의 모든 점은 장기평균비용의 최저점과 대응된다.
② 장기공급곡선상의 모든 점에서 기업의 수는 동일하다.
③ 비용불변산업의 장기공급곡선은 수평이다.
④ 비용체감산업의 장기공급곡선은 우하향한다.
⑤ 산업의 장기공급곡선은 시장의 장기균형점들의 궤적이다.

64 다음 중 정부 실패에 해당하는 것으로 보기 어려운 항목은?

① 공기업은 사기업에 비해 비효율적이다.
② 정부 실패는 정부의 개입으로 인해 시장이 더욱 왜곡되는 것을 의미한다.
③ 공기업은 생산성 향상에 덜 노력한다.
④ 케인지언과 관련이 없다.
⑤ 공기업은 소비자의 수요에 덜 민감하다.

65 아래의 그림은 어떤 생산활동에서의 한계편익(MB)과 한계비용(MC)를 보여주고 있다. 이때 활동 수준이 a_1이라면 활동 수준을 한 단위 더 늘리는 경우에 순편익(NB)은 어떻게 변화하는가? (단, 선택지에서 MNB는 한계순편익을 나타낸다.)

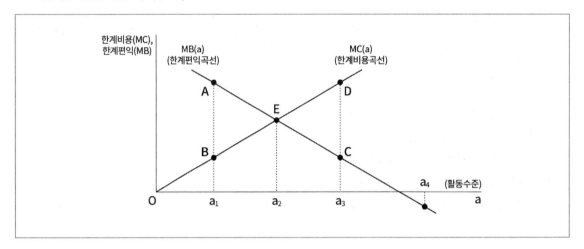

① MNB > 0이므로, NB는 감소한다.

② MNB < 0이므로, NB는 감소한다.

③ MNB > 0이므로, NB는 증가한다.

④ MNB < 0이므로, NB는 증가한다.

⑤ NB는 증가, 감소에 대한 변화를 하지 않는다.

66 가격차별이 성립하기 위한 조건으로 보기 가장 어려운 것은?

① 시장 수요자가 시장지배력이 있어야 한다.
② 시장 공급자가 시장지배력이 있어야 한다.
③ 시장 간 수요의 가격탄력성이 달라야 한다.
④ 시장 간 상품의 재판매가 불가능하여야 한다.
⑤ 시장 간 수요자가 쉽게 구분되어야 한다.

67 다음 내용은 어느 가상경제의 취업과 실업에 대한 조사 결과를 나타낸 것이다. 하지만, 관리상의 문제로 인해 데이터 분실이 발생하였는데 이는 아래와 같다.

분류	데이터의 값
15세 이상 인구	200명
비경제활동 인구	40명
실업 인구	40명
전체 인구	분실
경제활동 인구	분실
취업 인구	분실

위 조사 결과에 대한 내용 중 옳은 것을 모두 고르면?

㉠ 경제활동인구 수는 80명이다.
㉡ 취업인구는 60명이다.
㉢ 경제활동참가율은 80%이다.
㉣ 실업률은 25%이다.
㉤ 취업률은 60%이다.

① ㉠㉡
② ㉠㉢
③ ㉡㉣
④ ㉢㉣
⑤ ㉣㉤

68 아래 내용 중 범위의 경제가 발생하게 되는 경우로 옳은 것은?

① 전체 시장에 대해 하나의 독점자가 생산할 시

② 비슷한 생산기술이 여러 생산물에 적용될 시

③ 가격이 한계비용보다 낮게 형성될 시

④ 고정비용이 높고 한계비용이 낮을 시

⑤ 비용이 완전히 분산될 시

69 5년 전에 A는 주택건설을 위해 강남에 50평의 토지를 평당 3,000원씩에 구입하였다. 최근 정부가 해당 토지를 포함한 인근지역을 올림픽공원의 부지로 결정함에 따라 A는 해당 토지에 대해 받을 수 있는 보상시가는 평당 1,000원이다. 만약 A가 지금 해당 토지를 정부에 기증하기로 결정할 경우의 기회비용은 얼마인가?

① 물가상승률을 고려할 때 최소한 300,000원은 되어야 한다.

② 정부에 그냥 기증하는 것이기 때문에 0원이 된다.

③ 투자한 가격과 현재가격의 평균치인 100,000원이 된다.

④ 본래 토지에 투자했던 비용인 150,000원이 된다.

⑤ 현재 시장가격인 50,000원이 된다.

70 완전경쟁기업의 장기균형에 대한 내용으로 적절하지 않은 사항은?

① 장기균형에서는 단기한계비용과 장기한계비용이 동일하다.

② 장기균형에서는 극소의 단기평균비용과 장기평균비용이 동일하다.

③ 장기균형에서는 가격이 장기평균비용의 최소점과 동일하다.

④ 장기균형은 장기한계비용의 최소점과 장기평균비용이 일치하는 점에서 이루어진다.

⑤ 장기균형에서는 장기한계비용과 최소의 단기평균비용이 동일하다.

71 빵과 옷과 TV만 생산하는 어떤 A국의 2020년 및 2015년의 생산량과 가격이 다음과 같을 때 2020년을 기준으로 한 2015년의 소비자 물가지수를 구하면? (단, 어떤 해에 생산된 상품은 그 해에 모두 소비된다고 가정한다.)

	2020년		2015년	
	생산량	단가(원)	생산량	단가(원)
빵	25상자	50	30상자	110
옷	5벌	20	10벌	40
TV	25대	80	30대	150

① 200

② 350

③ 510

④ 680

⑤ 730

72 산업환경분석 모델 중에서 STEP 모델에 대한 설명으로 가장 거리가 가장 먼 것은?

① STEP 분석은 사회문화적 환경 – 기술적 환경 – 거시경제적 환경 – 경쟁가격환경의 순서에 따라 분석하는 기법이다.

② 사회문화적 환경을 구성하는 요소로는 인구증가율 추이, 소비자 라이프스타일 변화, 환경에 대한 사회적 인식변화, 여성의 사회적 진출 등이 있다.

③ 기술적 환경에는 정보기술, 기술발전 가능성, 새로운 제품혁신, 대체기술 개발가능성 등을 포함하여 분석한다.

④ 거시경제적 환경에서 분석해야 하는 변수로는 GDP 성장률, 물가상승률, 이자율/환율, 에너지가격 동향 등이 있다.

⑤ 추가적으로 정책/규제환경 분석은 법적 규제, 정책 개정, 무역규제 완화, 규제 철폐 등을 포함한다.

73 만약, 본원적 예금이 100만 원이고 그 중 대출액은 50만 원, 초과지급준비금은 20만 원, 법정지급준비금이 30만 원인 경우의 법정지급준비율은?

① 10%

② 30%

③ 40%

④ 60%

⑤ 70%

74 다음 중 어떤 경제의 완전 고용 국민소득이 400억 원이고, 소비함수가 $C = 0.8Y_d + 40$ (Y_d는 처분가능소득이고 단위는 억 원)이라고 한다. 이때 투자는 소득수준과 관계없이 20억 원으로 고정되어 있으며, 정부지출, 조세, 순수출은 모두 0으로 주어져 있다고 할 때 이 경제의 균형국민소득이 얼마인지 구하면?

① 770억 원

② 510억 원

③ 470억 원

④ 300억 원

⑤ 150억 원

75 도시의 내부구조를 토지 이용 측면에서 고찰하려는 목적에서 발전한 토지이용 입지이론에 대한 설명 중 올바르지 않은 것은?

① 토지이용은 지리적 제반여건이나 경제발전의 수준, 사회적 변화, 기술진보 등 자연적, 사회경제적, 문화적 조건에 의해 변화하고 있다.

② 도시의 토지이용유형은 현재 공간수요의 필요성을 반영한다기보다는 오랜 시간을 통해 누적된 공간수요의 필요성을 반영한다고 본다.

③ 도시적 기능이 집중하려는 현상인 구심력에는 흡인력, 기능적 편의성, 기능적 인력, 기능상 특권, 인간적 교환관계 등의 요인이 있다고 하였다.

④ C. Colby과 E. Hoover는 도심의 입지적 이점 중 배후지로부터의 근접용이성이 높을수록 입지경쟁을 통해 고밀도 토지이용을 유발한다고 본다.

⑤ 고밀도 토지이용에 의한 높은 임대료를 부담하지 못하게 되면 해당 기능은 점차 도심의 중심부 방향으로 이동하게 된다.

76 통상적으로 사람들이 지나가는 학교 앞에 있는 분식점에서 판매하는 어묵과 튀김은 학생들에게 대체재로 알려져 있다. 만약, 어묵 가격이 올라갔을 경우 나타나는 현상으로 적절한 것은?

① 어묵의 수요량은 증가하게 된다.

② 어묵의 공급곡선은 우측으로 이동하게 된다.

③ 튀김의 수요량은 감소하게 된다.

④ 튀김의 수요곡선은 우측으로 이동하게 된다.

⑤ 튀김의 가격은 하락하게 된다.

77 A는 하루하루 50단위의 물건을 만들기 위해 공장을 가동하고 있다. 평균가변비용은 10, 한계비용은 20, 그리고 평균비용은 15라고 한다. 이 공장의 총고정비용은 얼마인가?

① 150

② 250

③ 300

④ 670

⑤ 780

78 다음 중 생산함수 $Q=3K+2L$이 나타내는 생산기술의 특성으로 옳은 것은? (단, Q는 생산량, K는 자본의 투입량, L은 노동의 투입량이다)

① 규모에 대한 수익체증

② 노동의 한계생산 체증

③ 요소 간 완전대체

④ 한계기술대체율 체감

⑤ 자본의 한계생산 체증

79 아래에 제시된 표는 어떠한 독점기업의 생산량, 한계비용, 한계수입을 나타낸 것이다. 이 기업의 이윤을 극대화하는 생산량은 얼마인가? (단, 고정비용은 없다고 가정한다.)

생산량	1	2	3	4	5
한계비용	200	100	150	200	250
한계수입	200	180	160	140	120

① 200

② 350

③ 510

④ 680

⑤ 730

80 다음 두 사람의 대화를 통해 유추 가능한 배추 시장의 변화로 가장 적절한 것을 고르면?

> A : 이번에 갑자기 추워진 날씨로 인해 배추가 얼어서 수확량이 줄어들었다고 하더라고.
>
> B : 그러게 지금은 김장을 하는 시기라 배추를 구입하려고 하는 사람이 늘어났다고 하는데 진짜 큰 일이야.

정답
및 해설

※ 문제는 p.10에 있습니다.

☑ ANSWER

1 ④	2 ③	3 ②	4 ①	5 ①	6 ④	7 ②	8 ③	9 ②	10 ④
11 ③	12 ①	13 ①	14 ②	15 ①	16 ④	17 ⑤	18 ①	19 ②	20 ①
21 ③	22 ③	23 ④	24 ①	25 ①	26 ①	27 ④	28 ⑤	29 ②	30 ②
31 ④	32 ④	33 ④	34 ⑤	35 ⑤	36 ①	37 ②	38 ③	39 ④	40 ②
41 ④	42 ③	43 ①	44 ④	45 ①	46 ⑤	47 ④	48 ④	49 ①	50 ④
51 ②	52 ②	53 ③	54 ④	55 ②	56 ④	57 ③	58 ②	59 ②	60 ⑤
61 ⑤	62 ⑤	63 ②	64 ④	65 ①	66 ⑤	67 ①	68 ④	69 ⑤	70 ①
71 ②	72 ①	73 ①	74 ⑤	75 ①	76 ④	77 ③	78 ④	79 ①	80 ②

1 ④ 상시저가전략(EDLP : everyday low price)은 소비자들이 항상 제품가격이 저렴하다는 것을 알고 있기 때문에 공급자 입장에서는 행사에 대한 광고 및 운영비 등을 따로 산정해서 집행할 필요가 없다. 반면에 고저가격전략(high-low pricing)은 제품가격이 행사(상황)에 따라 높거나 또는 낮을 수 있으므로 이에 대해 소비자들을 대상으로 광고를 하거나 운영하게 되는 비용이 발생하게 된다.

2 ③ X재 한계효용÷X재 가격 = Y재 한계효용÷Y재 가격 1,000÷500 = 2이다. Y재 가격이 750원이 되어야 한계효용균등의 법칙이 성립될 수 있다.

  ※ 한계효용균등의 법칙(Gossen의 제2법칙)
  각 재화 1원어치의 한계효용이 동일하여 각 재화 소비량을 조절하더라도 총효용이 증가될 여지가 없을 때 소비자의 총효용이 극대화 된다는 것이다.

3 ② 기한 내 반품을 신청할 경우 반품(환불)이 가능한 금액이므로 암묵적 비용이라고 할 수 있다. 즉, 반품 가능한 시기를 놓친 것이므로 기회비용 또는 매몰비용이라고 할 수 없다.

4 ① 재화의 가공, 운반, 저장 등의 행위와 서비스의 제공 행위는 부가가치를 만들어내는 한 생산 활동으로 간주될 수 있다. 하지만 재화를 기부하는 행위는 부가가치를 만들어낼 수 있는 것이 아니므로 이는 생산 활동이 될 수 없다.

5 ① 시장전체곡선은 개별수요곡선을 수평적으로 합하여 구한다. 개인 A, B, C의 수요곡선을 모두 합하면, (30-P)+(20-2P)+(20-4P)=70-7P이다. 70-7P는 시장 전체 수요곡선이 된다. 시장가격 5원을 P에 대입하면 시장 전체 균형 수량 35를 구할 수 있다.

6 ④ 라스파이레스 산식은 기준시점 고정 가중산술 평균을 의미한다.

$$\frac{P_1 Q_0}{P_0 Q_0} = \frac{4,000 \times 10}{5,000 \times 10} \times 100 = 80$$

※ 가격지수

평균적인 재화가격의 변화를 나타내는 지표를 의미한다. 구입량을 가중치로 사용하는 라스파이레스 가격지수와 비교연도 구입량을 가중치로 사용하는 파셰 가격지수로 구분된다.

7 ② CES생산함수는 1차 동차함수이나 대체탄력성은 $\frac{1}{1+\rho}$ 이다. ρ값에 따라서 $\rho = -1$인 선형생산함수의 대체탄력성은 무한대이고, $\rho = \infty$ 인 Leontief 생산함수의 대체탄력성은 0이며, $\rho = 0$인 Cob-Douglas 생산함수의 대체탄력성은 1이다. 따라서 1차 동차함수라고 해서 항상 대체탄력성이 1인 것은 아니다.

※ 대체탄력성(elasticity of substitution)

생산과정에서 한 생산요소가 다른 생산요소로 얼마나 쉽게 대체될 수 있는지를 나타내는 지표이다. 대체탄력성은 생산량을 일정 수준으로 유지할 때 노동과 자본 사이의 대체의 용이성 정도를 나타내는 지표로, 그 크기는 등량곡선의 형태와 밀접한 관련이 있다. 대체탄력성의 크기는 생산의 기술적인 특성에 따라 크게 달라지는 데 산업별로 큰 차이를 보인다.

8 ③ 범위의 경제와 규모의 경제는 전혀 상이한 개념으로 어떠한 상관관계도 없다.

9 ② 일반적 소비자의 경우 현금보조와 현물보조의 차이가 없다. 하지만 극단적 소비자의 경우 효용측면에서 현금보조가 우월하고 소비량의 측면에서는 현물보조가 우월하다.

ⓐ 효율성(수혜자 효용) : 현금보조 ≥ 현물보조 > 가격보조

ⓑ 재정안정도 : 현금보조, 현물보조 > 가격보조

ⓒ 가치욕구(특정재화의 소비촉진) : 가격보조 ≥ 현물보조 ≥ 현금보조

10 ④ 전략사업을 집중육성하는 것은 계획경제체제의 특징에 해당한다.

11 ③ 경제모형의 공통적인 요소는 변수(외생변수, 내생변수), 가정, 가설이 있다. 함수는 포함되지 않는다.

12 ① 정태분석에서는 시간개념이 도입되지 않으며 동태분석에서 시간개념을 도입한다.

13 ① 수요의 가격탄력성은 '수요량의 변화율÷가격의 변화율' 계산식으로 구한다.

14 ② 연철이에게 별 다방 커피와 콩 다방 커피는 완전 대체재이다. 완전 대체재는 수량과 관계없이 동일한 수준의 효용을 제공한다. 별 다방 커피 2잔의 비용은 8,000원이고 콩 다방 커피 3잔의 비용은 6,000원이므로 콩 다방 커피를 마실 경우 더 적은 비용으로 동일한 만족을 얻을 수 있다. 즉, 별 다방 커피를 소비할 때는 결국 동일한 수준의 만족을 위해 더 많은 비용을 지불한다는 것을 의미하므로, 주어진 예산에서 효용을 극대화하기 위해서는 콩 다방 커피만 소비한다.

15 ② 높은 보관 비용은 생산자의 유연한 재고 수준 유지 능력을 저하시키므로 공급의 탄력성이 떨어진다.
③ 고려할 수 있는 기간이 길수록 생산자는 고용, 시설 확장 등 유연성이 향상되고 이는 조정할 수 있는 기간이 늘어나는 것으로 공급이 탄력적으로 이루어진다.
④ 대응 가능성이 높을수록 생산 유연성이 높아지며 공급 조정이 수월해지고 탄력성이 높아진다.
⑤ 저장 가능성이 낮을수록 재고 조정을 통한 가격변화 대응 능력이 제한되어 공급의 탄력성이 떨어진다.

16 ④ 정적 안정성은 균형 이탈에 대한 가격과 수량의 즉각적인 반응에 중점을 두고, 동적 안정성은 가격과 수량 반응이 균형 상태로 돌아가는 과정과 속도에 중점을 둔다. 거미집모형은 가격 변화와 그에 따른 공급 변화에 시차를 가지면서 균형으로 가는 과정을 말하는데, 동적 안전성에서 나타난다.

17 ⑤ 일정 가격 이상으로 판매를 금지하는 것은 가격상한제이다.

18 ② 애그플레이션(agflation)에 대한 설명이다.
③ 인플레이션(inflation)에 대한 설명이다.
④ 왝더독(wag the dog)에 대한 설명이다.
⑤ J커브효과에 대한 설명이다.

19 ② 가속도 : 원리는 사무엘슨(P. Samuelson)의 이론으로 소득의 증대를 의미한다. 즉, 소비수요의 증가가 그 몇 배에 해당하는 투자를 유발하는 현상을 말한다.
① 승수 효과 : 소비자, 기업 또는 정부의 초기 지출 변화가 소득과 지출의 반복을 통해 경제 전반적인 영향을 미치는 것이다.
② 전시 효과 : 타인의 소비행동에 영향을 받아 개인의 소비성향이 변화하는 것을 말한다.
③ 규모의 경제 : 기업이 생산량을 늘려 단위당 평균 비용이 낮아지는 비용우위를 의미한다.
⑤ 의존 효과 : 소비자의 수요가 생산자의 마케팅 등에 의해 이루어지는 현상이다.

20 ㉠ 고가품일수록 과시욕으로 인해 소비량이 더 증가하는 경우를 미국 사회학자 베블렌의 이름을 따서 '베블렌 효과'라고 한다.
㉡ 동일한 과시욕으로 특정 상품을 소비하는 사람이 많아지면 그 상품에 대한 수요가 감소하는 현상을 '스놉 효과'라고 한다.

※ 디드로 효과
하나의 물건을 구입한 후 그 물건과 어울릴만한 다른 제품을 계속 구매하는 현상이다.

21 ③ A음료와 B음료가 대체재라면 두 음료는 사실상 동일한 시장에 속한 상품이므로 인수·합병이 시장에서 독과점을 형성할 수 있을 것이다. A음료 가격이 오르자 B음료에 대한 수요가 증가했다는 것은 두 재화가 서로 대체재 관계에 있음을 의미하므로 소비자 단체의 주장을 뒷받침하는 근거가 될 수 있다.
①②④ A음료와 B음료가 수요 시기, 제품 성질 및 수요 계층에 있어서 차이가 난다는 것이므로 두 음료(시장)의 동일성보다는 차별성을 강조한다.
⑤ A음료와 B음료가 대체재가 아닌 보완재로 소비되는 경우가 늘어나고 있다는 것을 의미한다. 보완재를 생산하는 기업들은 경쟁 관계에 있지 않으므로 합병하더라도 독과점을 형성했다고 볼 수 없다.

22 ③ 고전학파가 화폐의 교환기능을 강조하는 반면, 케인즈는 화폐의 교환기능뿐만 아니라 불확실한 가치의 저장수단으로서 화폐를 바라보았다.

23 ④ 중앙은행이 은행으로부터 채권을 매입할 경우 본원통화 및 화폐공급이 모두 증가할 것이다.

24 ① 시장분리이론은 만기가 상이한 채권 간에 시장이 분리되어 있다고 본다. 만기가 서로 다른 채권은 서로 다른 역할을 수행하여 장단기 채권 간에 대체관계가 없다고 본다.

25 ② 구조적 실업에 관한 설명이다.
③ 현실에서 정책을 조정하더라도 마찰적 실업을 완전히 제거하는 것은 거의 불가능하다.
④⑤ 경기적 실업에 관한 설명이다.

26 ① 경기변동은 상품과 서비스가 생산, 분배, 소비, 거래 등을 통해서 이루어지는 경제활동이 규칙성을 띠면서 변동하는 것으로 독립성은 경기변동의 특징과는 거리가 멀다.
② 호황과 불황이 반복하여 발생한다.
③ 다수의 경제활동을 포함한다.
④ 확장 또는 수축이 시차를 두고 경제 각 부문에 전달한다.
⑤ 일정 기간 동안 일정 방향으로 계속 확대된다.

27 ④ 경기종합지수는 경기변동의 방향 및 전환점뿐만 아니라 변동속도까지도 파악이 가능하다. 반면에 경기동향지수(DI)는 경기변동속도를 파악할 수 없다.

28 ⑤ 총소득에서 자본소득과 노동소득이 차지하는 비중은 대체적으로 일정하다.

29 해로드-도마의 성장이론
㉠ 생산요소 간의 완전보완성을 특징으로 하는 레온티에프 생산함수를 가정한다.
㉡ 저축은 산출량의 일정비율로 결정되며, 저축과 투자는 항상 일치한다.
㉢ 인구의 증가율은 외생적으로 주어져 일정하다.

30 ② 인적자본 축적을 많이 할수록 경제성장률이 높아진다는 것을 알 수 있는 것은 인적자본모형에 대한 설명이다.

31 ④ 가격이 내려가면 생산자원이 다른 산업으로 이탈하여 배분기능에 좋은 영향을 미친다고 할 수 있다.

32 ① 대체재 : 유사한 효용을 얻을 수 있는 재화이다.
② 정상재 : 소득의 증가로 상품에 대한 수요가 증가하는 재화이다.
③ 사치재 : 정상재 중에서 소득탄력성이 1보다 큰 재화이다.
⑤ 필수재 : 정상재 중에서 소득탄력성이 1보다 작은 상품이다.

33 ④ 최저임금제도는 가격하한제 정책 중 하나이다.

34 ⑤ 소득효과에 관한 설명이다.

35 ① 등량곡선에 있는 선은 서로 교차하지 않는다.
② 등량곡선은 원점에 대하여 볼록한 모양을 갖는다.
③ 원점에서 멀어질수록 더 높은 산출량을 나타낸다.
④ 등량곡선은 우하향의 기울기를 갖는다.

※ 등량곡선 그래프

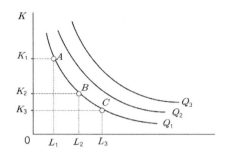

36 ② 한계비용곡선은 평균가변비용곡선과 평균비용곡선의 최저점을 관통한다.
③ 평균가변비용곡선의 최저점은 평균비용곡선의 최저점보다 왼쪽에 위치한다.
④ 한계비용곡선은 평균비용곡선이 감소하는 구간에서는 평균비용곡선보다 아래쪽에 위치한다.
⑤ 평균가변비용곡선이 최저점에 도달하더라도 평균고정비용곡선은 지속적으로 감소한다.

37 1년 후 A카페의 커피가격은 다음과 같다.
한국은 4,000×(1+20%)=4,800(원)이다.
미국은 4$×(1+10%)=4.4($)이다.
따라서, 환율은 4,800원÷4.4$=1,090(원)이 된다.
원화의 평가절하율은 '한국의 물가 상승률−미국의 물가 상승률'로 구하면 20%−10%=10%가 된다.

38 ③ 정액세를 부담할 경우 독점기업의 입장에서는 고정비용이 증가하는 효과가 생기며 따라서 한계비용은 변하지 않고 평균총비용만 상승하게 된다.

39 ④ 선박 생산의 기술혁신으로 인해 더욱 많은 선박 생산이 가능하게 되므로 선박의 생산을 위한 기회비용은 감소하게 된다.

40 ② ㉠은 '카르텔'이다. '카르텔'은 두 개 이상의 사업체가 가격담합, 시장분할, 입찰담합, 재화 및 서비스 생산 제한 등의 행위를 통해 경쟁하지 않기로 합의하는 것을 말한다.
① 각 기업은 독립적으로 행동할 수 있어서 결합력이 약하고, 카르텔을 유지하지 않았을 때 이익이 더 크다고 판단되면 쉽게 해체할 수 있다.
③ 가격은 상승하는 데 선택의 폭과 품질이 떨어질 수 있다.
④ 담합 자진신고자에게 감면을 주는 제도가 리니언시 제도이다. 이 제도를 통해 카르텔의 폐해를 예방할 수 있다.
⑤ 가장 강한 형태의 담합이다. 가격뿐만 아니라 생산량, 거래조건, 판매지역, 설비투자 제한 등 광범위하게 공모한다.

41 ④ 구매자의 교섭력이 강한 경우를 의미한다.
① 경쟁요소로 잠재적인 진입기업, 대체재, 구매자의 교섭력, 공급자의 교섭력, 기존 기업 간의 경쟁이 있다.
②⑤ 공급자의 협상력이 증가하는 경우는 적은 숫자의 공급자가 많은 숫자의 구매자를 상대로 거래하는 경우, 공급자 제품이나 서비스가 독특한 경우, 공급자를 바꾸기 위한 전환비용이 높은 경우이다.
③ 구매자의 협상력이 증가하는 경우는 공급자는 많으나 구매자가 적을 경우, 공급자 변경 시 전환비용이 매우 낮은 경우이다.

42 ③ 주인-대리인 문제다. 위임관계에서 기초하는 것으로 주인이 일을 수행하는 것이 아니라 유능한 대리인에게 권한을 위임하는 것을 의미한다.
① 보험회사에서 질병이나 사고의 확률이 높은 사람을 보험에 가입시켜 손해를 보는 것을 방지하기 위한 방안이다.
② 기업에서 능력이 있는 인재를 명확하게 확인하고 채용하기 위한 방안이다.
④ 중고차 업체에서 구매하게 되는 중고차량을 무상으로 점검하면서 품질이 좋은 중고차를 구매하기 위한 방안이다.
⑤ 은행에서 이용자의 재무점검을 하면서 대출을 해줄 때 신용도가 높은 이용자에게 낮은 금리로 제공하기 위한 방안이다.

※ 역선택
정보의 격차로 인해서 불리한 선택을 하는 것을 의미한다. 정보가 부족한 쪽에서 품질이 낮은 상품을 구매하는 가격 왜곡현상이다.

43 ① 평균회귀의 법칙 : 금리가 균형 수준의 아래로 내려갔다가 다시 균형 수준으로 올라오는 상황을 의미하는 것이다. 적정 수준으로 유지되던 주가나 상황이 다시 제자리로 돌아가는 현상을 의미한다.
② 매몰비용의 오류 : 미래에 이득이 크지 않거나 손실을 발생시킬 것임을 알고 있으면서도 과거에 투자한 비용으로 계속해서 일을 진행하는 행동을 의미한다.
③ 자기충족적 예언 : 긍정적으로 바라는 것이 좋은 영향을 주는 효과로 피그말리온 효과를 의미한다.
④ 가치의 역설 : 상품의 가격은 상품의 총효용이 아니라 한계효용에 의해서 결정되는 것을 의미한다.
⑤ 보유효과 : 상품을 소유하면 그 가치를 더 높게 평가하는 현상이다.

44 ④ ㉠ 단계는 선발단계에 해당한다. 선발 도구의 타당성을 높이기 위한 기법을 통해서 지원자의 정보를 평가하는 단계이다.
① 직무상 훈련은 교육 및 훈련의 단계이다.
② 보상의 단계이다.
③ 직무분석의 단계이다.
⑤ 모집의 단계이다.

45 ① 19세 중엽 아일랜드에서는 쇠고기와 감자가 주식이었다. 감자의 기근으로 감자의 가격이 오르자 감자 소비지출에 대한 부담이 늘어났다. 이에 소고기 소비를 오히려 줄이고 감자의 소비를 늘리는 현상이 발생했다. 이렇게 가격이 상승했음에도 불구하고 소비가 느는 재화를 기펜재라고 한다. 가격이 상승했음에도 불구하고 수요가 늘게 되는 것은 수요법칙의 예외이다. 가격이 오르면 같은 소득으로 구매할 수 있는 재화의 양이 줄어든다. 이 경우 식량을 꼭 소비해야 한다면, 가격이 올랐음에도 쇠고기보다는 가격이 여전히 싼 감자의 소비를 늘릴 것이다.

46 ⑤ 차별화나 원가우위 가운데 하나를 선택하여 전사적인 체계를 구축하는 것은 레드오션 전략에 관한 설명이며, 블루오션 전략은 차별화와 원가우위를 동시에 추구하도록 전사적인 체계를 구축한다.

47 ④ 궁핍화성장은 개발도상국과 같은 저개발국에 해당하는 이론으로 수요의 가격탄력성이 매우 낮아서 경제성장이 자국의 교역조건을 크게 악화시켜 경제성장 이전보다 후생수준이 감소하는 현상을 말한다. 따라서 수요의 가격탄력성이 높다는 것은 옳지 않은 설명이다.

48 ④ 관세를 부과할 경우 수입 수요가 감소함에 따라 단기적으로 무역수지가 개선되는 모습이 나타난다.

49 경제동맹의 특징
  ㉠ 관세 및 비관세장벽 철폐
  ㉡ 재화 및 생산요소의 자유로운 역내 이동
  ㉢ 비회원국에 대해서도 공통의 관세정책 시행 및 비관세장벽 철폐
  ㉣ 경제정책에 있어서의 긴밀한 협조

50 ④ 동일산업의 기업들이 특정국에 집중적으로 몰리는 현상이 발생하는 것은 과점적 경쟁이론에 관한 설명이다.

51 ② 수요곡선은 수요의 법칙을 반영하여 우하향하는 모습을 갖는다.

52 ② 서진에서 〈삼도부〉를 다투어 베꼈다는 사실은 당시에는 저작권이 없어 저작물이 배제성을 가지고 있지 않았음을 의미하며, 〈삼도부〉를 적는 종이에 대한 수요가 증가하여 종이 값이 올랐다는 사실은 종이가 경합성을 가진 재화임을 의미한다. 예를 들어 영광굴비 같은 일반적인 재화는 영광굴비에 대한 수요가 증가하면 (영광굴비 포장재 가격이 아니라) 영광굴비의 가격이 오르는 데 비해, 〈삼도부〉와 같은 지적 재산에 대한 수요가 증가하는 경우에는 삼도부 가격이 오르지 않고 종이 값만 오른다는 점이 이 고사가 시사하는 바이다.

53 ① 두 상품이 일정하게 고정된 비율로 언제든지 대체가 가능한 완전대체재일 경우 무차별곡선은 직선으로 나타난다.
  ② 소비자가 어떤 특정상품을 극단적으로 좋아하여 다른 상품의 양과 관계없이 특정상품의 양이 많은 상품묶음을 선호하는 경우 무차별곡선은 존재하지 않는다.
  ④ 어떤 재화가 음(-)의 효용을 주는 경우 무차별곡선은 우상향하는 모양을 갖게 된다.
  ⑤ 두 상품을 일정한 비율로 같이 소비해야 하는 완전보완재일 경우 무차별곡선은 L자 모양을 갖게 된다.

※ 무차별 곡선

　　㉠ 소비자가 자신의 소득을 배분하는 것을 설명하는 이론으로 소비자선택이론이라고 한다.

　　㉡ 일정한 지출에서 최대의 만족을 얻기 위해서는 가격선에 접하는 'X축의 c, Y축의 g'의 수량을 구매하면 된다.

　　㉢ 한계효용체감의 법칙에 따라서 원점에서 볼록하다.

　　㉣ 원점에서 떨어져 있는 곡선일수록 큰 효용을 갖는다.

　　㉤ 무차별곡선은 서로 교차하지 않는다.

54 ④ 열등재의 보상수요곡선은 통상적으로 수요곡선의 기울기보다 더 완만하게 나타난다.

55 ② 소비자의 관찰할 수 없는 선호체계에 대해 이행성 혹은 연속성과 같은 가정을 하고 전개하는 것은 기존 소비자 이론이다. 현시선호이론은 소비자의 관찰된 수요행위로부터 소비자의 행동을 이해하는 것이 더 현실적이라고 주장한다.

56 ④ 직선의 모양을 하는 등량곡선의 경우 대체탄력성은 무한대의 값을 갖는다.

57 ③ 생산요소의 공동이용은 범위의 경제가 발생하는 원인이다.

58 ② 극소화된 손실이 매몰비용보다 커지게 되면 생산을 중단한다.

59 ② 독점기업은 단기균형일 때 수요의 가격탄력성이 1보다 큰 구역에서 재화를 생산한다.

60 ⑤ 경쟁기업이 시장에서 퇴출되는 경우 과점시장이 형성될 수 있다.

61 ⑤ 경영전략의 필수요소는 장기적인 안목, 지속적인 경쟁우위 창출 및 유지, 사고의 전환, 최고경영자의 리더십 자질 등이 있다. 신속한 의사결정은 필수요소에 해당하지 않는다.

62 제시문은 도덕적 해이의 사례이다.
　　㉡㉢㉤㉥ 도덕적 해이(moral hazard), ㉠㉣ 역선택(adverse selection)에 해당한다.

63 ② 사업부의 이동경로는 'Question Mark → Star → Cash Cow → dog'이다.

64 ④ 재무적 위험을 비관련 사업들에 분산시킴으로써 기회가 많은 분야에 재무자원을 집중할 수 있는 것은 비관련 다각화에 관한 설명이다.

65 ① 지식순환 프로세스는 '공동화 → 표출화 → 연결화 → 내면화' 순서로 이루어진다.

66 ⑤ 공급량과 수요량이 동일할 때 균형이 이루어지므로 바나나의 균형 가격은 1,000원이다.

① 완전경쟁시장에서 한계수입은 수요곡선과 일치하며 즉 시장 가격＝평균 수입＝한계 수입은 동일하다. 따라서 균형 가격이 1,000원이고 균형거래량이 10개이므로 한계 수입은 1,000원이 된다.

② 600원을 기준으로 가격상한제를 실시할 경우 구입할 수 있는 수량이 7개이므로 거래량은 7개가 된다.

③④ 생산자잉여는 가격이 높을수록 커지고, 소비자잉여는 가격이 낮을수록 커진다.

67 ② 최혜국 대우 : 통상, 항해조약 등에서 한 국가에서 타국에 부여하는 유리한 대우를 의미한다.

③ 양허관세 : 협상을 통해 공인된 관세 이상으로 관세를 부과하지 않는 것을 의미한다.

④ 수입쿼터 : 수입관리제도로 자국산업을 보호하기 위해서 수입총량에 할당량을 정해 정해진 한도에서 수입을 승인하는 제도이다.

⑤ 슈퍼301조 : 미국 종합무역법에서 교육대상국에게 차별적으로 보복이 가능하도록 제정된 조항을 의미한다.

68 ④ '② 고정환율제도 → ⓒ 조정 가능한 고정환율제도(변동폭 1%) → ⓛ 변동환율제도(변동폭 2.5%) → ① 변동환율제도'의 순서로 국제통화제도가 변화하였다.

69 ⑤ 인수합병은 시장에 빠르게 진입할 수 있고, 피인수기업이 지닌 기술 등 우위요소를 비교적 쉽게 확보할 수 있다는 장점이 있다.

70 ① 생산 공장은 저렴한 인건비, 투자유치를 위한 정부의 적극적 지원 혜택 등의 이유로 개발도상국에 입지한다. 시장개척과 무역장벽 극복을 위해 경제블록에 입지하는 경우도 있다.

71 ② 재화의 저장가능성 및 저장에 드는 비용은 공급의 가격탄력성에 영향을 미치는 요인이다.

①③④⑤ 수요의 가격탄력성을 결정하는 요인은 재화의 성격, 대체재의 존재 여부, 소비지출에서 차지하는 비중, 고려되는 기간이 있다.

72 ① 소매아코디언 이론(Retail Accordion Theory)은 홀랜더(S. C. Hollander) 교수가 주장한 것으로, 상품의 가격이나 마진이 아니라 상품믹스(product mix)의 변화에 초점을 맞추고 있다. 소매상의 변천은 제품구색의 변화에 초점을 맞추어 제품구색이 넓은 소매상(종합점)에서 제품구색이 좁은 소매상(전문점)으로, 다시 종합점으로 되풀이 하는 것으로 아코디언처럼 제품구색이 늘었다 줄었다 하는 과정을 되풀이하는 이론이다.

73 ① 한계대체율은 소비자의 주관적인 교환비율이다.

74 ⑤ 현금보조는 소비자에게 재화의 선택권이 있어 현물보조와 같거나 더 높은 효용을 제공할 수 있다.

75 ① 단기 생산함수는 노동의 투입량만을 가변요소로 본다. 장기 생산함수는 장기적으로 노동뿐만 아니라 자본도 변동할 수 있다고 본다.

76 ④ 평균비용곡선은 평균고정비용곡선과 평균가변비용곡선의 수직합이다.

77 ③ A국의 물가가 오를수록 A국의 통화는 평가절하된다.

※ **구매력평가설(PPP : Purchasing Power Parity theory)**
  ㉠ 환율이 양국 통화의 구매력에 의하여 결정된다는 이론으로, 스웨덴의 경제학자 카셀(G.Casel)이 제시하였다.
  ㉡ 국내물가와 해외물가의 변동이 균형환율에 어떻게 반영되는지를 설명하는 이론이다.
  ㉢ 화폐의 구매력은 물가와 반비례하므로 양국에서 물가 상승률의 차이가 발생하면 양국통화의 구매력차이가 발생한다. 따라서 환율변화율은 양국의 인플레이션율의 차이와 동일하다.
  ㉣ 일물일가의 법칙을 국제시장에 적용한 이론으로 단기적인 환율의 움직임은 잘 나타내지 못하고 있으나 장기적인 환율의 변화추세는 잘 반영하는 것으로 평가된다.
  ㉤ 구매력 평가설의 문제점
    • 환율결정요인으로 물가만 고려하고 있고 물가 이외에 환율에 영향을 미치는 다른 요인들은 전혀 고려하지 못한다.
    • 일물일가의 법칙을 가정하고 있으나 수송비·관세 등으로 인하여 현실적으로 일물일가의 법칙이 성립하지 않는다.
    • 현실적으로 국제무역의 대상이 되지 않는 수많은 비교역재가 존재하고 있다.

78 ④ 해당 산업에 진입하려는 기업이나 퇴출하려는 기업이 존재하지 않아야 한다.

79 ② X-비효율 : 독점시장에서 기업 내부요인에 오는 비효율을 의미한다.
③ 지대추구 : 자신의 이익을 위해서 로비, 약탈, 방어 등과 같은 비생산적인 활동으로 경쟁하면서 자원을 낭비하는 것이다.
④ 이윤극대화 : 기업 활동 중에 총수익에서 총비용을 뺀 이윤을 극대화하는 것으로 한계 수입과 한계 비용이 0이 되도록 하는 것이다.
⑤ 규모의 경제 : 기업 생산설비를 확대하면서 평균 비용이 감소하는 현상이다.

80 ② 甲국은 매년 0에 가까워지고 있다. 즉, 소득분배가 균등하게 이루어지고 있다. 지니계수가 점차 개선되고 있으므로 완전균등선인 직선에 가까운 곡선으로 그릴 수 있다.
① 지니계수는 0과 1 사이의 값을 가지며, 0에 가까울수록 소득분배가 균등하다는 의미다.
③ 甲국은 지니계수가 점차 개선되고 있으므로, 최저생계비 또는 소득공제액에 미치지 못할 때 최저생계비와 실제 소득 간의 차액을 정부가 보조하는 부의 소득세제를 도입할 필요가 없다.
④⑤ 乙국의 지니계수가 1에 가까워지고 있으므로, 소득분배는 악화되고 소득불평등도는 증가하고 있다.

제2회 정답 및 해설

※ 문제는 p.36에 있습니다.

☑ ANSWER

1 ③	2 ①	3 ①	4 ①	5 ⑤	6 ③	7 ②	8 ①	9 ⑤	10 ④
11 ①	12 ⑤	13 ③	14 ④	15 ④	16 ④	17 ③	18 ④	19 ③	20 ①
21 ⑤	22 ②	23 ③	24 ⑤	25 ④	26 ③	27 ①	28 ④	29 ②	30 ④
31 ⑤	32 ⑤	33 ③	34 ④	35 ③	36 ⑤	37 ②	38 ②	39 ④	40 ④
41 ③	42 ⑤	43 ③	44 ③	45 ②	46 ①	47 ②	48 ④	49 ①	50 ⑤
51 ③	52 ③	53 ①	54 ⑤	55 ③	56 ①	57 ②	58 ②	59 ①	60 ①
61 ②	62 ⑤	63 ③	64 ③	65 ①	66 ④	67 ②	68 ④	69 ③	70 ④
71 ④	72 ②	73 ⑤	74 ②	75 ①	76 ④	77 ①	78 ⑤	79 ⑤	80 ⑤

1 ③ 레온티에프 생산함수를 비용함수로 전환해서 한계비용을 구하는 것이므로 $Q = \dfrac{L}{2} = K$에서, $L = 2Q$, $K = Q$를 목적식에 대입하게 되면, $TC = 100(2Q) + 50(Q) = 250Q$가 되며, 이때 한계비용 $MC = 250$이 된다.

2 ② 시장의 새로운 변화에 유연하게 대처할 수 있다.
③ 기능적 조직과 프로젝트 조직을 결합한 형태이다.
④ 단일 제품을 생산하는 조직에는 적합하지 않다.
⑤ 조직의 복잡성이 증대된다.

※ 매트릭스 조직
구성원이 원래의 종적 계열에 소속됨과 동시에 횡적 계열이나 프로젝트 팀의 일원으로서 임무를 수행하는 형태이다.

3 ① 독점기업은 항상 수요곡선이 탄력적인 구간에서 생산이 이루어진다. 따라서 가격이 하락할 경우 생산자 총수입은 증가한다.

4 ① 경제적 비용은 명시적 비용과 묵시적 비용의 합으로 나타내며 기회비용을 포함하여야 한다.

5 정보의 비대칭성(Information asymmetry)

    ㉠ 도덕적 해이(Moral hazard) : 정보를 더 많이 가진 쪽이 정보의 비대칭을 이용해 이득을 취하는 것이다.

    ㉡ 역선택(Adverse selection) : 정보를 덜 가진 쪽이 정보의 비대칭 때문에 원하는 대로 선택을 하지 못하는 것이다.

    ㉢ 신호보내기(Signaling) : 정보가 있는 쪽이 정보가 없는 상대방에게 사적 정보를 신빙성 있게 전달하기 위해 취하는 행동이다.

    ㉣ 골라내기(Screening) : 정보가 부족한 쪽이 상대방의 사적 정보를 얻어내기 위해 유도하는 행위이다.

6 ③ GDP는 최종 생산물을 대상으로 하므로, C사가 생산한 바지 30벌에 대한 금액 1,000만 원이 GDP에 포함된다.

7 ② 정상재는 소득이 증가함에 따라 수요량이 증가하는 재화로 소득−소비곡선의 기울기가 양인 재화이다. 또한 소득탄력성의 관점에서 보면 수요의 소득탄력성이 0보다 큰 재화를 말한다. 정상재를 소득탄력성의 크기에 따라 구분한다. 소득탄력성이 1보다 큰 재화를 사치재(Luxury goods)라 하고 소득탄력성이 0보다 크나 1보다 작은 재화를 필수재(Necessary goods)라 한다. 그리고 소득의 증가가 오히려 재화의 수요량을 감소시키는 재화를 열등재라고 하는데 소득−소비곡선의 기울기가 음이 된다. 열등재 중 특히 양(+)의 소득효과가 음의 대체효과를 능가하여 가격이 하락했음에도 수요가 감소하는 재화를 기펜재(Giffen goods)라고 한다. 기펜재의 경우 수요의 법칙이 성립하지 않는다.

8 ① 제시된 내용은 더 많은 정보를 가진 검사기관이 상대적으로 정보를 덜 갖고 있는 소비자에게 필요한 정보를 감추는 행위를 말하고 있다. 이러한 행동은 도덕적 해이(Moral hazard)의 사례로서 시민운동가 우진 씨는 이러한 사례를 수집하여 경각심을 일깨울 수 있을 것이다.

    ② 도덕적 해이의 문제를 해결하기 위해서는 근본적으로 윤리적인 경제관이 필요하다.

    ③ 문제의 근본원인을 소비지향적인 문화세대로 잘못 이해하고 있다.

    ④ 사례는 정부의 규제를 완화하기보다 적당한 규제를 가하는 것이 더 바람직하다.

9 ⑤ 시세조정 : '주가조작' 또는 '작전'이라고 부르는 행위로 사기적·불법적인 방법으로 주가를 조작하는 행위를 의미한다.

    ① 내부자거래 : 회사의 주요 주주나 임직원이 공개되지 않은 정보를 통해 주식을 매매하는 것을 의미한다.

    ② 단기매매차익 거래 : 상장법인의 임직원이나 주요 주주가 자신의 회사의 주식을 6개월 이내에 매도하여 얻은 차익이다.

    ③ 신고 공시의무 위반 : 법인의 재산이나 경영 등에 영향을 줄 수 있는 사실을 적절하게 공시하지 않은 것이다.

    ④ 주식 소유상황 보고의무 위반 : 상장법인의 임직원이나 주요주주가 소유주식이 변동이 있는 날부터 5일까지 변동 상황을 거래소에 보고하지 않은 것이다.

    ※ 불공정거래

    시장에서 공정한 거래를 막는 부정한 방식의 거래이다. 불공정거래 유형으로는 시세조정, 내부자거래(미공개정보이용), 부정거래, 신고·공시의무 위반, 단기매매 차익거래, 주식소유·대량보유 보고의무 위반, 시장질서 교란행위가 있다.

10 ④ 양국 모두 자동차 생산이 증가함에 따라 비행기 생산이 일정한 비율로 감소하므로 기회비용은 생산량에 상관없이 동일하다. 하지만, 비행기만을 생산하면 동일하게 8대를 생산하지만 자동차만을 생산하는 경우 A국이 더 많이 생산한다. A국은 B국에 비해 자동차 생산의 기회비용이 낮고, 비행기 생산의 기회비용이 높다. 구체적으로, A국의 자동차 1대 생산의 기회비용은 비행기 0.5대이고, B국의 자동차 1대 생산의 기회비용은 비행기 2/3대이다. (A국의 비행기 1대 생산의 기회비용은 자동차 2대이고, B국의 비행기 1대 생산의 기회비용은 자동차 3/2대이다.)

11 ① 본인과 비슷한 수준의 사람으로 비교대상을 삼는다.

12 ① 동종업계 여부와 관계없이 해당 기업이 최상을 대표하는 기업이라면 벤치마킹 대상기업이 될 수 있다.
②③ 리스트럭처링(Restructuring)에 대한 설명이다.
④ 학습조직에 대한 설명이다.

13 ① 전자매체를 통한 커뮤니케이션은 공식적인 기록이 가능하다.
② 서면적 커뮤니케이션은 정확성이 높다.
④ 언어적 의사소통은 메시지 왜곡의 가능성이 있다.
⑤ 가장 많이 활용되는 형태는 언어적 의사소통이다.

14 ① 정형적 면접 : 직무명세서를 기초로 하여 사전에 정해진 질문만 하는 면접이다.
② 비지시적 면접 : 면접자는 일반적인 질문을 하고 피면접자에게 의사표현의 자유를 최대한 주는 면접이다.
③ 스트레스 면접 : 면접자가 공격적으로 피면접자에게 스트레스를 주어 스트레스 상황 하에서 피면접자의 반응 등을 관찰하는 면접이다.
⑤ 집단 면접 : 각 집단별로 특정 문제에 대해 자유로운 토론기회를 주며 면접자는 이를 관찰하는 면접이다.

15 ④ 체크오프시스템은 조합원의 2/3 이상 동의가 있으면 급여를 계산할 때 회사에서 일괄적으로 조합비를 공제한다.

16 ㉠ 특이성(distinctiveness) : 다른 상황에서의 행동에 비해 얼마나 다른지 평가하는 것으로 특이성이 높다면 외부 요인에 기인한 것으로 볼 수 있다.
㉡ 합의성(consensus) : 같은 상황에서 다른 사람들의 행동과 얼마나 일치하느냐에 관한 것으로 합의성이 낮다는 것은 타인의 행동과 불일치하는 것으로 내부적인 요인에 기인한 것이다.
㉢ 일관성(consistency) : 한 기간 동안 계속되어 왔는지에 관한 것으로 일관성이 높다는 것은 지속 가능했던 것으로 내부적 요인에 기한 행동이다.

※ 켈리(Kelley)의 귀인이론
자신이나 타인 행동 관찰 시, 그 행동의 원인이 내적 요인 또는 외적 요인에 있는지 상대방에 대한 여러 축적된 정보를 바탕으로 추론하여 판단한다.

17 ③ 저차원 욕구가 우선적으로 적용된다.

※ 알더퍼(ERG)이론
㉠ 존재욕구 : 정기적으로 얻을 수 있는 수입이나 안정적인 직장에 대한 욕구이다.
㉡ 관계욕구 : 직장에서 상사 또는 동료에게 인정을 받는 욕구이다.
㉢ 성장욕구 : 개인의 성장, 능력개발 등을 원하는 욕구이다.

18 ④ 집단은 '형성 - 갈등 - 규범화 - 성취'의 단계를 통해 발전한다.

19 ③ 경로-목표이론에서의 리더십 유형은 지시적 리더십, 참여적 리더십, 지원적 리더십, 성취지향적 리더십으로 나뉜다.

20 ① 민츠버그는 조직의 유형을 전략 부문, 기술구조 부문, 핵심운영 부문, 중간라인 부문, 지원스태프 부문 이렇게 5가지로 나누었다.

21 ⑤ 시장공급곡선이 더 완만한 형태를 갖는다.

22 ② 스푸핑(spoofing)은 '속이다'는 뜻으로, 이는 외부의 악의적인 네트워크 침입자가 임의로 웹 사이트를 구성해 일반 사용자들의 방문을 유도한 후, 인터넷 프로토콜인 TCP/IP의 구조적 결함을 이용해 사용자의 시스템 권한을 획득한 뒤 정보를 빼가는 해킹 수법을 의미한다.

23 ③ 가격은 변하지 않고 소득만 변한다면 예산선의 기울기는 변하지 않고 위치만 이동하게 된다.

24 ⑤ 엔화가 하락하고 있으므로, 일본산 부품 비중을 늘리는 것이 좋다.
① 엔화가 하락하고 있으므로, 외채 상환은 늦출수록 좋다.
② 달러화가 상승하고 있으므로, 미국 여행에 필요한 비용이 증가하여 미국 여행이 감소할 것이다.
③ 달러화가 상승하고 있으므로, 우리나라 제품은 미국 시장에서 가격이 낮아져, 가격경쟁력이 높아진다.
④ 달러화가 상승하고 있으므로, 학비 부담이 감소하여 한국으로 유학 오려는 미국 유학생이 증가할 것이다.

25 ④ 지수가 1보다 크다고 해서 반드시 생활수준이 개선되었다고 볼 수는 없다.

※ 라스파이레스 지수
가격평균의 동향을 파악하기 위해 계산한 물가지수이다. 경제종합지수에 이용되는 지수계산방식 중에 하나로 계산법은 [(현재물가×기준년도 고정된 상품묶음)÷(기준년도 물가×기준년도 고정된 상품묶음)]×100이다.

26 ③ 위험중립자의 효용함수는 소득의 증가에 따라 효용이 비례적으로 증가한다.

27 ① 경제적 이윤을 계산하는 것은 '수입-기회비용'이다. 카페 창업으로 나가는 고정비는 450만 원이고 이전 직장에서 얻은 수입은 월 300만 원이었다. 기회비용은 명시적 비용인 450만 원과 암묵적 비용인 300 만원의 합으로 총 750만 원이다. 카페에서 얻고 있는 수입은 500만 원이므로 -250만 원의 경제적 이윤을 얻고 있다.

28 ④ 각 생산량에서의 장기총비용은 생산요소의 양이 고정된 상태에서 비용을 최소화해야 하는 단기총비용보다 작거나 같다.

29 ② '한계수입>한계비용'일 때, 생산을 늘림으로써 이윤을 증대시킬 수 있다.

30 ④ 완전경쟁시장이 성립하기 위해서는 완전한 정보, 가격수용자, 상품의 동질성, 자원의 완전한 이동성 등의 조건이 갖춰져야 한다. 다양한 소비자는 성립조건에 해당하지 않는다.

31 ⑤ 균형가격은 수요와 공급이 일치하는 수준에서 결정된다. 즉, $-0.5P+200 = P-100$이면 균형가격은 $Q_d = Q_s$가 되어야 하므로, $P = 200$이다.

32 ⑤ 수요함수를 $P = 100-Q$로 바꾸면 총수입 $TR = 100Q-Q^2$이 되어 한계수입 $MR = 100-2Q$이다. 총비용함수를 미분하면 한계비용 $MC = 4+2Q$로 구해진다. 이제 $MR = MC$로 두면 $100-2Q = 4+2Q$, $4Q = 96$, $Q = 24$로 계산된다. 이윤극대화 생산량 $Q = 24$를 수요함수에 대입하면 $P = 76$이다.

33 ③ 만약의 경우 개인이 지불해야 하는 금액이 4만 원을 초과하게 되면 250명만 공원 건설을 찬성할 것이므로 과반수를 충족하지 못해 공원 건립이 불가능하다. 반면, 개인이 지불해야 하는 금액이 4만 원 이하라면 언제나 과반수의 주민이 찬성하게 되므로 공원 건립이 가능해진다. 따라서 공원 건립이 가능한 최대 건설비용은 3,000만 원(=4만 원 ×750명)이다.

34 ④ 회계적 비용(명시적 비용)은 335만 원이므로 회계적 이윤은 215만 원이나 경제적 비용은 595만 원이므로 경제적 이윤은 −45만 원이다.
　ⓐ 명시적 비용 = 원재료비 + 급료 + 공과금 = 180 + 90 + 65 = 335만 원
　ⓑ 암묵적 비용 = 귀속임금 + 귀속지대 + 귀속이자 = 130 + 110 + 20 = 260만 원
　ⓒ 경제적 비용 = 명시적 비용 + 암묵적 비용 = 335 + 260 = 595만 원
　ⓓ 회계적 이윤 = 총수입 − 회계적 비용 = 550 − 335 = 215만 원
　ⓔ 경제적 이윤 = 총수입 − 경제적 비용 = 550 − 595 = −45만 원

　※ 경제적 비용과 회계적 비용

35 필립스곡선
　ⓐ 영국의 경제학자 필립스가 명목임금 상승률과 실업률 사이의 관계를 실제 자료에서 발견하며 등장한 것으로 전통적인 인플레이션은 물가 상승과 실업의 감소를 초래하는데 필립스곡선은 이러한 물가 상승률과 실업률 사이의 음(−)의 상관관계를 나타낸다.
　ⓑ 필립스곡선은 우하향하므로 실업률을 낮추면 인플레이션이 나타나기 때문에 인플레이션을 낮추기 위해서는 실업률의 증가를 감수해야 한다. 이것은 완전고용과 물가안정을 동시에 달성할 수 없음을 나타내며 필립스곡선은 이러한 모순을 밝힘으로써 정책분석에 크게 기여하였다.
　ⓒ 필립스곡선이 수직으로 나타나는 경우
　　• 자연실업률 가설에 의하면 장기필립스곡선은 자연실업률 수준에서 수직이다.
　　• 비용인상 인플레이션이 발생하면 생산은 정체하고 물가가 오르는 스태그플레이션이 발생하므로 필립스곡선이 수직이다.

36 ⑤ 수요곡선과 공급곡선이 비탄력적인 경우, 탄력적일 경우보다 균형산출량이 감소하는 폭이 적어, 산출 감소로 인한 후생순손실이 적어진다.

37 ㉠ 금융위기로 은행의 안정성이 의심됨에 따라 예금주들이 현금 인출을 늘리면 은행들의 신용창조여력이 약화되어 화폐 공급이 감소할 것이다.

ㄴ 기업들의 결제수요가 증가하게 되면 당좌예금 등에서 현금 인출을 늘릴 것이고 개인들 역시 명절준비를 위해 현금 인출을 늘린다면 은행들의 신용창조 여력이 약화되어 화폐 공급이 감소할 것이다.

ㄷ 한국은행이 지방은행으로부터 국채를 매입하게 되면 지방은행의 중앙은행 예치금 잔고가 늘어나게 된다. 지방은행의 자산이 증가하게 됨에 따라 신용창조를 할 여력이 증가하게 되고 화폐공급은 따라서 증가할 것이다.

ㄹ 국제결제은행 기준의 자기자본비율을 높이는 것은 예금과 같은 은행의 자산 비중을 늘리고 대출과 같은 은행의 부채 비중을 줄이는 것을 의미한다. 이러한 과정에서 은행들이 건전성을 위해서 대출을 줄이면 신용창조가 위축되어 화폐 공급이 감소할 것이다.

38 ② 공공재는 비경합성과 비배제성을 갖지만, 공유재는 경합성과 비배제성을 특징으로 한다는 점에서 차이가 있다.

39 ④ 수출승수가 $\dfrac{1}{1-0.7+0.1}=2.5$ 이므로 수출이 10억 불 감소할 때 승수효과는 수출감소분(-10억 불) × 2.5 = 소득감소분(-25억 불)

40 ④ 완전경쟁시장과 독점적 경쟁시장의 장기균형은 초과이윤이 0인 상태에서만 성립한다.

41 ③ 코즈정리에 의하면 재산권이 부여되면 당사자 간의 자발적인 협의에 의하여 외부성 문제가 해결될 수 있다. 이때 재산권이 누구에게 부여되는지는 효율성과는 무관하며, 소득분배에만 영향을 미친다.

42 ⑤ 경기가 과열상태에 있으므로 긴축경제 총수요관리정책을, 그리고 경상수지가 적자이므로 평가절하(환율인상)를 단행하는 것이 바람직하다.

43 ③ 통신서비스의 사용량을 X라고 하고 통신서비스의 가격을 P_X, 소득을 M이라고 하면 현재 지성은 $P_X \cdot X = \dfrac{M}{4}$가 되도록 소비를 하고 있음을 알 수 있다.

44 ㉠ 실업보험의 혜택을 늘리면 실업자들에게 적극적인 구직활동을 할 유인을 제거하여 장기적으로 실업률을 높이게 된다.

ㄹ 노동조합은 노동시장의 경직성을 높여 실업률을 높이게 된다.

ㅁ 통화량과 재정지출을 늘리면 단기적으로 총수요가 증가하여 실업률이 낮아지지만 장기적으로는 자연실업률 수준으로 회귀하게 된다.

45 ② 누진세는 소득이 증가할수록 평균세율이 증가하는 세금을 의미한다. 비만유발식품은 소득탄력성이 0에서 1사이에 있으므로 필수재의 성격을 가지고 있다. 일반적으로 필수재에 대한 소비비중은 소득이 낮을수록 더 크므로 비만유발식품에 대한 중과세는 역진적일 소지가 있지만, 소비양상의 형태에 따라서 결과는 달라질 소지가 있다.

46 ㉠ 먼저, 세금을 제외한 균형가격과 수량을 구한다.

수요 곡선: $Q_d = 150 - 2P$

공급 곡선: $Q_s = -100 + 3P$

균형상태에서 수요량은 공급량과 동일하므로($150 - 2P = -100 + 3P$) 이를 가정하여 균형가격과 수량을 구한다.

$150 + 100 = 2P + 3P$

$250 = 2P + 3P$

$P = \dfrac{250}{5} = 50$

$\therefore Q_d = 150 - 2(50) = 150 - 100 = 50$

㉡ 세금을 적용하여 균형가격과 수량을 구한다.

상품당 25원의 세금이 부과되면 공급 곡선이 25원 상승하므로,

$Q_s^t = -100 + 3(P - 25)$

$Pc = 150 - 2Pc = -100 + 3Pc - 75$

$150 + 100 + 75 = 2Pc + 3Pc$

$325 = 5Pc$

$\therefore \ Pc = 65$

㉢ 생산자의 가격은 소비자가 지불하는 가격보다 25원 저렴하다.

$Pp = Pc - 25 = 65 - 25 = 40$

㉣ ㉢을 대입하여 수량을 다시 구하면,

$Q_d = 150 - 2(65) = 150 - 130 = 20$

㉤ 마지막으로 단위당 세금과 판매 수량을 곱하면,

$25 \times 20 = 500$

$\therefore \ 500$원이다.

47 ㉡ 파레토최적이더라도 무차별곡선이 볼록성을 충족시켜야 일반균형이 성립한다.

㉣ 일반균형이더라도 외부효과가 발생하지 않아야 파레토최적이 된다.

※ 일반균형 및 파레토최적

　㉠ 일반균형 : 경제의 모든 시장이 균형을 이룰 때 발생하는 것으로, 모든 시장에서 공급과 수요가 일치하는 것을 의미한다.

　㉡ 파레토최적 : 사회 다른 사람에게 손해를 입히지 않으면서 어떤 개인에게 이득이 되는 변화를 만들어내는 것이 불가능한 자원배분 상태를 일컫는다. 참고로 파레토개선은 하나의 자원배분상태에서 어느 누구에게도 손해가 가지 않게 하면서 최소한 한 사람 이상에게 이득을 가져다주는 변화이다.

※ 후생경제학의 제1정리와 제2정리

일반균형 성립	제1정리 : 외부효과 없음 → ← 제2정리 : 볼록성조건충족	파레토최적 성립

48 ④ 사람들의 선호관계를 알고 있을 때 이를 활용하여 자신이 원하는 대안이 채택되도록 전략을 설계하는 문항이다. 왓슨 의원은 현재와 같이 자연녹지 상태를 유지하고 싶어 하지만, 아무런 대안도 제시하지 않으면 다수결 투표에서 14 : 7로 염색공단이 최종안으로 결정될 것이다. 반면, 생태공원을 대안으로 발의하면 1단계에서 12 : 9로 생태공원이 개 발안으로 채택되고, 2단계에서 12 : 9로 현상 유지안이 최종안으로 결정된다.
①③ 풍력발전소나 자전거도로를 대안으로 발의하면 1단계에서 염색공단이 개발안으로 채택되어 결국 염색공단이 최종 안으로 결정될 것이다.
② 아파트단지를 대안으로 제시하면 1단계에서 아파트단지가 개발안으로 채택되고 2단계에서 아파트 단지 안이 최종안 으로 결정된다.

49 ① 구매력평가설에 의하면 환율은 양국의 인플레이션율의 차이만큼 변한다. 그러므로 다른 조건이 일정할 때 우리나라의 통화량이 증가하여 물가수준이 상승하면 원/달러 환율이 상승한다.

50 ㉢㉣ 생산물시장과 요소시장 모두 완전경쟁일 경우 균형점에서 도출되는 산식이다.
㉠ 요소수요곡선상의 모든 점에서 항상 성립하므로 시장형태에 관계없이 항상 성립한다.
㉡ 이윤극대화 고용량결정조건이므로 균형점에서는 항상 성립한다.

51 ③ 포지셔닝이 소비자의 기호 변화, 경쟁제품의 진입 등으로 경쟁우위를 잃었을 때에는 재포지셔닝을 해야 한다.

52 ③ 전환비용은 잠재적 진입자와 관련이 있긴 하지만 주로 구매자에게 영향을 미친다. 그러므로 선지 가운데 정답을 고르 면 전환 비용이 적절하다.
①②④⑤ 잠재적 진입자와 관련이 있는 요인이다.

53 ② Star : 급속한 성장기회를 활용하기 위해 많은 자금의 투자(생산시설의 확충 등)가 필요하다. 높은 시장점유율, 시장성 장률 등으로 경쟁우위에 있어 많은 수익을 남긴다.
③④ Cash Cow : 높은 시장점유율로 안정적인 지위를 확보하고 있어 많은 이익을 발생시키지만, 시장성장률이 낮으므로 시장에서의 지위 유지를 위해 새로운 투자를 많이 요구하지는 않는다.
⑤ Dog : 성장기회가 거의 없고, 수익이 나지 않으므로 해당 사업의 축소 또는 철수전략을 취하게 된다.

54 ①② 제품개발과 관련된 전략이다.
③④ 시장침투와 관련된 전략이다.

55 ③ 핵심부문은 내부화하고 비핵심 부문만 분리 및 매각하여 시장을 통해 조달한다.

56 ① 기업의 R&D는 차별화 우위를 창출하기 위해 필요한 플랜이다.

57 ② 규모의 경제 실현을 통해 진입장벽을 구축하는 것은 원가우위 전략에 관한 설명이다.

58 ② 증가와 창조에 관한 질문은 구매자의 가치를 향상시키고 새로운 수요를 창출하는 방법에 관한 내용이다.

59 ① 선수금은 물품·용역을 제공하기 전에 계약금으로 미리 받은 돈으로 유동부채에 해당한다. 유동자산인 선급금(거래처 로부터 물품·용역을 받기 전에 계약금으로 미리 준 돈)과 구분해야 한다.

60 ① 행태이론은 해외직접투자가 반드시 합리적이거나, 경제적인 동기에 의해서 이루어지는 것이 아니라 외부적 자극에 의해 이루어진다고 주장한다.

61 ② 총괄생산계획의 결정변수는 재고수준, 하도급, 노동인력의 조정, 생산율의 조정 등이 있다.

62 재고의 기능
　㉠ 재고보유를 통한 판매의 촉진
　㉡ 투자 및 투기의 목적으로 보유
　㉢ 소비자에 대한 서비스
　㉣ 부문 간의 완충역할
　㉤ 취급수량의 경제성

63 ㉠ 참여형 : 업무능력은 높지만 의욕이 낮은 경우이다. 많은 지원을 하지만 지시는 자제해야한다. 정보를 공유하여 의사결정과정을 함께 진행한다.
　㉡ 설득형 : 업무능력은 낮으나 의욕이 높은 경우로 팀장이 내린 결정을 설명하고 그 결정을 수용할 수 있도록 설득한다.
　㉢ 위임형 : 업무능력과 동기가 탁월하다면 지시는 가급적 적게 하는 것이 필요하고 권한과 책임을 위임한다.
　㉣ 지시형 : 업무성숙도가 낮은 직원에게 필요하다. 업무능력과 의욕이 낮은 상태이므로 구체적인 지시와 꼼꼼한 관리감독이 필요하다.

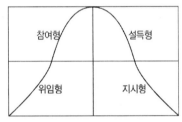

64 ③ JIT 시스템의 효과로는 ㉣ㅂㅇ 외에도 고설계 적합성, 납기의 100% 달성, 재고변동의 최소화, 생산 리드타임의 단축, 낮은 수준의 재고를 통한 작업의 효율성 등이 있다.

65 셀 제조방식에 대한 효과
　㉠ 도구사용의 감소
　㉡ 로트크기의 감소
　㉢ 유연성 개선
　㉣ 작업공간 절감
　㉤ 작업준비시간 단축

66 ④ 알더퍼의 ERG이론은 (하위단계)존재욕구 → 관계욕구 → 성장욕구(상위단계)이다. ㉠ 관계욕구, ㉡ 성장욕구, ㉢ 존재욕구에 해당하므로 순서는 ㉢ → ㉠ → ㉡가 된다.

67 ② 프렌치와 레이븐은 개인이 갖는 권력의 원천을 합법적 권력, 보상적 권력, 강압적 권력, 준거적 권력, 전문적 권력 다섯 가지로 구분한다.

※ 권력의 원천(프렌치와 레이븐)
　㉠ 합법적 권력
　　• 공식적인 지위나 직위에서 나오는 권력이다.
　　• 권위에 대한 사회적 합의와 규칙에 의해 인정받는다.
　㉡ 보상적 권력
　　• 보상을 줄 수 있는 능력에서 나오는 권력이다.
　　• 개인이 원하는 보상을 제공하거나 약속할 수 있는 능력에 기초한다.
　㉢ 강압적 권력
　　• 처벌 또는 부정적인 결과를 초래할 수 있는 능력에서 나오는 권력이다.
　　• 처벌과 위협을 통해 행동을 조정하려는 능력이다.
　㉣ 전문적 권력
　　• 전문적인 지식, 기술, 능력에서 나오는 권력이다.
　　• 타인의 신뢰와 존중을 통해 권력이 형성된다.
　㉤ 준거적 권력
　　• 매력, 카리스마, 존경 또는 동일시를 통해 얻는 권력이다.
　　• 타인이 해당 인물을 존경하거나 닮고 싶어할 때 생기는 영향력이다.

68 ④ 자기결정 이론(Self Determination Theory) : 스스로 선택하고 결정할 수 있는 자율성, 성공적으로 수행할 수 있다는 유능감, 타인과 관계되고 인정받고 싶어하는 욕구(관계성)이 충족되어야 내적동기에 의해 더욱 효과적으로 행동할 수 있다는 이론이다.

① 기대이론(Expectancy Theory) : 개인은 자신의 행동이 특정 결과를 가져올 것이라는 기대와 그 결과에 대한 가치를 바탕으로 동기부여를 받는다는 이론이다. 동기부여 = 기대 × 수단성 × 유의성으로, 기대는 노력이 성과로 이어질 가능성에 대한 믿음을 의미하며 수단성은 성과가 보상으로 이어질 가능성에 대한 믿음, 유의성은 보상이나 결과의 가치에 대한 개인의 평가를 의미한다.

② 공정성이론(Equity Theory) : 자신의 투입과 산출을 타인과 비교하여 공정성을 느낄 때 동기부여를 받는다는 동기부여 이론이다. 주요 요소로 투입, 산출, 비교대상이 있는데 투입은 개인이 일에 기여하는 노력이나 시간, 기술 등을 의미하며 산출은 개인이 일로부터 얻는 보상, 인정, 혜택 등이다. 비교 대상은 비교의 기준이 되는 타인을 의미한다.

③ 목표설정이론(Goal Setting Theory) : 구체적이고 도전적인 목표가 동기부여를 강화하며 성과를 향상시킨다는 동기부여 이론이다. 즉, 목표는 명확하고 구체적일수록 효과적이며 적절히 어려운 목표가 동기부여를 높이고 진행 상황에 대한 피드백은 필수이다.

⑤ 상호작용이론(Interaction Theory) : 개인의 행동은 개인적 특성과 환경 간의 상호작용에 의해 결정된다는 동기부여이론이다. 상황적 요인의 개인의 행동은 환경적인 요인(규범, 조직문화 등)에 영향을 받으며 개인적 요인은 성격, 가치관, 능력 등이 행동에 영향을 미친다. 상호작용의 효과는 이러한 상황적 요인과 개인의 요인이 함께 작용하여 나타난 결과이다.

69 ③ ㉠ 적정성, ㉡ 공정성, ㉢ 합리성이다.

70 ㉠ BCG 매트릭스는 각 사업부의 시장성장률과 상대적 시장점유율을 기준으로 경쟁사 대비 성과를 계산해 4분위면에 표시하는 방법이다. 시장성장률은 사업부가 위치한 산업의 성장이 고성장인지 저성장인지를 가려낸다. BCG 매트릭스의 변형인 GE 매트릭스는 시장성장률과 시장점유율 대신 시장매력도와 기업의 강점을 기준으로 사업부의 경쟁적 위치를 파악한다.
㉡ 매트릭스상에서 원의 크기는 매출액 규모를 의미한다.

71 ④ 케빈이 구입한 머그잔은 멕시코에서 생산된 것으로, 한국의 GDP는 변화가 없으며 한국 기업이 프랑스에서 생산한 것이므로 GNP에 포함된다. 따라서 한국의 GNP와 프랑스의 GDP가 증가한다.

※ GNP(Gross National Product)
일정 기간 동안 한 나라의 국민이 새롭게 생산한 최종재화와 서비스 시장가치의 합으로, 자국 또는 외국에서 생산한 최종 재화 및 서비스의 가치를 반영한다.

72 ② 손익분기점(BEP) $= \dfrac{\text{고정비용}}{\text{판매가격} - \text{가변비용}}$ 으로, $\text{BEP} = \dfrac{1{,}500{,}000}{2{,}000 - 1{,}500} = 3{,}000$(개)다.

73 ⑤ 오염배출권 거래제도의 사고구조를 요하는 문제이다. 거래가 성립되려면 상대가 포기해야 하는 것을 통해 얻을 수 있는 효용 이상을 보상해주어야 한다. 따라서 A가 B에게 보상금을 주는 협상에서는 B가 상쾌한 공기를 포기하는 대가로 B에게 10,000원 이상을 주어야 하며, B가 A에게 보상금을 주는 협상에서는 A가 흡연을 포기하는 대가로 A에게 20,000원 이상을 주어야 한다.

74 ② 소비자 선택의 폭과 국제전화시장에 경쟁이 일어나고 있다는 것을 의미할 뿐, 규모의 경제와는 관련이 없다.

※ 규모의 경제
생산량이 증가할수록 단위당 생산 비용(평균 비용)이 감소하는 현상이다. 즉, 대량 생산을 통해 비용을 절감하는 기업의 능력으로 기업이 성장하면서 경쟁우위를 확보할 수 있는 중요한 요소 중 하나이다. 생산과정에서 고정비용이 분산되고 전문화와 효율성이 증가하며, 원자재 및 물류비용의 절감, 연구개발 및 마케팅 비용 절감 등의 특징이 있다. 내부 규모의 경제는 기업내부에서 발생하는 규모의 경제로 생산, 관리, 구매, 마케팅 등에서 발생한다. 외부 규모의 경제는 특정 산업이나 지역 전체가 성장하면서 기업들이 비용을 절감하는 것을 일컫는다.

75 ① 수요함수는 $Q = -P + 10$로 2명의 수요자가 있으므로 총 수요는 $2(-P + 10) = -2P + 20$이다. 공급함수는 $Q = 2P - 5$로 4명의 공급자가 있으므로 총 공급은 $4(2P - 5) = 8P - 20$이다. 시장 균형은 수요량(총수요)=공급량(총공급)일 때 성립하므로, $-2P + 20 = 8P - 20$이 된다.
• 균형 가격
$-2P + 20 = 8P - 20$
$20 + 20 = 8P + 2P$
$40 = 10P$
∴ $P = 4$
• 균형 수량
균형가격 $P = 4$를 공급 함수에 대입하여
총수요 $= -2(4) + 20 = 12$, 총공급 $= 8(4) - 20 = 12$이 되므로 균형가격(P)은 4, 균형수량(Q)은 12가 된다.

76 ④ 가격효과는 대체효과와 소득효과의 합으로 이루어지는데, 대체효과는 항상 양(+)이다. 그러나 소득효과는 특정 상품의 가격변화로 인해 실질 구매력이 변화하면서 발생하는 효과로 상품의 성격에 따라 소득효과가 달라질 수 있다. 즉, 정상재는 소득이 증가하면 소비량이 증가하여 소득효과가 양(+)이 되지만 열등재는 소득이 증가하면 소비량이 감소하여 소득효과는 음(-)이 된다. 따라서 대체효과가 양(+)인 상품이라도 가격효과는 소득효과에 따라 달라질 수 있다.

77 ① 주인-대리인 사이에 발생하는 도덕적 해이는 대리인이 주인의 의지와는 반대로 자신의 이익을 높이기 위해서 이윤을 높이기보다는 매출액을 높이는 등 안전 위주의 전략을 취한다든가, 근무태만 등의 허술한 행동을 보이는 것을 뜻한다. 주인-대리인문제를 해결하기 위해서는 대리인이 열심히 노력하여 많은 이윤을 얻을수록 대리인에게도 많은 보수가 주어지도록 하면 해소될 수 있다.

78 ⑤ 최대 예금 통화의 양 $= \dfrac{\text{신규 예금}}{\text{지급준비율}}$ 인데, 지급 준비율이 20%=0.2, 신규 예금이 1억 원이므로 $\dfrac{1억\ 원}{0.2}=5억\ 원$이 된다.

79 ⑤ 4P는 구매자들에게 영향을 미치기 위해서 활용되는 마케팅 도구를 판매자의 입장에서 본 것인 반면에 4C는 구매자의 입장에서 볼 때 각각의 마케팅 도구를 고객들에게 이점을 전달할 수 있도록 디자인되어야 한다. 이렇듯 로터본(Lauterborn)이 제시한 4C를 4P와 대응시키면 아래 그림과 같다.

80 ⑤ 그림은 커뮤니케이션 네트워크 형태 중 'Y형'을 나타낸 것이다. Y형에서는 확고한 중심인은 존재하지 않아도 대다수의 구성원을 대표하는 리더가 존재하는 경우에 나타나는 유형으로서, 라인 및 스태프가 혼합되어 있는 집단에서 흔히 나타난다.

제3회 정답 및 해설

※ 문제는 p.64에 있습니다.

☑ ANSWER

1 ⑤	2 ②	3 ④	4 ③	5 ②	6 ②	7 ①	8 ④	9 ⑤	10 ④
11 ⑤	12 ④	13 ①	14 ⑤	15 ②	16 ②	17 ③	18 ⑤	19 ②	20 ⑤
21 ①	22 ④	23 ④	24 ④	25 ①	26 ⑤	27 ④	28 ④	29 ①	30 ④
31 ④	32 ④	33 ④	34 ①	35 ⑤	36 ⑤	37 ④	38 ⑤	39 ⑤	40 ①
41 ①	42 ⑤	43 ④	44 ②	45 ②	46 ①	47 ④	48 ②	49 ⑤	50 ②
51 ④	52 ④	53 ①	54 ②	55 ②	56 ④	57 ②	58 ④	59 ①	60 ③
61 ③	62 ①	63 ⑤	64 ④	65 ⑤	66 ⑤	67 ⑤	68 ④	69 ②	70 ③
71 ①	72 ④	73 ⑤	74 ⑤	75 ①	76 ③	77 ③	78 ③	79 ③	80 ③

1 ⑤ 윤정의 지난주와 이번 주의 소비 지출액은 각각 '20×7+30×3+20×6=350원'과 '30×5+20×4+30×4=350원'으로 같다. 만일 이번 주의 소비(빵 5개, 책 4권, 주스 4병)를 지난주에 선택하였다면 '20×5+30×4+20×4=300원'이므로 용돈 350원으로 소비가 가능하다. 그런데도 지난주에 이번 주와 같은 소비를 하지 않은 이유는 지난주 소비(빵 7개, 책 3권, 주스 6병)의 만족도가 이번 주 소비의 만족도보다 높거나 같기 때문이라는 추론이 가능하다. 반면, 이번 주에 지난주처럼 소비하려면 '30×7+20×3+30×6=450원'이 필요하므로 부모님께 받은 용돈 350원으로는 불가능하다. 이로써 윤정은 지난주처럼 소비하고 싶었지만, 가격변화로 구매할 수 없게 되어 포기했다고 추론할 수 있다. 따라서 지난주에 비해 이번 주에 윤정의 만족도가 떨어졌다는 추론이 가능하다.

2 ② 매슬로우의 욕구단계이론을 하위부터 상위단계까지 정리하면 '생리적 욕구 → 안전의 욕구 → 사회적 욕구 → 존경의 욕구 → 자아실현의 욕구'이다. ⊙ 안전의 욕구, ⓒ 생리적 욕구, ⓒ 사회적 욕구, ⓔ 자아실현의 욕구, ⓜ 존경의 욕구에 해당하므로 하위부터 상위단계 순으로 나타내면 'ⓒ → ⊙ → ⓒ → ⓜ → ⓔ' 순이다.

※ 매슬로우의 욕구단계이론
　⊙ 생리적 욕구 : 음식, 물, 공기, 수면, 의복, 주거 등 생존에 필수적인 기본 욕구이다.
　ⓒ 안전의 욕구 : 직업 안전성, 건강, 재산 보호 등 신체적, 경제적, 심리적 안전을 추구하는 욕구이다.
　ⓒ 사회적 욕구 : 가족, 친구, 사랑, 조직 등 타인과의 관계에서 소속감과 애정을 느끼고자 하는 욕구이다.
　ⓔ 존경의 욕구 : 내적 존경(자신감, 성취감, 독립성), 외적 존경(명성, 지위, 타인의 인정) 등 다신에 대한 존중과 타인으로부터의 인정 욕구이다.
　ⓜ 자아실현의 욕구 : 자기계발, 개인목표 달성 등 자신의 잠재력을 실현하고 성장과 자기 발전을 추구하는 욕구이다.

3 ① 확대재정정책 : 경기가 침체되면 정부에서 재정지출을 늘리고 조세를 감면하여 경기회복을 추구하는 정책이다.

② 승수효과 : 경제변량이 다른 경제변량에 의해서 연달아서 변화하는 것으로 최초의 변화량보다 몇 배의 변화를 하는 것을 의미한다.

③ 긴축재정 : 재정규모의 확대나 축소를 경제성장률 이하로 정하는 재정방침이다.

⑤ 구축효과 : 정부가 재정지출을 확대하면서 기업투자가 위축되는 현상이다.

※ 자동안정화장치(Built – in stabilizer)

　경기 확장 시에 민간경제주체들의 생산 및 소득증대로 인해 재정흑자가 되고 조세수입이 증가하여 정부지출이 감소하는 반면, 경기 수축 시에는 재정적자가 되고 조세수입이 감소하여 경기변동을 완화해 주는 역할을 한다.

4 ③ 내쉬균형 : 존 내쉬의 비협력 게임 중에 하나인 이론으로 죄수의 딜레마와 유사하다. 담합이라는 유리한 선택지에도 경쟁에서 이기기 위해서 단발성 배신을 하는 것을 의미한다.

① 민스키 모멘트 : 부채로 인한 경기호황이 끝나면서 채무자의 부채상환능력이 악화되면서 건전자산을 팔면서 자산의 가치가 폭락하는 것을 의미한다.

② 포획이론 : 보호가 필요한 경제주체들이 이익집단을 형성하여 자신들에게 유리한 규제정책을 이끌어내는 것을 의미한다.

④ 빌바오 효과 : 상징적인 문화시설을 지정하여 쇠락해가고 있는 도시를 문화산업을 통해 살려내는 것을 의미한다.

⑤ 빅블러 현상 : 제품과 서비스 사이에 있는 경계가 급속하게 사라지는 현상을 의미한다.

5 ② 저량(Stok)은 특정 시점에서 측정되는 크기, 즉 축적된 상태를 일컫는다. 따라서 국부, 노동량, 통화량, 외채 등이 해당된다. 반면에 유량(Flow)는 일정 기간 동안 측정되는 크기, 즉 변화의 흐름을 일컫는다. 따라서 국민소득, GDP 등이 해당된다. 국민소득은 일정 기간 동안 생산된 최종재화와 서비스의 소득합계로 유량에 해당된다.

① 국가가 특정 시점에 보유한 총 자산으로 저량에 해당된다.

② 특정 시점에 경제활동이 가능한 총 노동력으로 저량에 해당된다.

④ 특정 시점에 유통되고 있는 총 화폐량으로 저량에 해당된다.

⑤ 특정 시점에서 외국으로부터 빌린 총 부채로 저량에 해당된다.

6 ② 화폐공급량이 감소하면 이자율이 상승하면서 부동산 구매 비용이 증가한다. 따라서 부동산 수요는 감소된다.

① 화폐공급량 증가 → 이자율 하락 → 자금조달 비용 감소 → 주식가격 상승 → 투자 촉진

③ 화폐공급량 증가 → 유동성 증가 → 채권수요 증가 → 채권 가격 상승 → 이자율 하락

④ 화폐공급량 감소 → 이자율 상승 → 자금조달 비용 증가 → 기업 투자 감소

⑤ 화폐공급량 증가 → 소비자 구매력 증가 → 소비재 수요 증가

7 ① 절약의 역설은 저축이 증가하면 소비가 감소하여 총수요가 줄어들고 결국 국민소득이 감소할 수 있다는 이론으로, 저축이 증가할 때 투자가 되지 않는 선진국에 해당하는 이론이다. 개발도상국은 경제 개발 단계에 있기 때문에 저축 증가가 곧 자본 축적 및 생산력 확대를 위한 투자로 연결되므로 절약의 역설이 나타나지 않는다.

8 ④ 해당 네트워크 유형은 수레바퀴형이다. 단순 업무의 경우 의사소통의 속도는 빠르고 정확도가 높은 편이다.

9 ㉠ 생산자물가지수(PPI) 및 소비자물가지수(CPI)는 라스파이레스 방식으로, GDP디플레이터는 파셰방식으로 지수를 산출한다.

ㄷ 비용인상 인플레이션이란 원자재 가격 상승, 임금상승 등 총공급의 감소로 발생하는 물가 상승 현상을 말한다.

ㄹ 메뉴비용이란 물가변화에 의해 가격이 조정될 경우 가격표(메뉴표) 작성비용이 발생하는 것을 말한다.

10 ④ 실망노동자(Discouraged workers)는 구직활동을 포기하여 비경제활동인구에 포함되기 때문에 공식적인 실업률에 포함되지 않는다. 따라서 실제 실업률이 과소평가된다.

11 ⑤ 소득이 증가함에 따라 소득효과가 커지면서 여가에 대한 수요가 증가하기 때문에 후방굴절곡선이 발생한다.

12 ④ 십분위분배율 = 최하위 40% 소득계층의 소득 ÷ 최상위 20% 소득계층의 소득이다. 값이 클수록 소득분배가 평등함을 의미하며 값이 작을수록 소득분배가 불평등함을 의미한다. 즉, 값이 크다는 것은 하위 계층이 상위 계층 대비 더 많은 소득을 가져가는 구조라는 것이고 값이 작다는 것은 상위 계층이 하위 계층에 비해 훨씬 많은 소득을 가져가는 구조라는 의미다

13 ① 사회후생함수는 두 사람의 효용수준을 비교평가하여 하나의 종합적인 사회후생수준으로 표현하는 것으로 비교방식이나 평가방법에 대해 가치판단이 개입한다.

14 사회후생함수가 갖추어야 할 조건
    ㉠ 완비성과 이행성
    ㉡ 개인선호의 보편성
    ㉢ 파레토원칙
    ㉣ 무관한 대안으로부터 독립
    ㉤ 비독재성

15 ② 디폴트 : 상환의지가 없는 채무불이행 상태를 의미한다. 특정국가에서 외국에서 받은 채무를 상환기간 내에 갚지 못해서 부도에 이르게 되는 상태이다.
    ① 뱅크런 : 부실 징후가 보이는 금융회사에 돈을 예치하고 있던 예금자가 몰려서 예금을 인출하는 사태이다.
    ③ 모라토리엄 : 상환의지가 있어 시간을 주면 갚을 능력이 되는 것으로 채무지급유예 조치에 해당한다. 천재지변, 화폐개혁 등의 혼란이 발생하면 이루어진다.
    ④ 치킨게임 : 극단적으로 경쟁을 하는 게임의 형태로 게임 참가자 어느누구도 양보를 하지 않아 파국에 치닫게 되는 게임이론이다.
    ⑤ 바나나 현상 : Build Absolutely Nothing Anywhere Near Anybody의 앞글자를 따서 만든 신조어로 환경오염시설의 설치를 반대하는 사회현상을 의미한다.

16 ② 고용률 = (취업자 수 ÷ 15세 이상 인구 수)×100

17 ③ 기업가의 예상이나 심리변화 등의 요인으로 인해 소득과 무관하게 결정되는 투자는 독립투자이다. 유발투자는 소득이 증가하면 소비지출이 늘어나고 이것이 생산을 자극하여 기업이 생산설비를 확충하도록 유도하는 투자를 말한다.

18 ⑤ 보완재의 경우 한 재화의 수요가 증가함에 따라 보완재의 수요가 증가하고 보완재의 수요곡선이 우측으로 이동하며 가격이 상승한다.
    ① 한 재화의 수요가 증가하면 보완재의 수요도 증가한다.
    ② 보완재의 수요곡선은 우측으로 이동한다.
    ③ 대체재의 가격 변화 여부는 외부 요인에 따라 다르며 가격 불변은 보장되지 않는다.
    ④ 한 재화의 수요가 증가하면 대체재의 수요는 감소하고 수요곡선은 좌측으로 이동한다.

19 ② LM곡선이 수평일 때, 유동성 함정 상태를 나타낸다. IS곡선이 이동할 경우 이동한 만큼 국민소득이 증가한다. 즉, IS곡선의 이동폭 = 국민소득 변화폭. 단, LM곡선이 우측으로 이동하더라도 소득증가 효과가 발생하지 않는다.

20 ⑤ 문제에서는 매몰비용(sunk cost)에 대해 묻고 있다. 매몰비용은 이미 지불되어 현재로서는 회수할 수 없는 비용을 말한다. 매몰비용은 의사결정에서 고려하지 않는다. 즉, 규호가 콘서트 입장권 구입에 대해 이미 돈을 지불하였으므로 이 비용은 회수할 수 없다. 인터넷을 통해 규호가 가지고 있는 입장권에 대해 용구가 사겠다는 의사를 보였을 경우, 규호가 퀵 비용 5,000원 이상을 받을 수만 있다면 두 사람 사이의 거래는 이루어진다.

21 ② 가속도원리 : 최초 소득증가가 소비를 증가시키고 이것이 기업의 투자를 유발하면서 소득이 증가한 것보다 더 큰 투자가 발생하는 것이다.
③ 소극적 정책 : 민간경제의 자율적 조정기능에 의해 안정이 이뤄질 수 있도록 정부가 개입을 자제하는 것이다.
④ 부의 효과 : 소비가 소득뿐만 아니라 부의 증가에 의해서도 증가한다는 것이다.
⑤ 순수기대가설 : 채권수익률의 기간구조를 설명하는 이론으로 장기채권수익률은 예상되는 단기 수익률의 평균과 같다는 것을 의미한다.

22 ② 랜덤워크 가설은 현대 소득뿐만 아니라 미래 소득에 대한 합리적 기대를 반영하고 소비가 결정된다고 본다. 즉, 소비의 변화는 새로운 정보에 의해 발생하며 과거의 소득이나 소비로는 예측할 수 없다.

23 ④ 토빈의 q이론은 전통적 실물투자이론과 달리 실물자본의 대체비용과 자본시장에서 결정되는 시장가격이라는 객관적인 자료를 토대로 투자행태를 설명하려고 하는 장점이 있다.

24 조세승수는 조세의 변화가 국민소득에 미치는 영향을 나타내는 지표로, $-\dfrac{\text{한계소비성향}}{1-(\text{한계소비성향})}$ 으로 계산한다. 이때 한계소비성향(MPC)은 소비함수 $C=100+0.5Y$로부터 도출하여 0.5가 된다. 따라서, 조세승수는 $-\dfrac{0.5}{1-0.5}=-\dfrac{0.5}{0.5}=-1$이 된다.

※ 국민소득이나 조세 크기는 MPC 계산에 영향을 주지 않는다. 즉, 소비 함수에서 Y의 계수는 항상 MPC를 나타내므로 MPC=0.5가 된다.

25 ① 다른 금융상품들의 기대수익률이 하락하면 자금공급곡선이 우측으로 이동한다.

26 ⑤ 기업주가 새로운 노동자를 고용하는 것은 상당한 비용을 수반하므로 기업주는 노동자와 장기임금계약을 체결하는 것을 선호하며 이로 인해 상당기간 임금이 경직성을 나타내게 된다.

27 ①② 동행종합지수
③⑤ 후행종합지수

28 ④ 사무엘슨의 승수-가속도 모형에 관한 설명이다.

29 ① 기업경기실사지수에 관한 설명이다.

※ 소비자심리지수(CCSI, Consumer Composite Sentiment Index)
우리나라 가계부문에서 현재 생활형편, 생활형편 전망, 가계수입 전망, 소비지출 전망, 현재 경기판단, 향후 경기전망에 대한 총 6개의 주요 개별지수를 표준화하여 합성한 지수를 의미한다.

30 ④ 균제상태에서 인구가 n의 비율로 증가할 경우 경제 전체의 총생산량도 n의 비율로 증가하므로 경제성장률과 인구성장률이 일치한다.

31 ① 무역량의 감소에 따른 음(−)의 효과는 교역조건의 개선으로 순이익이 극대화 되도록 하는 관세를 의미한다.
② 교역 상대국이 자국 입장에서 최적관세를 부과할 경우 교역조건 악화에 따른 손실을 회복할 수 있으나 무역량은 더욱 감소하게 된다.
③ 최적관세를 부과함에 따라 세계 전체적으로 자유무역에 비해 후생이 감소한다.
⑤ 한 국가가 최적관세를 부과할 때 상대국이 최적관세를 부과하지 않더라도 관세 부과국의 이익은 교역 상대국의 손실보다 작다.

32 ② 하향확장전략(downward stretching)은 새로운 경쟁자가 중저가 시장으로 진입할 가능성을 견제하고 사전에 봉쇄하기 위해, 중저가 시장을 공략하기 위해 실시하는 전략이다. 또한 저가 세분시장이 급속히 성장하는 경우에도 중저가 제품라인을 추가하여 시장을 확대할 수 있다.

33 ② 종합수지가 적자일 경우 준비자산이 감소하고, 흑자일 경우 준비자산이 증가한다.

34 ① 오버슈팅 모형은 이자율평가설이 성립하고 장기적으로 구매력평가설이 성립한다고 보는 이론으로, 물가수준이 단기적으로 경직성을 가지는 경우에 환율이 급변할 수 있음을 설명한다.

35 ⑤ 열등재의 가격이 하락하면 대체효과에서는 수요량이 증가하고 소득효과에서는 실질소득이 증가하지만 수요량은 감소한다. 결국 열등재의 가격이 하락할 때 수요량이 늘어난다는 것은 대체효과가 소득효과보다 크기 때문이다.
① 기펜재는 열등재 중에서 대체효과보다 소득효과가 더 큰 경우이다. 하지만 일반적인 열등재는 대체효과가 소득효과보다 더 크다. 결국 기펜재는 열등재이지만 모든 열등재가 기펜재는 아니다.
② 레온티에프 효용함수의 경우 무차별곡선이 L자형이고 대체효과는 0이다. 결국 무차별곡선이 L자형이면 대체효과와 소득효과의 합인 가격효과와 소득효과는 동일하다.
③ 소득소비곡선이 우상향하는 직선이라는 것은 소득이 증가할 때 두 재화의 수요가 모두 증가함을 의미한다. 결국 두 재화 모두 정상재이다.
④ 실질소득은 증가했는데 소비가 감소했다는 것은 소득효과가 음(−)이라는 것을 의미하므로 열등재이다.

36 ⑤ 중간경영층에 관한 설명이다.

37 ④ 합병 NPV = 합병 후에 C사의 기업가치(1조) − B사에서 요구하는 인수비용(2,000억원) − 합병 전에 A사의 기업가치(5,000억원) = 3,000억원

※ 순현재가치(NPV)
사업의 가치를 알려주는 척도 중에 하나이다. 순현재가치를 구하기 위해서는 편익의 현재가치에서 비용의 현재가치를 차감하면 구할 수 있다.

38 ⑤ 균형성과표를 통해 기업경영을 바라볼 때는 재무, 고객, 내부프로세스, 학습과 성장 이렇게 네 가지 관점 간의 균형 잡힌 시각이 필요하며, 시장리스크는 리스크관리기법에서 고려한다.

39 페이욜의 6가지 경영활동

ⓐ 기술적 활동(생산, 제조, 가공)

ⓑ 상업적 활동(구매, 판매, 교환)

ⓒ 재무적 활동(자본의 조달과 운용)

ⓓ 보전적 활동(재화와 종업원의 보호)

ⓔ 회계적 활동(대차대조표, 원가, 통계)

ⓕ 관리적 활동(계획, 조직, 지휘, 조정, 통제)

40 ① 완전한 합리성은 최적해를 추구하며, 제한된 합리성에서 만족해를 추구한다.

41 ① 고전학파의 세계에서 확대재정정책을 실시하면 이자율이 오르고 구축효과가 발생하여 확대효과를 완전상쇄한다. 그 결과 소득은 변하지 않는다. 통화량이 불변이므로 물가도 불변한다.

42 ⑤ 수평적 커뮤니케이션은 정보수집 및 문제해결 등이 상대적으로 느리다. 더불어서 중간에 위치한 구성원을 제외하고는 주변에 위치한 구성원들의 만족감이 비교적 낮다는 평가를 받고 있는 유형이다.

43 ⑤ 화폐의 유통속도가 일정하다고 가정할 때 화폐수량설(MV=PY) 공식으로 통화공급의 증가율을 계산할 수 있다.

$\triangle M + \triangle V = \triangle P + \triangle Y$, $\quad \triangle M$(통화공급 증가율), $\triangle V$(화폐 유통속도의 증가율), $\triangle P$(물가상승률), $\triangle Y$(실질 경제성장률) 일 때, $\triangle Y = 3\%$, $\triangle P = 3\%$, $\triangle V = 0\%$(화폐 유통속도가 일정하다고 했으므로)이다.

$\triangle M = \triangle P + \triangle Y - \triangle V$

$\triangle M = \triangle 3\% + \triangle 3\% - \triangle 0\%$

$\triangle M = 6\%$

∴ 통화공급의 증가율은 6%이다.

44 ② 국민소득은 한 나라의 생산물 흐름의 가치를 어느 일정기간을 두고 집계한 것이다.

국내총생산(GDP)	• '가계, 기업, 정부'라는 경제주체가 '한 나라'에서 생산해 낸 것을 돈으로 계산하여 합한 것 • 나라 안에서 생산된 것이라면 생산의 주체가 누구이든 상관없이 모두 포함시켜 계산
국민총소득(GNI)	• 1년 동안에 한 나라 '국민'이 벌어들인 소득을 합한 것 • 누구의 소득인지, 생산주체의 국적을 기준으로 계산

GDP는 속지주의가 적용되므로 미국에서 벌어들인 소득은 한국의 GDP에 합산되지 않고 미국 GDP에 합산된다. GNI는 속인주의가 적용되므로 한국인 최씨가 실직하게 되면 한국의 GNI가 감소한다.

45 ② 한계대체율은 소비자의 X재와 Y재의 주관적인 교환비율이다. MRS가 2로 일정하므로 C맥주(X재) 1병과 M맥주(Y재) 2병이 무차별하다. 즉, 민우는 C맥주를 M맥주보다 2배만큼 좋아한다. 그러므로 민우는 M맥주 3병을 모두 C맥주 3병으로 교환할 것이다.

46 ① 기회비용이라기보다는 비효율성으로 인한 비용에 해당한다.

47 ④ 개발도상국 선진국에 비해서 성장률이 높은 현상이다.

① 가난한 국가의 성장률이 부유한 국가보다 더 커야 따라잡기 효과가 성립한다. 자본이 동일하게 일정량 증가한 경우 개발도상국의 성장폭이 선진국보다 높다.

② 학습효과는 기존의 경제활동이나 축적된 자본으로 생산과정이나 경영기법을 개선하려는 노력을 통해서 지식이 축적되는 것을 의미한다. 학습효과를 통해 지속적인 경제성장을 이룰 수 있는 것으로 선진국과 개발도상국 사이에 성장률 격차가 좁혀지지 않는다.

③ 개발도상국 유휴노동력이 높아서 노동의 생산성이 높다.

⑤ 정치적인 안정과 부패를 척결하는 것이 선행되어야 개발도상국의 선진국 따라잡기가 가능하다.

48 ① 트러스트 : 동일산업부문에서 자본결합을 축으로 한 독점적 기업결합을 의미한다. 카르텔보다 강력한 기업집중의 형태를 의미한다.

③ 아웃소싱 : 경영효과를 높이기 위해서 기업의 업무 일부를 제3자에게 위탁해 처리하는 것을 의미한다.

④ 벤치마킹 : 기업에서 경쟁력을 높이기 위해 타사에서 혁신적인 경영기법을 배우는 것을 의미한다.

⑤ 합자회사 : 무한책임사원과 유한책임사원으로 구성되는 이원적 조직의 회사를 의미한다.

49 ⑤ 실업률은 (실업자 수 ÷ 경제활동인구수) × 100으로 계산한다. 총 인구 5,000만 명에서 15세 미만 인구와 비경제활동인구를 제외한 경제활동 인구는 2,000만 명이다. 실업자가 120만 명이므로, (120만 명 ÷ 2,000만 명) × 100 = 6%가 된다.

50 ① 기펜족 : 가격이 비싼 자동차, 양주, 명품가방 등의 최고급 물건을 선호하는 사람들을 의미한다.

③ 스마트쇼퍼 : 합리적인 소비를 지향하며 저렴하면서 만족스러운 상품을 구매하는 소비자를 의미한다.

④ 블랙컨슈머 : 제품을 판매한 기업에 부당이익을 취하기 위해 악성 민원을 고의로 제기하는 소비자를 의미한다.

⑤ 몰링족 : 쇼핑몰에서 물건 구매, 문화활동, 공연, 교육 등을 원스톱으로 해결하는 소비계층을 의미한다.

51 ④ 높아질수록 경쟁이 줄어들어 산업의 수익률이 높아지며, 경쟁자 수가 증가하고 산업의 집중도가 낮아질수록 산업의 수익률은 낮아진다.

52 ④ '구두창 비용(shoe leather cost)'은 인플레이션으로 인해서 은행계좌로 받은 예금의 가치가 하락하기에 은행을 왕래하면서 구두창이 닳는 비용을 말한다. 인플레이션이 예상되면 명목이자율이 상승하므로 구두창 비용은 예상된 인플레이션의 경우에 크게 발생한다.

53 ① 사업경쟁력이 높고 시장 매력도는 낮다면 이익 창출을 시도해보는 것이 좋다.

※ GE-맥킨지 매트릭스

사업경쟁력과 시장매력도를 높음, 중간, 낮음으로 구분하여 확인하는 모형으로 신호등 전략이라고도 한다.

54 ② 기업의 성장 경로는 '단일 기업(한정된 자원을 특정 사업 분야에 집중하여 전문성과 경쟁력 극대화) → 수직적 통합(원가 절감, 공급망 안정화, 유통 효율성 확보) → 관련 다각화(기존 사업과 연관된 분야로 사업 확장) → 비관련 다각화(위험 분산 및 포트폴리오 다양화를 목적으로 기존 사업과 무관한 새로운 사업으로 확장)' 순으로 이루어진다.

55 ③ 원가우위 전략 : 원가절감을 위한 기업활동으로 경쟁자보다 원가상의 우위를 달성하여 시장점유율을 높이고자 하는 전략이다.

① 시장침투 전략 : 앤소프 매트릭스로 가격을 낮춰 광고를 통해 시장점유율을 높이는 전략이다.

② 차별화 전략 : 판매하는 제품이나 서비스를 경쟁사와 차별화를 두어 부가가치를 높이는 전략이다.

④ 다각화 전략 : 앤소프 매트릭스로 새로운 시장을 개척하여 신제품을 제공하는 전략을 의미한다.

⑤ 집중차별화 전략 : 특정한 집단을 표적으로 삼는 전략을 의미한다.

56 ④ 등대는 비배재성 및 비경합성 등을 지니는 공공재인데, 이러한 공공재의 생산을 민간이 담당하기는 어렵다. 그래서 사람들이 대가를 지불하지 않더라도 동일한 서비스를 누릴 수 있기 때문이다. 이처럼 무임승차자의 문제로 인해 공공재는 사회가 요구하는 만큼 공급이 어렵게 된다.

① 등대 소비로 인해 외부불경제가 발생하지는 않는다. 소비 측면의 외부불경제란 한 사람의 소비활동이 타인에게 의도하지 않게 손해를 주지만 배상하지 않는 것을 말한다.

② 선착순 자원배분은 주로 시장에서 초과 수요가 발생했을 때 해결하는 방법 중 하나이다. 공공재 문제는 정부의 직접 생산으로 해결할 수 있다.

③ 공공재 생산의 어려움을 해결하기 위해서 정부가 직접 공공재를 생산한다. 즉, 공공재 문제는 정부의 시장 개입을 주장하는 근거가 된다.

⑤ 공공재는 한 사람의 소비가 다른 사람의 소비를 감소시키지 않기 때문에 경합성이 없는 재화이다.

57 ② 내부화 이론은 외부시장이 불완전할 경우 기업이 내부화를 통해 이익을 극대화하는 과정에서 해외직접투자를 하게 된다는 이론으로 국가부도의 위험과는 관련이 없다.

58 ④ 영업이익(1조 원), 감가상각비(5,000억 원), 무형자산상각비(2,000억 원)의 합으로 총 1조 7,000억 원이다.

※ EBITDA

기업에서 영업활동을 통해 벌어들인 현금 창출능력을 나타내는 지표이다. 법인세, 이자비용 등이 차감되기 전에 영업이익을 무형자산상각비와 감가상각을 더해서 구하지만 편의상 영업이익과 감가상각비의 합으로 계산할 수 있다.

59 ① 4P는 Price(가격), Place(유통), Promotion(촉진, 광고), Product(제품)이다.

60 ③ AIDMA모형은 소비자를 '주의(Attention) → 관심(Interest) → 욕구(Desire) → 기억(Memory) → 행위(Action)'의 단계를 거치는 존재로 보고, 광고 효과의 위계 역시 이에 따라 이루어진다고 본다.

61 ① 타깃마케팅 : 모든 고객을 대상으로 하지 않고 특정 고객층만을 공략하는 전략이다.

② 제품차별화 마케팅 : 기업이 브랜드 로열티를 높이는 등의 방법으로 고객으로 하여금 자사 제품을 다른 경합제품과 구별할 수 있게 함으로써 수요를 통제하고 경쟁에서 유리한 입장을 확보하려는 전략이다.

④ 대량마케팅 : 대량생산, 대량유통, 대량촉진 등을 통해 단일제품을 소비자에게 판매하는 전략이다.

⑤ 일대일마케팅 : 고객 개개인을 위한 맞춤 상품 및 서비스를 제공하는 전략이다.

62 ① 공공재는 주로 정부가 공급하지만 공익적 성격의 민간서비스 등 민간에서도 제공될 수 있다.

※ 공공재(public goods) … 비경합성·비배제성의 특성을 갖는 재화와 서비스이다. 대부분의 공공재는 국가나 지방자치단체 등에 의하여 공급되지만, 모든 공공재가 정부에 의해서 공급되는 것은 아니다.

구분		배제성	
		성립	불성립
경합성	성립	사용재(민간재) : 빵, 수박, 피자, 콜라	비순수공공재(공유자원) : 공동소유의 목초지, 낚시터
	불성립	비순수공공재 : 한산한 고속도로/수영장	순수공공재 : 국방, 법률, 공중파방송

63 ⑤ 국내시장에서 지배적인 상표는 제조업자 상표이다.

64 ④ 제품수명주기 그래프에서 ㉠ 도입기, ㉡ 성장기, ㉢ 성숙기, ㉣ 쇠퇴기를 나타낸다. 상표충성도가 높은 고객의 유지에 필요한 정도로 광고를 실시하는 것은 쇠퇴기에 해당하는 내용이며, 성숙기에는 상표차이와 효익을 강조하는 광고를 실시한다.

65 ⑤ 할인가격결정법은 최종가격 결정방법에 해당한다.
※ 기준가격 결정법
㉠ 목표가격 결정법 : 목표 이익 또는 투자 대비 수익률을 기준으로 가격 설정한다.
㉡ 손익분기점 분석법 : 고정비와 가변비를 고려하여 손익분기점을 초과하도록 설정한다.
㉢ 지각가치 기준법 : 소비자가 인식하는 제품의 가치를 기반으로 설정한다.
㉣ 원가 기준법 : 원가에 마진을 더해 설정한다.
㉤ 경쟁 기준법 : 경쟁사의 가격을 기준으로 설정한다.

66 ⑤ 본사가 직영점을 직접 운영함으로써 가맹점보다 더 높은 투자수익을 거둘 수 있는 기회를 놓칠 수 있는 단점이 있다.

67 ⑤ 기업회계 기준서에서는 기업들에게 재무상태표, 포괄손익계산서, 자본변동표, 현금흐름표 등의 재무제표를 공시하도록 요구하고 있다.

68 ④ 수익의 발생은 부채의 증가와 직접적으로 연관되지 않으므로 차변에 기록되지 않는다.
※ 차변(Debit) 및 대변(Credit)
㉠ 차변(왼쪽에 기록되는 항목)
• 자산의 증가 : 현금, 재고, 장비 등
• 비용의 발생 : 급여, 임대료, 광고비 등
• 부채의 감소 : 대출 상환 등
• 자본의 감소 : 배당금 지급 등
㉡ 대변(오른쪽에 기록되는 항목)
• 부채의 증가 : 대출, 미지급비용 등
• 수익의 발생 : 매출, 이자수익 등
• 자산의 감소 : 현금 감소, 매각 등
• 자본의 증가 : 주식 발행 등

69 ② 자기주식의 취득은 재무활동을 통해 유출되는 현금흐름에 해당된다.

70 ③ IFRS는 법적 형식에 따른 회계처리를 적용하지 않고 거래의 실질에 따라 회계처리를 적용한다.

71 ① 지분 30% 미만의 자회사들의 실적이 좋을 경우 연결기준적용으로 전체적인 기업실적이 개선될 수 있다.

72 ① 적시생산시스템 : 재고자산을 필요한 시점에 필요한 양만 구매하거나 생산하는 시스템이다.
     ② 품질원가관리 : 제품의 품질에 문제가 없도록 예방하거나 제품에 결함이 발견된 경우 이를 해결하는 데 소요되는 모든 비용을 관리하는 기법이다.
     ③ 목표원가관리 : 특정제품으로부터 요구수익률을 달성할 수 있는 범위 내에서 허용된 원가를 관리하는 기법이다.
     ⑤ 수명주기원가관리 : 제품이나 서비스의 연구개발 단계에서부터 폐기처분 단계에 이르기까지 수명주기 전체에서 발생하는 원가를 관리하는 기법이다.

73 ⑤ 표면이자는 액면가에 표면이자율을 곱하여 계산한다.

74 ⑤ 제시된 그림에서 E_1에서보다 모든 사람이 최소한 같은 만족을 얻고 한 사람 이상이 더 높은 만족을 얻는 실현가능한 배분을 찾을 수 없을 때 E_1은 파레토최적 또는 파레토 효율적인 배분이다. 제시된 그림에서 E_2에서와 같이 주어진 배분에서 두 사람의 무차별곡선이 교차하게 되면 A의 무차별곡선보다 오른쪽 위에 위치하면서 B의 무차별곡선보다는 왼쪽 아래에 위치하는 배분을 항상 찾을 수 있고 이 배분에서 두 사람은 더 만족한다. 따라서 두 사람의 무차별곡선이 교차하는 지점의 배분은 파레토최적이 되지 못한다. 오직 E_1의 배분과 같이 두 사람의 무차별곡선이 접하는 경우에만 파레토최적이 달성된다는 것을 알 수 있다. 그리고 자원배분이 파레토 효율적이라고 해서 항상 사회후생이 극대화되는 것은 아니다.

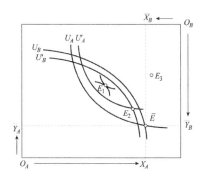

75 ① 투자자는 위험회피적이며 기대효용의 극대화를 목표로 한다.

76 ③ 비영업자산가치는 비영업용 부동산 등의 시장가치로 계산한다.

77 ③ 단순히 다른 주식과 비교하여 상대적으로 PER가 낮은 주식을 저PER주라고 하지 않고, 정상PER와 비교하여 실제 PER가 낮은 주식을 저PER주라고 한다.

78 ③ 콜옵션을 매도한 사람은 옵션소유자가 만기에 이를 행사하면 행사가격을 받고 주식을 양도해야 한다.

79 ③ 시세가 상승한 경우 이익을 볼 수 있지만 풋 옵션 매수 시 지불하는 프리미엄만큼 이익이 줄어든다(시세가 풋 옵션 매수 시 옵션가격 이상으로 상승하지 않는 경우에 전체 이익은 없게 된다).

80 ③ 선물거래는 결제소에 의해 일일정산되고 선도거래는 만기일에 결제된다.

※ 문제는 p.92에 있습니다.

☑ ANSWER

1 ④	2 ②	3 ③	4 ④	5 ⑤	6 ④	7 ⑤	8 ③	9 ①	10 ④
11 ④	12 ⑤	13 ②	14 ③	15 ⑤	16 ④	17 ④	18 ④	19 ④	20 ③
21 ④	22 ④	23 ①	24 ②	25 ④	26 ②	27 ⑤	28 ⑤	29 ④	30 ①
31 ②	32 ⑤	33 ③	34 ②	35 ⑤	36 ④	37 ②	38 ③	39 ②	40 ①
41 ④	42 ④	43 ②	44 ②	45 ⑤	46 ①	47 ①	48 ④	49 ②	50 ①
51 ①	52 ①	53 ②	54 ④	55 ⑤	56 ⑤	57 ③	58 ⑤	59 ①	60 ④
61 ④	62 ⑤	63 ⑤	64 ⑤	65 ⑤	66 ⑤	67 ②	68 ②	69 ①	70 ①
71 ④	72 ④	73 ②	74 ⑤	75 ⑤	76 ②	77 ④	78 ⑤	79 ④	80 ②

1 ④ 형일이는 새로운 음식점을 개업할 때 얻게 되는 이윤만큼 연봉을 받아야 ○○중국집에서 계속 일할 것이다. 새로운 음식점을 개업할 때의 기대이윤은 '기대매출액 3억 원 − 연간영업비용(6,000만 원 + 8,000만 원 + 4,000만 원) − 임대료 4,000만 원 − 보증금의 이자부담액 (2억 원 × 7.5%) = 6,500만 원'이다.

2 ② 경기변동은 호황, 후퇴, 불황, 회복의 단계를 나타내며 경제가 성장하는 과정에서 개별 또는 동시에 발생하는 현상이다. 쥬글라파동은 9~10년 주기로 발생하며 설비투자가 발생 원인으로 중기파동 수준을 나타낸다.

3 ③ '잃어버린 10년(The lost decade)'은 부동산 거품이 붕괴한 후, 주식시장에 이어 은행들이 연이어 파산한 디플레이션 악순환의 대표적인 사례이다.

4 ① 항상소득가설
② 생애주기가설
③ 절대소득가설
⑤ 유동자산가설

※ 상대소득가설
소비에 요인을 주는 것은 당기 소득, 타인의 소득, 과거 본인의 소득이다. 소비행동의 상호의존성인 전시효과와, 소비의 비가역성으로 최고 소비수준에 영향을 받는 톱니효과를 통해 설명할 수 있다.

5 ⑤ GNP는 당해 기간에 생산된 것만 해당한다.

6 ④ 명목 GDP와 실질 GDP의 차이는 GDP 디플레이터로 설명되며, GNP 디플레이터는 국민총생산(GNP) 기준이다.

7 ⑤ 경제성장률은 한 나라의 경제가 생산한 부가가치가 전년도에 비하여 얼마나 증가하였는가를 나타내는 자료로서 물가 요인을 제거한 실질 GDP성장률을 의미한다. 따라서 (금년도 실질 GDP − 전년도 실질 GDP) ÷ 전년도 실질 GDP × 100이다.

8 ③ 국민총소득은 한 나라의 전체 경제규모를 파악하는 데 유용하며, 1인당 GNI는 국민들의 평균적인 생활수준을 알아 보기 위하여 사용한다.

9 ① GDP 디플레이터는 '(명목GDP÷실질GDP)×100'로 계산한다. 따라서 1,650÷1,500×100=110이다.

10 ④ '선별(screening)'은 정보를 갖지 못한 측이 정보를 가진 측의 유형을 판별하고자 하는 것이다.

※ 역선택(adverse selection)
  ㉠ 개념 : 비대칭적 정보의 상황에서 정보를 적게 가진 측의 입장에서 상대적으로 손해 볼 가능성이 높아지는 현상이다.
  ㉡ 해결방안
   • 신호발송(signaling) : 정보를 많이 가지고 있는 자가 정보를 덜 가진 상대방의 역선택을 줄이기 위해서 신호를 발 송하는 것이다. 중고차 시장에서 중고차와 관련해 무상 수리를 해준다거나 취업시장에서 자격증을 취득하는 것을 말한다.
   • 선별(screening) : 정보를 적게 가진 자가 주어진 자료를 바탕으로 상대방의 감추어진 특성을 파악하려는 행동이 다. 보험회사에서 건강진단서를 요구하는 행동 등이 대표적이다.

11 ④ 독점은 잠재적 기업들의 시장진입이 불가능하여 단 하나의 기업만이 시장에 존재하는 경우를 말한다.

12 ⑤ 러너지수는 0에서 1 사이의 값을 갖는다.

13 ② GDP 디플레이터는 GDP에 포함되는 모든 재화의 평균적인 가격 상승의 정도를 나타낸다.

14 ③ 완전보완재의 경우 소비자는 항상 고정된 비율로 2개 상품을 동시에 소비하게 된다.

15 ⑤ 효율적 자원배분 : 각국이 비교우위가 있는 재화생산에 특화하여 자유무역을 하게 될 경우 국제적으로 자원배분 효율성 이 제고된다는 자유무역주의론자들의 주장이다.
  ① 실업 방지 : 자유무역으로 외국제품 유입 시 국내생산과 고용이 감소한다. 따라서 국가가 보호무역을 통해 실업을 방 지해야 한다는 주장이다.
  ② 국가 안보 : 농산물 보호무역의 주된 근거로 식량을 수입하여 의존하던 상황에서 상대 수출국이 식량수출 거부 시 국 가안보가 위협받을 수 있는 주장이다.
  ③ 외국 불공정무역 대응 : 외국정부가 조세 및 보조금으로 수출기업 지원 시 이에 상응하는 정책을 실시해야 한다는 보호 무역론자들의 주장이다.
  ④ 유치산업보호론 : 한 산업이 초기단계에 있으나 일정기간 보호해 줄 경우 경쟁력을 갖출 수 있다면 그 산업을 국가차 원에서 보호해 주어야 한다는 이론이다.

16 ④ 기회비용(opportunity cost)은 특정 경제적 선택의 기회비용이다. 즉, 경제적 선택을 위하여 포기할 수밖에 없었던 차선(the second-best)의 경제적 선택의 가치이다. 기회비용은 화폐 단위로 측정이 가능하며, 자유재를 제외한 나머지 경제재의 기회비용은 양(+)이다. 또 기회비용은 암묵적 비용이 포함되어 암묵적 비용이 포함되지 않는 회계학적 비용과는 다르다.

17 ④ 케인즈 단순모형에서의 균형은 계획된 총지출 및 생산량에 의존하므로 반드시 완전고용산출량 수준에서 이루어져야 할 필요는 없다. 유효 수요에 의해 결정되며 안전고용에 미달하는 수준에서도 가능하다.

18 ① 유상증자 : 기업이 주식을 추가적으로 발행하여 자본금을 늘리는 것을 의미한다.
② 우리사주조합 : 기업에서 근무하는 종업원들로 구성된 자사주 투자조합을 의미한다.
③ 주식공개매수 : 경영권을 획득하거나 강화하기 위해서 집단적으로 장외에서 주식을 매수하는 방법을 의미한다.
⑤ 흡수합병 : 합병당사회사 중에서 한 회사만 존속되고 다른 회사는 소멸하면서 존속한 회사에 흡수되어 합병되는 방식을 의미한다.

19 ④ IS-LM 모델은 단기 분석에 적합하며, 총수요에 집중한 부분균형모형이다. 외생적 요인을 직접 포함하지 않으며, 장기적 분석에 한계가 있으나 외생적 요인 변화로 인해 곡선의 이동이 발생할 수 있다.
① 폐쇄경제를 기본으로 설계되었기 때문에 환율, 국제 무역 등의 외부 요인을 포함하지 않는다.
② 단기 분석에 초점을 맞추며, 외생적으로 주어진 변수들을 가정한다.
③ IS-LM 모델은 총수요 중심의 분석 도구로, 공급 측면을 고려하지 않는 부분균형 모델이다.
⑤ IS-LM 모델은 물가수준이 고정되어 있다고 가정하고, 유휴생산설비가 존재해 수요에 따라 공급이 가능하다고 본다.

20 ③ 케인즈학파의 총공급곡선에 관한 설명이다.

21 ④ 재정정책의 파급 경로는 총수요 증가 → 생산 및 고용의 증가 → 국민소득 증가로 이어지며 부수적으로 이자율 상승 및 구축효과가 발생할 수 있다.

22 ④ 가속도 원리는 투자 결정이 경제활동 증가율에 의존한다는 이론이다. 즉 경제가 호황일수록 기업은 미래 수요 증가를 예상하며 투자 규모를 늘리게 되는데 반대로 경제가 침체기에 접어들면 기업의 투자를 감소시킨다. 이는 경제 성장 속도가 투자에 미치는 영향을 설명한다. 경기가 호황이고 이자율이 높을 때 재정정책을 시행하면 정부 지출 증가로 총 수요를 늘리지만 이자율이 상승하게 되면 구축효과가 강화되어 민간 투자를 감소시키는 부작용이 생길 수 있다. 금융정책 시 이자율을 인하할 경우 기업과 소비자의 차입 비용이 줄어들고 투자가 촉진되면서 경제 활성화가 나타난다. 즉, 투자와 소비가 더 빠르게 반응하기 때문에 금융정책이 더 효과적이다.

　※ 재정정책 및 금융정책
　　㉠ 재정정책 : 정부 지출 증가나 세금 감면 등을 통해 경제를 자극하는 정책이다.
　　㉡ 금융정책 : 중앙은행이 통화량이나 금리를 종정해 경제를 조율하는 정책이다.

23 ① 저축 및 차입이 모두 자유로워야 한다.

24 ② 예상치 못한 일반물가수준의 상승이 총공급의 증가를 이끌어낼 수 있음을 보여준다.

25 ④ 사람들이 소비결정을 할 때 임시소득을 포함한 현재소득에 의존하지 않고 미래의 자신이 벌어들일 수 있는 소득을 고려한 항상소득에 의존한다고 가정한다.

26 ② 이자율이 상승하면 미래 예상수익에 대한 할인 폭이 커지게 되고 투자로부터 얻는 수입의 현재가치가 감소하게 된다.

27 ⑤ 생산량과 거래량 모두 단기적으로 일정하다고 가정한다.

28 ⑤ 지니계수는 0에서 1사이의 값을 가지며, 1에 가까울수록 불평등도가 높은 상태를 나타내고, 값이 클수록 불균등한 상태를 나타낸다. 지니계수가 0.40 미만이면 고른 균등 분배, 0.40에서 0.50 사이이면 보통의 분배, 0.5 이상이면 저균등 분배를 의미한다.

29 ④ 유동성프리미엄은 장기채권에 투자함으로써 장기간 유동성을 포기하는 것에 대한 대가이므로 항상 양(+)의 값을 갖는다.

30 ① 실질임금이 높아지면 노동자는 임금에 만족하여 다른 일자리를 구할 필요를 적게 느끼게 되고 따라서 이직률이 낮아지게 된다. 기업의 입장에서는 이직률이 낮아지면 교육 및 연수비용 등을 절감할 수 있는 이점이 생긴다.

31 ② 지속적 덤핑은 국내외 가격 차이를 통해 전체 이윤을 극대화하려는 전략이다. 국내 생산자에게 보다 높은 이윤이 확보되기 위한 이유는 덤핑 전략의 일부다.

32 ② 임금은 소득수지에 해당하는 항목이다. 서비스수지에는 운수, 여행, 통신, 보험, 특허권 사용료, 사업서비스, 정부서비스 등이 해당한다.

33 ③ 마샬-러너 조건에 관한 설명이다.

34 ② 변동환율제도는 환율변동에 따른 환위험으로 인해 국제무역과 국제투자가 저해되는 단점이 있다.

35 ⑤ 좌석의 등급에 따라 가격이 다른 것은 가격차별에 해당하지 않는다. 상품차별화에 해당한다.

※ 가격차별
같은 상품을 소비자에 따라서 다른 가격을 받는 행위를 의미한다. 성별, 나이, 시기, 소득수준, 구매처 등에 따라서 가격에 차별을 두는 것을 의미한다. 1급 가격차별(완전가격차별)은 소비자가 지급할 용의가 있는 최대 금액에 해당하는 유보가격에 가격을 설정하는 것이다. 2급 가격차별은 수량을 일정구간으로 나누어 각기 다른 가격을 책정하는 것이다. 전기요금, 수도요금 등이 있다. 3급 가격차별은 소비자의 특성에 따라 시장을 분할하여 다른 가격을 의미한다.

36 ④ 디마케팅 : 기업에서 판매 중인 제품의 고객구매를 의도적으로 줄여서 적절한 수요를 창출하기 위한 마케팅 기법을 의미한다.
① 니치마케팅 : 틈새시장으로 시장 빈틈을 공략하는 신제품을 출시하는 마케팅 기법을 의미한다.
② 넛지마케팅 : 소비자가 유연한 방식으로 접근하여 선택을 유도하는 마케팅 기법을 의미한다.
③ 포지셔닝 : 소비자에게 자사 제품을 가장 유리한 포지션에 위치할 수 있도록 전략을 짜는 과정을 의미한다.
⑤ 세그멘테이션 : 기업이 제조하고자 하는 상품을 세분화하는 전략을 의미한다.

37 ② 정보시스템 활용 정도는 학습과 성장 관점에 해당하는 지표이다.

38 ③ 가치기반 경영하의 리스크관리기법에서 다루는 리스크는 크게 시장리스크, 신용리스크, 유동성리스크, 운영리스크 이렇게 네 가지로 나눌 수 있다.

39 ① 베버의 관료제의 특징이다.
③ 테일러의 과학적 관리법의 특징이다.
④ 소속감, 심리적인 요인이 근로자에게 중요하다.
⑤ 가장 큰 요인은 비공식적인 규범에 따라서 이루어진다.

※ 호손실험
기업의 생산성을 결정하는 조건에서 대인관계가 중요하다고 밝혀낸 실험 중에 하나이다. 급여, 휴식시간, 노동시간보다 자부심, 소속감, 대인관계와 같은 심리적인 변인이 더 크게 생산성을 높이는 것에 기여한다고 밝혔다.

40 ① 지시, 강압 등의 수단이 사용되는 것은 X이론의 가정이다.

41 ⓒⓒⓔ 사전통제에 관한 설명이다.
※ 사전통제 · 동시통제 · 사후통제

구분	사전통제	동시통제	사후통제
활용 시점	실행 전	실행 중	실행 후
미래지향성	매우 높음	높음	극히 일부
실시간 대응	없음	있음	없음
주요 목적	문제 예방	실시간 문제 해결	결과 평가 및 지속적인 개선
예시	계획 수립, 예산 편성	실시간 모니터링, 생산 라인 점검	품질 검사, 성과평가

42 ⓒ 농산물 보조금 정책은 농민 소득 안정화의 긍정적 의도가 있지만 농산물 최저가격 설정 후 농민들은 높은 가격을 기대하며 생산량을 늘리게 되고 결국 수요는 제한적인데 과잉 공급되어 초과 공급이 발생할 수 있다. 이 경우 정부는 과잉 생산으로 인해 남은 농산물을 구매 또는 가격 유지를 위해 보조금을 지급해야 한다. 또한 정부가 가격을 너무 높게 설정할 경우 소비자 부담 증가로 이어져 소비자 후생이 감소한다. 따라서 이는 정부 실패 사례에 해당한다.
ⓐ 부정적 외부효과로 시장실패에 해당한다.
ⓒ 담합은 불완전 경쟁의 사례로 시장 실패에 해당한다.
ⓔ 공공재 문제로 시장실패에 해당한다.

43 ② 목표관리법(MBO) : 평가자와 피평가자가 합의하여 달성해야 할 특정 목표를 결정한 후 일정기간 종료 후에 그 목표를 달성했는지를 평가하여 인사고과에 반영하는 방법이다.
① 다면평가 : 상사, 동료, 후임, 고객 등 다양한 주체들이 평가자를 평가하는 제도를 의미한다.
③ 인적평정센터법 : 피고과자를 합숙시키면서 토의, 심리검사 등을 실시하여 다수의 평정자인 심리학 전문가들이 평가를 하는 고과방법이다.
④ 행동기준고가법 : 구성원의 실제행동을 평가기준으로 하는 고과방법이다.
⑤ 균형성과평가제도 : 기업 성과를 평가할 때 매출액이나 수익 등의 재무적 지표와 함께 고객, 내부 프로세스 등을 종합적으로 평가하는 것이다.

44 ① 신뢰성 : 선발도구가 동일한 환경에서 동일한 사람에게 여러 번 실시될 때 결과가 일관성이 있는가를 나타내는 정도이다.
③ 예측타당성 : 선발시험에 합격한 사람들의 시험성적과 입사 후 직무성과를 비교하는 것이다.
④ 구성타당성 : 선발도구가 선발대상을 잘 측정할 수 있게 구성되었지 여부이다.
⑤ 내용타당성 : 선발도구가 인력을 선발하기 위해 요구하는 내용과 개념을 얼마나 잘 나타내는지 여부이다.

45 ⑤ 해설 기존 고객 및 잠재고객을 대상으로 하고 고객유지 및 이탈방지 전략이 비중이 높지만 신규 고객의 확보 또한
CRM의 대상이 된다.

46 ① 근로에 대한 동기부여로 생산성이 향상되는 장점이 있는 것은 성과급이다.

47 ① 근로조건의 유지 및 개선을 목적으로 하는 것은 단체교섭에 관한 설명이다. 노사협의회는 노사공동의 이익증진을 목
적으로 한다.

48 ④ 다른 사람이나 집단의 주장이 자신의 가치체계에 부합되어 합당한 것으로 받아들여질 때 일어나는 것은 내면화이다.
동일화는 개인이 다른 집단이나 개인과의 관계에 만족함을 느끼고 그것을 자기의 일부를 형성하는 것으로 생각하여
다른 집단이나 개인의 태도를 받아들이는 것을 의미한다.

49

50 ① ㈜ A전자가 수경의 제안을 받아들이지 않을 때, ㈜ A전자는 매월 100대의 전자계산기를 대당 2만 원에 팔고 이때
대당 평균비용은 1만 2천 원이므로 매월 80만 원의 이윤을 얻게 된다. 반면에 ㈜ A전자가 수경의 제안을 받아들여
월 생산량을 150대로 늘리면 매월 95만 원의 이윤을 얻게 되므로, 수경의 제안을 받아들이지 않을 경우보다 이윤이
증가하게 된다. 비록 수경과의 거래에서는 한 대당 1천 원씩 월 5만 원의 손해가 발생하게 되지만, 생산량의 증가로
대당 평균비용이 감소함에 따라 국내 시장에서는 한 대당 2천 원씩 월 20만 원의 추가적인 이윤이 발생하기 때문이
다. 이같이 생산량이 증가하게 될 때 평균비용이 감소하는 것을 "규모의 경제(economics of scale)"라고 한다.

51 ① 문제의 사례는 개방형 질문 형태에 관한 내용이다. 개방형 질문 형태는 응답에 대한 선택지를 제시하지 않고 응답자
들이 자유롭게 응답할 수 있도록 하는 것이다. 그러므로 이러한 질문 형태의 경우에는 비정형적인 질문 형태를 취하
게 된다. 설문지의 개방형 질문뿐만 아니라 FGI와 심층면접법에서 사용되는 질문도 모두 개방형 질문이라고 할 수
있다.

52 ① AE제도(Account Executive system)는 광고주를 대신해 광고 기획 담당자가 광고계획의 수립, 문안 · 도안 작성, 제
작기술의 표현, 제작업무의 작성 등 광고 활동 전반을 도맡아 대행하는 제도이다.

53 ③ 균형 상태에서 가격이 상승하면 수요가 감소하고 공급이 증가하므로 공급이 더 많아지는 초과공급이 발생하며, 반대로 가격이 하락하면 수요가 증가하고 공급이 감소하므로 수요가 더 많아지는 초과수요가 발생한다. 보기는 부동산의 공급보다 수요가 많은 초과수요에 대한 내용이다. 과잉공급은 다시 가격을 하락시키는 요인이 되며, 반대로 초과수요는 곧 과잉수요를 의미하므로 이는 다시 가격을 상승시키는 요인이 된다.

※ 초과공급과 초과수요

54 ③ 개인총처분가능소득(PGDI)는 가계 구매력을 보여주는 지표로 가계소득에서 세금과 연금 등을 빼고 임의로 처분할 수 있는 소득을 말한다.

55 ③ 소득소비곡선이 우하향한다는 사실은 소득이 증가함에 따라 Y축의 재화의 소비수준이 점차적으로 하락하고 X축의 재화의 소비수준이 점차적으로 증가한다는 사실을 의미한다. 이는 두 재화 중 한 재화는 반드시 열등재이고 다른 재화는 정상재가 됨을 의미한다.

※ 엥겔곡선
소득 변화에 따라 소비재의 소비되는 수량의 변화를 나타내는 곡선이다. 가로에는 수량, 세로에는 소득을 잡으며 경사는 소비재에 의해서 값을 잡는다. 재화가 정상재일 경우 기울기가 양의 값이 되고 열등재일 경우에는 기울기가 음의 값을 갖는다.

56 ⑤ 정부가 개입하기 전 임대아파트 시장 균형 가격은 수요량(Q_d)과 공급량(Q_s)이 같아지는 지점을 구하면 되는데 즉 $1000-7P=200-3P$가 된다.
$1000-7P=200-3P$, $1000-200=7P+3P$, $800=10P$
∴ 80(만 원)
정부가 가격상한선을 시장균형임대료보다 낮은 수준으로 설정했기 때문에 초과수요가 발생한다.
㉠ 수요량(Q_d)
$Q_d=1000-7P$, $Q_d=1000-7(50)$, $Q_d=650$
㉡ 공급량(Q_s)
$Q_s=200-3P$, $Q_s=200-3(50)$, $Q_s=350$
㉢ 초과수요=$Q_d-Q_s=650-350=300$
∴ 300만 원의 초과수요가 발생한다.

57 ③ 신기술 개발이 이루어지면 공급곡선이 하방(우측)으로 이동하므로 '공급량'이 아니라 '공급'이 증가한다.

58 ⑤ 가격 상승이 예상되면, 수요는 증가하고 공급은 감소한다. 수요곡선이 우측으로 이동하고 공급곡선이 좌측으로 이동하면 가격은 명백히 상승하나 거래량의 증감 여부는 불분명하다. 거래량이 증가할지 감소할지는 수요곡선과 공급곡선의 상대적인 이동폭에 의해서 결정된다.

59 ① 상품차별화를 통한 품질경쟁(비가격경쟁)이 일어난다. 또한 어느 한 기업의 가격하락은 다른 기업의 가격하락을 유발한다.

60 ④ 피들러는 중요 상황요소로서 리더와 부하 간의 신뢰관계, 과업구조, 리더 지위의 권력 정도라는 3가지 요소로 보고, 이를 토대로 리더십 상황을 리더에게 유리한 상황과 불리한 상황으로 유형화하였다. 이 모델에서는 상황이 리더에게 유리하거나 불리한 경우에는 업무지향적 리더십 유형이 적합하고, 중간 정도의 상황에서는 인간관계지향적 리더십 유형이 적합하다고 본다.

61 ④ 한계효용은 재화소비량 1단위 증가 시 총 효용의 증가분을 의미하며 기수적 측정이 가능하다.

62 ⑤ 슈타켈버그 균형에서의 생산량은 완전경쟁의 $\frac{3}{4}$ 수준이고, $\frac{2}{4}$ 를 선도 기업이, $\frac{1}{4}$ 를 추종기업이 생산하게 된다. 문제에서는 B기업이 선도자가 되어 A기업의 반응곡선을 제약조건으로 삼아 상대방의 생산량을 예상하고 자신의 생산량을 결정하게 된다. A기업의 생산량은 B기업 생산량의 절반이 된다. B기업이 먼저 자신의 생산량을 구하는데 독점인 경우와 같으므로 MR=MC인 점, P=MC=0이 되어 Q=40이 된다. 따라서 슈타켈버그 생산량은 q=30이고, 선도자인 b기업의 생산량(Q_B)은 20, 추종자인 A기업의 생산량(Q_A)은 10이 된다.

63 ⑤ 소비자의 태도나 선호도 등의 측정에 이용되는 척도는 서열척도이다.

64 ⑤ 저관여 제품이면서 제품 특성 차이가 적을 경우, 상품의 친숙도를 높이기 위해 짧은 문구의 광고를 자주 반복하는 것이 효과적이다.

65 ⑤ 차별적 마케팅 전략은 다수제품을 전체시장에 도달하게 하는 전략으로, 전체시장 도달전략에 해당한다.

66 ① 설문조사법에 관한 설명이다.
②③④ 다차원척도법에 관한 설명이다.

※ 컨조인트 분석법
제품이나 서비스가 가지고 있는 속성에 고객이 부여하는 가치를 추정하여 어떤 제품을 선택할 것인가를 예측하는 기법이다. 소비자행동요인을 측정하기 위한 방법이다.

67 ② 지속적인 기술개선을 통해 기술적 우위를 확보할 수 있는 것은 시장개척자에게 적용되는 시사점으로 볼 수 있다.

68 ② 서비스는 생산과 동시에 소비가 이루어지는 생산과 소비의 동시성이라는 특징이 있다.

69 ① 지대가격은 지역별 가격결정법이다. 심리적 가격결정법에는 촉진가격, 단수가격, 관습가격, 준거가격, 최저수용가격 등이 해당한다.

70 ① 적절한 비용을 지출하면서 고객생애가치를 높인다.
②③⑤ 고객유지 방법이다.
④ 고객 맞춤 서비스 판매전략이다.

71 ④ 공식조직은 논리적 계획으로 설명이 가능한 조직으로 기업의 조직도로 대표되는 체계로 설명이 가능한 것으로(성문 적, 타의적 조직) 인간적으로 친밀감이 적용되는 것이 아닌 수직적 구조 하에서 명령에 기반하는 특징을 지닌다. 비 공식조직은 조직 내에서 공식적이 아닌 비공식적으로 친밀한 인간관계를 기반으로 형성된 조직이다. 이러한 조직의 경우에는 불문적이며 자생적으로 존재한다(조직 내 동호회 등).

72 ㉠ 자산 : 유동자산, 비유동자산(투자자산, 유형자산, 무형자산)이 있다.
　　㉡ 부채 : 유동부채, 비유동부채가 있다.
　　㉢ 자본 : 자본금, 자본잉여금, 자본조정, 기타포괄손익누계액, 이익잉여금 등이 있다.

73 ② 유동비율이 200% 이상일 경우 유동성이 양호한 것으로 평가할 수 있다.

74 ① 상표충성자이다.
　② 제품에 관여도가 낮고 상품에 관여도가 높을 때 진행하는 마케팅 관리방법이다.
　③ 제품과 상품에 관여도가 낮을 때 나타나는 유형이다.
　④ 선호하는 상표가 명확하다.

75 ⑤ 국내 통화가치의 상승 압력은 곧 국내 통화의 수요 증가, 외국 통화의 공급 증가 등을 의미한다. 따라서 환율을 일정 하게 유지하기 위해서는 국내 통화를 팔고 외국 통화는 사들여야 하고 이를 통해 외환보유액은 증가한다.

76 ② 만기가 길어질수록 이자율변동에 따른 채권가격 변동폭은 크다.

77 ④ NPV법은 투자금액의 효율성보다 투자성과의 크기에 초점이 맞추어져 있어 대규모 투자를 선호하게 하는 단점이 있다.

78 ⑤ 투자자의 수는 직접적인 관련성이 없으며 조건이 평등해야 한다.

79 ④ 베타 계수는 주식이 시장 변동에 얼마나 민감하게 반응하는가를 나타낸다. 레버리지가 높은 기업은 시장 변동에 더 민감하므로 베타 계수는 작아지는 것이 아니라 커지는 경향이 있다.

80 ② 문제에 제시된 그림은 커뮤니케이션 네트워크 유형 중 원(Circle)형을 나타낸 것이다. 이러한 유형은 지역적으로 분 리되어 있거나 또는 자유방임적인 상태에서 함께 일하는 구성원 사이에서 이런 형태의 커뮤니케이션은 흔히 나타나 는데, 그 예로 태스크포스 팀을 들 수가 있다. 구성원들 사이의 정보교환이 완전히 이루어지는 유형은 상호연결(All Channel)형이다.

제5회 정답 및 해설

※ 문제는 p.118에 있습니다.

☑ ANSWER

1 ③	2 ④	3 ③	4 ④	5 ④	6 ④	7 ①	8 ④	9 ⑤	10 ④
11 ②	12 ①	13 ⑤	14 ④	15 ⑤	16 ③	17 ④	18 ⑤	19 ①	20 ②
21 ⑤	22 ②	23 ③	24 ⑤	25 ①	26 ④	27 ⑤	28 ②	29 ②	30 ④
31 ⑤	32 ⑤	33 ④	34 ⑤	35 ②	36 ③	37 ①	38 ④	39 ①	40 ⑤
41 ③	42 ②	43 ⑤	44 ②	45 ③	46 ④	47 ①	48 ②	49 ⑤	50 ⑤
51 ②	52 ⑤	53 ⑤	54 ⑤	55 ①	56 ①	57 ⑤	58 ②	59 ③	60 ①
61 ③	62 ④	63 ②	64 ④	65 ③	66 ②	67 ③	68 ④	69 ⑤	70 ⑤
71 ①	72 ①	73 ①	74 ④	75 ⑤	76 ⑤	77 ①	78 ④	79 ①	80 ⑤

1 ③ 소득이 증가하면서 X재의 소비량도 증가하나 곡선의 기울기가 점차 완만해진다. 곡선이 완만해지는 것은 소득이 증가할수록 X재에 대한 소비 증가율이 둔화된다는 의미로 즉, 소득 탄력성이 1보다 작아지는 재화이다. 그러므로 소득 탄력성이 0과 1사이이며 소득 증가율보다 소비 증가율이 낮은 필수재를 의미한다.

2 ④ 리플레이션은 디플레이션으로 지나치게 하락한 물가를 올리기 위하여 인플레이션이 되지 않을 수준에서 통화량을 증가시키는 통화재팽창을 의미하는 용어이다. 디플레이션이 시작되면 정부와 중앙은행은 디플레이션 이전의 가격을 유지하기 위하여 제로금리 정책, 양적완화정책 등을 통해 통화를 공급하고 경기 부양 자금을 지원하는 등의 정책에 돌입하는 것을 리플레이션 정책이라 한다.

3 ① PCT(Patent Cooperation Treaty) : 특허협력조약으로 특허나 실용신안의 해외출원절차를 간소화하기 위한 다자간의 조약을 의미한다.
② DTI(Debt To Income) : 소득을 기준으로 금융부채 상환능력을 책정하여 정하는 계산비율을 의미한다.
④ LTV(loan to value ratio) : 주택의 담보가치에 따라서 빌릴 수 있는 대출금의 비율로 주택담보대출비율을 의미한다.
⑤ SPC(Special Purpose Company) : 유동화전문회사로 특수목적회사로 금융회사에서 발생한 부실채권을 매각하기 위해서 설립된 회사이다.

4 ① 구축효과 : 정부의 지출 증가로 민간부문의 투자가 감소하는 현상이다.

② 립스틱효과 : 경기 불황기에 나타나는 소비패턴으로, 소비자의 만족도는 높으면서도 가격은 저렴한 사치품의 판매량이 증가하는 현상이다.

③ 역경매 : 공급자간의 가격경쟁을 통해 소비자는 가장 낮은 가격에 물품을 구입할 수 있는 방식이다.

⑤ 치킨게임 : 경쟁자 중 어느 한쪽이 포기하면 다른 쪽이 이득을 보게 되며, 각자에게 최적의 선택은 상대방의 행위에 의존한다는 이론이다.

※ 폰지수법(Ponzi Scheme)

허황된 고수익을 제시하며 투자자를 끌어들여 뒤에 들어오는 투자자의 원금으로 앞사람의 이자를 지불하는 사기수법으로 1925년 찰스 폰지가 미국 플로리다에서 90일 후 수익 두 배를 내세우며 벌인 사기극에서 유래되었다. 국제쿠폰과 주택사업 등을 하겠다며 한 해 10억 달러를 모으기도 하였으나 실제로는 아무런 사업도 하지 않았으며, 체포 당시 수중의 돈은 전체 금액의 14% 밖에 되지 않았다. 미국 월가의 헤지펀드가인 버나드 메이도프가 벌인 다단계 금융사기 사건 역시 이 수법을 사용하였다.

5 ④ 성장회계분석은 solow의 성장모형에 근거하여 경제성장률을 생산에 투입된 자본과 노동 등 생산요소와 기술 진보 및 기타 요인들을 반영하는 솔로 잔차인 총요소생산성의 기여도로 분석하는 방법을 말한다.

6 ④ 전단지에서 쿠폰을 오려오는 수고를 하는 고객은 그렇지 않은 고객에 비해 수요의 가격탄력성이 높다는 사실을 나타내므로 이들에게 저렴한 값을 제시하면 판매량이 늘어난다. 동일한 통신 서비스를 다른 요금으로 판매하는 독점 이동통신사업자 역시 이윤을 높이기 위해 소비자를 개인과 기업의 두 개 그룹으로 구분하고 수요의 가격탄력성에 의해 가격을 차별적으로 적용하고 있는 사례이다.

①③⑤ 흠이 생긴 양복, 당일 판매되지 않은 빵, 보급형 합판 기타 등은 "동일한 제품"의 조건을 만족하지 않는다.

② B이발소의 무료 이발 서비스는 소비자를 구분하고 있지 않다.

7 ① 제시된 자료는 소비자 물가지수현황이다. 제시된 자료에 따르면 물가는 지속적으로 성장했지만 증가폭이 계속 커지다 지난 8월과 9월 물가의 증가세는 감소하였다. 실질임금은 물가상승률을 고려한 명목임금의 실질 구매력을 나타낸다. 물가가 상승했으나 임금이 동일하다면 실질임금이 줄어든 것으로 볼 수 있다.

② 명목임금의 상승으로 실질임금도 상승되었다고 할 수 없으며 성장률을 살펴보아야 하지만, 주어진 자료를 통해서는 알 수 없다.

③ 물가의 성장세는 두 달 동안 감소하였으니 기대 인플레이션을 우려할 수준이 아니다.

④ 지난 3월부터의 물가 상승으로 인플레이션에 대한 대책을 염두에 두어야 하며 주어진 자료를 통해서 스태그플레이션을 짐작할 수는 없다.

⑤ 물가의 상승이 반드시 경기의 침체라고 할 수 없으며 일반적으로 경기가 호황일 때 물가가 상승하는 경향이 있다.

8 ④ 저축 증대를 통한 투자자본의 확충은 자본량의 변동을 의미하므로 총요소생산성과는 거리가 멀다.

※ 총요소생산성(Total Factor Productivity)

단일요소가 아닌 생산요소 전체를 기준으로 효율성을 측정하는 개념이다. 단일요소생산성을 측정할 때 포함되지 않는 기술이나 노사관계, 경영체제, 법, 제도 등을 모두 반영하며 특히 기술 혁신은 총요소생산성 증가에 큰 영향을 미친다.

9 ⑤ 중소기업 및 벤처기업들의 자금조달을 원활히 하기 위하여 설립된 것은 코스닥(Korea securities dealers automated quotation)지수이다.

※ 다우존스공업평균지수와 코스피지수

ⓐ 다우존스공업평균지수(Dow jones industrial average) : 미국의 다우존스사가 뉴욕증권시장에 상장된 우량기업 주식 30종목을 표본으로 하여 시장가격을 평균하여 산출하는 주가지수이다.

ⓑ 코스피지수(Composite stock price index) : 1980년 1월 4일을 기준으로 하여 이날의 종합주가지수를 100으로 정하고, 비교시점과 비교하여 작성한 우리나라의 주가지수이다.

10 ④ 수입물가의 상승은 경상수지 적자요인으로 작용한다. 금융자산보다 실물자산을 보유한 사람이 인플레이션 상황에서 유리하다. 인플레이션에 따른 시장이자율의 상승은 변동금리 대출이자율에 전가되므로 변동금리로 대출한 사람에게 불리하다.

11 ② 시장 점유율 상위 K개 기업들의 점유율을 합한 것은 CR 방식이다.

12 ① 게임나무로 표현되는 게임을 전개형, 보수행렬로 표현되는 게임을 정규형이라 한다.

13 ⑤ 2023년 GDP디플레이터 $= \frac{(3*20)+(4*20)}{(3*20)+(4*20)} \times 100 = 100$

2024년 GDP 디플레이터 $= \frac{(5*20)+(3*20)}{(5*20)+(3*20)} \times 100 = 100$

∴ 변동 없다.

※ GDP디플레이터 $= \frac{명목\,GDP}{실질\,GDP} \times 100$

14 ④ 정책이나 제도에 의해 수요자가 제한될 때 수요독점이 발생할 수 있다.

※ 수요독점

독점구입이나 불매동맹 등과 같이 수요자가 다수라도 다수의 구매자가 하나의 의사를 가진 주체로 나타나는 경우 수요독점이 발생하게 된다.

15 ⑤ 합병은 외부성을 해결하기 위한 사적인 해결방안에 해당한다.

16 ③ 물가의 변화를 고려할 필요가 없는 당해 연도만의 경제상황을 분석할 때 유용한 것은 명목 GDP이다.

※ 명목 GDP

당해연도의 최종생산물 수량에 당해연도의 시장가격을 곱하여 산출되는 GDP로서 경상가격 GDP라고도 한다.

17 ④ 물가와 화폐의 구매력은 반비례 관계에 있기 때문에 물가가 급격히 상승하면 화폐의 구매력은 급격히 떨어지게 된다.

18 ⑤ 단기적으로 가격과 임금이 경직적이다.

19 ② 구조적 실업 : 경기상태나 산업구조가 변화하면서 발생하는 실업이다.
③ 비자발적 실업 : 취업의사가 있으나 유효수요가 부족하여 취직을 하지 못하는 비자발적인 실업 상태이다.
④ 실망실업 : 구직이 어려워서 취직을 포기한 경우를 의미한다.
⑤ 잠재적 실업 : 실질적으로 실업상태로 저소득과 저생산성의 열악한 곳에서 취업을 하고 있는 반실업 상태이다.

20 ② 소득이 증가함에 따라 소비함수의 양의 기울기는 점점 완만해진다.

21 ⑤ 문제에 나타난 그림은 수레바퀴(Wheel)형이다. 수레바퀴(Wheel)형은 문제의 성격이 간단하면서도 일상적일 시에는 유효한 반면, 문제가 복잡하면서도 어려운 때에는 그 유효성이 발휘되지 않는다는 단점이 있다.

22 ② 같은 만족감을 제공하는 두 재화는 효용이 같다는 것을 의미한다고 볼 수 있다.
따라서 일경이의 효용함수 $\min(3x, y) = a$라 하면 $3x = y = a$이다.
재화$(x, y) = (11, 18) \rightarrow \min(33, 18)$이므로 최솟값 $a = y = 18$, $\therefore x = 6$, $y = 18$이다.
즉 x재의 가격은 5원, y재의 가격은 10원이므로, $\therefore 5 \times 6 + 18 \times 10 = 210$(원)이다.

23 ③ 자본주의 기업에 대한 내용이다.

24 ⑤ 기업들이 수직계열화를 하는 이유는 기술적 경제효과 때문이다. 기술적 경제효과로 인해 비용 절감 효과가 있는데 구체적으로 Search costs(찾는 비용), Negotiation costs(협상비용), Coordination costs(조정비용), Monitoring costs(감독비용)가 있다.

25 ① 컨글로머릿(Conglomerate)을 구성하는 목적에 해당하는 설명이다.

26 ④ 완전경쟁시장에서는 기업의 수가 무한대에 가깝게 많다고 가정한다. 따라서 개별 기업은 시장가격에 영향력을 미치지 못하며 가격수용자로서 행동한다.

27 기업의 국제화 단계
㉠ 상품의 수출입 단계 : 기업이 자국 내 생산한 상품을 해외 시장에 판매하거나 해외 상품을 수입하는 단계이다.
㉡ 자본의 수출입 단계 : 기업이 해외에 직접 투자 또는 자본을 들여와 생산 설비를 확장하는 단계다. 이 단계에서 자본을 활용한 시장 점유율 확대가 이루어진다.
㉢ 기술정보의 수출입 단계 : 기업이 기술, 노하우, 정보 등을 해외로 전파하거나 해외 기술정보를 도입하는 단계이다. 기술 라이선스, 공동 연구, 기술 협력 등이 이루어진다.
㉣ 인적자원의 교환단계 : 기업이 해외 기업과 경영진, 직원 등을 교환하거나 파견하여 현지화를 준비하는 단계이다. 해외 인재를 고용하거나 자국 인재를 해외 시장에 투입한다.
㉤ 현지사업 및 현지진출단계 : 기업이 현지에서 완전히 통합되면서 해외 자회사가 본사와 독립적이거나 동등한 수준으로 운영된다.

28 ㉠ 자본량이 증가하면 생산가능곡선은 확장되고 자본량이 감소하면 생산가능곡선은 축소된다.
㉡ 노동량이 증가하면 생산가능곡선은 확장되고 노동량이 감소하면 생산가능곡선은 축소된다.
㉢ 기술 수준이 향상되면 동일한 자원으로 더 많은 재화를 생산할 수 있으므로 생산가능곡선이 확장된다.
㉣ 실업률 감소는 생산가능곡선 안쪽 점의 위치를 이동시키는 요인이며 생산가능곡선 자체를 이동시키지 않는다. 즉, 실업률의 변화는 생산가능곡선에 직접적인 영향을 주지 않는다.

29 ㉢ 로렌츠곡선과 지니계수는 각각 다른 학자에 의해 개발된 것이지만, 지니계수는 로렌츠곡선으로부터 지니계수를 측정할 수 있는 방법을 고안해 낸 것이다. 따라서 로렌츠 곡선과 지니계수는 완전히 별개의 지수라고 볼 수는 없다.

30 ④ 주희가 뮤지컬을 관람한다면 뮤지컬 티켓을 팔아서 회수할 수 있는 2만 원과 전시회를 관람할 때 얻을 수 있는 순편익 3만 원을 포기해야 하므로 뮤지컬 관람에 따른 기회비용은 5만 원이다.

31 ⑤ 브레튼우즈 체제 이후에 킹스턴 체제에서 변동환율제도를 자유롭게 채택하도록 하였다.

32 ⑤ 수요의 교차탄력성이 음수를 나타내는 것은 두 재화의 관계가 보완재일 경우에 해당한다. 볼펜과 볼펜심은 보완재 관계에 있으므로 교차탄력성이 음수를 나타낸다.

33 ① 대리인 문제 : 주인이 대리인에게 의사결정을 위임하는 경우 성립되는 관계에서 발생되는 문제를 의미한다.
② 세이의 법칙 : 경제 전반적으로 수요부족으로 인한 초과공급은 발생하지 않는다는 의미이다.
③ 그레샴의 법칙 : 악화는 양화를 구축한다는 의미의 법칙이다.
⑤ 슈바베의 법칙 : 근로자의 소득과 주거비 지출에 대한 관계법칙을 의미한다.

34 ⑤ 환율이 하락하면 수입재, 원자재 가격 등이 하락하게 되고 물가하락의 원인으로 작용할 수 있다.

35 ② 50%에 해당하는 사람들은 전혀 소득이 없고 나머지 50%에 해당하는 사람들의 소득은 완전히 균등하게 100만 원씩이므로 로렌츠곡선(ORO')은 다음과 같다.

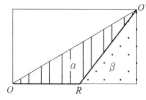

지니계수(G)는 $G = \dfrac{\alpha}{\alpha + \beta} = \dfrac{1}{2}$ 이다.

36 ③ 환율이 상승하면서 환이익으로 수출기업의 수익률이 높아진다.
① 기준금리를 인상하는 것은 소비와 투자를 줄이기 위한 방침 중에 하나이다. 경제 대공황의 여파와는 거리가 멀다.
② 기준금리가 증가하면서 대출금리, 예금 금리가 상승한다. 이때 소비, 투자 등이 억제되면서 부동산 가격이 떨어질 것으로 예상된다.
④ 금융비용이 상승하면서 투자가 축소되고 시장에 풀린 돈이 중앙은행으로 회수된다.
⑤ 신흥국에 투자한 돈을 미국에 투자하게 된다.

37 ② 황금낙하산 : 인수 대상 기업의 경영진이 적대적 M&A로 인해 사임하게 될 경우 거액의 퇴직금이나 스톡옵션 권리 등을 사전에 계약에 기재하는 방법이다.
③ 차등의결권제도 : 1주당 의결권을 여러 개로 부여하여 주식을 발행할 수 있게 하는 제도이다.
④ 의무공개매수제도 : 적대적 M&A 발생 시 공격자 측이 일정 비율 이상의 지분을 취득하려면 반드시 공개매수를 통해 특정 지분율 이상을 매입하도록 의무화한 제도이다.
⑤ 소수주주권 : 일정 비율 이상의 지분을 소유한 주주만이 행사할 수 있는 권리이다.

38 ④ 시장부가가치(MVA)에 관한 설명이다. 부가가치(EVA)는 단기적인 속성을 가진다.

※ 부가가치(EVA)
기업이 영업활동을 통하여 얻은 영업이익에서 법인세, 금융비용, 자본비용 등을 차감한 금액이다.

39 ① 관리 대상이 전반적인 경영관리가 아닌 공장관리 및 생산관리에 국한되어 있다.

40 ⑤ 비정형적 의사결정은 주로 특수한 상황이나 비일상적인 부분에 적용되는 의사결정의 형태이므로 의사결정을 하게 되는 계층은 주로 고위층이다. 반면 하위층은 정형적 의사결정을 주로 하게 된다.

41 ③ 기업의 사회적 책임의 유형으로는 경제적 책임, 법률적 책임, 윤리적 책임, 자선적 책임 등이 있다.

42 ② 신제품을 출시할 때 관련 부서들이 모두 모여 의사결정을 할 경우 그만큼 신속한 개발 및 출시가 가능하다.

43 ⑤ 정식적인 정보를 획득하는 데 유용한 방법은 면접법이다. 질문서법은 광범위한 자료를 수집하는 데 유용하다.

44 ② 인사고과의 상대평가방법에는 서열법, 등급할당법, 강제할당법, 표준인물비교법 등이 있다. 평정척도법은 절대평가방법의 하나이다.

45 ③ 양적 수요예측기법에는 생산성비율분석법, 시계열분석법, 추세분석법, 회귀분석법 등이 있다. 시나리오분석법은 질적 수요예측기법에 해당한다.

46 ④ 연공주의의 승진제도는 연공승진제도를 따른다. 직계승진제도는 능력주의에 해당한다.

47 ① 조직시민행동은 직무만족 시 나올 수 있다.

48 ① 긍정적 강화 : 그 개인에게 긍정적인 결과가 되는 요소를 부여하는 적극적인 강화를 말한다.
③ 소거 : 긍정적인 요인을 제거하여 개인에게 부정적인 결과를 가져오게 되는 것이다.
④ 처벌 : 자극에 반응한 행동의 결과가 바람직하지 않은 경우 부정적인 결과를 제공한다.
⑤ 단속강화법 : 어떤 기준에 따라 누적시킨 후 그 기준에 따른 시기에 강화를 주는 것으로 강화요인이 아니라 강화법칙에 해당한다. 강화법칙은 단속강화법, 연속강화법이 있다.

49 ⑤ 현대적 조직으로는 사업부제 조직, 프로젝트 조직, 매트릭스 조직, 위원회, 네트워크 조직 등이 있으며 라인 조직은 전통적 조직에 해당한다.

50 ⑤ 폐쇄-합리적 조직이론(1900~1930년대) → 폐쇄-사회적 조직이론(1930~1960년대) → 개방-합리적 조직이론(1960 ~1970년대) → 개방-사회적 조직이론(1970년대 이후)

51 ② 원(Circle)형에서의 구성원 만족도는 높다.

52 ① 전략군 분석 : 산업분석의 범위가 광범위하여 경쟁상대를 확실히 파악할 필요가 있을 때 사용하는 전략이다.
② 코아피티션 : 경쟁자 간 시장을 만들어내는 과정에서 경쟁과 협력을 통합하는 전략이다.
③ 다이내믹 산업분석 : 한 산업을 구성하는 주요 요소인 제품 · 서비스, 고객, 기술의 세 가지 측면에서 구성된 경쟁공간을 통하여 변화하는 경쟁패턴을 분석하는 전략이다.
④ 카니발리제이션 : 기존 시장에서 판매되고 있던 주력제품이 신제품이 출시되면서 시장에서 잠식되는 현상이다.

53 ⑤ 생산가능곡선 밖에 위치한 E점은 해당 경제가 달성할 수 없는 지점이다. 사용가능한 자원을 모두 활용하여 최대로 생산할 수 있는 조합은 생산가능곡선까지다. 생산가능곡선상의 A, B, C점은 생산이 효율적으로 이루어지는 지점이며 D점은 자원을 모두 사용하지 않아 생산가능곡선에 미치지 못한 지점이다. 즉 비효율적인 생산이 이루어지는 지점이다. E점은 달성할 수 없는 지점이다. 예를 들어, A점에서 X재·Y재의 생산량이 각각 3개, 9개이고 B점에서는 각각 9개, 6개일 때 A지점으로부터 B지점으로 이동할 경우, X재를 6개 더 생산할 수 있지만 Y재는 3개의 생산을 포기해야 한다. 즉 X재의 6개 생산 기회비용은 Y재 3개이며 이는 X재 1개가 Y재의 0.5 기회비용을 갖는다.

54 ⑤ 수직적 통합은 여러 단계의 거래를 내부화하여 생산비용이나 시장비용을 절감할 수 있다.

55 ① 포터의 5가지 경쟁요인은 기존 기업 간 경쟁, 잠재적 경쟁기업, 구매자 교섭력, 공급자 교섭력, 대체재 위협이다.

56 ① 전략캔버스는 블루오션 전략을 구축하기 위한 분석도구이다.

57 ⑤ 리카르도의 비교우위론에 관한 설명이다.

58 ② WTO는 분쟁해결을 전담하는 상설기구가 설치되어 있다.

59 ③ 매스 마케팅(대량 마케팅)은 과거 대량생산 및 대량소비가 이루어지던 산업사회의 마케팅이다. 정보화사회에서의 마케팅은 일대일 마케팅(관계 마케팅, 맞춤 마케팅)이 중심을 이룬다.

60 ① 합작투자를 할 경우 참여기업 간에 의견이 상충될 수 있고 정보가 유출되어 향후 경쟁기업을 만들 수 있는 위험이 존재한다.

61 ③ 마케팅은 고객의 욕구 및 장기성과를 지향하며, 판매는 기존제품 및 단기성과를 지향한다.

62 ④ 정부가 가난한 사람에게 소득보조를 할 경우에는 예산선이 평행하게 이동하므로 재화의 상대가격체계의 왜곡이 발생하지 않는다.
① 현물보조가 소비자의 선택가능영역을 감소시킴으로써 쌀 이외에 다른 재화를 매우 선호하는 소비자의 후생을 감소시킨다.
② 가격보조의 방법이 상대가격체계를 교란시키는 대체효과에 의해 효율성을 저해시키게 된다.
③ 쌀의 가격상한을 설정하는 최고 가격제는 사회적 후생손실을 야기한다.
⑤ 다른 경제주체(고소득층)의 후생을 감소시키는 방법이다.

※ 파레토 효율성(Pareto efficiency)
하나의 자원배분상태에서 다른 어떤 사람에게 손해가 가도록 하지 않고서는 어떤 한 사람에게 이득이 되는 변화를 만들어내는 것이 불가능할 때 이 배분상태를 파레토 효율적이라고 한다.

63 ① 편의표본추출법 : 조사자의 편의대로 표본을 선정하는 방법이다.
③ 판단표본추출법 : 조사목적에 적합할 것으로 판단되는 특정집단을 표본으로 선정하는 방법이다.
④ 층화표본추출법 : 모집단을 통제변수에 의해 각 소그룹으로 구분한 다음 각 소그룹별로 단순무작위 추출하는 방법이다.
⑤ 군집표본추출법 : 모집단을 동질적인 여러 소그룹으로 나눈 다음 특정 소그룹을 표본으로 선택하고 해당 소그룹 전체를 조사하거나 일부를 표본추출 하는 방법이다.

64 ④ 다속성 태도모형은 소비자가 모든 욕구기준을 고려하여 상표를 평가하는 방식으로 보완적 방식에 해당한다.

65 ③ 다양한 마케팅 믹스로 소비자들의 욕구에 부합하는 제품을 만들어 제공함으로써 기업의 매출액이 증가하게 되는 것은 차별적 마케팅 전략의 장점에 관한 설명이다.

66 ② 시장에서 급속한 판매성장과 경쟁자의 등장이 나타나는 것은 성장기에 관한 설명이다.

67 ③ 내쉬균형은 없을 수도 있고 여러 개 있을 수도 있다. 따라서 내쉬균형 이론을 이용하더라도 과점기업이 어떤 전략을 선택할 것인지를 정확히 파악할 수 없는 경우가 발생할 수 있다.

※ 게임의 균형

구분	내용
우월전략균형	상대방의 전략과는 관계없이 자신의 이윤을 크게 만드는 전략으로 하나의 균형만이 존재한다.
내쉬균형	각각의 경기자가 상대방의 전략을 주어진 것으로 보고 최적인 전략을 선택할 대 나타나는 균형을 말하는 것으로 균형이 하나 이상도 존재한다. 내쉬균형 상태에서는 상대방의 효용의 손실 없이는 자신의 효용을 증가시킬 수 없기 때문에 파레토 최적을 이룬다.

68 ④ 인적판매는 제공 가능한 정보의 양에 제한이 없지만, 광고는 제공 가능한 정보의 양이 제한된다.

69 ⑤ 시장이자율이 액면이자율보다 작은 경우, 발행가액이 액면가액보다 큰 경우 사채를 할증발행하게 된다.

70 ⑤ 종업원은 경우에 따라 회계정보를 이용하는 채권자의 범위에 포함된다.

71 ① 회계정보의 질적 특성에는 이해가능성, 목적 적합성, 비교가능성, 신뢰성 등이 있다. 효율성은 포함되지 않는다.

72 ① 기업에서 비경상적, 비반복적으로 발생하는 특별이익으로 손익계산서에 별도로 기재한다.

73 ① 부채비율, 이자보상배율이 안정성비율에 해당한다. 유동비율은 유동성비율이고, 재고자산회전율은 활동성비율에 해당한다.

74 ④ 유동비율(%)을 구하는 공식은 '유동자산 ÷ 유동부채 × 100(%)'이다. 250 ÷ 350 × 100 = 약 57.2%가 나온다.

75 ⑤ 증권시장선(SML) = 무위험이자율 + (시장포트폴리오 기대수익률 − 무위험이자율) × 시장포트폴리오 베타

76 ⑤ 이자율 하락이 예상되면 채권가격의 상승을 예상할 수 있다. 듀레이션이 긴 채권을 매입하고 듀레이션이 짧은 채권을 매도하는 전략이 바람직하다.

77 ① 외부환경변화에 덜 민감한 것은 현금흐름할인법이다. 유사거래비교법은 시장상황에 민감하다.

78 ④ 미리 정해진 기간에 언제든지 권리를 행사할 수 있는 것은 미국형 옵션이다.

79 ① 선물은 현재 외환, 채권, 주식 등을 기초자산으로 하는 금융선물뿐만 아니라 곡물, 원유 등을 기초자산으로 하는 상품선물도 존재한다.

80 ⑤ PER(주가수익비율)는 주식의 가치를 평가할 때 사용하는 지표로 주가를 주당 순이익으로 나눈 값이다.

즉, $PER = \dfrac{주가}{주당\,순이익(EPS)}$

EPS는 $EPS = \dfrac{순이익}{주식\,수} = \dfrac{3억\,원}{30만주} = 1천\,원$이 된다.

그러므로 $PER = \dfrac{주가}{EPS} = \dfrac{3만5천\,원}{1천\,원} = 35$가 된다.

※ 문제는 p.144에 있습니다.

☑ ANSWER

1 ⑤	2 ①	3 ④	4 ⑤	5 ④	6 ③	7 ①	8 ⑤	9 ③	10 ②
11 ③	12 ②	13 ④	14 ④	15 ④	16 ③	17 ①	18 ②	19 ②	20 ③
21 ③	22 ①	23 ⑤	24 ④	25 ①	26 ④	27 ②	28 ⑤	29 ②	30 ①
31 ④	32 ③	33 ①	34 ④	35 ①	36 ④	37 ②	38 ③	39 ③	40 ③
41 ④	42 ⑤	43 ④	44 ④	45 ①	46 ③	47 ④	48 ①	49 ①	50 ⑤
51 ②	52 ③	53 ①	54 ⑤	55 ③	56 ④	57 ①	58 ⑤	59 ④	60 ①
61 ①	62 ①	63 ④	64 ③	65 ①	66 ⑤	67 ②	68 ②	69 ⑤	70 ①
71 ②	72 ①	73 ③	74 ④	75 ③	76 ②	77 ⑤	78 ②	79 ⑤	80 ④

1 ⑤ 생산가능곡선에서 자원을 다른 재화로 전환할 때 기회비용은 점점 더 커진다. 즉, 한 재화를 더 많이 생산할수록 다른 재화의 생산을 더 많이 포기해야 하므로 과자를 더 많이 생산할수록 포기해야 하는 빵의 생산량(기회비용)은 증가하게 된다.

2 ① 지급준비율이 인하될 경우, 통화공급이 늘어나고 대출이 증가하면서 경기 활성화를 이끌어낼 수 있다.

3 ④ 스태그플레이션 : 경기침체 속에서 물가가 상승하는 현상이다.
① 디플레이션 : 물가수준이 전반적으로 오랜 기간동안 하락을 하는 현상을 의미한다.
② 인플레이션 : 화폐가치가 떨어지면서 물가가 지속적으로 상승하는 경제현상을 의미한다.
③ 테이퍼링 : 연방준비제도에서 양적완화의 정책을 점진적으로 축소하여 유동성을 확대하기 위해 시행하는 것이다.
⑤ 마이너스 금리 : 금리가 0% 이하인 상태로 예금이나 채권을 매입할 때 수수료를 내야 하는 것을 의미한다.

4 ⑤ 완전연결(All Channel)형에서의 의사결정 속도는 빠르다. 완전연결형은 가장 바람직한 커뮤니케이션 유형으로 구성원들 사이의 정보교환이 완전히 이루어지는 형태이고 구성원의 만족도 또한 가장 높게 나타난다. 더 나아가 공식적, 비공식적인 리더가 없이 구성원 누구나 커뮤니케이션을 할 수 있는 유형이므로 권한집중도가 낮으며 각 구성원들이 집단의 다른 모든 구성원들과 의사소통을 할 수 있는 유형이므로 커뮤니케이션의 속도는 빠르고 정확도가 높다.

5 ④ 해당 사례는 미공개정보를 이용하는 것은 정보의 대칭원칙을 위반하는 것이다. 호재성 정보인 신약개발이나 우량회사와 합병과 같은 중요정보를 공개되기 전에 매수하고 주가가 오른 후에 매도하는 것은 내부자거래로 불공정거래에 해당한다. 이와 같은 내부자거래가 발생하는 경우에는 내부자는 주가 상승을 예상하고 있으므로 일반인은 큰 손해를 볼수 있고 불건전한 투기장화 문제가 발생할 수 있다.

6 ③ 종합부동산세의 폐지론자들이 보유세 자체를 무겁게 매기는 것에 반대한다기보다는, 일부의 부자들에게만 무거운 책임을 떠넘기는 것이 형평성에 어긋남을 주장하고 있다.

7 ① 수요의 소득탄력성이 음(−)의 값이면 열등재이며 양(+)인 경우 정상재이다. 수요의 교차탄력성이 음(−)일 경우 보완재, 양(+)일 경우 대체재이다.

8 ⑤ 총부채원리금상환비율(DSR) : 대출 원리금을 포함하여 기타 다른 대출금과 이자를 모두를 합산하여 원리금 상환액으로 대출 상환능력을 심사하기 위한 것이다.
① 유동비율 : 유동자산의 유동부채에 대한 비율을 의미한다.
② 당좌비율 : (당좌자산÷유동부채)×100으로 구하는 백분율로 단기지급능력을 측정하기 위한 지표에 해당한다.
③ 주택담보대출비율(LTV) : 주택을 담보로 대출을 할 때 인정받을 수 있는 자산가치 비율을 의미한다.
④ 총부채상환비율(DTI) : '(주택대출 원리금 상환액+기타 대출 이자 상환액)÷연간소득'으로 산출하는 것이다. 담보대출을 받을 때 채무자가 벌어들이는 소득으로 상환할 수 있는 능력이 있는지 판단하기 위한 것이다.

9 ㉡㉢ KOSPI는 시가총액식으로 주가지수를 산출한다. 시가총액시을 산출 기준으로 삼는 곳은 KOSDAQ, 미국 S&P500, 일본 TOPIX 등이 있다.
㉠㉣ 주가평균식으로 미국의 Dow 30, 일본의 Nikkei 225 등이 있다.

※ 주가지수 계산법
㉠ 시가총액식 주가지수=비교시점의 시가총액÷기준시점의 시가총액×100
㉡ 주가평균식 주가지수=비교시점의 구성종목 평균주가÷기준시점의 구성종목 평균주가×100

10 ② 정상재의 경우 가격효과, 대체효과 및 소득효과 모두 음(−)의 값을 가진다.

11 ③ 소득탄력성이 0.5라면 필수재에 해당한다.

※ 소득탄력성
소득증가율 대비 재화 구입량 증가율을 의미한다.

소득탄력성(ε)	재화의 종류	
$\varepsilon > 1$	사치재	정상재
$0 < \varepsilon < 1$	필수재	
$\varepsilon < 0$	열등재	

12 ② 생산요소를 한 단위 추가로 고용할 때 얻을 수 있는 수입은 한계수입생산이 된다.

13 ④ 효용극대화를 위해서는 $MRS_{12} = \dfrac{C_2}{C_1} = (1+r)$이 성립되는데, 그러므로 $C_2 = (1+r)C_1$이 되므로, 이를 예산식에 대입하게 되면 $Y = C_1 + \dfrac{(1+r)}{1+r} = 2C_1$이 되어, $C_1 = \dfrac{1}{2}Y$가 성립하게 된다. 이때 소득 증가의 50%인 절반을 소비증대로 연결되므로 1기의 한계소비성향은 $\dfrac{1}{2}$이 된다.

14 ④ 물가 상승은 구매를 하락시킨다.
① 기업의 투자지출 요인으로 작용한다.
②③ 소비지출에 영향을 미친다.
⑤ 미래 소득 증가가 예상될 경우 소비가 증가한다.

15 ④ 사회적으로 가장 바람직한 자원배분 상태가 무엇인지에 대해 답을 주지 못하는 것은 후생경제학의 제2정리에 관한 설명이다.

16 ③

17 ① 제시된 상황은 $MRTS_{LK} = \dfrac{MP_L}{MP_K} < \dfrac{w}{r}$인 경우이다. 이 식을 다시 정리하면 $\dfrac{MP_L}{w} < \dfrac{MP_K}{r}$이므로 자본투입량은 증가시키고 노동투입량은 감소시켜야 한다.

18 ①②⑤ LM곡선은 화폐수요(Liquidity Preference)와 화폐공급(Money Supply)이 일치하는 균형조건에서 도출된다. 일반적인 시장상황에서는 이자율-국민소득 그래프에서 우상향한다. 다만, 유동성 함정인 경우는 화폐수요의 이자율 탄력성이 무한대가 되어 LM곡선은 수평으로 나타난다. 따라서 화폐수요가 증가하더라도 이자율은 불변한다.
③④ 고전학파의 경우 화폐수요의 이자율 탄력성이 0이므로 LM곡선은 수직으로 나타나게 되어 이자율이 변화되어도 소득은 불변한다.

19 ② 정보의 불완전성으로 인해 총공급곡선이 우상향 하는 것을 설명하는 모형은 불완전 정보모형이다.

20 ③ 이자율이 하락하면 채권가치의 상승을 통해 실질 부가 증가하여 균형국민소득이 늘어나게 된다.

21 ③ 청장년의 인구가 노년의 인구보다 많을 경우에는 사회전체의 저축이 정(+)의 값을 갖는다. 저축은 젊은 세대가 주가 되어 행해지고 있기 때문이다.

22 ① 토빈의 q는 기업의 시장가치와 대체비용의 비율을 나타내는 지표이다. 토빈의 q = 주식시장에서 평가된 기업의 시장가치 ÷ 기업의 실물자본의 대체비용 여기서 기업의 시장가치는 기업의 주식 시가총액+부채의 시장 가치이며 대체비용은 동일한 자산을 새로 만드는 데 드는, 즉 현재 자산의 재구축 비용이다.

23 ⑤ 유동성함정은 이자율이 매우 낮은 상태에서 중앙은행이 통화를 풀어도 사람들이 소비하거나 투자하지 않는 상황이다. 이때 추가적인 유동성을 현금으로 보유하려는 성향이 강하여 통화정책의 효과가 거의 사라진다. 그러므로 일반적으로 불황기에 나타나며, 호황기에는 경제가 활발히 돌아가고 이자율이 낮더라도 사람들이 유동성을 보유하려는 이유가 적기 때문에 유동성 함정이 나타나지 않는다.

24 ④ 통화공급 M = 1 ÷ [현금통화비율 + 지급준비율(1−현금통화비율)] × 본원통화
본원통화 = 지급준비금 + 현금통화

25 ② 사람들의 부가 증가하면 화폐수요곡선은 우측으로 이동한다.
③ 중앙은행이 화폐공급을 늘리면 화폐공급곡선은 우측으로 이동한다.
④ 경제의 거래량이 감소하면 화폐수요곡선은 좌측으로 이동한다.
⑤ 이자율이 하락하면 화폐공급곡선은 우측으로 이동한다.

26 ④ 통화량 증가는 고전학파에서 인플레이션의 원인으로 주장하는 수요측 원인에 해당한다.

27 ② 오쿤의 법칙은 실질 GDP 성장률과 실업률 간의 관계를 나타내는 이론으로 즉, 경제성장률이 높아질수록 실업률이 감소하고, 성장률이 감소할수록 실업률이 증가한다는 경험적 법칙이다. 오쿤의 법칙 수식은 (잠재 GDP−실질 GDP) ÷ 잠재 GDP=상수 × (실제 실업률−자연실업률)이다. (잠재 GDP − 실제 GDP) ÷ 잠재 GDP = 상수 × (실제실업률−자연실업률)

28 ⑤ 총자산회전율 = 매출액 ÷ 총자산

29 ② 실물적 균형경기변동이론에 관한 설명이다.

30 ① 솔로우모형은 외생적으로 주어진 기술의 진보를 성장의 원동력으로 보는 외생적 성장이론 모형이다.

31 ④ 총잉여 : −{(2)영역+(4)영역} = −7
① 소비자잉여 : −{(1)영역 + (2)영역 + (3)영역 + (4)영역} = −22
② 생산자잉여 : (1)영역 = 10
③ 재정수입 : (3)영역 = 5
⑤ 후생손실 : (2)영역+(4)영역 = 7

32 ③ 관세를 부과할 경우 정부의 재정수입으로 귀속되는 것이 수량할당을 시행할 경우에는 수입업자의 초과이윤으로 귀속된다.

33 ② 자본수지 : 국제수지표상에서 경상수지 아래에 해당하는 항목들로 국가 간 자본이동을 나타낸다.
③ 종합수지 : 경상수지에 자본수지를 합한 것을 말한다.
④ 상품수지 : 상품을 구매하고 판매하는 과정에서 발생하는 수입과 지출의 차이이다.
⑤ 무역수지 : 재화의 수출입에 초점을 맞춘 국제수지 개념으로서 경상수지와 함께 가장 일반적으로 사용되는 국제수지 개념이다. 상품수지라고도 한다.

34 ④ 고정환율제도는 환율이 고정되어 있어 국제수지의 불균형이 자동적으로 조정되지 않는다.

35 ② 초두 효과 : 첫인상이 가장 오래 기억에 남는 것을 의미한다.
   ③ 스놉 효과 : 상품의 소비가 증가하여 많은 사람들이 사용하게 되면 수요가 줄어들게 되는 현상이다.
   ④ 디드로 효과 : 구입한 물건과 어울리는 물건을 계속하여 구매하는 현상이다.
   ⑤ 바넘 효과 : 일반적으로 보급되고 잇는 성격의 특성이 자신과 일치한다고 생각하는 것이다.

36 ① 기업에서 일정한 사업 부분을 독립하여 경영하고 결산하는 것으로 공기업의 효율성을 높이는 데 기여한다.
   ② 공공의 이익을 위해 운영되어, 경영 활동에 대한 공공통제는 시장 실패를 방지하고 사회적 목적을 달성하는 데 기여한다.
   ③ 공기업의 목표는 사회적 서비스와 공익을 추구하는 것이다.
   ⑤ 정부의 신뢰를 바탕으로 민간 기업보다 낮은 금리로 자금을 조달할 수 있다.
   ※ 공기업의 장·단점
     ㉠ 장점 : 공익 추구, 유리한 자본조달, 독립채산제, 안정성, 공공통제 및 규제 등
     ㉡ 단점 : 낮은 효율성, 제한된 자유재량권, 수익성 저하, 독점, 정치적 간섭 등

37 ② 공급사슬관리(SCM)에 관한 설명이다.

38 ③ 지각에 영향을 미치는 요인 중 ㉡㉣㉤은 지각 대상 관련 요소, ㉠㉢은 지각 주체 관련 요소, ㉥은 상황 요소에 각각 해당한다.

39 ③ A사의 경우 신제품 출시전략이 B사와 무관하게 우월한 전략이다. B사의 경우도 A사의 선택과 무관하게 신제품 출시전략이 우월한 전략이기 때문에 두 기업의 우월전략 균형은 모두 신제품을 출시하는 것이다. 따라서 두 기업의 이윤은 (A사 70, B사 60)이다.

   ※ 내쉬균형 및 우월전략
     ㉠ 내쉬 균형은 상대방의 전략을 주어진 것으로 보고 각 경기자가 자신에게 가장 유리한 전략을 선택하였을 때 도달하는 균형이다.
     ㉡ 우월전략이란 상대방의 전략에 관계없이 항상 자신의 보수가 커지는 전략으로 내쉬 균형에 포함된다.

40 ③ 인간을 합리적 경제인이 아닌 제한된 합리성을 지닌 관리인으로 바라보는 것은 또 다른 근대적 관리론자인 사이먼의 주장이다.

   ※ 버나드와 사이먼의 관점 차이
     ㉠ 버나드 : 인간의 행동을 조직적 협력과 의사소통의 관점에서 설명하며 인간을 단순히 경제적 목표를 추구하는 존재로 보지 않는다.
     ㉡ 제한된 합리성이라는 개념으로 인간의 인지적 한계를 강조하고 의사결정 과정을 분석했다.

41 ④ 권위적인 조직문화는 MBO의 핵심인 구성원의 참여, 동기부여, 의사소통을 약화시킨다.

42 ⑤ 리엔지니어링은 부서별 혁신이 아닌 기업목표와 관련된 전체적인 프로세스를 대상으로 혁신이 이루어진다.

43 ④ 관찰법은 직무분석 방법에 해당한다.

※ 직무평가 방법 및 직무분석 방법
　㉠ 직무평가 방법
　　• 직무의 상대적 가치를 평가하는 방법이다.
　　• 서열법, 분류법, 점수법, 요소비교법
　㉡ 직무분석 방법
　　• 직무의 내용과 특성을 파악하는 방법이다.
　　• 관찰법, 면접법, 질문지법, 실험적 방법

44 ① 규칙적 오류 : 일관되고 특정한 방식으로 평가하여 변별력이 떨어진다.
② 유사 오류 : 자신과 비슷한 특성을 가진 사람을 더 긍정적으로 평가한다.
③ 대조 효과 : 이전 대상자와 비교하여 왜곡된 평가를 유발한다.
④ 논리적 오류 : 논리적으로 연결되지 않는 특성으로 평가한다.

45 ② 대용 승진 : 특정 구성원에 대한 승진의 필요성은 있으나 적합한 직위가 없을 경우 직무내용의 실질적 변화 없이 직위
명칭이나 호칭 등의 상승만 이루어지게 하는 것이다.
③ 역직 승진 : 라인직위계열상의 승진이다.
④ 신분자격 승진 : 연공주의에 입각하여 직무의 내용과 관계없이 개인의 인적요소에 따라 자격을 정하고 자격을 충족할
경우 승진시키는 것이다.
⑤ 연공 승진 : 근속연수, 학력, 경력 등 종업원의 연공이나 신분에 따라 자동적으로 승진시키는 것이다.

46 ③ 독점시장의 균형점에서는 $P > MR$과 $MR = MC$가 성립하므로, $P > MR = MC$가 성립한다.

47 ④ 제시된 그림은 매트릭스 조직구조(matrix structure)의 형태를 나타낸 것이다. 이러한 조직구조의 경우 한 명의 종
업원이 두 명의 상사를 두고 있는 형태로 이들 상사로부터서로 상이한 지시를 받을 경우에 혼란이 발생할 수 있다는
문제점(명령일원화의 원칙에 위배)이 있다. 이로 인해 상시적 조직에서는 거의 활용하지 않고 있으며, 프로젝트성의
업무가 있는 조직에서 주로 활용된다.

48 ① 허츠버그의 동기 – 위생이론에서 고차원적인 욕구만 동기유발이 가능하여 위생요인이 충족되지 않으면 직무에 불만족
하지만, 위생요인이 충족되었다고 해서 동기부여가 되지는 않는다. 결국 동기유발요인이 발생해야 직무만족도가 높아
진다. 동기 – 위생이론에서 위생요인은 감독, 급여와 복지, 회사방침, 작업환경, 고용보장 등이 있고, 동기유발요인은
성취감, 인정, 일, 책임감, 성장이 있다.

49 집단의사결정의 장점
㉠ 많은 지식과 정보를 수집할 수 있다.
㉡ 구성원 간 상호작용에 의한 시너지효과를 발휘할 수 있다.
㉢ 일의 전문화가 가능하다.
㉣ 커뮤니케이션 및 교육 기능을 수행할 수 있다.
㉤ 참여한 구성원의 만족과 지지로 응집력이 향상된다.

50 마이클 포터의 경쟁전략 5요소
공급자, 구매자, 대체품, 공급자, 산업 내에 경쟁자, 잠재적인 진입자

51 ② 호퍼와 센델의 전략경영 형성 단계는 '전략의 식별(기업의 기존 전략이나 잠재적인 전략 대안 식별) → 환경의 분석(외부 환경을 분석하고 기업이 직면한 기회 및 위협 파악) → 자원의 분석(내부 환경을 분석하고 기업의 강점과 약점 파악) → 갭의 분석(현재 상태와 미래 목표 간 차이 분석) → 전략적 대체안 개발(갭 분석 결과를 바탕으로 달성 가능한 여러 전략적 대안 도출) → 전략의 평가(대체 전략들을 다양한 기준으로 평가) → 전략의 선택(평가 결과를 토대로 가장 적합한 전략 선택)' 순이다.

52 ③ 맥클레랜드(Mcclelland)는 인간의 모든 욕구는 학습되며 행위에 영향을 미치는 잠재력을 지닌 욕구들의 서열은 개인마다 다르다고 주장한다. 개인의 욕구 중 사회 문화적으로 습득된 욕구로서 성취욕구, 권력욕구, 친교욕구 등을 제시하였고 그 중에서도 특히 성취 욕구를 강조하였다.

53 ① 분석형 전략에 해당하는 것으로 안정 및 유연성을 목표로 하고 있는 전략이다.

54 ⑤ 공정별 배치는 다품종이면서 소량생산에 적합한 방식이다.

55 ③ 화폐승수 공식인 $m = \frac{1+c}{c+r}$에 주어진 값을 대입하면,

$$m = \frac{1+0.2}{0.2+0.1} = \frac{1.2}{0.3} = 4$$

∴ 4

56 ④ 실업률이란 경제활동인구 중 실업자가 차지하는 비율이다. 경제활동인구는 취업자 수와 실업자 수를 합한 값으로 산출된다. 실업률은 $5,000 \div (45,000+5,000) \times 100$으로 계상되어 10%값이 도출된다.

57 ① 통화량 증가율(12%) = 물가 상승률(5%) + 실질 GDP증가율 − 유통속도증가율(−4%)

58 ⑤ K원의 본원적 예금이 은행조직으로 유입되었을 때 은행의 대출총액은 순예금창조액과 일치한다. 따라서 1,000원의 본원적 예금이 입금되었을 때, 은행조직 전체로 보면 가능한 대출총액은 다음과 같이 계산된다.

$D^N = \frac{1-z_l}{z_l}K = \frac{1-0.1}{0.1} \times 1,000 = 9,000$ (단, z_l은 법정지급준비율) 은행조직 전체로 볼 때 가능한 대출총액이 순예금 창조액과 동일하게 된다는 것을 구체적으로 설명하면 다음과 같다. 최초에 A은행에 1,000원이 입금되면 A은행은 법정지급준비금을 제외한 900원을 대출하고, B은행에 900원이 입금되면 B은행은 다시 법정지급준비금을 제외한 810원을 대출하고, 이는 다시 C은행에 입금된다. 이러한 예금·대출되는 과정이 무한히 반복되면서 대출총액은 다음과 같이 계산된다. 대출총액 $= 900+810+729+ \cdots = (1-z_l)K+(1-z_l)^2K+(1-z_l)^3K+ \cdots = \frac{1-z_l}{z_l}K = \frac{1-0.1}{0.1} \times 1,000$ $= 9,000$(원)

59 ④ 대손충당금(貸損充當金)이란 재무상태표의 자산으로 표기되는 대출금, 받을 어음, 외상매출금 등 채권(債權)에 대한 공제의 형식으로 계산되는 회수가 불가능할 것으로 추정되는 금액의 추산액을 말한다.

60 ① 영구채권의 가격은 매년 받는 이자를 이자율로 나누면 된다. 이때 5%일 때의 채권가격은 8,000만 원이 되며, 8%일 때는 5,000만 원이 된다. 그러므로 3,000만 원 하락하게 된다.

61 ② 전사적 마케팅 : 고객 중심의 마케팅적 사고가 기업 전반에 확산되는 것이다.
    ③ 내부 마케팅 : 외부마케팅 이전에 고객지향적 마케팅의 성과를 높이기 위하여 종업원들을 먼저 교육 및 훈련시키는 활동이다.
    ④ 고객생애가치 : 고객으로부터 얻게 되는 이익흐름의 현재가치이다.
    ⑤ 데이터베이스 마케팅 : 고객에 관한 데이터베이스를 구축하여 고객에게 필요한 제품을 판매하는 전략이다.

62 ② 감성 마케팅 : 특정 제품이나 서비스에 대한 고객의 심리상태를 중시하여 고객의 기분과 욕구에 적합한 상품개발을 목표로 하는 마케팅 전략이다.
    ③ 애프터 마케팅 : 고객이 제품을 구매한 후 느낄 수 있는 부정적 인식을 방지하기 위해 고객에게 제품에 대한 확신을 심어 주는 마케팅 활동이다.
    ④ 공생 마케팅 : 두 개 이상의 기업이 마케팅 관리를 공동으로 수행하여 효율성을 확보하고자 하는 마케팅 활동이다.
    ⑤ 계몽 마케팅 : 기업의 사회적 역할과 책임을 강조하는 마케팅 활동이다.

63 ④ 명목척도 - 서열척도 - 등간척도 - 비율척도의 순서대로 각 척도로부터 얻어진 자료의 정보에 대한 신뢰수준이 높아진다.

64 ③ 시장을 세분화하는 요건에는 측정가능성, 접근가능성, 실체성, 유효타당성, 신뢰성, 실행가능성 등이 있다.

65 ① 주요 경쟁자들의 무관심이 니치시장의 요건이다.

66 ⑤ 고객의 욕구는 연령, 경험, 사회, 문화 등에 따라 변화하며, 단순히 고객이 상품을 구매하는 존재가 아닌 지속적인 동반자로 인지를 함으로써 고객의 입장에서 봤을 때의 점포에 왔을 시 느낄 수 있는 부분들에 대한 고객의 욕구를 충족시키는 것이라 할 수 있다.

67 ② 규모의 경제 효과가 미미한 경우엔 고가전략을 사용하기 적합하다.

68 ② 주식은 자본 측면의 자본조달이나, 사채는 부채로 분류된다.

69 ① 베르트랑 모형의 경우 균형에서는 $P = MC$가 되며, 균형에서 각 기업은 정상이윤만을 얻는다.
    ② 굴절수요곡선모형에서 각 기업은 경쟁기업의 가격인하에는 민감하게 반응하나 가격인상에는 반응하지 않는다고 가정한다.
    ③④ 쿠르노 모형은 '생산량 결정모형', 베르트랑 모형과 굴절수요곡선 모형은 '가격결정모형'이다.

70 ① 자본을 구성하고 있는 납입자본, 이익잉여금 등 자본요소 변동에 관한 정보를 얻을 수 있는 것은 자본변동표이다.

71 ② 이자수익과 배당금수익으로 인한 현금유입은 영업활동에 의한 현금흐름이다.

72 ① 주가수익비율(PER) = 주당주식시가 ÷ 주당순이익

73 ② 손익분기점 매출액 = 변동비 + 고정비
    ③ 손익분기점 판매량 × 단위당 공헌이익 = 고정비
    ④ 손익분기점 매출액 × 공헌이익률 = 고정비
    ⑤ 목표판매량 × 단위당 공헌이익 = 고정비 + 목표이익

74 ④ 연말배당금이 매년 일정할 경우 주식의 시장가격은 연말배당금을 시장수익률로 나누어 계산할 수 있다. 따라서 1500 ÷ 0.1 = 15,000원이 현재의 시장가격이라고 할 수 있다.

75 ⑤ (9,9)형은 이상형 또는 팀형으로서, 생산과 인간관계의 유지에 모두 지대한 관심을 보이는 유형으로, 종업원의 자아실현욕구를 만족시켜주는 신뢰와 지원의 분위기를 이루는 동시에 과업달성 역시 강조하는 유형이다.

76 ② IPR법은 순이익이 아닌 현금흐름으로 평가하여 화폐의 시간가치를 고려한다는 장점이 있다.

77 ⑤ EBITDA는 이자나 세금 등을 차감하기 전 수치이기 때문에 외부환경 변화에 대해 비교적 자유롭다.

78 ② 주가변동성이 크면 주가가 상승할 때 그만큼 수익이 커지게 되므로 콜옵션 가격은 상승한다.

79 ⑤ 선물은 위험의 한정이 불가능하고 옵션은 위험의 한정이 가능하다.

80 ④ 보완적 평가방식은 각 상표에 있어 어떤 속성의 약점을 다른 속성의 강점에 의해 보완하여 전반적인 평가를 내리는 방식을 의미한다. 이를 계산하면 다음과 같다.
- 광어 = $(40 \times 2) + (30 \times 2) + (50 \times 2) = 240$
- 우럭 = $(40 \times 2) + (30 \times 3) + (50 \times 2) = 270$
- 물회 = $(40 \times 1) + (30 \times 1) + (50 \times 2) = 170$
- 참치 = $(40 \times 7) + (30 \times 5) + (50 \times 4) = 630$
- 오징어 = $(40 \times 3) + (30 \times 3) + (50 \times 6) = 510$

그러므로 민재는 보완적 평가방식에 의해 가장 높은 값이 나온 참치회를 선택하게 된다.

제7회 정답 및 해설

※ 문제는 p.172에 있습니다.

☑ ANSWER

1	②	2	①	3	⑤	4	④	5	⑤	6	③	7	①	8	③	9	②	10	③
11	②	12	④	13	③	14	④	15	④	16	⑤	17	⑤	18	③	19	③	20	⑤
21	⑤	22	⑤	23	①	24	④	25	④	26	①	27	②	28	⑤	29	④	30	⑤
31	④	32	①	33	①	34	⑤	35	④	36	①	37	⑤	38	③	39	④	40	③
41	⑤	42	①	43	④	44	⑤	45	⑤	46	③	47	④	48	③	49	①	50	④
51	②	52	③	53	③	54	①	55	②	56	②	57	③	58	④	59	④	60	⑤
61	①	62	④	63	①	64	④	65	①	66	②	67	①	68	①	69	④	70	④
71	②	72	⑤	73	②	74	④	75	③	76	②	77	④	78	①	79	③	80	①

1 ② 슈링크플레이션 : 제품가격은 기존대로 유지하지만 제품의 크기나 중량을 줄여서 가격인상의 효과를 보는 판매방식을 의미한다.
① 에코플레이션 : 환경기준의 강화, 기후변화 등의 환경적인 요인으로 제조원가가 상승하는 것을 의미한다.
③ 스크루플레이션 : 물가 상승과 실질임금의 감소 등의 요인으로 중산층의 가처분 소득이 감소하고 있는 현상이다.
④ 아이언플레이션 : 철(Iron)의 가격이 지속적으로 상승하고 있는 현상이다.
⑤ 차이나플레이션 : 중국의 인건비가 상승하면서 상품가격이 상승하고 물가 상승을 유발하는 중국발 인플레이션이다.

2 ① 대조 및 나열행동의 효과는 상품 속성의 평가에 관한 절대적인 기준이 없기 때문에 차별적인 대안으로 비교분석할 수 있게 해서 고객으로 하여금 직접 구매가치를 결정할 수 있게 하는 것이다.

3 ⑤ 지문은 소비자가 과거 경험 또는 소비 습관에 의해 특정 제품의 기준을 형성하고 소비 선택에 영향을 미치는 것을 나타내는 톱니효과와 관련 있다.
① 전시효과 : 소비자가 타인의 소비행동에 영향을 받는 현상을 일컫는다.
② 가격효과 : 상품 가격 변화가 수요와 공급에 미치는 영향을 일컫는다.
③ 경쟁효과 : 시장 내 경쟁이 치열할 때 발생하는 효과이다.
④ 편승효과 : 소비자가 다수가 선택한 상품을 따라 구매하는 현상을 일컫는다.

4 ④ 외환시장에 개입하여 달러화를 매각할 경우, 환율이 하락하고 원화가치가 상승하여 향후 수출에 대한 부담이 증가한다.

5 ⑤ 실질임금은 명목임금을 물가지수로 나누어 표시한 것이므로 명목임금이 일정하고 물가지수가 상승했다면 실질임금은 하락한다.

6 ③ 투자의 한계효율이 이자율보다 클 경우, 기업들은 투자를 늘리게 된다.

7 ① 유동성 함정(liquidity trap)은 이자율이 극단적으로 낮기 때문에 통화공급이 증가하더라도 이자율이 더 이상 하락하지 않고 그 결과 통화정책의 효과가 발생하지 않는 극단적인 경우를 말한다.

8 ③ 투기적 화폐수요의 이자율 탄력도가 상당히 크게 되면 LM곡선이 상당히 완만해지고 이러한 경우 확대적인 재정 정책으로 IS곡선이 오른쪽으로 이동하더라도 이자율이 별로 상승하지 않게 된다. 그래서 구축효과가 크게 나타나지 않게 된다.
① 소비가 이자율 변화에 민감하면, 이자율이상승할 경우 민간 소비가 크게 감소하는데 이는 구축효과를 증대시키는 요인이다.
② 민간 투자가 이자율 변화에 민감하면, 이자율 상승 시 투자가 대폭 감소한다. 이는 구축효과를 증대시킨다.
④ 고전학파는 화폐수량설에 따라 이자율이 시장에 의해 조정된다는 입장이다. 이런 경우 재정지출 확대는 이자율 상승을 초래하므로 구축효과가 발생한다.
⑤ 통화주의자들은 화폐 공급이 주요 변수이며, 정부지출확대는 물가 및 이자율 상승을 초래한다고 본다. 이자율 상승은 민간 투자를 감소시키므로 구축효과가 발생한다.

9 ② 공급업체가 소수만 존재하는 경우 공급자의 교섭력이 높아질 수 있어 기업에게는 불리하게 작용한다.

※ 마이클 포터의 산업구조
　　㉠ 사업전략을 산업 환경의 다섯 가지 경쟁요인의 결과로 설명하고 있으며 다섯 가지 힘의 정도에 따라 힘이 강하다면 위협, 약하다면 기회가 될 수 있다.
　　㉡ 산업 환경이 기업에 위협이나 기회로 전환될 가능성의 존재 여부를 분석하기 위한 경영전략 자료로 이용된다.
　　　• 진입위협 : 규모의 경제, 제품차별화, 기존기업의 의도적 방해, 정부의 진입규제, 규모와 무관한 절대적 비용우위이다.
　　　• 고객위협 : 고객의 영향력이 클수록 즉, 고객의 수가 적을수록, 제품이 표준화되어 있을수록 고객 영향력은 더 커진다.
　　　• 공급자 위협 : 공급자들이 공급품의 가격을 인상 또는 저하시킴으로써 기업에 위협을 가할 수 있다.
　　　• 대체품 위협 : 특정 회사에 대체할 수 있는 제품이 존재한다면 기업에 위협이 된다.
　　　• 경쟁사 간 경쟁위협 : 직접적으로 경쟁관계에 있는 기업들과의 경쟁정도이다.

10 ③ 요소비용에 해당한다.
①②④⑤ 자본재의 사용자 비용에 해당한다.

※ 자본재의 요소비용 및 사용자비용
　　㉠ 요소비용
　　　• 자본재 생산 또는 제공에 들어가는 직접적인 비용을 일컫는다.
　　　• 노동비용, 원자재비용, 에너지비용 등
　　㉡ 사용자비용
　　　• 자본재를 소유하거나 사용 시 발생하는 총 비용을 일컫는다.
　　　• 감가상각비용, 기회비용, 유지비용, 운영비용 등

11 ② 역머니무브 : 주식, 부동산 등에서 안전자산인 은행예금으로 자산이 이동하는 현상이다.
① 그레이트 로테이션 : 글로벌 투자자금이 안전한 채권에서 위험자산인 주식시장으로 이동하는 현상이다.
③ 풍선효과 : 한 부분의 문제를 해결하면 다른 쪽에서 문제가 다시 발생하는 현상을 의미한다.
④ 트리클 다운 : 대기업의 성장을 촉진하면 중소기업도 동반성장하면서 경기가 활성화되는 효과를 의미한다. 낙수효과로도 부른다.
⑤ 어닝쇼크 : 기업의 실적이 시장의 예상보다 저조한 것을 의미한다.

12 ④ 수요독점에서의 균형에서는 완전경쟁일 때에 비해 생산요소의 고용량과 가격이 모두 낮아지게 된다.

13 ③ 그림으로 시각화되어 있어서 소득분배의 정도를 쉽게 인식할 수 있는 장점이 있지만 정확한 수치로 나타나지 않기 때문에 소득분배의 정도를 구체적으로 판별하는 것은 어렵다.

14 ④ 생산자는 생산자 자신의 이윤을 극대화하는 만큼의 생산요소를 수요한다.

15 ④ 가격이 경직성을 갖게 될 경우 효율적인 자원의 분배가 이뤄지지 않아 시장 실패의 원인으로 작용한다.

16 ⑤ GDP갭은 잠재 GDP에서 실제 GDP를 차감하여 구한다.

17 ⑤ ㉠㉡㉢ 총수요가 감소하는 것이고, ㉣㉤는 총공급이 감소하는 것이다.
①② 물가요인은 위의 현상으로 명확하게 확인하는 것이 어렵다.
③ 원자재 가격이 상승하면서 기업의 생산비용은 증가한다.
④ 총수요곡선과 총공급곡선이 좌측으로 이동하면서 실질 GDP가 감소한다.

18 ③ 고전학파는 투자가 이자율에 대해 탄력적이므로 IS곡선이 완만한 기울기를 갖는다고 주장하며 케인즈학파는 투자가 이자율에 대해 비탄력적이므로 IS곡선이 가파른 기울기를 갖는다고 주장한다.

19 ③ 지방채 발행은 정부지출 활동으로써 재정정책 중 하나이다.

20 ⑤ 완전경쟁의 경우 장기에는 기업의 진입과 퇴거가 자유롭게 일어나므로 장기공급곡선상의 모든 점에서 기업 수는 서로 다르다.

21 ⑤ 이자율평가설에 의하면 만약 한국의 이자율이 미국보다 2% 높음에도 불구하고 미국에서 한국으로 자본이동이 이루어지지 않고 있다면 사람들이 환율이 2% 이상으로 상승할 것으로 예상하고 있음을 의미한다.

22 ⑤ 상대소득가설에 관한 설명이다.

23 ① 예비적 저축효과가 존재할 경우 현재소비는 줄게 되고 미래소비는 늘게 된다.

24 ④ 플래시 세일(flash sale) : 온라인상에서 한정된 수량을 일정시간 동안만 판매하는 유형을 말한다.
① 소셜 쇼핑 앱스(Social Shopping Apps) : 상거래의 범위를 온라인에서 오프라인까지 확장시키는 형태를 말한다.
② 퍼체이스 쉐어링(Purchase-Sharing) : 소비자가 자신의 상품구매 정보를 공유하게 함으로써 사업자에게는 마케팅의 수단을 제공하고, 구매 소비자에게는 금전적인 보상을 해 주는 방식을 말한다.
③ 소셜 쇼핑(Social Shopping) : 단순히 상품을 할인된 가격에 판매하는 것이 아니라, 이용자들이 온라인상에서 찾아낸 좋은 판매사이트, 혹은 상품을 서로 공유하게 하는 형태를 말한다.
⑤ 그룹 바이(Group-Buy) : 제한된 시간 동안 정해진 인원이 모이면 특정 상품을 할인된 쿠폰으로 판매하는 방식을 말한다.

25 ④ 화폐의 기능은 교환매개, 가치척도, 가치저장의 세 가지를 들 수 있으며, 차익거래는 화폐의 기능으로 볼 수 없다.

26 ① 예금은행이 고객의 인출요구에 대비하여 보유하고 있는 금액은 지급준비금이다.

27 ② 채무불이행 위험프리미엄은 회사채와 무위험채권 사이의 이자율 차이를 의미하므로 회사채의 채무불이행 위험이 커질 수록 채무불이행 위험프리미엄은 커진다.

28 ① 구두창 비용 : 화폐소지를 줄이는 데에 따르는 불편함을 은유적으로 표현한 용어이다.
② 스태그플레이션 : 물가 상승과 경기침체가 동시에 나타나는 현상이다.
③ 메뉴비용 : 인플레이션으로 인해 기업들이 공표한 가격을 자주 변경하게 되면서 발생하는 비용이다.
④ 피셔효과 : 인플레이션이 예상되면 채권자들이 예상인플레이션율만큼 명목이자율을 높게 설정하게 되는 효과이다.

29 ④ 이부가격설정은 독점기업에서 잘 나타나는 현상이다.

30 ⑤ 개방형 펀드는 추가입금의 여부와 관계없이 환매가 가능한 펀드이다.

31 ④ 대국이 수입상품에 관세를 부과하면 대국의 수입 감소로 인해 세계시장에서 해당 상품의 초과공급이 발생하여 가격이 하락하게 되고 대국의 교역조건은 개선된다.

32 ② 수출자유규제 : 수입국이 수출국에게 압력을 가해 수출국이 자율적으로 수출물량을 일정수준으로 줄이는 정책이다.
③ 수입과징금 : 수입억제를 위해 수입상품의 일부 혹은 전부를 대상으로 조세를 부과하는 것이다.
④ 수출보조금 : 수출재 생산에 대해 보조금을 지급하는 것이다.
⑤ 수입허가제 : 수입품목에 대해 정부의 허가를 받도록 하는 제도이다.

33 ① 직접투자자금 유입은 자본계정의 대변에 들어가는 항목이다.

34 ⑤ 환율결정이론에는 구매력평가설 외에도 국제수지접근법과 자산시장접근법이 있다.

35 ④ 계량적인 정보뿐만 아니라 비계량적인 정보까지 제공한다.

36 ① 2025년의 실질 GDP와 GDP 디플레이터를 구하기 위한 방법은 다음과 같다.
명목 GDP = (110*60)+(150*40) = 6,600+6,000 = 12,600
실질 GDP = (100*60)+(100*40) = 6,000+4,000 = 10,000

GDP 디플레이터 = 명목 GDP/실질 GDP *100이므로 $\frac{12,600}{10,000} \times 100 = 126$이 된다.

37 ⑤ 무상증자에 대한 설명이다.

※ 유상증자
기업이 신주를 발행하여 주주에게 돈을 받고 파는 것으로 자금확보 수단 중에 하나이다. 시가발행 방식에 따라 주주배정방식, 제3자배정방식, 일반공무방식 등이 있다.

38 ③ 경제적 부가가치(EVA)에 관한 설명이다.

39 ④ 구성원의 감정적인 관계와 편견을 배제하고 합리적이고 비인격적인 규칙이 존재한다.

40 ③ 호손실험의 결과는 권위적 리더십보다 민주적 리더십의 중요성을 강조한다.

41 ⑤ 인터넷 마케팅의 신상품 전략(상품개발 전략) 6가지 중 기존 상품라인의 확장상품 전략은 새로운 풍미, 사이즈 등에서 다양성을 추가하여 기존의 상품라인을 확장하는 것이다. 위험도가 가장 낮은 것은 기존 상품의 개량상품이다.

42 ① 수요자에게 시장지배력이 있는 경우에는 가격차별 정책을 시도할 수 없다.

43 ④ 평가요소별 평가로 인하여 신뢰성과 타당성이 증가하는 장점이 있는 것은 점수법이다.

44 ⑤ 내부인력을 활용할 경우 기존의 인건비 및 급여수준을 유지할 수 있고, 외부인력 채용에 따른 리스크를 회피하는 등의 장점이 있다.
①②③④ 외부인력을 활용할 경우 기대할 수 있는 장점이다.

45 ⑤ 애로우는 사회후생함수를 평가하는 다섯 가지 척도 중 하나로 '비배제성'이 아니라 '비독재성'을 제시하였다.

46 ③ 액면분할은 주주의 지분율에 영향을 주지는 않는다.

※ 액면분할
납입자본금에 증감이 없이 발행된 주식을 일정비율로 분할하여 발행주식의 총수를 늘리는 것이다. 높은 주가로 개인이 쉽게 거래를 하지 않을 때 유동성을 높이기 위해서 시행한다.

47 ④ 경기가 호황국면으로 접어들어 수요가 늘어나게 되자 새로운 것이 아닌 단순하게 기존 공장의 가동률을 높이는 것은 혁신과 관련성이 별로 없다.

48 ① 고든법 : 집단리더 혼자만 주제를 알고 집단에는 제시하지 않으며 해당 주제에 대해 문제해결방안을 자유롭게 이야기하는 방법으로 양보다 질을 중시한다.
② 델파이법 : 전문가를 대상으로 설문조사를 진행하여 결론을 이끌어 내는 기법이다.
④ 분석적 기법 : 한 문제와 그 문제의 여러 요소들을 논리적으로 분석하는 방법이다.
⑤ 강제관계 기법 : 정상적으로 관계가 없어 보이는 둘 이상의 물건이나 아이디어를 강제적으로 관계를 맺어보게 하는 방법이다.

49 ① 위원회나 태스크 포스 등은 원형 의사소통 네트워크에 해당되며, 명령체계가 쇠사슬형 의사소통 네트워크에 해당된다.

50 ① 거래적 리더십 : 리더와 구성원들과 맺은 거래적 관계를 바탕으로 발휘되는 리더십이다.
② 변혁적 리더십 : 구성원들에게 장기 비전을 제시하고 그 비전을 함께 수행할 있도록 구성원들의 태도나 공유가치를 변화시키는 리더십이다.
③ 카리스마적 리더십 : 리더의 카리스마적인 권위에 기초한 리더십이다.
⑤ 서번트 리더십 : 종업원이나 고객을 우선으로 여기고 그들의 욕구를 만족시키기 위해 헌신하는 리더십이다.

51 ② 수익증권에서는 펀드에 대한 운용 및 관리에 따른 투명성이 낮다.

52 ③ 인플레이션(inflation)이란 화폐의 가치는 떨어지고 물가는 계속 오르는 현상을 말한다. 따라서 인플레이션 발생 시 현금 소유자보다는 실물자산 소유자가, 채권자보다는 채무자가, 수출업자보다는 수입업자가 더 유리하다.

53 ③ 대체재 가격이 상승할 경우 X재의 수요가 증가하여 수요곡선이 오른쪽으로 이동한다. 그러므로 X재의 가격이 상승하고 거래량이 증가한다.

54 ② 유상감자 : 기업에서 진행하는 감자에서 주주들에게 보유한 주식 가액의 일부를 환급하여 보상을 하는 것을 의미한다.
③ 스톡옵션 : 기업이 임직원에게 회사의 주식을 일정가격으로 매수할 수 있는 권리를 부여하는 제도이다.
④ 시뇨리지 : 중앙은행에서 발행한 화폐의 실질가치에서 발행비용을 뺀 차익을 의미한다.
⑤ 선물옵션 : 매매대상이 선물계약인 옵션을 의미한다.

55 ② 역진세(regressive tax)에 대한 설명이다. 역진세는 소득이 적은 사람이 부유한 사람보다 세금을 더 많이 내게 되는 구조로서, 과세 대상의 금액이나 수량이 증가함에 따라 높은 세율을 적용하는 누진세의 반대 개념이다.

56 ② 관세를 부과하여 수입품의 가격을 높이면서 수입품이 국내에서 경쟁력을 약화시키게 하는 관세장벽에 해당한다.

   ※ 비관세 장벽
   ㉠ 수입을 억제하기 위해 관세를 부과하는 방법을 제외한 모은 인위적인 규제를 의미한다.
   ㉡ 직접적인 비관세 장벽 : 정부가 수입을 억제하고 국내생산을 늘리기 위한 것이다. 정부조달제도, 관세평가제도, 수입할당제, 수입과징금, 수입예치금, 무역금융제도 등이 있다.
   ㉢ 간접적인 비관세 장벽 : 직접 차별을 하여 규제하지 않지만 병역 등을 위한 규제로 수입억제 효과를 발생시키는 것이다.
   ㉣ 수출 비관세장벽 : 수출금지, 수출수량규제, 최저가격제, 수출보조금, 생산보조금 등이 있다.

57 ③ 제조전략에서는 원가, 품질, 신속성, 신축성 등의 4가지 변수를 중요하게 여긴다.

58 ④ 인과적 방법에 해당한다.
①②③⑤ 생산예측의 방법 중 정성적 방법에 해당한다.

59 ④ 풀(Pull)전략에 대한 설명이다.

60 ⑤ 임금은 생산량에 비례하였으며, 기계적·폐쇄적인 조직관을 지녔으며, 경제적 인간관의 가정에 기반하고 있다.

61 ① SWOT 분석은 매트릭스를 활용해서 문장을 짧고 명료하게 나타내어 한 눈에 쉽게 분석이 가능하도록 기술해야 한다.

62 ④ 다른 목적을 위해 수집한 자료지만 본 마케팅 조사에 이용될 수 있는 간접적 자료를 2차자료라고 한다.

63 ① 행동요인에 영향을 미치는 개인적 요인은 대상에 대한 태도가 아니라 대상과 관련된 행동에 대한 태도이다.

64 ④ 전문품이 소비자들의 상표 충성도가 매우 높은 편이다.

65 ② 개별브랜드 전략 : 생산된 제품에 각각 다른 브랜드명을 부착시키는 전략이다.
③ 라인확장 전략 : 동일한 제품 범주 내에서 새로운 제품이 추가될 경우 기존 제품의 브랜드명을 부착시키는 전략이다.
④ 브랜드확장 전략 : 한 제품시장에서 성공을 거둔 기존 브랜드명을 다른 제품군의 신제품에도 사용하는 전략이다.
⑤ 수직적 패밀리브랜드 전략 : 기업명을 모든 제품에 적용시키거나 성공한 브랜드명을 기업명으로 하는 전략이다.

66 ② 제품믹스의 넓이는 기업이 지니고 있는 전체 제품라인의 수를 의미한다.

67 ① 서비스의 마케팅 믹스(7P)는 Place(유통), Promotion(촉진), People(구성원), Physical evidence (물적증거), Process(과정)이다.

68 ① 주로 상품구매를 위해 적극적인 정보탐색을 하는 전문품과 선매품에 사용되는 전략은 전속적 유통전략이며, 집중적 유통전략의 대상은 주로 관여도가 낮은 편의품이 된다.

69 ④ 촉진의 속도가 느리고 고객 1인당 비용이 높은 단점이 있는 것은 인적판매 수단의 단점이다.

70 ④ 상환우선주 취득 시 만기가 3개월 이내 도래하고 가치변동이 없으며, 거래비용 없이 현금 전환 가능하다면 현금성자산으로 분류될 수 있다.

71 ② 기업자금의 구체적인 운용상황을 나타내는 것은 재무상태표이다.

72 ⑤ 인터넷 판매는 오프라인 판매에 비해 소량다빈도 주문 및 판매가 이루어지므로 물류비용은 증가할 수 있다. 그러나 출점비용이나 고객서비스 비용 등은 감소하고, 카탈로그 인쇄 및 광고 판촉물에 대한 배포비용은 발생하지 않는다. 인터넷 판매로 감소하는 비용은 주문처리비용, 재고비용, 출점비용, 유통센터 운영비용, 고객서비스 비용 등이다. 그리고 카탈로그 인쇄 및 광고 판촉물에 대한 배포비용은 발생하지 않는다.

73 ② 회전율이 높을수록 현금으로 결제가 이뤄지거나 매출채권의 회수가 잘 이뤄지고 있음을 의미하므로 효율성이 높다고 할 수 있다.

74 ④ 배당이 일정한 비율로 계속 증가할 경우 성장률이 할인율보다 작아야 한다는 전제조건이 필요하다.

75 ③ 자본예산은 일반적으로 투자기회의 탐색과 선정 → 현금흐름 추정 → 투자안의 선택 또는 기각 → 통제 및 사후관리의 과정을 거친다.

76 ㉠㉣ 내적 측면의 요소
㉡㉢㉤㉥ 외적 측면의 요소

77 ④ 신흥시장은 선진국에 비해 고성장 · 고위험의 경제구조를 가지기 때문에 신흥국의 위험프리미엄은 선진국의 위험프리미엄보다 크다.

78 ① 과소 · 과대평가 주식을 평가하는 데 유용한 것은 PBR이다.

79 ③ 만기일의 주가가 행사가격과 동일할 경우 손실도 이익도 발생하지 않게 된다.

80 ① 스왑은 거래당사자끼리 서로의 현금흐름을 교환하는 계약으로 옵션이나 선물과 같이 표준화된 금융상품이 아니다.

※ 문제는 p.198에 있습니다.

☑ ANSWER

1	⑤	2	③	3	①	4	①	5	④	6	⑤	7	②	8	②	9	①	10	④
11	⑤	12	②	13	②	14	②	15	②	16	④	17	⑤	18	③	19	③	20	⑤
21	⑤	22	③	23	⑤	24	③	25	①	26	②	27	②	28	④	29	③	30	③
31	⑤	32	②	33	⑤	34	④	35	③	36	③	37	②	38	①	39	④	40	②
41	④	42	③	43	③	44	④	45	③	46	④	47	④	48	③	49	⑤	50	③
51	②	52	④	53	①	54	②	55	④	56	④	57	①	58	③	59	⑤	60	②
61	④	62	⑤	63	⑤	64	④	65	①	66	①	67	①	68	①	69	①	70	①
71	①	72	①	73	②	74	②	75	①	76	④	77	④	78	③	79	①	80	④

1 ⑤ 직장폐쇄는 사용자가 근로자들을 일시적으로 해고하는 것으로써 이는 사용자 측의 쟁의 행위에 해당한다.

2 ① 직능급에 대한 설명으로 동일한 임금에서 시작하여도 지식 또는 능력 등이 증가함에 따라서 임금도 같이 동시에 오르는 임금체계를 의미한다.
　　②⑤ 연공급에 대한 내용으로 개인의 학력 또는 근속연수, 연령 등의 요인들을 기준으로 하여 임금이 체결되는 것을 말하며, 소극적 근무태도 및 능력개발의 소홀로 인해 전문인력 확보에 어려움을 겪는 단점이 있다.
　　④ 직무급에 대한 설명으로 동일 직무를 한 종업원은 같은 임금을 주는 것을 말한다.

3 ① 앨빈 토플러가 저서 '미래의 충격'에서 기존의 관료조직을 대체할 미래 조직을 의미하는 말로 사용한 용어이다. 애드호크라시는 관료조직처럼 지위나 역할에 따라 종적으로 조직된 것이 아닌 기능 및 전문적인 훈련 등에 의해 유연하게 기능별로 분화된 횡적 조직을 의미한다.

4 ① 잠재된 갈등은 갈등이 존재하지 않는 것이 아닌 갈등이 잠재되어 있어 언제라도 갈등이 야기될 수 있는 상황을 의미한다.

5 ④ 기업이 지속적으로 존속하기 위한 이윤추구 활동 이외에 법령과 윤리를 준수하고, 기업의 이해관계자의 요구에 적절히 대응함으로써 사회에 긍정적 영향을 미치는 책임 있는 활동을 말한다. 과거 기업의 책임은 수익을 창출하여 주주들에게 이를 환원하는 경제적 책임에 한정되었다. 그러다가 미국의 경영학자 아치 캐럴이 기업의 사회적 책임을 경제적 책임, 법적 책임, 윤리적 책임, 자선적 책임의 4단계로 체계화하면서부터 기업의 사회적 책임이 본격적으로 논의되기 시작하였는데, 이때 기업의 책임 영역에 주주를 포함한 이해관계자에 대한 책임과 더불어 환경 및 사회적 지속가능성을 추구할 책임도 포함된 것이다.

6 ⑤ 지식경영은 기업을 둘러싼 환경이 급변함에 따라 이에 적극 대응하기 위한 지속적인 혁신과 함께 이를 가능하게 하는 지식의 중요성이 커짐에 따라 피터 드러커 & 노나카 이쿠지로 등에 의해 제창된 개념이다.

7 ② 상호, 상표 등의 노하우를 가진 자를 프랜차이저(Franchisor)라고 하는데 우리말로는 본부, 본사로 표현되고, 이러한 프랜차이저로부터 상호의 사용권, 제품의 판매권, 기술, 상권분석, 점포 디스플레이, 관계자훈련 및 교육지도 등을 제공받는 자를 프랜차이지(Franchisee)라고 하는데 이는 일반적으로 가맹점이라 표현된다.

8 ② 유통경로의 구성원은 자신의 활동을 수행함에 있어 다른 경로 구성원으로부터 영향을 받기도 하고 다른 경로 구성원에게 영향을 미치기도 한다.

9 ① 전문품(speciality goods)은 독특한 특징이나 브랜드 정체성이 있는 제품과 서비스이다. 소비자의 강한 브랜드 선호도와 충성도를 지니고 있고, 특별한 구매 노력을 기울인다. 브랜드 대안 간 비교가 이루어지지 않으며 가격민감도가 낮다. ①의 경우에 소비자는 제품에 대한 사전지식에 의존하여 상품을 구매하는 것이 일반적이다.

10 ④ 비교광고는 시장에 새로 진입하는 후발 브랜드나 시장점유율이 낮은 브랜드가 자사 브랜드의 차별성을 부각시켜 소비자의 고려상표군(consideration set)에 들어가는 데 효과적이다. 그러나 시장선도 브랜드나 고관여 제품의 경우에는 비교광고를 하지 않는다.

11 ①③ 거래 전 요소에 대한 설명이다.
②④ 거래 후 요소에 대한 설명이다.

12 ② 정보(Information)는 관찰이나 측정을 통해 수집된 자료(Data)를 실제 문제해결에 도움이 될 수 있도록 해석하고 정리한 것을 말한다.

13 ② 팩토링은 기업이 매출채권을 자금화하는 방법으로, 담보대출과는 구별된다. 팩토링은 판매대금을 미리 지급받기 위한 방법으로, 담보대출은 기업이 돈을 빌리기 위해 자산을 담보로 제공하는 방법이다.

14 ② 인플레이션하에서 미래의 현금흐름은 동일한 금액의 현재 현금흐름보다 그 구매력이 떨어지게 된다.

15 ② 연간매출수량 $= \dfrac{\text{고정비}}{\text{단위당 판매가격} - \text{단위당 변동비}} = \dfrac{6\text{억 원}}{150\text{만 원} - 120\text{만 원}} = 2,000$대

연간매출액 $= 2,000 \times 150\text{만 원} = 30\text{억 원}$

16 ① 대조효과에 대한 설명이다.
    ② 유사효과에 대한 설명이다.
    ③ 최근효과에 대한 설명이다.
    ⑤ 관대화 경향에 대한 설명이다.

17 ⑤ 재고관리는 품절이 발생하지 않도록 고객수요에 부응(고객서비스 향상)하면서도 적정량의 재고를 보유함으로써 재고비용을 절감하는 데 그 목표가 있다.

18 ③ 통상적으로 자산은 1년 이내에 현금화할 수 있는 유동자산과 그렇지 못한 고정자산(비유동자산)으로 구분하고, 유동자산은 현금 및 1년 이내에 현금화할 수 있는 예금 · 받을어음 · 외상매출금 · 미수금 · 유가증권 등의 당좌자산과 상품 · 제품 · 반제품 · 원재료 · 재공품 · 저장품 등의 재고자산으로 구분한다.

19 ㉠ BCG 매트릭스는 시장성장률과 상대적 시장점유율을 결합하여 4개의 사업영역으로 분류한다.
    ㉢ BCG 매트릭스의 문제아 영역(물음표 영역)은 시장성장률은 높지만 상대적 시장점유율이 낮은 전략사업단위를 지칭한다.

20 노동쟁위 강제성 여부
    ㉠ 강제성을 띠는 것
       • 긴급조정 : 쟁의 행위가 국가나 국민에게 위험을 줄 수 있으면 고용노동부 장관이 긴급조정을 할 수 있다.
       • 중재 : 당사자는 중재 결과를 반드시 따라야 하며 중재 결정이 위법일 경우에 중앙노동위원회에 재심을 청구 또는 행정소송 제기가 가능하다.
    ㉡ 강제성이 없는 것
       • 조정 : 노동위원회의 조정위원회에서 담당하며 조정안 수락을 권고하는 것을 말한다.
       • 알선 : 분쟁 당사자를 설득하여 관련된 당사자 간의 토론에 의해 쟁의 조정을 하는 것을 말한다.

21 ⑤ 제시된 내용은 복수경로 시스템(multichannel distribution system) 또는 혼합 마케팅 경로(hybrid marketing channel)에 대한 내용이다. 복수경로 시스템은 규모가 크고 복잡한 시장에 직면하고 있는 기업에게 매출을 증가시키고, 시장범위를 확대할 수 있으며, 상이한 세분시장 소비자의 특별한 요구에 자사의 제품과 서비스를 맞출 수 있는 기회를 얻을 수 있다. ⑤는 규모의 경제와 제품의 차별화는 상충되는 개념이다.

22 ③ 구매자(buyer)는 기업의 제품이나 서비스를 구매한다. 공급자가 구매 기업의 원가를 높이는 위협을 주는 반면, 구매자는 판매 기업의 수익을 낮추는 위협을 준다. 구매자의 교섭력이 수준이 높은 조건은 다음과 같다.
    ㉠ 구매자들이 소수일 때
    ㉡ 구매되는 제품들이 차별화되어 있지 않고 규격품일 때
    ㉢ 구매되는 제품들이 구매자의 최종 원가에서 큰 부분을 차지할 때
    ㉣ 구매자들이 높은 수준의 경제적 이익을 얻지 못하고 있을 때
    ㉤ 구매자들이 후방 통합(backward integration)을 할 것이라고 위협할 때

23 ⑤ 추종상표는 시장선도 상표를 따르는 후발 제품의 브랜드이다. 이 경우에는 다양한 판촉수단을 사용하여 시장 선도제품을 사용하고 있는 소비자들로 하여금 상표전환을 유도하는 전략을 사용하는 것이 유리하다. 따라서 이러한 마케팅 전략은 다양성 추구 구매행동을 보이는 소비자에 적합하다. 다양성 추구 구매행동은 소비자 관여도가 낮지만 브랜드 간의 차이가 상당히 큰 구매상황에서 나타난다. 이런 행동을 보이는 소비자는 브랜드를 자주 바꾼다.

24 ⓛ 자본시장선 아래에 위치하는 주식은 주가가 과소평가된 주식이 아니라 증권시장선 위에 위치한 주식이 과소평가된 주식이다.

ⓒ 포트폴리오 기대수익률과 총 위험(표준편차) 간의 선형관계를 나타낸다.

25 ① 현재가치 $= \dfrac{\text{미래가치}}{(1+r)^n}$ (여기서 r은 할인율 또는 이자율 의미, n은 기간을 의미)

시장이자율 10%를 감안한 1년 후 현재가치 $\dfrac{3,000,000}{(1+0.1)^n} = 2,727,273$원

시장이자율 10%를 감안한 2년 후 현재가치 $\dfrac{4,000,000}{(1+0.1)^2} = 3,305,785$원

시장이자율 10%를 감안한 3년 후 현재가치 $\dfrac{5,000,000}{(1+0.1)^3} = 3,756,574$원

이들 총합은 9,789,632원인데, 문제에 제시된 조건에서 최종 답은 10,000원의 자리에서 버림하여 구한다 하였으므로 대략 9,700,000원이 된다.

26 ② 보완적 평가방식은 각 상표에 있어 어떤 속성의 약점을 다른 속성의 강점에 의해 보완하여 전반적인 평가를 내리는 방식을 의미한다. 한 가지 예로서 비행기의 경우 속성별 평가점수가 4, 4, 7, 9점이며, 각 속성이 평가에서 차지하는 중요도는 20, 30, 40, 50이므로, 이러한 가중치를 각 속성별 평가점수에 곱한 후에 이를 모두 더하면 930이 된다. 이러한 방식으로 계산하면 그 결과는 아래와 같다.
- 비행기 : $(20\times4)+(30\times4)+(40\times7)+(50\times9) = 930$
- 기차 : $(20\times5)+(30\times4)+(40\times5)+(50\times8) = 820$
- 고속버스 : $(20\times4)+(30\times5)+(40\times7)+(50\times5) = 760$
- 승용차 : $(20\times3)+(30\times7)+(40\times8)+(50\times6) = 890$
- 자전거 : $(20\times9)+(30\times1)+(40\times1)+(50\times1) = 300$

27 ② 전략적 이익모형(SPM : strategic profit model)은 여러 재무비율 간의 상호관계를 이용하여 경로성과를 평가하는 방법이다. 레버리지 비율(= 총자산/순자본)이 낮을수록 기업이 자금운영과정에서 부채(차입금)보다 자기자본에 더 크게 의존한다는 것을 의미한다. 낮은 레버리지 비율은 경영자의 보수적(위험회피) 성향을 반영한다.

28 ④ 안정적이고, 역사가 깊으며, 강한 문화를 가진 조직은 기업 문화를 변화시키기가 어렵다.

29 ③ 사례는 차별적 마케팅 전략에 대한 내용이다. 하나의 시장을 여러 개의 세분시장으로 나누고 각기 다른 세분시장의 상이한 욕구에 부응할 수 있는 마케팅믹스를 개발하여 적용함으로서 기업 조직의 마케팅 목표를 이루고자 하는 전략이다. 소비자의 욕구를 정확히 이해하고 전문화의 명성을 얻기 위함은 집중적 마케팅 전략에 대한 설명이다.

30 ③ 성숙기에는 성장기에 진입한 많은 경쟁자들로 인해서 잠재적으로 그 제품을 사용할 의향이 있었던 대부분 제품을 수용한 상태이다. 그렇기에 이 단계에서의 목표는 이익의 극대화와 경쟁기업에 대해 자사의 시장점유율을 유지시키는 데 있다. 구체적인 마케팅믹스 전략은 제품은 치열한 경쟁에 대응하기 위해 상표와 모델의 다양화로 많은 상표와 다양한 모델을 개발해야 한다. 또한, 가격인하는 필수적이며, 시장점유율을 방어하기 위해서 더욱 광범위한 유통망 구축을 지향하게 된다. 광고는 경쟁 상표 제품과 자사 상표 제품과의 차이와 이점을 강조하며, 경쟁제품 사용자의 상표 전환을 유도하기 위해서 판촉을 적극적으로 실시한다.

31 ⑤ 집단으로 일할 때 노력을 덜 하려는 현상은 책임소재가 명확하지 않고 관찰하기가 어렵기 때문이다. 팀의 규모를 늘린다면 각자의 업무 행동을 관찰하기가 더 어렵고 통제가 어려워져서 무임승차 또는 편승의 현상이 더 심화될 것이다.

32 ㉠ 작업 환경은 안전의 욕구와 연관되는 데 안전 욕구(safety needs)는 위험 · 손실 · 위협으로부터의 보호와 관련된 것이다.

㉡ 기숙사의 경우에는 생리적 욕구와 연관되는데, 생리적 욕구(physiological needs)는 욕구계층의 최하위에 위치하고 있으며, 이는 생활을 영위하는 데 가장 필수적인 욕구이기도 하다. 공기 · 음식 · 배설 · 성 · 휴식 등이 이에 포함된다.

㉢ 동호회는 사회적 욕구와 연관되는 데 사회적 욕구(social needs)는 애정을 주고받는 것, 다른 사람들과 교제하고 그들에 의해 받아들여지는 것, 자신을 사회집단의 한 부분으로 느끼는 것 등을 포함한다. 개개인은 동료집단에 소속되고 싶어 하며 그곳에서 동료들과 어울려 우의와 애정을 나누기를 원한다.

㉣ 직장에서의 승진은 존경의 욕구와 연관되는 데 존경 욕구(esteem needs)는 자아 존중감, 자율성, 성취감 같은 내적 자존감 요소와 지위, 인정, 관심 등과 같은 외적 자존감 요소이다.

㉤ 창의성은 자아실현의 욕구와 연관되는 데 자아실현 욕구(self-actualization needs)는 개인의 잠재력을 실현화하려는 욕구와 능력을 완전히 활용하려는 욕구이다. 다시 말해서 개인이 성취할 수 있는 모든 것을 달성하려는 욕구이다. 이 욕구수준에 이르면 개개인은 그의 모든 잠재력을 최대한으로 발휘하고자 노력한다. 이 욕구는 자아발전이나 광의의 창의성과 깊이 연관된다. 또한, 어느 경우에도 이는 창조적인 상태의 실현을 뜻하며 따라서 성취감과 자기만족의 결과를 안겨준다.

33 ⑤ 플라시보 효과(Placebo Effect)는 약리학적으로 비활성인 약품(젖당, 녹말, 증류수, 생리식염수 등)을 약으로 속여서 환자들에게 투약하였을 시에 실제적으로 병세가 호전되는 효과를 의미한다.

34 ② 허위관계(spurious relationship)는 관련이 있어 보이는 두 변수 간의 관계가 제3의 변수를 고려하면 사라지는 것을 의미한다. 즉, 실제로는 두 변인 간에 이론적으로 아무런 연관성이 없는데 제3의 변인이 두 변인 간의 관계를 부풀리는 역할을 한 것이다.

35 ① 광고의 유연성은 낮다.
② 홍보는 통제력이 낮다.
④ 구전은 신뢰성이 낮다.
⑤ 웹사이트는 유연성이 높다.

36 ③ 후방통합화는 기업이 공급망의 상류단계(원자재 공급, 부품생산 등)를 직접 통제하거나 효율화하는 전략으로, 공급업체(상류단계)와 협력하여 재고 관리를 개선하는 것은 상류 공급망의 효율화를 이루는 것으로 후방통합화에 해당한다.
① 전방통합화 또는 유통망 개선 활동에 해당한다.
② 공급망관리 또는 JIT 시스템에 해당한다.
④ 동일한 산업 단계를 인수하였으므로 수평통합화에 해당한다. 만일 부품을 공급하는 회사를 인수하여 부품을 자체 생산하는 경우라면 후방통합화가 된다.
⑤ 전방통합화에 해당한다.

37 ② D 매니저의 행사가격이 다른 두 개의 콜옵션 중에서 높은 행사가격을 가진 콜옵션을 매입하고, 낮은 행사가격을 가진 콜옵션을 발행하는 것은 약세 스프레드에 해당한다.

38 ① 전환 마케팅은 현재 수요가 부정적일 경우, 수요를 전환하기 위해 수행하는 마케팅을 말한다.

39 ④ 공익연계마케팅(cause-related marketing) : 기업이 특정 상품을 판매해 얻은 수익의 일정 부분을 사회문제 해결을 위한 기부금으로 제공하는 마케팅 방식을 의미하는 것으로 훌륭한 차별화의 수단이 될 수 있다.

① 넛지 마케팅(nudge marketing) : 소비자들이 선택을 하는 데 있어 유연하면서도 부드러운 방식으로 접근하는 방식을 의미한다. 예를 들어 마트 카운터 앞에 소비자들이 가볍게 구입하고 싶어 하는 상품을 진열해두는 방법도 이에 해당한다.

② 스프레드 마케팅(spread marketing) : 신문, 방송 등에 자사 제품의 광고를 내보내지 않고 인터넷 및 입소문만을 활용해 비용을 줄이고 홍보효과는 극대화시키는 마케팅 전략을 의미한다. 이 방법의 경우 타깃 마케팅과 비용감소라는 두 가지의 효과를 거둘 수 있다.

③ 체험마케팅(experience marketing) : 소비되는 분위기 및 이미지나 브랜드 등을 통해 소비자들의 감각을 자극하는 체험을 창출하는 데 초점을 맞춘 마케팅을 의미한다. 소비자들은 단순하게 제품의 특징이나 제품을 제공하는 이익을 나열하는 마케팅보다는 잊지 못할 체험 또는 감각 등을 자극하고 마음을 움직이는 서비스를 기대한다. 다시 말해 제품 생산의 현장으로 소비자들을 초청하여 소비자들이 직접 보고, 느끼고, 만들어 볼 수 있도록 하는 것이다.

⑤ MOT마케팅(Moment of Truth Marketing) : 일상 생활공간을 파고드는 마케팅기법을 의미하는 것으로 결정적인 순간 또는 진실의 순간을 포착하라는 뜻이다. 예를 들어 소비자들이 아침에 일어나서 신문을 보는 순간에서부터 집을 나와서는 교통수단을 통해, 식당에서나 또는 친구를 만나 차를 마시는 곳, 그 어느 곳에서나 제품의 이미지를 심어주는 것이 MOT 마케팅의 핵심 전략이다.

40 ② 사진은 고가의 차량을 나타낸 것이다. 경로 커버리지 전략 중 고가의 제품을 다루는 전략은 전속적 유통전략이다. 이 문제의 핵심은 전속적 유통전략에 관한 내용을 묻고 있는 것이다. 전속적 유통전략은 극소수의 중간상들에게 자사제품의 유통에 대한 독점권을 부여하는 방식의 전략으로 소비자가 자신이 제품구매를 위해 적극적으로 정보탐색을 하고, 스스로가 원하는 제품을 취급하는 점포에까지 가서 기꺼이 쇼핑하는 노력도 감수하는 특성을 지닌 전문품에 적절한 전략이다. 선매품에 적합한 전략은 선택적 유통에 대한 내용이다.

41 ④ 과점구조를 가진 시장에서 초과공급(공급과잉)은 공급이 수요를 초과하는 상황에 있다는 것이다. 경쟁시장이라면 자연스럽게 가격이 하락하지만 과점시장이라면 기업의 가격정책에 따라 달라진다. 스마트TV는 사치품의 성격이 있으므로 수요의 가격탄력성이 탄력적이다 따라서 기업들이 가격을 인하하면 수요량이 크게 증가하므로 기업의 판매량과 판매액은 증가한다.

42 ⑤ 일반적으로 생활필수품의 성격을 갖거나, 마땅한 대체재가 없는 경우, 또는 재화의 가격이 가계 소득에서 차지하는 비중이 작을수록 수요의 가격탄력성은 작게 나타난다. 즉, 소득에서 재화의 가격이 차지하는 비중과 가격탄력성은 정비례한다.

43 ② 한계비용(marginal cost)은 상품 1단위를 추가로 생산하는 경우 그로 인한 총비용의 증가분이다. 통상적으로 정보통신산업에서는 생산량이 많을수록 한계비용이 급감하여 지속적 성장이 가능한 수확체증 현상이 나타난다. 한계생산이 체감하는 수확체감 현상이 나타나면 한계비용은 체증한다. 반대로 수확체증 현상이 나타나면 한계비용은 체감한다.

44 ① 소득의 증가에 따라 수요량이 증가하는 정상재(normal goods)의 수요의 소득탄력성은 0보다 크다.

② 상품 A의 가격이 상승하여 상품 B의 판매량이 증가하는 경우, 수요의 교차탄력성은 0보다 크므로 상품 A와 상품 B는 대체관계이다.

③ 열등재 중 절대적 열등재라고 할 수 있는 기펜재(Giffen's goods)는 가격이 하락함에도 수요량이 감소하는 재화로 수요곡선은 예외적으로 양(+)의 기울기를 갖는다.

⑤ 수요곡선이 선형이건 비선형이건 수요곡선상의 위치에 따라 수요탄력성은 다른 값을 갖는다.

45 ③ 운임의 변동폭에 의해 운송수단(수송능력)의 변동폭이 결정된다고 해서 운임의 탄력성의 크기와 운송수단(수송능력)의 탄력성의 크기가 일치하는 것은 아니다. 운임의 탄력성보다 운송수단의 탄력성이 클 수도 있고 작을 수도 있다.

46 ④ 독점적 경쟁(monopolistic competition)은 다수의 거래자(공급자)가 차별화된 제품과 서비스를 거래하는 시장이다. 제품을 차별화하므로 가격에 영향을 미칠 수 있지만 대체재가 많으므로 큰 영향을 미치지는 못한다. 음식점, 미용실, 의상실 등 도심의 소규모 업종들은 대부분 독점적 경쟁이다.

47 ④ X재의 보완재 가격이 상승하는 경우에 X의 수요곡선은 왼쪽으로 이동하므로, 균형가격은 하락하고 균형거래량은 감소한다.

48 ③ 완전경쟁 시장에서 장기균형 상태는 초과 이윤이 없는 상태(경제적 이윤＝0)이다. 시장 수요 증가로 일시적으로 가격이 상승하고 기업들은 일시적인 초과 이윤을 얻을 수 있으나 기업 진입이 자유롭기 때문에 새로운 기업들이 시장에 진입하면서 공급량이 증가하고 가격은 하락하며 초과 이윤은 사라진다. 결국 시장은 새로운 장기균형에 도달하고 개별 기업의 이윤은 다시 제로(0)이 된다.

49 ⑤ 기업 내부 생산 효율성과 관련된 문제로 자원 배분의 효율성과 직접적으로 연결되지 않는다. 따라서 시장 실패의 요인이 아니다.
① 시장에서 외부효과가 존재하면 자원 배분이 비효율적으로 이루어져 시장 실패를 초래한다.
② 공공재의 비경합적이고 배제불가능적인 특성으로 인해 무임승차 문제가 발생하며 시장 실패의 대표적인 요인이 된다.
③ 필요한 정보를 충분히 갖지 못하면 그릇된 의사결정을 하게 되는데 이는 자원 배분의 비효율성을 초래한다.
④ 정보 비대칭으로 인해 저품질의 상품 또는 서비스가 시장에 과잉 공급된다. 자원 배분의 왜곡을 초래한다.

50 ③ 임대료 상승분은 GDP에 포함된다.

51 ② 수요곡선은 수평이다.

52 ④ 정부가 미래의 정부지출을 축소한다는 조건에서 현재의 조세를 줄이는 경우에, 민간은 가처분소득의 증가로 인식해서 현재의 소비를 증가시키게 된다.

53 ① 정부가 개입하지 않는다는 것은 무임승차 문제가 발생한다는 것을 의미하므로 따라서 주민 아무도 자신의 효용의 화폐가치를 밝히지 않을 것이며, 공원 또한 건립되지 못하게 된다.

54 ② X재의 경우, Y재의 가격하락에 따라 실질소득이 증가하였으며, 그 결과 X재의 소비는 12단위에서 14단위로 증가하였다. 따라서 이는 정상재임을 알 수 있다.

55 ④ 그림에서 수요곡선의 기울기는 양(+)이고, 공급곡선의 기울기는 음(−)이므로 공급법칙과 수요법칙 모두가 성립하지 않는다. P_2가 균형가격 P_1보다 높지만, P_2의 가격에서 수요량은 Q_3이고, 공급량은 Q_2이므로, ab만큼의 초과 수요가 발생하여 가격을 상승시킨다.

56 ④ 정책무력성 명제는 민간이 합리적으로 기대를 형성하고, 정부가 정책을 사전 발표할 경우에, 민간이 정부의 정책을 신뢰하고 물가가 신축적으로 조정된다면, 정부의 정책은 효과가 없다는 주장이다. 이때 총공급충격에 의한 스태그플레이션은 외부충격으로 AS곡선이 좌측으로 이동할 경우로써, 이는 합리적 기대가설이 주장하는 정책무력성 명제와는 아무런 관계가 없다.

57 ㉣ 케인즈 학파의 경우, 통화량의 증가 시에 화폐공급 증가를 가져오게 되므로 실질이자율은 하락하게 된다. 하지만 고전학파의 경우 실물시장에서의 저축 및 투자에 따라 이자율이 결정된다고 보는 관점이기 때문에 이는 단순히 통화량이 증가한다고 해서 실질이자율이 하락한다고 볼 수 없다.

58 ③ 문제에 주어진 자료로는 구매력 평가에 따른 환율만을 구할 수 있으므로, 2015년 원화의 명목환율을 알 수 없다.

59 ⑤ 주어진 표를 보면, 작년에 비해서 누진세의 최고세율은 낮아졌으며, 비례세 제도가 적용되는 부가가치세의 세율은 높아졌다. 그러므로 조세의 소득 재분배 효과는 약화될 것이라는 추론이 가능하다.

60 ② 독점기업의 수요곡선이 우하향하는 직선일 때, 조세의 부과는 가격을 $\frac{1}{2}$ 만큼 상승시키게 되므로, 세금이 10 증가하여 소비자와 생산자는 각각 5씩 부담하게 된다.

61 ④ 통상적으로 수요가 탄력적일수록 독점적 경쟁기업이 보유하는 초과설비규모는 작아지게 된다.

62 ⑤ 문제에 제시된 그림에서는 X재 시장에서 공급의 감소로 인해 균형가격은 상승하였으며, 이로 인해 균형거래량은 감소하였다.

63 ⑤ 연철이는 친환경적인 원료를 사용하고 원료 재배 농부들에게 정당한 몫을 지불하는 기업에서 생산한 초콜릿을 소비하는 행위, 우진이는 동물을 대상으로 실험하지 않고 생산되는 화장품을 구매하는 행위 등은 모두 윤리적 가치를 고려한 소비행위라 할 수 있다.

64 ③ 의도적인 교육투자의 중요성을 강조하는 모형은 루카스의 인적자본 축적모형이나.

65 ③ 한계편익곡선의 기울기는 음(−)이고 한계비용곡선의 기울기는 양(+)이면 순편익곡선의 형태는 오목하므로, 한계편익과 한계비용이 같다는 조건은 반드시 충분조건이다.

66 ② 생산량이 1개씩 증가할 때마다 추가로 발생하게 되는 비용은 생산량이 4개가 될 때까지 감소하게 되며, 5개일 경우에 증가하게 된다.
③ 생산량이 1개씩 증가할 때마다 추가로 얻게 되는 수입은 일정하다.
④ 생산량이 4개일 때 X재 1개당 생산비용이 가장 작다.
⑤ 생산량이 2개일 때 이윤은 양(+)의 값을 가진다.

67 ① X재의 대체재 가격의 상승은 X재 수요의 증가 요인이다.
② 소득의 감소는 정상재 수요의 감소 요인이다.
③ 시장가격의 상승, 거래량의 증가로 인해 생산자 잉여는 증가하게 된다.
④ 수요의 증가로 인해 거래량은 증가하게 된다.
⑤ 시장가격의 상승, 거래량의 증가로 인해 판매 수입은 증가하게 된다.

68 ① 최고가격제를 실시하게 되면 최고가격제가 실시되는 상품의 가격이 낮아지게 되므로 통상적으로 보면 수요는 증가하는 반면에 공급은 감소하게 된다.

69 ① 약공리의 의미는 소비자의 소비행위가 일관성을 가져야 한다는 것이다. 그러므로 선택 가능한 여러 가지 재화묶음 중에서 A를 선택했다면 약공리가 충족되기 위해서는 재화묶음 A가 구입가능한 상황에서는 계속해서 재화묶음 A를 구입하여야 한다(하지만, 예산집합이 변하여 재화묶음 A가 구입불가능하게 되면 다른 재화묶음을 구입하더라도 약공리에 위배되지는 않는다).

70 ① 비대칭적 정보하에서는 아예 시장 자체가 존재하지 않게 될 가능성도 있다. 다시 말해, 시장균형이 언제나 존재하는 것은 아니다.

71 ① 보증은 정보의 비대칭성의 문제로부터 발생하는 것인데 제품을 판매하는 기업이 좋은 품질의 제품이라는 보증을 제공하게 되므로, 주체가 소비자라고 한 것은 틀리게 되며, 그리고 기업들이 주체가 되었을 경우 ⑤는 기업이 상품에 대해서 정확한 정보는 가지고 있지만, 소비자들이 정보가 부족한 경우에 해당한다. 품질이 좋은 제품을 공급하는 기업일수록 당연히 예상 수리비용이 적기 때문에 보증을 해준다고 장담하게 되는 것이다.

72 ① 경기회복에 대한 기대는 총수요가 증대될 것이라는 기대이며, 이는 곧 장기적으로 실질이자율이 하락할 것임을 의미한다. 또한 경기회복에 대한 기대로 인한 소비의 증대, 유발투자의 증가를 가져오게 되므로 승수효과는 더욱 증가하게 된다.

73 ② 합리적 선택은 선택에 의한 기회비용 및 편익 등을 고려해 순편익이 가장 큰 대안을 선택하는 것을 의미한다. 이미 제출되어 회수 불가능한 비용인 매몰비용을 기회비용에 포함해서는 안 된다.

74 ② 기준 금리의 경우 중앙은행의 통화정책 수단으로써 중앙은행이 기준 금리를 올리게 되면 통화량이 감소하며, 시중금리가 상승하게 된다. 이와는 반대로 중앙은행이 기준 금리를 내리게 되면 통화량이 증가하며 동시에 시중금리가 하락하게 된다.
　ⓐ 기준 금리를 인상하게 되면 시중금리가 상승하게 되므로 이로 인해 가계의 대출이자 상환의 부담이 늘어날 수 있으므로 이러한 기준 금리의 인상은 소비 지출을 위축시키게 되는 요인으로 작용하게 된다.
　ⓑ 기준 금리를 인하하게 되면 시중금리의 하락으로 인해 투자가 촉진된다.
　ⓒ 기준 금리를 인상하게 되면 시중금리가 상승하여 소비 및 투자 등을 위축시킬 수 있다. 그러므로 기준 금리 인상은 총수요를 억제하는 요인으로 작용하게 된다.
　ⓓ 기준 금리를 인하하게 되면 통화량의 증가로 인해 물가 상승이 초래될 수 있다.

75 ① 한계효용과 총효용 간의 관계는 다음과 같다. 한계효용이 0보다 커지면 총효용은 증가하게 되며, 한계효용이 0인 점에서는 총효용이 극대가 되고, 한계효용이 0보다 작아지면 총효용은 감소하게 된다.

76 ④ 과점시장에는 진입장벽이 존재하기 때문에 소수의 기업이 존재하고, 기업들이 소수이므로 과점기업들은 가격설정자로 행동한다. 또한, 과점기업들은 동질적인 재화를 생산할 수 있으며, 이질적인 재화를 생산하는 경우도 있는데, 전자를 순수과점, 후자를 차별과점이라고 한다. 이러한 과점기업들은 상대방의 반응을 살펴보고 가격을 결정하게 되는데, 과점 기업들이 설정하는 가격은 상대방과 같을 수도 있고 또는 서로 다를 수도 있다.

77 ④ X재 및 Y재는 서로 대체재의 관계이며, X재 및 Z재는 보완재 관계이다. X재의 원자재 가격의 상승으로 인해 X재의 가격이 상승하게 되면 X재의 수요량이 감소하게 되는데, 이로 인해 Y재의 수요는 증가하게 되며, Z재의 수요는 감소하게 된다.

78 ③ 균형국민소득식 $Y = C + I + G + X_N$을 활용하면, $X_N = (Y - C - T) + (T - G) - I$ 그러므로, 순수출 = 민간저축+정부저축−투자로 구성된다. 미국의 경상수지 적자는 총저축의 감소, 즉 과잉 소비 또는 동아시아 국가 및 산유국들의 지속적인 경상수지 흑자는 총저축의 증가, 즉 과잉저축으로 볼 수 있다.

79 ① 쌀 시장이 개방되어 쌀이 수입되면 쌀 가격이 하락하게 되므로 소비자 잉여는 증가하게 되지만, 반대로 생산자 잉여는 감소하게 된다. 그러나, 생산자 잉여 감소분보다 소비자 잉여 증가분이 더 크므로 사회 전체의 총 잉여는 증가하게 된다.

80 ④ 국제유가 상승과 같은 공급충격은 단기총공급곡선을 좌측으로 이동시키게 되고 이는 물가상승 및 실업의 증가 등을 가져오게 된다. 장기적으로 보게 되면, 수직의 총공급곡선으로 돌아가게 되므로 A → E → C로 변화하게 된다.

정답 및 해설

※ 문제는 p.234에 있습니다.

✓ ANSWER

1 ①	2 ⑤	3 ①	4 ①	5 ①	6 ⑤	7 ②	8 ④	9 ④	10 ②
11 ②	12 ⑤	13 ⑤	14 ③	15 ②	16 ③	17 ⑤	18 ③	19 ④	20 ⑤
21 ⑤	22 ④	23 ①	24 ⑤	25 ③	26 ②	27 ④	28 ②	29 ②	30 ②
31 ⑤	32 ②	33 ④	34 ⑤	35 ④	36 ⑤	37 ③	38 ③	39 ④	40 ⑤
41 ①	42 ①	43 ①	44 ①	45 ②	46 ③	47 ①	48 ③	49 ⑤	50 ②
51 ④	52 ④	53 ②	54 ①	55 ⑤	56 ①	57 ②	58 ③	59 ②	60 ④
61 ①	62 ④	63 ⑤	64 ③	65 ④	66 ⑤	67 ①	68 ④	69 ③	70 ⑤
71 ⑤	72 ②	73 ④	74 ④	75 ①	76 ③	77 ④	78 ③	79 ①	80 ②

1 ① 카이저플랜은 재료비 및 노무비 측면의 비용절감액을 배분하는 협동적인 집단 인센티브 제도를 말한다.

2 ⑤ ERG 이론은 매슬로우의 이론적 문제점을 보완하기 위해 제시되었으며 매슬로우의 5단계를 존재욕구, 관계욕구, 성장욕구로 구분하였다.

3 목표에 의한 (MBO) 관리의 한계점
　　㉠ 모든 구성원의 참여가 현실적으로 쉽지 않다.
　　㉡ 신축성 또는 유연성이 결여되기 쉽다.
　　㉢ 계량화할 수 없는 성과가 무시될 수 있다.
　　㉣ 부문 간에 과다 경쟁이 일어날 수 있다.
　　㉤ 도입 및 실시에 시간, 비용, 노력이 많이 든다.
　　㉥ 단기적 목표를 강조하는 경향이 있다.

4 ① 기업 수준의 전략의 하부 구조인 사업 수준의 전략에 해당한다. 사업 수준의 전략에는 저원가 전략, 차별화 전략, 집중화 전략 등이 있다.

　　※ 기업수준의 전략
　　기업 수준의 전략은 장기적인 수익을 극대화하기 위하여 기업의 발전과 개발 방향을 관리하는 것을 말한다. 유형으로는 단일사업 집중 전략, 수직통합전략, 다각화전략, 글로벌화 전략 등이 있다.

5 ① 혁신이론은 지식경영과는 직접적인 관계를 지니고 있다.

6 ⑤ 아웃소싱 전략은 한정된 자원을 가장 핵심사업 분야에 집중시키고, 나머지 부문은 외부 전문기업에 위탁하여 효율을 극대화하려는 전략을 말하며, 고객에 대한 낮은 충성도, 이직률의 상승이라는 문제점을 지니고 있다.

7 ② 관리역량 닻 : 자신들이 진정으로 일반관리자가 되기를 원하는 사람들이므로 경영 전문가가 되어야 일반관리자로서의 기능을 제대로 수행할 수 있다고 생각한다. 이러한 유형의 닻 소유자는 책임 수준, 리더십 발휘의 기회, 전체 조직에 대한 공헌 기회의 증대, 높은 수입 등을 의미하는 승진을 주요 가치 및 동기로 생각한다.
   ① 자율성 닻 : 조직이 개인을 규제하려 하며, 비이성적이면서 강압적이라고 생각하기 때문에 자유로운 직업을 가지기를 원한다. 이러한 닻의 소유자는 자율성을 위해 기꺼이 승진을 마다할 수 있다.
   ③ 기업가정신 닻 : 주요 목표는 장애물을 극복하고 위협을 무릅쓰며 개인적인 탁월성을 성취하려는 것 등을 포함하는 새로운 어떤 것의 창조이다. 이러한 닻을 지는 사람들은 스스로 자신의 사업을 설립하며 운영하는 자유를 원한다.
   ④ 도전 닻 : 해결이 불가능할 것 같은, 또는 극복하기 어려울 것 같은 장애를 해결하는 것이다. 이러한 유형에 해당하는 사람은 호기심, 다양성 및 도전 등을 추구한다.
   ⑤ 봉사 닻 : 관심사는 타인을 돕는 직업에 종사함으로써 타인의 삶의 질을 높이는 것과 같은 가치 있는 성과를 달성하는 것이다.

8 ④ 집약적 유통은 다른 말로 개방적 유통이라고도 하며, 가능한 한 많은 소매상들로 하여금 자사의 제품을 취급하게 하도록 함으로서, 포괄되는 시장의 범위를 확대시키려는 전략을 의미한다. 제품의 인지도를 알리는 것으로는 효율적이지만, 편의품(껌, 세제, 사탕) 등의 마진이 적은 제품을 취급하기에 순이익이 낮다는 단점이 있다.

9 ④ 통상적으로 소비자의 구매관습을 기준으로 보면 소비재를 편의품, 선매품, 전문품으로 구분할 때 상권의 범위는 전문품이 가장 넓고 선매품, 편의품의 순으로 좁아지게 된다.

10 ② 유보가격(reservation price)은 소비자들이 해당 상품에 대하여 기꺼이 지불하려는 최저가격을 의미한다.

11 ② 광고(Advertising)는 소비자의 브랜드 태도를 변화시킴으로써 구매 의도를 발생시킨다. 따라서 브랜드 태도를 변화시키는 것이 광고의 주요 과제이다. 반면에 판매촉진(sales promotion)은 상품의 단기적인 판매증진을 위하여 소비자에게 여러 가지 인센티브를 제공하는 것이다. 즉, 판매촉진은 고객의 구매시점 단계에서 고객에게 어떠한 자극을 가해서 구매를 유도하는 단기적인 매출 증대의 목적을 가진 활동을 의미한다.

12 ⑤ 제품속성에 따른 포지셔닝은 자사의 제품 속성이 경쟁사의 제품에 비해 차별적인 속성을 지니고 있으며, 그에 따른 효익을 제공한다는 것을 소비자에게 인식시키는 포지셔닝 전략이다.

13 ⑤ 활동기준원가는 소비되어진 자원 등을 활동별로 집계해서 활동별로 집계된 원가를 제품에 분배하는 원가 시스템을 의미한다.

14 ③ 신시장을 창출하는 혁신적 신상품이 얻을 수 있는 판매량은 잠재 구매자를 대상으로 한 콘셉트 테스트와 같은 방법으로 예측하기가 상당히 어렵다. 그 이유는 잠재 구매자 스스로가 이러한 혁신적 신상품의 효용을 확신하기 어렵기 때문에 확실한 응답을 하지 못하기 때문이다.

15　② 소비재의 수요자는 소비자이므로 가격변동에 민감하게 작용하기 때문에 수요탄력성이 탄력적이다. 그러나 산업재의 수요자는 생산자이므로 가격변동에 덜 민감하게 작용하여 수요탄력성은 소비재에 비해 비탄력적이다.

16　③ 역공개매수(Pac-Man Defense)는 인수합병(M&A) 대상이 된 회사가 오히려 M&A를 시도하려는 회사의 주식에 대한 공개매수를 발표하는 적극적인 경영권 방어책을 의미한다. 이는 양 회사가 상호 10% 이상 주식을 보유하게 되면 의결권이 제한되는 상법 규정을 이용한 수단이기도 하다. 양 회사가 모두 상대 회사에 대한 지배권을 얻게 되면 발행주식총수의 50%를 초과하는 주식을 가진 회사만이 모회사로 의결권을 행사할 수 있다.

17　⑤ 전속적(exclusive) 유통경로는 일정한 지역에서 자사의 제품을 한 점포가 배타적·독점적으로 취급하게 하는 것으로 유통경로 계열화의 가장 강력한 형태이다. 주로 고급 자동차·귀금속·의류 등 고가품이나 제품에 대한 이미지가 좋은 경우에 적용이 가능하다. 개방적 유통경로를 채택하는 것이 바람직한 경우는 없다. 개방적 유통경로는 제품이 소비자에게 충분히 노출되어 있고, 제품판매의 체인화에 어려움이 있는 일용품이나 편의품 등에 적용할 수 있다. 그러나 유통경로에 대한 통제가 어렵고 유통비용이 많이 든다.

18　③ BCG 매트릭스에서 퀘스천의 경우 대단히 매력적이지만 상대적으로 시장점유율이 낮기때문에 시장성장에 따른 잠재적 이익이 실현될 수 있을지 의문이 제기되는 사업부이다.

19　④ 기초현금+(영업활동+투자활동+재무활동)=기말현금
　　2,000,000+200,000+100,000+재무활동=2,700,000
　　그러므로 재무활동으로 인한 현금흐름은 400,000원이 된다.

20　⑤ 최종 의사결정자까지 정보가 전달되는 시간이 오래 걸리는 경우라면 의사결정구조를 분권화하는 것이 유리하다. 반면 정보전달 시간이 오래 걸리지 않는다면 최종 의사결정자에게 의사결정 권한이 집중되는 집권화가 유리하다.

21　⑤ 허츠버그(F. Herzberg)의 2요인 이론은 사람들에게 만족을 주는 직무요인(동기요인)과 불만족을 주는 직무요인(위생요인)이 별개라는 것이다. 그리하여 만족과 불만족을 동일선상의 양극점으로 파악하던 종래의 입장과는 달리 만족과 불만족이 전혀 별개의 차원이고 각 차원에 작용하는 요인 역시 별개라는 것이다. 따라서 불만족이 해소된다고 해서 구매동기가 생기는 것은 아니다. 구매동기에 영향을 미치는 요인은 별개이다.

22　④ 박스 안의 내용은 공생마케팅에 대한 설명이다. 공생마케팅은 마케팅 부분에서의 기업 간 협력, 즉 전략적 제휴를 공생 마케팅(Symbiotic Marketing)이라고 한다. 예를 들면 신용카드 회사와 항공사 간의 공동 마일리지 적립, 통신회사와 편의점 간의 가격할인 행사 등을 들 수 있다.

23　① 카르텔(Cartel)은 기업 간의 카르텔 협정에 의하여 성립되어 참여기업은 이 협정에 의해 일부 경제적 활동은 제약을 받지만 기업의 법률적 독립성은 잃지 않는 기업결합의 유형이다. 일반적으로 카르텔은 참여기업의 자유의사에 의하여 결성되나, 국가에 의해 강제적으로 결성되는 경우도 있다. 협정내용이 어떤 부문에 관한 것인가에 따라 구매카르텔·생산카르텔·판매카르텔로 구분되며, 구체적으로는 판매가격·생산수량·판매지역 분할·조업단축·설비투자 제한·과잉설비 폐기·재고 동결 등에 관해 협정을 맺게 된다.

24　⑤ 매출원가 = 기초상품재고액+당기순 매입액-기말상품재고액
　　=70,000+(500,000-40,000-30,000-10,000)-30,000 = 460,000이 된다.

25 ③ 분산분석(ANOVA, analysis of variance) : 세 개 이상의 모집단이 있을 경우에 여러 집단 사이의 평균을 비교하는 검정방법이다. 문제에서 '각 판촉방법 당 5개 지점의 자료'에서 분산분석임을 알 수 있다.

① 표적집단면접법(FGI, Focus Group Interview) : 목적에 따라 모여진 소수의 응답자와 집중적인 대화를 통하여 정보를 찾아내는 소비자 분석방법. 표적시장으로 예상되는 소비자를 일정한 자격기준에 따라 6~12명 정도 선발하여 한 장소에 모이게 한 후 면접자의 진행 아래 조사목적과 관련된 토론을 함으로써 자료를 수집하는 마케팅조사 기법으로, 토론을 통하여 소비자의 심리상태를 파악하는 정성적(qualitative) 조사방법이다.

② 요인분석(factor analysis) : 여러 변인간의 관계성이나 패턴을 파악하고 변인들이 갖고 있는 정보를 잠재된 적은 수의 구조로 축약하거나 요약하기 위해 사용하는 통계기법이다. 따라서 요인분석에서 기본적인 접근방법은 고도의 상관관계를 갖는 변수들이 하나의 공통적인 개념에 도달한다는 논리를 근거로 하며, 요인분석은 상관관계를 갖는 변수들을 선형결합에 의해 새로운 합성변수(요인)으로 결합한다.

④ 다차원척도법(MDS, Multi-Dimensional Scaling) : 군집분석과 같이 개체들을 대상으로 변수들을 측정한 후, 개체들 사이의 유사성/비유사성을 측정하여 개체들을 2차원 또는 3차원 공간상에서 점으로 표현하는 분석법을 말한다.

⑤ 회귀분석(regression analysis) : 기본적으로 변수들 사이에서 나타나는 경향성을 설명하는 것을 주목적으로 한다. 즉, 변수들 사이의 함수적인 관련성을 규명하기 위해 어떤 수학적 모형을 가정하고 이 모형을 측정된 변수들의 자료로부터 추정하는 통계적 분석 방법이다.

26 ② 반복적인 업무의 단조로움과 지루함을 줄일 수 있는 것은 직무확대에 대한 설명이며, 직무충실화는 직무설계의 현대적 접근방법에 해당한다.

27 ④ 미스테리 쇼핑(mystery shopping) : 마케팅조사 기업 직원들이 고객인 것처럼 가장하고 서비스를 경험하여 필요한 조사를 하는 독특한 방식이다. 이 방식의 경우 미스테리 손님은 고객이 중요시하게 여기는 기준에 대해 사전에 교육을 받고, 미리 정해 놓은 설문지에 근거해 객관적인 평가를 하거나 그들에 대한 질적인 느낌을 가지는 자유로운 질문 문항을 이용한다. 또한, 미스테리 쇼핑은 직원들은 언제든지 평가받을 수 있다는 것을 알기 때문에 이들을 지속적으로 긴장하게 한다.

① 상실고객조사(lost customer research) : 자사의 서비스를 더 이상 구매하길 원하지 않는 고객을 찾아 그들이 왜 떠났는지 알아보는 것이다. 상실고객조사는 불만족을 야기한 특정한 사건이나 거래중단의 원인을 알아낼 수 있는 개방형의 심층 질문을 던지는 것으로 직원들이 하는 출구 인터뷰(exit interview)와 유사한 방법이다. 이 경우에는 개방형 질문이 아니라 표준형 질문을 할 수 있다. 이 방식의 경우 서비스의 실패점 및 문제점을 파악하게 해 주며 이를 통해 미래에 상실 가능한 고객에 대한 조기경보시스템을 구축할 수 있다.

② 추적전화 또는 사후거래조사(trailer calls or posttransaction surveys) : 특정 거래가 일어난 후 바로 거래에 대한 고객의 만족도와 접점 직원에게 몇 가지 질문을 하는 것이다(그래서 추적 전화라 함). 이 조사는 다양한 고객을 상대로 지속적으로 수행하기 때문에 단지 불만족 고객으로부터만 정보를 얻는 불만조사 보다 효과적인 방법이라고 볼 수 있다.

③ 고객패널(customer panels) : 일정 기간 서비스에 대한 고객의 태도 및 지각 등을 기업에 알려주기 위해 모집된 고객 집단을 의미한다.

⑤ 미래기대조사(future expectation research) : 고객의 기대는 상당히 역동적인데 특히 경쟁적이고 적대적인 시장에서는 상당히 급속도로 변화한다. 경쟁이 치열해지고 소비자의 기호가 변화하고 소비자의 지식이 점차적으로 늘어남에 따라 기업은 지속적으로 그들의 정보 및 전략 등을 최신의 것으로 수정해야 한다. 이러한 역동적 시장상황에서 기업은 고객의 현재 기대뿐만 아니라 미래 기대까지 이해하기를 원한다.

28 ② GE 매트릭스에서 원의 크기는 시장 내의 점유율을 의미하는데, 기업에 따라서는 life cycle로도 표현하거나 변형하여 활용하고 있다.

29 ㉠ 〈표 1〉에서 A사업과 B사업의 평가 항목별 원점수를 찾을 수 있다.

    A 사업: 80+80+90+90+70+70=480

    B 사업: 90+90+80+80+70+70=480이므로 A, B 둘 다 합계는 같다.

  ㉢ A 최종 점수: $80 \times 0.2 + 80 \times 0.1 + 90 \times 0.3 + 90 \times 0.2 + 70 \times 0.1 + 70 \times 0.1 = 16 + 8 + 27 + 18 + 7 + 7 = 83$(점)

    B 최종 점수: $90 \times 0.2 + 90 \times 0.1 + 80 \times 0.3 + 80 \times 0.2 + 70 \times 0.1 + 70 \times 0.1 = 18 + 9 + 24 + 16 + 7 + 7 = 81$(점)이므로 A 사업을 최종 선정한다.

30 ② 마케팅관리 (회사)의 입장에서 보면, 광고는 해당 시장에서 경쟁우위를 확보하거나 또는 확보된 경쟁우위를 오랜 기간 동안 유지하기 위한 전략적 도구가 된다고 할 수 있다. 하지만, 광고는 비용을 지불하여 제품의 내용, 특징에 대해 통제가 가능하기에 과대선전이 될 수 있다는 문제가 발생할 수 있다. 이는 곧 소비자들의 제품에 대한 거짓된 신뢰에 노출될 수도 있기 때문이다.

31 ⑤ 보상적 권력은 원하는 보상을 해줄 수 있는 자원과 능력을 갖고 있을 때 발생하는 권력을 의미한다.

32 ② 목표에 의한 관리(MBO)는 개인 및 조직의 목표를 명확히 규정함으로써 구성원들의 목표를 상급자 및 조직전체의 목표와 일치하도록 하기 때문에 조직목표의 달성에 효과적으로 기여한다는 것을 의미한다.

33 ④ 맥그리거의 X이론에서 인간은 생리적 욕구와 안정욕구에 의해 동기화된다.

34 ⑤ 고가품, 고기능 제품을 생산하던 기업이 저가품, 저기능 제품을 추가하는 전략은 하향확장전략(downward stretch)으로 자사 브랜드의 이미지를 약화시키는 위험이 존재한다.

35 ④ A는 매체에 삽입되어진 광고를 접하는 수용자가 주의를 집중하는 Attention(주목) 단계이다.

  ① Desire(욕구)

  ② Memory(기억)

  ③ Action행동)

  ⑤ 구매 후 부조화

36 ⑤ 편의점(프랜차이즈 시스템의 한 형태)을 나타낸 것이다. 프랜차이즈 시스템은 본사에서 가맹지점에게 각종 경영 및 기술 지원 등을 하게 되며, 재료 등을 대량으로 매입해 저렴하게 제공하므로 가맹지점의 입장에서는 본사에 대해 높은 의존도 경향을 보이게 된다.

37 ③ 문제의 지문은 공생 마케팅을 설명하고 있다. 소주업계와 화장품 회사 간의 자원의 연계로 인해 시너지 효과를 극대화시키는 전략이다. 즉, 공생 마케팅(Symbiotic Marketing)은 동일한 유통 경로 수준에 있는 기업들이 자본, 생산, 마케팅 기능 등을 결합해 각 기업의 경쟁 우위를 공유하려는 마케팅 활동으로써 이에 참여하는 업체가 경쟁 관계에 있는 경우가 보통이며 자신의 브랜드는 그대로 유지한다. 흔히, 경쟁 관계에 있는 업체끼리의 제휴라는 면에서 이는 적과의 동침이라고 불리기도 한다. 또한 다른 말로 수평적 마케팅 시스템(Horizontal Marketing System)이라고도 할 수 있다.

38 ③ 시장개발(market development) 전략 : 기존 상품을 아직 구입하지 않는 사람들을 설득해 구입하게 만듦으로써 성장을 달성하는 전략을 의미한다.

① 신상품 개발(new product development) 전략 : 기존의 상품을 구입하는 고객들로 하여금 새로운 상품을 구입하게 함으로써 성장을 달성하는 전략을 의미한다.

② 시장침투(market penetration) 전략 : 현재 이 상품을 사용하는 고객(우리 회사의 고객은 물론 경쟁사의 고객 포함)들로 하여금 자사 상품을 더 많이 또는 더 자주 구입하게 함으로써 성장을 달성하는 전략을 의미한다.

④ 다각화(diversification) 전략 : 다각화는 새로운 사업영역에 진출하는 전략을 의미하는 것으로 관련형과 비관련형 다각화로 구분되며, 관련형 다각화는 기존의 기업 활동과 새로이 진출하려는 사업 사이에 공통적인 가치사슬의 구성 성분이 하나 이상 존재하는 것을 말한다. 반면 비관련형 다각화는 기존의 기업 활동과 전혀 관련이 없는 새로운 분야로 진출하는 경우를 말한다.

⑤ 가격경쟁(Cost Leadership) 전략 : 경쟁사보다 낮은 가격으로 제품이나 서비스를 제공하여 시장 점유율을 확대하는 전략이다.

39 ④ 다른 사람들과 잘 어울리는 성향은 외향성에 가까운 성격이다. 개방성이라는 것은 새로운 것에 대해서 호기심이 많고 새로운 것을 잘 받아들이는 성향을 의미한다.

40 ⑤ 프랜차이즈 시스템의 특성을 반영한 사례로 프랜차이점의 단점을 문제화한 것이다. 통상적으로 소비자들은 프랜차이즈에 대한 신뢰도를 구축하고 소비를 하고 있지만, 가맹점의 실수로 인해 본사 전체의 브랜드 이미지에 좋지 않은 영향을 미칠 수 있다는 것을 보여주고 있다.

41 ① 문제에서 주어진 조건을 기반으로 최대가능 미래 소비를 구하면 다음과 같다.

소비자 갑의 예산 제약식 $C_1 + \dfrac{C_2}{1+r} = Y_1 + W + \dfrac{Y_2}{1+r}$ 에 조건을 대입하면,

$800 + \dfrac{C_2}{1+0.02} = 1,000 + 200 + \dfrac{300}{1+0.02}$ 로부터 $C_2 = 708$이 된다.

42 ① 조세승수는 $-4(=(-0.8)/(1-0.8))$이므로 조세를 500억 원 감면하면 그 4배인 2,000억 원만큼 국민소득이 증가한다.

43 ① 최고가격제는 시장의 균형가격보다 낮은 수준에서 결정되어진다.

44 ① 두 재화(중국산 마늘, 국산 마늘)가 완전대체재이므로 소비자 A의 경우, 조금이라도 값이 저렴한 중국산 마늘을 모두 소비하게 된다.

45 ① 자본의 사용자 비용(C)은 C = (실질이자율 + 감가상각률) × 자본재 가격이므로 자본의 사용자 비용을 계산하게 되면 $C = (0.15+0.05) \times 500 = 100$이 된다.

46 ③ 외부효과가 아닌 공공재에 해당하는 내용이다.

47 ① 우월전략균형은 내쉬균형에 포함되므로 내쉬균형에서와 마찬가지로 우월전략균형에서도 언제나 자원배분이 파레토 효율적인 것은 아니다.

48 ③ 완전경쟁과 독점기업의 가장 큰 차이는 완전경쟁기업이 직면하는 수요곡선은 수평이지만 독점기업이 직면하는 수요곡선은 우하향한다는 것이다. 그렇기 때문에 완전경쟁기업은 주어진 가격에서 원하는 양을 판매할 수 있고, 독점기업의 경우에는 판매량을 증가시키기 위해서는 가격을 인하해야 하는 것이다.

49 ⑤ 일반적으로 열등재의 경우에는 소득효과 및 대체효과의 방향은 반대이며, 또한 대체효과의 크기가 소득효과보다 더 크다.

50 ② 기술의 발전으로 인해 PC의 생산비용이 하락하면 PC의 생산이 증가하게 되므로 PC의 공급곡선이 우측으로 이동하게 된다.(공급의 증가). 그러므로 PC의 가격은 하락하게 되고 수요량은 증가하게 된다(수요곡선상의 이동이므로 수요량의 증가).

51 ④ 생산가능곡선이 원점에 대해 오목한 것은 기회비용이 체증함을 반영하는 것으로써, 이는 자원의 희소성을 반영한다.

52 ④ 국내에서 생산된 재화가격이 상승하고 명목환율이 불변이면 상대적으로 국내에서 생산된 재화가 비싸지므로 순수출이 감소하게 된다.

53 ② 후방굴절 노동공급곡선은 일정 수준의 임금 이상에서는 임금이 상승하더라도 반대로 노동공급은 오히려 감소하게 되는 경우를 나타내게 된다. 즉, 임금이 상승하게 되면 소득효과에 의해 실질소득이 증가하여 열등재인 노동은 줄이게 되고, 정상재인 여가는 늘리게 되는 것이다.

54 ① 화폐수요가 소득에 민감할수록 LM은 가파르게 된다. 따라서 재정정책의 효과는 작아진다.

55 ⑤ 저축은 처분가능소득에서 소비를 차감한 나머지로 정의되는데, 그러므로 저축함수는
$S = Y_d - C = Y_d - (400 + 0.7Y_d) = -400 + 0.3Y_d$가 된다.

56 ① 세로축 절편은 변하지 않았으므로 Y재 가격은 변함이 없으나, 가로축 절편이 작아졌으므로 X재 가격은 상승하였다. 소득이 변하면 세로축 절편과 가로축 절편 모두가 변한다.

57 ② A국은 시장가격보다 낮은 가격에서 최고가격제를 실행하고자 하였으며, 최고가격의 수준으로 가격이 규제될 때 거래가격은 하락하고 초과 수요가 발생하게 되며 시장의 거래량은 감소하게 된다.

58 ③ 수입함수 C(q)에서 비용함수 R(q)를 뺀 것이 이윤함수 π (q)이므로, 한계수입(MR)과 한계비용(MC)이 서로 동일하려면 이윤함수에 대한 접선이 가로축과 평행하여 기울기가 0이어야 한다. 따라서 q_1과 q_3에서 한계수입과 한계비용이 서로 같다. q_1 근방에서는 이윤함수가 볼록하고, q_3 근방에서는 이윤함수가 오목하다. 그러므로 총비용곡선(TC)이 q_1 근방에서는 오목하고, q_3 근방에서는 볼록하다. 하지만, 총비용곡선이 볼록하면 한계비용이 산출량의 증가에 따라 체증한다.

59 ② 관세동맹 이후에 무역전환효과와 무역창출효과가 동시에 발생할 수 있으나, 어떤 효과가 더 크게 나타날지는 알 수 없다.

60 ④ 수요공급모형에서 외생변수 중 어느 한 가지라도 그 값이 변화하게 되면 해당 변화는 수요곡선 또는 공급곡선 자체의 변화로 나타나게 된다. 이러한 변화를 수요 또는 공급의 변화(증가 또는 감소)라고 한다. 이에 반해 내생변수인 X재 가격이 변화하게 되면 공급량 또는 수요량이 변화하게 되므로, 이러한 변화는 공급량 또는 수요량의 변화(증가 또는 감소)라고 표현한다. 문제에 제시된 그림을 보았을 시에 이러한 변화는 주어진 수요곡선 또는 공급곡선 상의 이동으로 나타난다.

61 ① 두 재화가 완전보완재(예를 들어, 오른쪽 신발과 왼쪽 신발)인 경우에는 하나의 재화가 고정된 상태에서 다른 재화의 소비가 증가하더라도 효용이 증가하지 않으므로 무차별곡선은 L자 형태를 취하게 된다. 또 두 재화가 완전대체재인 경우 예를 들어, 어떤 소비자는 소주 1병과 맥주 1병을 동일하다고 생각한다면 이 소비자는 맥주 5병을 소비하는 것과(맥주 4병+소주 1병)을 소비하는 것이나, (맥주 3병+소주 2병)을 소비하는 경우 모두 동일한 효용을 얻게 될 것이므로 무차별곡선은 우하향하는 직선의 형태를 취하게 된다.

62 ④ A 버섯의 경우 B 버섯에 비해 생산량이 상대적으로 많고, B 버섯의 경우 A 버섯과는 달리 사람들이 원하는 만큼의 생산이 어려워서 시장가격은 상대적으로 높게 나타난다. 그러므로 B 버섯은 A 버섯에 비해 희소성이 큰 재화이다.
① A 버섯이 B 버섯에 비해 공급이 많다.
② 무상재란 희소성이 없는 재화를 말하며, 경제재란 희소성이 있는 재화를 말한다. A 버섯 및 B 버섯은 모두 희소성이 있는 경제재이다.
③ A 버섯 및 B 버섯 모두 시장가격이 존재하기 때문에 경제적 가치를 가지는 재화이다.
⑤ A 버섯보다는 B 버섯의 존재량이 적기 때문에 B 버섯의 희귀성이 더 크다는 것을 알 수 있다.

63 ⑤ X재의 시장에서 시장가격이 400원일 시에 초과 수요가 발생하며, 500원일 때 초과 공급이 발생하게 되므로 균형가격은 400원 및 500원 사이에서 결정되어진다.
㉠ 시장가격이 500원일 때 시장 거래량은 100개이다.
㉡ 수요가 감소하면 시장가격이 500원일 때의 초과 공급은 증가한다.

64 ③ 제시된 그림에서 총수입곡선은 원점을 통과하는 직선을 이루고 있는데, 이는 모든 산출량의 수준에서 한계수입 및 평균수입은 언제나 일정한 값을 취할 뿐만 아니라, 서로가 일치함을 의미한다. 그러므로 그림에서의 개별기업은 완전 경쟁기업이다.

65 ㉡ 독점적 경쟁기업이 생산하는 재화가 동질적일수록 이는 완전경쟁에 가까워지게 되므로 수요는 탄력적이 된다. 만약 독점적 경쟁기업이 생산하는 재화의 이질성이 높아지면 수요가 보다 비탄력적이 되므로 독점적 경쟁기업이 보유하는 초과설비 규모는 점점 커지게 된다.
㉱ 독점적 경쟁시장은 광고경쟁과 같은 비가격적인 경쟁에 자원을 소모하기 때문에 생산비가 높아지는 문제점이 있으며, 기술혁신에 대해서도 가장 부정적인 시장이기도 하다.

66 ⑤ 통상적으로 관세를 부과하게 되면 수입국의 생산자의 후생은 증가하며 반대로 소비자의 후생은 감소하게 되고 사회전체의 총후생은 감소하게 된다.

67 ① 무차별곡선이 원점에 대해서 볼록하기 때문에 대체효과는 항상 부(-)의 값을 갖게 된다. 하지만, 소득효과는 재화의 종류에 따라 양(+)이 될 수도, 또는 음(-)이 될 수도 있으며, 또한 0이 될 수도 있다.

68 ④ 공급곡선이 완전 비탄력적이라면 공급곡선은 수직이고 수요곡선이 우하향하면 균형점은 아래에 제시된 그림과 같다. 이때 정부가 단위당 4의 세금을 부과하면, 시장가격과 소비자가 인식하는 가격은 변함이 없고 판매자는 시장가격에서 조세 4만큼을 제외하고 자신의 가격으로 인식한다. 그러므로 ㉠ 판매자가 받게 되는 가격은 16이 되며, ㉡ 구입자가 내는 가격은 20이 된다.

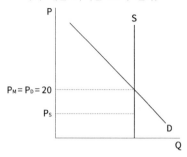

69 ③ 수요량 및 공급량이 일치하게 되는 700원이 균형가격이 된다. 또한, 모든 가격수준에서 수요량이 50개씩 감소하게 될 경우에 수요량 및 공급량이 130개로 일치하게 되는 600원이 균형가격이 된다.

70 ㉠은 소비로부터 발생하게 되는 긍정적인 외부효과, ㉡은 생산으로부터 발생하게 되는 부정적인 외부 효과에 해당한다. 이때 ㉠으로 인해 자신의 건강을 지킴과 동시에 주변 사람들에게 감염시킬 확률 또한 감소시키기 때문에 사적인 편익보다 사회적인 편익이 더 크다고 할 수 있다.

71 ⑤ 교역 후의 B국 X재의 최대가능 소비량은 150개이다. 그러므로 X재로 표시한 Y재의 기회비용은 1.5로 교역 전의 0.8개보다 증가하였다.
① 동일한 자원으로 A국은 X재와 Y재 모두 B국보다 적게 생산할 수 있다. 그러므로 A국은 X재 및 Y재의 생산 모두에 있어 절대 열위를 가진다.
② B국에서 주어진 자원으로 X재만 생산할 경우 80개를, Y재만 생산할 경우 100개를 생산할 수 있다. 따라서 X재 1개 생산의 기회비용은 Y재 $\frac{5}{4}$개이다.
③ A국은 X재 생산에 비교 우위가 있고 B국은 Y재 생산에 비교 우위가 있으므로 교역 후의 A국은 X재 생산에, B국은 Y재 생산에 특화한다.
④ 교역 후 A국과 B국의 소비점을 분석하면 X재와 Y재의 교환 비율이 3:2임을 알 수 있다. 즉, 교역조건은 X재 1개당 Y재 $\frac{2}{3}$개다.

72 ② ⑺, ⑷는 세율이 각각 약 26.7%, 약 46.7%인 비례세이며, ⑸는 과세 대상의 소득이 증가할수록 세액이 증가하는 누진세이다. 과세 후 소득이 2,800만 원으로 일정할 시에 과세 대상의 소득이 클수록 세액도 같이 크다. 그러므로 과세 후의 소득이 2,800만 원인 사람의 세액은 ⑷에서 가장 크며, 반대로 ⑺에서 가장 작다.
① 과세 대상 소득이 3,200만 원으로 일정할 때 과세 후 소득이 클수록 세액은 작다. 그러므로 과세 대상 소득이 3,200만 원인 사람의 세액은 ⑺보다 ⑸가 더 크다.
③ 비례세인 ⑷와 누진세인 ⑸는 조세부담의 역진성이 나타나지 않는다.
④ ⑷의 세율은 약 46.7%로 ⑺의 세율인 약 26.7%보다 높다.
⑤ ⑺는 비례세로 과세 대상 소득이 증가하면 세액도 비례하여 증가한다.

73 ④ 개별기업의 '생산자잉여'는 기업이 특정 수량의 산출물을 생산해 실제 얻는 수입에서 감내할 수 있는 최소한의 수입을 뺀 잔여액을 의미한다. 또한, 개별기업의 생산자잉여를 모두 더하며 시장 전체의 생산자잉여를 얻게 된다. 그런데 단기에서는 개별기업의 한계비용곡선 중에서 평균가변비용곡선 위쪽에 위치하는 부분이 개별기업의 공급곡선이다. 또한, 산업특수 투입물이 존재하지 않는 경우에는 개별기업의 단기공급곡선을 수평으로 더한 것이 단기시장 공급곡선이다. 그러므로 시장공급곡선 밑의 면적이 주어진 산출량의 생산에 소요되는 비매몰비용(가변비용)의 총액을 나타낸다. 그러므로 산업공급량이 Q_e 이어서 시장가격이 P_e 라면 영역 B가 생산자잉여를 나타낸다.

74 ④ A국 소비자들의 라면에 대한 선호도가 낮아지는 경우에 라면 시장의 수요는 감소하게 된다. 그러므로 라면에 대한 균형 거래량은 감소할 것이다.
① 라면에 대한 사회적 잉여는 감소할 것이다.
② 라면에 대한 균형 가격은 하락할 것이다.
③ 라면에 대한 생산자 잉여는 감소할 것이다.
⑤ 라면에 대한 판매 수입은 감소할 것이다.

75 ① 예산선 가로축 절편 및 세로축 절편을 보게 되면 X재 소비량을 나타내는 가로축 절편의 값은 감소했으며, Y재 소비량을 나타내는 세로축 절편의 값은 증가했으므로, X재 가격은 올랐으며, Y재 가격은 내렸음을 알 수 있다.

76 ③ 한계비용곡선은 평균비용곡선들의 최소점을 지나게 된다. 그러므로 곡선 a가 한계비용곡선(MC)이다. 나머지 U자 형태의 곡선들은 모두 평균비용곡선들이다. 하지만 모든 산출량 수준에서 평균가변비용보다 평균총비용이 크므로 곡선 b가 평균총비용곡선(ATC)이다.

77 ④ 통상적으로 수요가 탄력적일수록 독점적 경쟁기업이 보유하는 초과설비규모는 작아진다.

78 ③ 무위험 이자율평가설에 따르면 양국 이자율 차이 및 선물환 프리미엄은 서로 같아야 한다. 국내 및 미국의 이자율 차이가 연 2%이기 때문에 3개월 간 이자율의 차이는 0.5%가 된다. 현재 환율이 1달러=1,000원이고 원화가 0.5% 선물환 디스카운트 상태에 있어야 하므로 3개월 만기 적정 선물환율은 1,005원이 된다.

79 ① 특정 산업에 대해 수출보조금을 지급하면 기업들의 입장에서 볼 때에는 수익성이 높아지므로 해당 산업으로의 진입이 촉진된다.

80 ② 경우에는 지식은 많은 사람들이 동시에 유용하게 활용할 수 있는 다시 말해, 지식은 비경합성을 지닌다. 이때 '일부 지식'이 사칙 연산 등의 지식과 구별되는 점은 재산권이 부여되어 배제성을 지닌다는 것이다.
① '사칙 연산'은 '일부 지식'과는 다르게 재산권이 부여되는 것이 아니므로 이는 비배제성을 지닌다.
③ 연필은 어떤 한 사람이 활용하게 되며 타인은 활용이 어렵다는 점에서 경합성을 지니게 된다. 하지만 '사칙연산'의 경우에는 비경합성을 지닌다.
④ '사칙 연산' 등의 지식은 비배제성을 지닌다. 하지만 '일부 지식'의 경우에는 재산권이 부여되므로 배제성을 지니게 된다.
⑤ 연필 구입자는 타인이 이를 사용하지 못하도록 하는 권리를 지니는데, 이것은 연필이 사적인 재화로 배제성을 지닌다는 것을 말한다.

※ 재화에 있어 경합성이란 어떤 한 사람이 소비하게 되면 또다른 사람들의 소비가 제한을 받게 되는 특성을 말하며, 배제성이란 값을 치른 사람들만이 해당 재화를 소비할 수 있으며 값을 치르지 않은 사람들의 소비를 배제할 수 있는 특성을 의미한다.

제10회 정답 및 해설

※ 문제는 p.278에 있습니다.

☑ ANSWER

1 ⑤	2 ①	3 ④	4 ④	5 ④	6 ⑤	7 ⑤	8 ②	9 ①	10 ②
11 ①	12 ③	13 ③	14 ②	15 ⑤	16 ②	17 ②	18 ⑤	19 ③	20 ⑤
21 ①	22 ②	23 ③	24 ③	25 ⑤	26 ③	27 ⑤	28 ⑤	29 ④	30 ④
31 ①	32 ⑤	33 ②	34 ③	35 ③	36 ②	37 ①	38 ④	39 ③	40 ④
41 ⑤	42 ③	43 ④	44 ①	45 ①	46 ④	47 ④	48 ⑤	49 ②	50 ④
51 ⑤	52 ①	53 ②	54 ②	55 ③	56 ①	57 ②	58 ①	59 ④	60 ②
61 ⑤	62 ⑤	63 ②	64 ④	65 ③	66 ①	67 ④	68 ②	69 ⑤	70 ④
71 ①	72 ①	73 ②	74 ④	75 ⑤	76 ④	77 ②	78 ③	79 ①	80 ①

1 ⑤ 결과 평가법은 바로 눈앞에 보이는 구체적 성과인 결과물만을 보고 평가를 하는 것으로써 단기적인 관점을 지향한다.

2 ① 직장 내 교육훈련에 관한 설명이다.

3 ④ 나르시시즘(narcissism) 성향이 높은 사람은 자기 자신의 중요성을 과도하게 포장하고, 큰 인정을 요구하며, 주어진 권리를 누리려 하고, 오만하다. 이는 즉 이상화된 자신에 대한 자기애적 조작을 의미하는 것으로 자신의 외모, 능력과 같은 어떠한 이유를 들어 지나치게 자기 자신이 뛰어나다고 믿는 등의 자기중심성 성격 또는 행동을 의미한다.

4 ④ 보상관리에는 임금관리의 내용(임금, 수당, 복리후생 등)이 포함된다. 즉, 보상관리에는 금전적, 비금전적 보상을 어떻게 할 것인지를 결정하게 되는 단계를 의미한다.
① 확보관리 - 우수한 인력을 어떻게 확보할 것인지의 여부
② 개발관리 - 종업원의 잠재능력을 개발하여 최대한 발휘할 수 있도록 할 것인지의 여부
③ 평가관리 - 근로자들의 능력에 따른 직무의 이동의 여부
④ 보상관리 - 즉, 보상관리에는 금전적, 비금전적 보상을 어떻게 할 것인지의 여부
⑤ 유지관리 - 노조와의 관계는 어떻게 유지할 것인지의 여부

5 ④ 지휘 및 감독의 전문화에 따라 작업능률을 높이고, 종업원들의 성과를 측정 및 평가하기가 용이하다.

6 ⑤ 리엔지니어링(business process reengineering)은 기존의 업무방식을 근본적으로 재고려하여 과격하게 비즈니스 시스템 전체를 재구성하는 것으로써 프로세스를 근본단위로 업무, 조직, 기업문화까지 전 부분에 대하여 대폭적으로 성취도를 증가시키는 것이다.

7 ⑤ 기존 고객 및 잠재고객을 대상으로 하고 고객유지 및 이탈방지 전략이 비중이 높지만 신규 고객의 확보 또한 CRM의 대상이 된다.

8 ㉠ 전방통합(forward integration) : 제품생산 및 유통과정에서 소비자 쪽 분야의 기업을 통합하거나 원료공급기업이 생산업체를 통합하거나, 제조사가 유통사를 통합하는 것을 말한다.
ㄴ 후방통합(backward integration) : 유통기업이 제조사를 통합하거나, 제조사가 원재료 공급사를 통합하는 것을 말한다.

9 ① 제품확충(product filling)은 제품계열의 길이를 늘리는 제품확장과는 달리 기존의 제품계열 내에서 제품품목을 추가시킴으로써 제품계열의 깊이를 확장하는 전략이다. 제품확충은 기업의 가용자원에 여유가 있을 때 실시할 수 있다.

10 ② 점포소매상이 인터넷쇼핑과 차별화하기 위해서는 실시간으로 가격경쟁으로 벌이는 것은 바람직하지 못하다. 인터넷쇼핑과 구별되는 비가격 판매촉진 전략을 통해 경쟁하는 것이 바람직하다.

11 ① 텔레비전 마케팅은 TV광고를 통해 제품구매를 유도하는 방식으로, 크게 ㉠ 직접반응 텔레비전 광고와 ㄴ 홈쇼핑 채널로 나누어진다. 직접반응 텔레비전 광고(direct- response television advertising)는 60초 또는 120초의 비교적 긴 TV광고를 통해 제품의 특징을 자세히 소개하고 수신자부담 전화번호를 이용하여 주문을 유도하는 방식이다. 경우에 따라 한 제품에 대해 30분 이상의 긴 시간을 할애하여 제품을 아주 자세하게 소개하기도 하는데 이를 인포머셜(informercial)이라고 한다.

12 컨조인트 분석
㉠ 구체적인 소비자 행동의 요인을 측정하기 위한 방법이다.
ㄴ 소비자 행동이 특정한 목표를 가지고 유발될 경우 소비자의 여러 심리적 요인이 관계한다.
ㄷ 구매 결정의 메커니즘이 보다 복잡하게 되기 때문에 사전에 조사를 행하고, 고객 선호도와 그 결과를 분석하여 신상품의 콘셉트를 결정한다.
ㄹ 어떤 제품 또는 서비스가 갖고 있는 속성 하나하나에 고객이 부여하는 가치를 추정함으로써, 그 고객이 어떤 제품을 선택하지를 예측하는 기법이다.
ㅁ 각 제품 제안들에 대한 선호순위의 분석을 통해 소비자의 속성 평가유형을 보다 정확히 밝혀내고, 이를 근거로 선호도 예측, 시장점유율 예측까지도 가능케 하는 분석방법이다.

13 ① 소비자들이 그 제품을 알지 못하거나 무관심한 상태(또는 상황)는 무수요이다. 이 경우 수요의 창조를 위한 자극적 마케팅이 필요하다.
② 잠재수요는 아직 존재하지 않는 제품에 대한 욕구를 가지고 있는 상황으로 수요의 개발을 위한 개발적 마케팅이 필요하다.
④ 불건전 수요는 수요가 바람직하지 않다고 여겨지는 상황이다. 수요의 파괴를 위한 대항적 마케팅이 필요하다.
⑤ 초과수요는 수요수준이 공급자의 공급능력을 초과하는 상황이다. 수요의 감소를 위한 디마케팅이 필요하다.

14 ② 판매촉진의 목적은 중간상 및 소비자의 즉각적인 구매행동을 유발하는 것으로 판매촉진활동은 소비자나 중간상을 대상으로 한다. 또한 판매촉진은 단기적으로 고객의 직접대량구매를 유도하기 때문에 광고 또는 홍보 등과 같은 다른 촉진활동보다 효과가 빨리 나타나고 그 효과를 측정하기 쉽다.

15 ⑤ 상품구색의 역설(paradox)은 상품을 너무 다양하게 제공하면 고객이 제품선택에서 어려움을 느끼게 되는 현상을 의미한다.

16 ② 태도는 환경의 자극에 대한 반응으로 특정한 사람, 사물, 제도에 대해 좋고 나쁨을 평가하고, 행동하는 개인의 학습된 행동을 의미하는데, 이러한 태도의 구성요소로는 인지적 요소, 감정적 요소, 행동적 요소가 있다.

17 ② 브레인스토밍은 질보다 양을 중시하며 리더가 하나의 주제를 제시하면 집단구성원이 각자의 의견을 자유롭게 제시하며 토론하는 방식을 취한다.

18 ⑤ 브레인스토밍은 질보다 양을 중시하며 리더가 하나의 주제를 제시하면 집단구성원이 각자의 의견을 자유롭게 제시하며 토론하는 방식을 취한다.

19 ③ $\dfrac{투자수익 + 배당수익}{투자액} = \dfrac{(1,200 - 1,000) + 100}{1,000} \times 100 = 30\%$

20 ⑤ 그림들은 경로커버리지 전략을 나타내고 있다. (a) 집중적 유통, (b) 선택적 유통, (c) 전속적 유통을 각각 나타낸 것인데, (c) 전속적 유통의 경우, 일정 지역에서 한 점포만이 자사의 제품을 취급할 수 있도록 하는 전략으로 유통경로 계열화의 가장 강력한 형태이다. 주로 고가의 귀금속, 고급 자동차 등을 판매할 때 많이 활용하는 경로전략이다.

21 ① 유통경로에 참여하는 유능한 중간상이 많은 경우에는 중간상을 이용하는 것이 바람직하다. 하지만, 유능한 중간상이 적으면 유통경로를 통합하는 것이 바람직하다.

22 ② 제시된 사례에서 원모는 허즈버그의 2요인 이론 중 동기요인(만족 증진요인)을 선호하고 있음을 알 수 있다. ②는 위생요인(불만족 해소요인)에 해당하는 내용이다.
①③④⑤ 동기요인(만족 증진요소)에 해당한다.

23 ③ 급여는 외적동기에 해당한다.
① 사람의 자기 행동에 대한 원인을 찾는 것을 자기귀인이라 한다.
② 외적동기화가 된 경우 보상 등은 목적을 이루기 위한 수단이다.
④ 행동을 함으로써 얻게 되는 즐거움, 성취감은 내재적 동기에 해당한다.
⑤ 보상의 획득(금전), 회피 등의 자극에 의해 행동하는 것은 외재적 동기에 근거한다.

24 ③ 무성장모형은 배당을 일정하게 가정하며, 주가(P)는 다음과 같이 계산할 수 있다.

$P = \dfrac{EPS}{r} = \dfrac{1,000}{0.20} = 5,000원$

∴ 현재 주가는 5,000원이다.

25 ① 갈등 수준은 낮아도 집단성과 수준은 높으므로 언제나 정비례 관계라고 할 수 없다.
② 갈등 수준은 B점에서 집단성과 수준과 일치하므로 B에서 갈등은 순기능을 나타낸다.
③ C점에서는 집단성과 수준이 낮으므로 혁신적이거나 생동적이라고 볼 수 없다.
④ 그래프에서 보듯이 갈등이 무조건적으로 나쁘다고 할 수 없다. 적절한 수준에 이르러서는 오히려 조직의 성과를 높이는 역할을 한다.

26 ③ 그림은 직무기술서에 대한 것으로, 직무기술서는 주로 과업요건에 초점을 맞추고 있다.

27 ⑤ 문제에서는 기업집단에 대한 개념을 설명을 하고 있으며, 이에 해당하는 집단을 고르는 문제이다. 기업집단이란 2개 이상의 참가 기업이 상호 간 지배관계가 없이 독립성을 유지하면서 상호 간 보완적 역할을 일종의 경영상 또는 금융 상 협조 관계에 의해 결합하는 형태를 의미하는 것으로 이에는 콤비나트(kombinat), 콘글로머리트(conglomerate), 조인트 벤처(jointventure) 등이 있다.
ⓐ 카르텔(cartel), ⓑ 트러스트(trust), ⓒ 콘체른(concern)

28 ⑤ ⓒ은 비탐색품(unsought goods)에 대한 설명이다. 비탐색품은 소비자가 알지 못하거나 또는 알아도 구매 관심이 없는 신제품과 같은 것을 말한다. 즉 몰라서 못 찾는 제품이나 알아도 찾지 않는 제품(정상적으로는 구매하지 않는 제품)으로 보험상품이나 정신과 치료(insurance, medical trauma services), 묘지 및 묘비, 백과사전, 화재경보기, 소화기 등을 말한다. 이러한 비탐색품은 구입이 필요한 경우 드물게 구입하게 되는데, 구입 시에는 특징과 상표를 비교하여 구매하는 편이다. 좀 더 선택적 경로(more selective outlets)에 의해 판매가 이루어지고 가격은 다양하다. 소수의 점포만으로 충분하며 점포의 이미지 관리도 매우 중요하며 주로 고차원 중심지(CBDs)에 입지하고 집심성 점포인 경우가 일반적인 제품은 '전문품(specialty goods)'이다.

29 ⓐ 보완적 접근법으로 휴대전화에 대한 점수를 산출하면 다음과 같으므로 총합이 가장 높은 D 제품을 선택하게 된다.
- A 제품 : $9 \times 8 = 72$, $8 \times 6 = 48$, $7 \times 7 = 49$, $6 \times 8 = 48$, 총합 = 217
- B 제품 : $9 \times 7 = 63$, $8 \times 9 = 72$, $7 \times 5 = 35$, $6 \times 9 = 54$, 총합 = 224
- C 제품 : $9 \times 8 = 72$, $8 \times 8 = 64$, $7 \times 5 = 35$, $6 \times 6 = 36$, 총합 = 207
- D 제품 : $9 \times 9 = 81$, $8 \times 7 = 56$, $7 \times 8 = 56$, $6 \times 5 = 30$, 총합 = 223

ⓑ 사전 편집식 접근법으로 휴대전화를 선택하면 가중치가 가장 높은 통화품질의 평가점수가 가장 높은 D 제품을 선택하게 된다.

※ 의사결정방법
ⓐ 보완적 접근법 : 개별 속성에 대한 점수와 가중치 점수를 곱하고 전체 속성별로 합산하여 각 브랜드에 대한 전체 점수를 산출하는 방법
ⓑ 사전 편집식 접근법 : 가중치가 높은 것부터 차례대로 모든 대안을 살피는 방법

30 ④ 그림 2에 해당하는 비차별적 마케팅전략은 전체 시장을 하나의 동일한 시장으로 간주하고, 하나의 제품을 제공하는 전략으로 규모의 경제, 즉 비용을 줄일 수 있다. 하지만 모든 계층의 소비자를 만족시킬 수 없으므로 경쟁사가 쉽게 틈새시장을 찾아 시장에 진입할 수 있다. 하지만 그림 3에 해당하는 집중화 전략은 전체 세분시장 중에서 특정 세분시장을 목표시장으로 삼아 집중적으로 공략하는 전략을 의미하는 것으로 해당 시장의 소비자 욕구를 보다 정확히 이해하여 그에 걸맞는 제품과 서비스를 제공함으로서 전문화의 명성을 얻을 수 있다. 동시에 생산과 판매 및 촉진활동을 전문화함으로서 비용을 절감시킬 수 있다. 하지만 대상으로 하는 세분시장의 규모가 축소되거나 경쟁자가 해당 시장에 뛰어들 경우 위험이 크며, 자원이 한정(제한)된 중소기업 등에서 사용하는 전략이다.

31 ① 외국인 투자 비중의 확대는 기업의 가치를 높일 수 있고 투명성을 높일 수 있는 등의 긍정적 효과가 있으나, 외국인이 '팔자'로 돌아설 경우 증시에 충격을 줄 수 있는 등 우리나라 주가가 외국인에 의해 크게 영향을 받게 된다.

32 ⑤ 커뮤니케이션 자체가 의도한 부가효과는 수신자는 메시지를 해독해서 받아들인다. 그리고 그 메시지에 부합하여 무언가의 행위를 한다. 그러한 행위가 발신자가 의도한 것이었다면 이번 메시지는 효과적이었다고, 반대로 예상하지 않은 행위였다면 암호화작업이나 메시지 자체가 잘못되었다고 알 수 있다.

33 ② AI 채용시스템은 과거 존재하였던 모든 데이터를 기반으로 학습한다. 그러므로 과거에 존재하였던 각종 차별과 같은 행태를 무비판적으로 수용하게 된다. 그러므로 AI채용을 도입한다하여 과거 존재했던 차별적 요소를 완전히 해결할 수 없으므로 법적 문제를 야기할 가능성이 존재한다.

34 ③ EDLP(Every Day Low Price : 항시 저가 정책)는 1년 365일 저가격을 유지하는 전략을 말한다. 항시 저가정책을 펼치고 있으므로 따로 자체적인 세일에 따른 광고를 할 필요가 없으므로 광고비 감소 효과가 있다.

35 ③ 지문은 RFM 분석에 대해 설명하고 있다. M (Monetary)은 고객이 최초 가입일로부터 현재까지 구매한 평균금액의 크기를 분석하는데, 이러한 평균구매금액이 많을수록 고객의 로열티는 높아진다.

36 ② 정치적 환경은 기업이 활동하고 있는 국가의 정치적 안정성 수준 및 정부의 관료들이 기업 조직에 대해 가지는 일반적 태도 및 시각 등을 말한다. 이와 연결되는 법률적 환경은 각종 법률 또는 규제 등이 정치적 과정을 거쳐 제정되므로 정치적 환경과 법률적 환경은 서로 뗄 수 없는 밀접한 관계를 가지고 있다.

37 ① 광고의 메시지 소구방식으로 비교광고, 유머소구, 공포소구 등이 있다. 유머소구는 소비자의 주의를 유발하는데 효과적이고, 유머를 접한 소비자의 긍정적인 무드가 광고자체에 대한 태도는 물론 제품에 대한 태도에도 긍정적 영향을 미친다.

38 ③ 종속제품 가격책정, 즉 구속가격(captive pricing) 또는 노획가격은 프린터와 프린터 잉크, 카메라와 필름, 컴퓨터와 소프트 웨어 등의 완전 보완재의 경우 주품목의 가격은 저렴하게, 부품목의 가격은 비싸게 책정하여 판매하는 방식이다. 예컨대 면도기의 가격은 낮게 책정하고 면도날의 가격은 높게 책정한다든지, 프린터의 가격은 낮은 마진을 적용하고 카트리지나 다른 소모품의 가격은 높은 마진을 적용하는 등의 가격결정 방식이다.

39 ③ 경쟁시장의 범위가 한정적일 때 자사의 경쟁 능력을 극대화시키기 위해 집중화 전략을 펼친다. 또한 세분시장을 대상으로 기업의 역량을 극대화하기 위해 타깃마케팅을 수행한다.

40 ④ 박스에 제시된 사례는 노이즈 마케팅의 한 사례이다. 노이즈 마케팅은 음이나 잡음을 뜻하는 노이즈를 일부러 조성해 그것이 긍정적인 영향을 미치든 부정적인 영향을 미치든 상관없이 그 상품에 대한 소비자들의 호기심만을 부추겨 상품의 판매로 연결시키는 판매기법을 말한다.

41 ⑤ 경제의 통화량은 초기 예금증가분, 즉 본원통화의 증가분에 통화승수를 곱한 만큼 증가하게 되며, 이때 통화승수는 법정지급준비율의 역수로 결정된다. 법정지급준비율이 20%이므로, 통화승수는 $5(=1/0.2)$이며, 따라서 경제의 통화량은 $500(=100 \times 5)$만 원만큼 증가하게 된다.

42 ③ 새로운 균제상태에서 살펴보는 것이기 때문에, 1인당 소득이 균제상태에서 일정하게 되므로, 변화율은 0이 된다.

43 ④ 꾸르노 모형에서 A, B 각 기업들은 완전경쟁일 때에 생산량의 1/3만큼씩을 생산한다. 우선, 완전경쟁일 때의 생산량은 보면, 완전경쟁 시에 P=MC이므로 90-Q, Q=60이 된다. 그렇기 때문에 A, B 두 기업의 생산량 합은 완전경쟁의 1/3만큼인 40단위가 된다.

44 ① 가격탄력성 $= \dfrac{수요의변화율}{가격의 변화율} = \dfrac{30\%}{15\%} = 2$가 된다.

45 ① 규범경제학(normative economic)은 어떠한 경제상태의 바람직성의 여부를 설명하는 지식체계로 분석에 있어 가치판단이 개입되는 것을 의미한다.
②③④⑤ 단순한 사실을 나타내고 있다.

46 ④ 한계기술대체율은 동일한 생산량을 유지하면서 노동의 투입량을 1단위 증가시키기 위해 감소시켜야 하는 자본의 수량을 말한다. 등량곡선이 원점에 대해 볼록하므로 노동의 투입량이 증가할수록 한계기술대체율이 감소한다. 결국, 한계기술대체율이 감소하는 것은 자본투입량을 감소시키기 위해 점점 더 많은 노동을 투입해야 함을 의미하는 것으로 이는 자본을 노동으로 대체하는 것이 점점 어려워짐을 말한다.

47 ④ 통상적으로 이윤세는 어떤 기간동안 기업 이윤의 크기가 결정된 이후에 부과된다. 그러므로 이윤세는 기업의 생산량에 아무런 영향도 미치지 않는다(설령 이윤세를 부과하더라도 기업의 이윤극대화조건은 변화지 않는다). 단지, 이윤세가 부과되면 기업의 이윤만 감소한다.

48 ⑤ 과점기업들이 타 기업이 가격을 인상할 때는 인상하지 않고 인하할 경우에는 같이 인하한다면 수요곡선이 굴절하게 되는데, 이 경우 한계수입곡선은 일정 구간에서 수직인 부분이 나타나게 된다. 한계비용이 한계수입곡선의 수직인 구간에 있는 경우에는 비용 조건이 바뀌더라도 균형점을 이동하지 않게 되어 가격이 경직성을 띠게 된다.

49 ② 정부지출승수는 $dY = \dfrac{1}{1-c}dG$이기 때문에, 조건에 대입하게 되면,

$$dY = \frac{1}{1-c}dG = \frac{1}{1-0.7}10 = \frac{10}{0.3} = \frac{100}{3} \text{이 된다.}$$

50 ④ 타이어는 한국의 국적이지만, 중국 땅에서 생산되었으므로 이는 중국 GDP에 포함되며 한국 GDP에는 포함되지 않는다.

51 ③ 두 재화 간 대체 가능성이 클수록 무차별곡선은 직선에 가까운 형태가 된다.

52 ① 화폐수요의 소득탄력성이 클수록 투자승수는 작아지게 된다.

53 ② 요소 간의 대체성이 높을수록(즉, 대체탄력성이 클수록) 등량곡선은 우하향의 직선에 가까워지며, 대체성이 낮을수록(대체탄력성이 작을수록) 등량곡선이 L자에 가까워진다.

54 ② 이윤에 일정비율의 세금을 부과하는 이윤세의 경우에는 기업의 이윤극대화 조건을 변화시키지 않기 때문에 이는 독점기업의 행동에 단기적으로는 아무런 영향을 미치지 않는다.

55 ③ 생산요소 수요는 생산물에 대한 수요의 크기에 의해 결정되기 때문에 파생수요라고 한다.

56 ① 제시된 표를 참조해 보면, 특화 전후의 생산량을 비교 분석했을 시에, A국은 X재 50개를 포기해서 Y재 100개를 추가 생산할 수 있었으며, B국은 Y재 200개를 포기해서 X재 200개를 추가 생산할 수 있었다. 그러므로 B국에서 X재 1개 생산의 기회비용은 Y재 1개가 된다.

57 ② 경제적 지대가 0일 경우 그 생산요소의 소득은 전부 전용수입이 된다. 이때 전용수입이란 어떠한 생산요소가 타 용도로 전용되지 않고 현재의 용도에 계속적으로 사용되도록 하기 위해 지급되어야 하는 최소한의 지급액이므로 요소 소득이 모두 전용수입이라면 그 요소는 기존의 용도에 사용될 것이다.

58 ① 이 기업은 5원의 평균비용으로 재화를 생산하여 15원의 가격으로 판매하고 있으므로 초과이윤(▨)을 누리고 있다. 그러므로 장기적으로 보게 되면 타 기업이 진입하게 되므로 이 기업이 직면하는 수요곡선은 좌측으로 이동하게 된다. 문제에서 나타낸 상황을 그림으로 보면 다음과 같다.

59 ④ 기업의 이윤극대화 조건은 MR=MC이므로 이윤극대화 조건에서 벗어나게 되면 총이윤이 감소하게 된다.

60 ② 문제에 제시된 자료에서 A국은 누진세를 채택하고 있다.
① A국에서는 과세 대상 소득의 크기에 관계없이 소득세율은 일정하다.
③ B국에서는 과세 대상 소득의 증가율에 비해 소득세 증가율이 높다.
④ 우리나라의 부가가치세는 비례세율을 적용하고 있다.
⑤ 과세 대상 소득이 많은 사람일수록 B국보다 A국의 소득세 제도를 더 선호할 것이다.

61 ⑤ 지하철 구내 소규모 공중화장실은 승차권을 구입하지 않은 사람을 사용할 수 없으므로 배제가능성이 있으며, 사람들이 많아질 경우에는 혼잡이 발생하므로 경합성이 있다.

62 ⑤ 기준연도는 실질GDP와 명목GDP가 동일하므로 GDP디플레이터는 100이다.

63 ② 장기적으로 볼 때 어떤 산업에 있어 기업의 수는 변화하며, 장기공급곡선상의 각 점에서 기업의 수가 반드시 동일한 것은 아니다. 다시 말해, 장기공급곡선이 우상향하는 경우 가격의 상승은 공급량의 증가를 가져오는데, 이때 공급량의 증가는 기존기업의 생산량 증대를 통하여 이루어지는 부분도 있겠지만 새로운 기업의 진입으로 생산량이 증가하는 부분도 있다. 또한 가격의 하락으로 인한 공급량의 감소도 기존 기업의 생산량 감소 외에 기존 기업의 퇴거로 이루어지는 부분이 있다. 따라서 동일한 장기공급곡선이라 하더라도 기업의 수는 각 점에서 모두 다르다.

64 ④ 정부 실패(Government failure)는 시장 실패를 교정하기 위한 정부의 시장개입이 오히려 자원배분을 악화시키는 것을 말한다. 케인지언들은 시장의 실패를 교정하기 위해 정부의 적극적인 경제정책을 옹호하고 있는 데 비해, 통화주의자들은 케인즈적인 재량정책은 정부의 실패를 가져올 가능성이 높다고 경고한다.

65 ③ 한계순편익을 MNB라고 할 경우, MNB=MB-MC이다. 그런데 활동 수준이 a_1이라면 MB-MC>0이고, 그 값은 선분 AB의 길이와 동일하다. 그러므로 a_1에서는 활동 수준을 한 단위를 늘리는 경우 AB만큼의 순편익이 추가로 발생하게 된다.

66 ① 가격차별이 성립하기 위한 조건은 다음과 같다.
㉠ 시장공급자(기업)가 시장지배력이 있어야 한다.
㉡ 각 시장에서 수요의 가격탄력성은 서로 달라야 한다.
㉢ 시장 간 상품의 재판매가 불가능하여야 한다.
㉣ 시장의 분리가 가능해야 한다.
㉤ 시장분리에 소요되는 비용보다 시장분리를 함으로 인해 얻게 되는 수입의 증가분이 더 커야 한다.

67 ㉠ 문제에 제시된 자료를 기반으로, 15세 이상의 생산가능인구는 경제활동인구와 비경제활동 인구로 나뉘어지므로 표에서 보면, 경제활동인구 수는 160명이다.
㉡ 경제활동인구는 다시 취업자 및 실업자로 구분되므로 실업자가 40명일 때, 취업자는 120명이다.
㉢ 경제활동참가율은 $\frac{경제활동인구}{생산가능인구} \times 100$이므로, $\frac{100}{200} \times 100 = 80\%$이다.
㉣ 실업률 = $\frac{실업자수}{경제활동인구} \times 100$이므로, $\frac{40}{160} \times 100 = 25\%$이다.
㉤ 취업률 = $\frac{취업자수}{경제활동인구} \times 100$이므로, $\frac{120}{160} \times 100 = 75\%$이다.

68 ② 범위의 경제는 둘 이상의 재화를 따로따로 생산하는 것보다 동시에 생산할 경우에 비용이 더 적게 들게 되는 현상을 의미한다.

69 ⑤ A가 포기하는 가치는 현재 시장가격으로, 현재시장 가격인 평당 1,000원을 기준으로 기회비용을 계산한다. 토지 면적이 50평이므로, 기회비용은 1,000원 × 50평 = 50,000원이 된다.

70 ④ 완전경쟁기업은 '장기한계비용의 최소점과 장기평균비용이 일치하는 점'이 아닌 '장기한계비용과 장기평균비용의 최소점이 일치하는 점'에서 생산하게 된다.

71 ① 소비자 물가지수(CPI) = $\dfrac{\text{비교연도 상품의 가격} \times \text{기준연도의생산량합}}{\text{기준연도상품의가격} \times \text{기준연도의생산량합}} \times 100$ 이다.

∴ $\dfrac{25 \times 110 + 5 \times 40 + 25 \times 150}{25 \times 50 + 5 \times 20 + 25 \times 80} \times 100 = \dfrac{6,700}{3,350} \times 100 = 200$

72 ① STEP 모델은 대표적인 산업환경분석 모델로 해당기업이 속해있는 산업을 둘러싼 거시적 산업환경에 영향을 미칠 수 있는 주요 요인들을 도출하고, 그 내용을 분석함으로써 전략적 의사결정을 위한 정보로 활용하려는 것이다. STEP 모델의 분석대상 영역은 사회문화적(socio-cultural) 환경, 기술적(technological) 환경, 거시경제(macro-economic) 환경, 정책규제(political regulatory) 환경 등으로 나누어진다.

73 ④ 법정지급준비율은 본원적 예금 중 법정지급준비금이 차지하고 있는 비중을 의미하므로,

법정지급준비율은 $\dfrac{300,000}{1,000,000} = 30\%$가 된다.

74 ④ 국민소득의 균형조건 $Y = C + I + G + X_n$에 문제로부터 소비함수 C와 I, G, X_n의 값을 대입,

$Y = 40 + 0.8(Y - 0) + 20 + 0 + 0 = 60 + 0.8Y$

∴ $Y = 300$억 원이 된다.

75 ⑤ 고밀도 토지이용에 의한 높은 임대료를 부담하지 못하게 되면 해당 기능은 점차 도심의 중심부에서 외곽지역으로 이동하게 된다.

76 ④ 어묵의 가격상승은 수요감소를 가져오게 되고, 대체재인 튀김의 수요증가를 가져오게 된다. 또한, 튀김 가격은 변동이 없는 상황에서 튀김에 대한 수요가 늘었다는 것은 튀김의 수요곡선을 우측으로 이동시키는 것을 뜻한다.

77 ② 평균비용(AC) = 평균가변비용(AVC) + $\dfrac{\text{총고정비용(TFC)}}{\text{생산량(Q)}}$

TFC = (AC-AVC) × Q

TFC = (15-10) × 50 = 250

∴ 총고정비용(TFC) = 250

78 ③ 생산함수 Q = 3K + 2L은 선형의 생산함수로써 등량곡선이 우하향의 직선으로 한계기술대체율이 일정하며, 두 생산요소가 서로 완전대체적인 생산요소일 때이다.

79 ① 이윤극대화를 위한 한계적 접근법에 따르면, $MR > MC$인 경우에는 생산량을 증대시키며, $MR < MC$인 경우에는 생산량을 줄여야 한다. 그러므로 생산량이 4인 경우에는 $MR < MC$이 성립하게 되므로 생산량을 늘리지 않아야 한다.

80 ① 주어진 지문을 통해 보면, 갑자기 추워진 날씨로 인해 배추 수확량이 감소하는 것은 배추 시장의 공급이 감소하는 요인이며, 김장으로 인해 배추를 구입하려는 사람들이 증가하는 것은 수요가 증가하는 요인이다.

PART

03

부록

01 최신 경제·경영 용어

🔳 플프마켓(Flea Free Market)

본인의 창작물을 판매하는 프리마켓과 잘 사용하지 않는 중고품을 재거래하는 플리마켓 두 가지를 혼용한 것이 플프마켓이다.

🔳 쇼루밍(Showrooming)

백화점 등 오프라인 매장을 방문해 상품의 품질을 직접 확인한 뒤 해당 상품을 온라인에서 최저가로 구매하는 행위를 일컫는다.

🔳 애프터마켓(After Market)

이미 발행된 주식, 채권, 옵션, 선물 등이 거래되는 시장으로 세컨더리 마켓, 2차 시장으로도 불린다. 즉 판매 이후 추가로 발생하는 수요에 의해 형성된 시장이다.

🔳 스텔스플레이션(Stealthflation)

레이더에 잡히지 않는 스텔스기처럼 소비자물가지수나 생산자물가지수에 잡히지 않는 물가 상승을 일컫는다.

🔳 그린워시(Green Wash)

Green + Whitewash의 합성어로 '녹색세탁' 혹은 '녹색분칠'이라고도 한다. 이는 기업이 실제로는 환경에 유해한 영향을 끼치는 제품을 생산함에도 불구하고, 이미지 광고나 PR등을 통해 친환경적 이미지를 내세우는 기업의 기만적 행위를 의미한다. 이는 환경에 대한 대중의 관심이 늘고, 친환경 제품에 대한 선호가 높아지면서 그린 마케팅(Green Marketing)의 중요성이 높아지자, 실제로는 친환경적이지 않은 면서도 기업 이미지를 좋게 포장하는 경우가 생겨나기 때문에 이를 지적하는 용어이다.

🔳 나노 경영(Nano Management)

맥이트(McIT) 이론에 기초하여 지속적 고용 유지와 부가가치 창출을 동시에 성취한다는 경영이론이다. 맥이트(McIT)란 경영(Management), 문화(Culture) 그리고 정보기술(Information technology)의 앞 글자를 딴 것이다. 나노는 '10억분의 1'을 의미하는 것으로, 나노기술은 원자와 분자를 직접 조작하고 재배열하여 기존에 존재하지 않던 신물질을 개발하는 기술이다. 나노기술처럼, 나노 경영은 기업이 수행하는 아주 작은 세부 활동들을 분석하여, 이를 보다 큰 차원에서 결합 · 응용하여 보다 효율적으로 기업을 경영하는 것을 의미한다.

넛지 마케팅(Nudge Marketing)

종래의 마케팅이 상품을 특성을 강조하고 소비자가 그 상품을 구매할 수 있도록 집중하는 것과 달리 소비자가 선택을 함에 있어서 좀 더 유연하고 부드러운 방식으로 접근하는 것을 넛지 마케팅이라고 한다. '팔꿈치로 슬쩍 찌른다'의 뜻처럼 넛지 마케팅은 사람들을 원하는 방향으로 유도하되 선택의 자유는 여전히 개인에게 준다는 것이다.

넷샵(Netshop)

디지털 기술을 통해 고객친화형, 맞춤형 쇼핑으로 변화하는 오프라인 매장을 말한다. 다양한 기기들을 사용하며 합리적 소비패턴을 보여주고 있는 소비자들의 소비 경향에 맞추어, 오프라인 매장에서 다양하고 새로운 체험을 제공한다.

뉴노멀(New Normal)

시대변화에 따라 새롭게 부상하는 표준으로, 경제 위기 이후 5 ~ 10년간의 세계경제를 특징짓는 현상을 말한다.

님투(NIMTOO) 현상

님투(Not In My Terms Of Office, NIMTOO) 현상은 내가 공직에 재임하고 있을 동안에는 안된다는 것으로 공직자들이 민감한 사안에 대해 결정을 보류하려는 경향을 말한다. 이는 쓰레기 매립장, 하수 처리장 등과 같이 민원이 발생할 소지가 많은 사안에 대한 결정을 미룬 채 자신의 임기를 끝내려는 공직자들의 무사안일한 태도를 비판하는 것이다.

레인지 포워드(Range Forward)

불리한 방향의 리스크를 헤지하기 위해 옵션을 매입하고 그에 따른 지급 프리미엄을 얻기 위해 유리한 방향의 옵션을 매도하여 환율변동에 따른 기회이익을 포기하는 전략을 말한다. 환율변동으로 인해 발생할 수 있는 이익과 손실을 모두 일정 수준으로 제한함으로써 환리스크는 일정 범위 내로 제한된다.

리니언시(Leniency)

담합행위를 한 기업이 자진신고를 할 경우 처벌을 경감하거나 면제하는 제도를 말한다. 이 제도는 상호 간의 불신을 자극하여 담합을 방지하는 효과를 얻을 수 있다.

리쇼어링(Reshoring)

생산비와 인건비 절감 등을 이유로 해외로 생산시설을 옮긴 기업들이 다시 자국으로 돌아오는 현상을 말한다.

미디어렙(Media Representative)

'Media Representative'의 줄임말로 방송사를 대신하여 방송 광고를 판매하는 회사를 의미한다. 일종의 광고 판매 대행회사라고 할 수 있다. 방송국이 직접 광고를 판매하지 않고 대행사를 이용하는 이유는 방송편성과 제작의 중립성을 지키고, 광고주의 프로그램 간섭이 이뤄지는 것을 막기 위함 등이 있다.

미래부채(Possible Liability)

보험회사가 보험계약자로부터 받는 보험료는 계약자의 미래 보험 사고를 충당하기 위한 부채의 성격을 갖는다. 따라서 보험회사는 미래의 보험금 지급을 위하여 적립금을 쌓아야 하며, 이를 보험회사의 부채로 인식한다. 이 부채는 미래의 발생 가능한(possible) 보험 사고에 대한 보험금이기 때문에 미래부채라고 한다.

밸류에이션(Valuation : 가치평가)

특정 자산 혹은 기업의 현재 가치를 평가하는 프로세스를 의미하는데, 가치를 평가하는 밸류에이션 기법은 매우 다양하다. 기업의 가치를 평가하는 애널리스트들은 기업의 경영진, 자본구조의 구성, 미래수익의 전망 및 기업이 보유한 자산들의 시장가치를 살펴본다. 주식이나 채권의 가치는 구매자와 판매자의 자유의사에 거래가 이루어질 때 쌍방이 동의한 가격에 결정이 된다. 만약 주식이나 채권이 거래소에서 거래되면, 그 가치는 수요와 공급의 원칙에 따라 구매자와 판매자에 의하여 결정된다. 밸류에이션에 사용되는 지표에는 PER(주가순이익비율)이나 EV/EBITDA 등이 있다.

밸리효과(Valley Effect)

올림픽이나 월드컵 등 대규모 국제행사 개최를 위한 과도한 투자로 경기가 과열되다 행사 이후 경기가 빠르게 침체하는 현상이다. 밸리효과는 올림픽 개최국가가 작을수록, 개최도시의 GDP점유비중이 클수록 높은 경향이 있는 것으로 알려져 있다.

버트랑 모형(베르트랑 모형, Bertrand Model)

버트랑 모형은 버트랑(J. L. F. Bertrand)가 제시한 과점시장 모형으로, 기업들이 제품의 가격을 동시에 결정하는 가격경쟁모형이다. 이때 재화가 동질적이고 기업들이 제품을 한 단위 더 생산할 때 드는 한계비용(Marginal Cost)이 동일하다면, 기업들은 서로 다른 가격을 매기지 않을 뿐만 아니라 완전경쟁시장일 때와 동일한 가격을 책정하게 된다. 제품이 동질적이라면 한 기업은 경쟁 기업보다 약간 낮은 수준의 가격을 선택함으로써 시장의 모든 수요를 장악할 수 있는데, 이를 아는 경쟁 기업 또한 상대방보다 낮은 수준의 가격을 매기고자 할 것이다. 기업들의 가격 인하는 자신들이 손실은 보지 않는 최소한의 가격, 즉 완전경쟁가격에 이르러 멈추게 되며 이는 기업이 단 두 개만 있는 복점 상황이더라도 성립한다.

벨크로 조직(Velcro Organization)

벨크로(velcro)사가 개발한 나일론으로 만들어진 접착천으로서 '찍찍이'를 의미한다. 이를 조직이론에 명명한 것으로서, 벨크로 조직은 유연성이 가장 큰 특징이라 필요할 때 쉽게 적용되고 사용가능 하지만, 상황이 변하거나 전략적 요구가 발생할 때에는 다시 재배열 될 수 있는 구조를 의미한다. 하버드 경영대학원의 조셉 바우어(Joseph L. Bower) 교수의 이론으로서 이 조직 모델은 급변하는 시대에 유연성과 가변성을 극대화하는 데에 초점이 맞추어진 모델이다. 정보시스템에 의해 뒷받침되는 조직의 지식·경험을 가지고 조직 내 역할에 따라 책임과 권한이 부여되는 유연하고 탄력적인 조직을 의미한다.

빅베스(Big Bath)

새로 부임하는 기업의 CEO가 전임 CEO의 재임기간 동안에 누적된 손실을 회계장부상에서 최대한 반영함으로써 경영상의 과오를 전임 CEO에게 넘기는 행위를 말한다. 새로 부임하는 CEO는 회계처리 과정에서 과거에 발생한 손실을 극대화해 잠재적인 부실까지 미리 반영한다. 그러나 이전 경영진의 성과를 보고 투자한 주주들은 이러한 회계처리로 인해 주가 하락에 따른 손실을 볼 수 있다.

센트 마케팅(Scent marketing)

소비자의 후각을 자극해 제품 구매를 유도하거나 브랜드에 대한 긍정적인 이미지를 인식시키는 마케팅 기법으로, 향기마케팅이라고도 한다. 향기와 밀접한 관련이 있는 업종뿐만 아니라 향기와 관련이 없는 업종에서도 향기를 이용해 매장에 머무르는 시간을 늘리거나 제품이나 브랜드를 소비자가 오래 기억하도록 유도하는 등의 방식으로 센트 마케팅을 활용하고 있다.

소버노믹스(sobernomics)

'Sober(술에 취하지 않은)'와 'Economics(경제)'의 합성어로, 술을 마시지 않는 사람들의 경제활동을 일컫는 말이다. 일본에서 처음 사용된 말로 게코(下戸)노믹스라고도 한다. 최근 들어 비음주자가 증가함에 따라 많은 사람들이 주점 대신 카페에 가기 시작했고, 주점에서도 무알콜 음료를 제공하는 등 소버노믹스의 규모가 급격히 증가하고 있다.

소셜덤핑(Social Dumping)

국제 수준보다 훨씬 낮은 임금수준을 유지해 원가를 절감하고 이를 바탕으로 제품을 해외시장에 싼값에 판매하는 행위를 말한다. 구조적으로 임금수준은 낮으면서 비교적 양질의 노동생산력 동원이 가능한 신흥공업국에서 주로 나타난다. 소셜덤핑은 비용적 측면에서 해석되기도 하는데, 외국 기업의 투자를 유치하기 위해 국내에 외국인이 투자를 하게 되면 이에 대한 각종 비용과 세금혜택 등을 정부가 지원하는 사회보장 성격의 제도를 일컫기도 한다.

갈라파고스 증후군(Galapagos Syndrome)

세계 시장의 추세로부터 동떨어진 채 자신들만의 표준을 쫓다가 경쟁력이 약화되어 세계 시장에서 도태되는 현상을 말한다.

슈링크플레이션(Shrinkflation)

기업이 제품 가격은 그대로 유지하면서 수량이나 무게, 제품 크기, 용량 등을 줄여 사실상 값을 올리는 전략으로 '패키지 다운사이징(Package Downsizing)'이라고도 한다. 영국 경제학자 피파 맘그렌이 만든 용어로, '줄어들다'라는 뜻의 '슈링크'와 '물가 상승'을 나타내는 '인플레이션'의 합성어이다. 주로 가공식품 제조업계에서 가격인상의 대안으로 사용하는 전략으로, 원자재 가격이 상승하여 가격인상을 하거나 가격이 낮은 원재료 변경, 용량 축소 등의 대안 가운데 가장 위험부담이 적은 것으로 알려져 있다. 대표적으로 이른바 '질소과자' 처럼 가격 인상대신 과자 용량을 줄인 사례가 있다.

스킴플레이션(Skimpflation)

'(음식·돈 등에) 인색하게 굴다', '찔끔주다' 등의 뜻을 지닌 '스킴프(Skimp)'와 물가 상승을 뜻하는 '인플레이션'의 합성어로, 코로나19로 인해 글로벌 공급망이 불안해지면서 생겨난 현상이다. 수급이 원활하지 못하다보니, 물가는 상승하고 비용이 증가하면서 기업은 인건비를 줄이거나 상품이나 서비스 질이 저하를 부추긴다. 대표적인 예로 패스트푸드 업체에서 수급 문제로 인해 양상추 대신 양배추를 제공하기도 했다.

팬플레이션(Panflation)

영국 주간 경제지가 2012년 「팬플레이션의 위험」이라는 기사에서 처음 사용한 용어로, 사회 전반에 거품현상이 만연해지면서 가치 기준이 떨어지는 현상, 즉 팬플레이션 현상이 심화되고 있다고 지적하였다. 팬플레이션 현상을 조절하지 못할 경우 심각한 사회문제를 야기할 것이라고 경고하였다. 주간 경제지는 직함 인플레이션을 사례로 들었는데, 직장에서의 직함을 남용하여 불합리한 임금인상을 야기하고 있다고 지적하였다.

피지털(Phygital)

오프라인 공간을 의미하는 피지컬(Physical)과 디지털(Digital)의 합성어다. 디지털의 편리함을 활용하여 오프라인 공간에서 물리적 경험을 확대하는 것을 의미한다.

다이렉트 인덱싱(Direct Indexing)

인공지능을 활용하여 투자자 개개인의 투자 목적 및 성향, 생애주기에 적합한 포트폴리오를 설계한다. 다른 말로는 '비스포크 인덱싱(Bespoke Indexing)'이라고 한다.

콩글로머리트(Conglomerate)

여러 기업이 하나로 연합한 거대 기업체를 의미한다. 복합기업이라고도 불리며 서로 다른 업종 간의 합병으로 이루어진 기업이다.

좀비 기업(Zombie Company)

회생 가능성이 없어 시장 원리에 따라 퇴출되어야 하나 정부나 채권단의 지원으로 간신히 파산을 면하고 있는 부실기업이다.

긱 이코노미(Gig Economy)

우버나 에어비앤비처럼 산업 현장에서 필요에 따라 임시로 계약을 맺고 일을 맡기는 '임시직 경제'를 총칭한다. 활성화될수록 정규직, 비정규직 등의 이분법적 고용 형태 구분이 무색해질 전망이다.

규제 샌드박스(Regulatory Sandbox)

신산업 · 신기술 분야에서 새로운 제품과 서비스를 내놓을 때 일정 기간 기존 규제를 면제하거나 유예시켜주는 제도이다. 어린이들이 자유롭게 노는 모래 놀이터처럼 규제로부터 자유로운 환경을 제공해 줌으로써 그 안에서 다양한 아이디어를 마음껏 펼칠 수 있도록 하겠다는 취지에서 샌드박스라는 표현이 붙었다.

그린플레이션(Greenflation)

친환경을 뜻하는 '그린'과 물가 상승을 뜻하는 '인플레이션'의 합성어이다. 탄소중립을 위한 친환경 정책의 영향으로 산업금속이나 화석연료의 공급이 줄어드는 반면에 수요는 증가해 원자재 가격이 오르고 물가의 인플레이션을 유발하는 현상이다.

긴축발작(Taper Tantrum)

선진국의 양적완화 축소 정책이 신흥국의 통화가치 및 증시의 급락을 초래하는 현상을 말한다. 2013년 미국의 벤 버냉키 의장에 의한 양적완화 축소로 인해 자본이 미국으로 회귀함에 따라, 신흥국의 통화, 채권 등이 급락하는 일이 있었다.

내국신용장(Local L/C)

내국신용장은 수출업자가 해외수입업자로부터 받은 신용장(L/C)을 근거로 수출상품 생산에 필요한 원료 공급자나 하청업자 앞으로 자기거래은행으로 하여금 제2의 신용장을 개설해 주게 하는데 이와 같은 방법으로 개설된 신용장을 말한다.

뉴트로(Newtro)

복고(Retro)를 새롭게(New) 즐기는 경향을 말한다. 뉴트로의 예로는 마치 시간을 되돌려 놓은 듯한 물건과 소품으로 인테리어를 한 카페나 음식점들이 최근 들어 인기를 누리고 있는 것들을 들 수 있다. 예컨대 1970~80년대 학교 앞 분식점에서 사용됐던 초록색 점박이 플라스틱 접시를 사용하는 식당이나, 오래된 자개장이나 과거의 골동품들을 인테리어로 활용한 카페, 1980~90년대 음료 회사에서 홍보용으로 나눠줬던 옛날 유리컵들이 뉴트로 열풍을 타고 인기를 끌고 있다.

데카콘 기업(Decacorn)

기업가치 100억 달러(10조 원 이상) 이상의 기업을 뜻한다. 유니콘의 유니(Uni)가 1을 의미하는 데서 착안해 미국 블룸버그가 10을 뜻하는 접두사 데카(Deca)를 유니콘의 콘(Corn)에 붙여 '데카콘(Decacorn)'이라는 용어를 만들었다.

대중명품(Masstige)

대중(Mass)과 명품(Prestige)의 합성어로, 명품의 대중화 제품 및 현상을 말하며, 명품의 대안으로 합리적 소비와 가치소비를 내세우며 구매층을 공략한다.

딥 웹(Deep Web)

네이버나 구글처럼 일반적인 포털사이트에서 검색되지 않는 인터넷 공간을 말한다. 별도로 암호화 된 네트워크에 존재하기 때문에 '토르' 같은 특정한 인터넷 브라우저를 통해서만 접속이 가능하다. 컴퓨터 주소인 IP는 여러 차례 우회하며 흔적을 거의 남기지 않으며, 우회 통로마다 암호화 된 장벽도 있다. 사용하는 화폐는 추적이 어려운 가상화폐인 비트코인이다.

랩 어카운트(Wrap Account)

고객이 예탁한 재산에 대해 증권회사의 금융자산관리사가 고객의 투자 성향에 따라 적절한 운용 배분과 투자종목 추천 등의 서비스를 제공하고 그 대가로 일정률의 수수료(Wrap fee)를 받는 상품이다. 증권회사에 계좌를 개설하고 자신이 선택한 종목을 매매하는 기존의 투자 방식과는 달리 증권회사에서 고객이 예탁한 재산에 대해 자산 구성에서부터 운용 및 투자 자문까지 통합적으로 관리해주는 종합금융서비스라고 할 수 있으며, 선진국에서는 투자은행의 보편적인 영업 형태이다.

롤 오버(Roll Over)

선물이나 옵션포지션 보유자가 만기가 도래하는 계약을 만기가 남아있는 다른 종목(원월물 등)으로 교체함으로써 사실상 포지션을 이월하는 것을 말한다. 예를 들면, KOSPI200 선물 9월물 100계약을 보유하고 있는 투자자가 9월물 만기일을 맞아 기존 9월물을 전량 매도하는 동시에 원월물인 12월물을 100계약 매수하게 되면, 선물을 계속 보유하게 되는 결과를 갖게 된다.

레몬마켓(Lemon Market)

판매자와 구매자 사이에서 정보의 비대칭성이 클 때 발생하게 된다. 더불어 저품질이 거래되는 시장이라고도 지칭한다. 그러나 처음부터 저품질 시장이 형성되는 것은 아니며, 정보가 부족한 구매자가 어느 수준 이상의 금액을 지불하려 하지 않기 때문에 수요가 생기지 않으면서 점점 저품질 시장이 형성되어지는 것이다.

로우볼 전략(Low Volatility)

증시의 상승·하락폭이 확대되면서 변동이 심할 때 상대적으로 주가 변동성이 낮은 종목으로 이뤄진 상품에 분산 투자하는 전략을 말한다.

롱숏전략(Long Short Strategy)

매수(롱 전략)와 매도(숏 전략)을 동시에 하는 투자기법이다. 주가가 오를 것으로 예측되는 주식은 사고 내릴 것으로 예상되는 것은 미리 팔아서 차익을 남기는 것이다.

모라토리엄(Moratorium)

한 국가가 경제·정치적인 이유로 외국에서 빌려온 차관에 대해 일시적으로 상환을 연기하는 것을 말한다. 모라토리엄은 상환할 의사가 있지만 일시적으로 연기하는 것이다. 외채를 유예 받는다고 하더라도 국제적으로 신용이 하락하여 대외거래에 갖가지 장애가 뒤따른다. 또한 환율이 급등하고 신용경색으로 인해 물가가 급등하여 전반적으로 심각한 경제적 혼란을 겪게 된다.

무역대리업(貿易代理業)

외국의 수입업자 또는 수출업자의 위임을 받은 자가 국내에서 수출품의 구매 또는 수입계약의 체결과 이들에 부대되는 행위를 업으로 영위하는 것으로 계약 대리권만을 행사한다. 자기명의로 소유권이전을 전제로 한 수출입을 할 수 없다는 점에서 무역업과 구분된다.

온디맨드(On Demand)

공급 중심이 아니라 수요가 모든 것을 결정하는 시스템이나 전략 등을 총칭하는 단어로 정보기술(IT) 업계에서는 폭넓게 쓰여 왔다. IBM이 최근 강조하는 '온디맨드 전략'은 하드웨어는 물론 애플리케이션, 솔루션 등 전산 자원과 서비스를 소비자가 원하는 대로 골라 쓰게 하겠다는 개념이다. 기존 경쟁업체들이 하드웨어 자원을 소비자가 빌려 쓰고 싶은 만큼 사용하는 컴퓨팅이 눈에 보이는 전산자원에 국한했다면, IBM의 온디맨드 전략은 전산 시스템에다 서비스까지 포함됐다는 점에서 진일보한 것이다.

무환수출(Non Draft Export)

환(煥)에 의한 대금 결제를 수반하지 않는 수출을 의미한다. 여기에는 상품의 견본, 선물, 여행자의 휴대품 등이 있는데, 외화 획득에 도움이 되지 못하고 자본의 해외도피 수단이 될 수 있어 환 관리상 특별한 규제를 받는 일이 있다.

바이백(Buy back)

무엇을 팔았다가 다시 되사들이는 행위를 지칭하는 것으로, 국채나 회사채(회사채의 종류)를 발행한 국가나 기업이 만기 전에 채권시장에서 국채나 회사채를 사들임으로써, 미리 돈을 갚는 것을 말한다. 국채에 있어 바이백은 '국채 조기 상환'이라는 뜻으로 사용된다. 국채는 중앙정부가 자금 조달이나 정책 집행을 위해 발행하는 만기가 정해진 채무증서로, 조세와 함께 중요한 국가 재원 중의 하나이다.

뱅크런((Bank Run)

은행에 돈을 맡긴 사람들의 예금인출이 대규모로 발생하는 현상을 말한다. 이는 금융시장이 극도로 불안한 상황일 때 은행에 맡긴 돈조차 제대로 받을 수 없을지도 모른다는 공포감에서 발생한다. 뱅크런의 발생으로 은행은 당장 돌려줄 돈이 바닥나게 되는 패닉 현상에 빠지게 된다. 뱅크런에서 유래한 것으로, 펀드 투자자들이 펀드에 투자한 돈을 회수하는 것을 펀드런이라고 한다.

빨대효과(Straw Effect)

대도시가 주변 중소 도시의 인구나 경제력을 흡수하는 것이다. 대도시 집중현상을 말한다.

벌처펀드(Vulture Fund)

부실기업이나 정크펀드 싸게 인수하여 정상화시키고 높은 가격에 다시 되파는 것이다. 헤지펀드나 투자신탁회사 등에서 설립하여 운용하고 있다.

브리지론(Bridge Loan)

자금이 급히 필요한데 충분한 자금을 모을 때까지 시일이 걸릴 경우 단기차입 등에 의해 필요자금을 일시적으로 조달하는 것을 브리징(Bridging)이라 하는데, 이때 도입되는 자금을 가리킨다. 금융시장에서 흔히 사용되는 브리지론이란 직거래가 어려운 기관간에 중개기관을 넣어 약정된 금리나 조건으로 자금을 거래하는 것을 뜻한다.

빅블러(Big Blur)

인공지능(AI)·빅데이터·사물인터넷(IoT) 등 첨단 정보통신기술(ICT)의 발달로 산업의 경계가 모호해지는 현상을 일컫는다.

베어마켓 랠리(Bear Market Rally)

경기불황으로 주식시장에서 장기적인 약세장(베어마켓)이 진행되는 도중에 일시적으로 주가가 반등하는 현상을 말한다. 정부가 경기부양을 위해 유동성(자금)을 대거 풀어서 시중에 유동성이 넘치거나, 주가가 지나치게 하락했다고 투자자들이 판단할 때 이 같은 일시적 현상이 발생한다.

뷰카(VUCA)

변동성(Volatile), 불확실성(Uncertain), 복잡성(Complexity), 모호성(Ambiguity)을 말하는 단어로, 세계동향 및 기업경영에서 자주 언급되는 용어이다. 뷰카상황은 기업에게 있어 경영쇄신, 구조조정 등 생존을 위한 다양한 방법들을 논의하는 시기를 뜻한다.

블루칩(Blue Chips)

주식시장에서 대형 우량주를 통틀어 가리키는 용어로서 포커게임에 사용되는 백·적·청색 가운데 청색이 가장 높은 것에서 유래한 표현이다. 블루칩은 대부분은 자본금 규모가 크며, 성장성·수익성·안전성 면에서 한 나라를 대표하는 주식들로 구성된다.

스트라이샌드 효과(Streisand Effect)

온라인상에서 어떠한 정보를 숨기거나 삭제하려다가 오히려 관심을 끌게 되어 역효과를 불러오는 효과다.

수출리스(Export Lease)

국내에서 생산된 물건이나 플랜트를 해외에 수출하면서도 일반 수출과 달리 소유권은 계속 수출업체가 갖고 시설대여만 해주는 것을 말한다. 수출국 입장에서는 리스 대상이 되는 기계설비나 플랜트 수출을 촉진시키고 국내의 노후설비를 해외로 이전시키는 효과를 얻을 수 있다.

슈거 하이(Sugar High)

설탕을 먹으면 일시적으로 쓴 맛은 느끼지 못하고 흥분하는 일시적 흥분상태를 말한다. 경제 상황에서는 경기가 근본적인 개선 없이 좋아지는 현상을 일컫는 말로 하버드대 교수인 제프리프랑켈이 처음으로 사용했다. 2019년부터는 2009년부터 시작됐던 세계경제 10년 호황이 종료되고 있어 '슈거 하이' 효과가 사라지고 있다는 지적이 잇따르고 있다.

스놉 효과(Snob Effect)

특정상품에 대한 소비가 증가하면 오히려 그 상품에 대한 수요가 줄어드는 현상으로 '속물 효과' 또는 '스놉 효과'라고 하고, 우리나라에서는 백로효과라고도 한다. 밴드왜건 효과와는 정반대의 의미이다.

❖ 스테이케이션(Staycation)

‘머물다(Stay)’와 ‘휴가(Vacation)’의 합성어로, 휴가 중에 먼 곳으로 이동하지 않고 집이나 근처에서 휴가를 보내는 현상을 말한다. 진정한 휴가로 여행이나 관광이 아닌 휴식을 추구하며 주거문화, 홈퍼니처 등 관련 산업의 구매가 확대되었다.

❖ 어닝시즌(Earning Season)

기업들의 실적이 집중적으로 발표되는 시기를 말한다.

❖ 역금리(Negative Interest)

원래 통화불안 때의 평가 변경이나 고금리를 노리고 외자가 유입되는 것을 방지하기 위해 비거주자의 예금에 대해서 마이너스의 금리를 부과하는 것을 말하나 최근 일본에서는 경기부양을 위해 예금에 대해 역금리 정책을 취한 바 있다.

❖ RE100(Renewable Energy 100%)

기업이 사용하는 모든 전력을 재생에너지로 기업에서 사용되는 전력량을 재생에너지로 충당하겠다는 것을 의미한다.

❖ 슬리포노믹스(Sleeponomics)

‘수면(Sleep)’과 ‘경제학(Economics)’의 합성어로, 수면산업을 일컫는다. 바쁜 일상 속에서 늘 수면이 부족한 현대인들을 대상으로 발달한 신종 산업이다. 미국 등 우리나라보다 경제개발을 빨리 이룬 선진국의 경우 1990년대부터 슬리포노믹스가 성장하기 시작했다. 일반적으로 쉽게 떠올릴 수 있는 기능성 매트리스 · 베개 · 이불 등 숙면 유도 기능성 침구류와 기능성 수면안대 · 수면양말 · 잠옷 · 수면 촉진 식품 등 수면 관련 생활용품, ICT(정보통신기술) · IOT(사물인터넷) 등을 도입해 수면 상태를 점검하고 수면의 질을 분석해 숙면을 유도하는 제품 모두 슬리포노믹스에 들어가는 상품이다. 수면 상담, 슬립 코디네이팅, 수면캡슐 · 수면카페 · 영화관 내 시에스타 서비스 등의 수면 공간 제공 서비스 역시 슬리포노믹스에 속한다. 슬리포노믹스에 포함되는 영역은 일일이 열거하기 어려울 정도로 광범위하다. 더욱이 그 영역이 빠르게 확장돼 가고 있는 추세다.

❖ 역외펀드(Off Shore Fund)

국내에서 자금이 조성되는 역내펀드와 비교되는 개념으로 주식투자 대상국이 아닌 제3국에서 조성되는 주식투자 기금을 말한다. 역외펀드는 투자가가 속한 국가의 조세제도나 운용상의 제약을 피할 수 있고, 조세 · 금융 · 행정면에서 여러 가지 이점을 누리려는 목적에서 이용된다.

울트라 스텝(Ultra Step)

중앙은행이 한 번에 기준금리를 1%p 인상하는 조치이다. 통상적인 금리 조정은 0.25%p 수준에서 이루어지나 인플레이션 우려가 커질 경우에 기준금리를 0.25%p 이상 베이비 스텝으로 인상하는 것을 시행한다. 이 외에 0.5%p 인상은 빅 스텝, 0.75%p 인상은 자이언트 스텝으로 알려져 있다.

데드크로스 현상(Dead Cross)

사망자 수가 출생아 수보다 많아지면서 인구가 자연 감소하는 현상을 말한다. 주식시장에서 말하는 데드크로스는 주식시장에 약세시장으로 접어들었다는 것을 알려주는 신호를 뜻한다.

울프슨 지수(Wolfson Index)

소득 불평등의 정도를 나타내는 지표로 중산층으로부터 상위층과 하위층의 소득이 괴리 정도를 통해 산출된다. 캐나다 통계학자인 마이클 울프슨이 지난 1995년 고안한 지표로 국내에서는 지난 2013년부터 통계청이 발표한다. 소득의 분산이 커질수록 중산층 규모도 함께 줄어든다는 가설을 전제로 중산층과 상·하위층 간 소득 차이의 절댓값을 이용해 도출한다. 이 수치가 '0'에 가까운 수치를 나타낼수록 중산층 비중이 높아지고, '1'에 가까울수록 중산층 비중은 줄어든다. 특히 중산층의 범위를 중위소득(전체 가구를 소득 순으로 나열했을 때 한 가운데 있는 가구의 소득) 기준으로 해당 부근(50~150%) 내에 속한 집단으로 규정한다.

윔블던 효과(Wimbledon Effect)

윔블던 테니스대회에서 주최국인 영국보다 외국 선수가 더 많이 우승하는 것처럼 영국의 금융기관 소유주가 영국인보다 외국인이 더 많아지는 현상을 의미한다. 영국은 1986년 금융 빅뱅을 단행한 이후 금융 산업 전반에 개방화·자유화·국제화·겸업화를 빠르게 진행하면서 윔블던 효과가 나타났다. 영국의 금융시장이 개방되자마자 막강한 자금과 조직을 앞세운 미국과 유럽의 금융업자들이 영국 금융기관을 인수하기 시작해 영국 10대 증권회사 가운데 8개사가 도산되거나 흡수·합병됐다.

유니콘 기업(Unicorn企業)

비현실적으로 기업 가치를 얻어낸 기업들을 일컫는다. 기업가치가 10억 달러, 우리 돈 1조 원 이상인 비상장 스타트업을 가리키는 의미다. 상장조차 하지 않은 기업이 1조 원의 가치를 갖기가 현실적으로 힘들기 때문이다.

차이나 리스크(China risk)

중국이 긴축적인 정책을 펼치거나 타 이유들로 인해 중국의 경제가 얼어붙을 경우, 중국에 대해 수출의존도가 큰 기업이나 국가들이 큰 위험에 처하는 것을 뜻한다.

이자보상배율(Interest Coverage Ratio)

한 해 동안 기업이 벌어들인 돈(영업이익)이 그 해에 갚아야 할 이자(이자비용)에 비해 얼마나 많은지를 나타내는 지표로 영업이익을 이자비용으로 나눠 구한다. 이자보상배율이 1보다 작다는 건 한 해 동안 벌어들인 돈으로 이자조차 갚지 못한다는 의미다. 보통 이자보상배율이 1.5 이상이면 빚을 갚을 능력이 충분한 것으로, 1 미만이면 잠재적인 부실기업으로 본다. 3년 연속 이자보상배율이 1 미만인 기업을 좀비 기업(한계기업)으로 간주한다. 3년 연속 이자조차 갚지 못할 정도라면 자체적인 생존능력이 없다고 보는 것이다. 기업이 영업활동을 통해 돈을 벌기는커녕 손해를 보고 있다면(영업손실을 입었다면) 이자보상배율은 마이너스(−)가 된다.

일코노미(1Conomy)

1인 가구나 혼자 뭔가를 즐기는 사람들이 증가하면서 발생하는 경제 현상을 일컫는다.

인슈어테크(InsurTech)

핀테크의 한 영역인 인슈어테크는 인공지능(AI), 사물인터넷(IoT), 빅데이터 등의 IT기술을 활용한 혁신적인 보험 서비스를 일컫는다. 예를 들면 전체 가입자에게 동일하게 적용하던 보험료율을 빅데이터 분석을 통해 다르게 적용하거나 사고 후 보상 개념인 기존 보험과 달리 사고 전 위험관리 차원으로 접근하는 서비스가 가능하다. 또 보험 상담 업무도 로봇이 대행할 수 있고, 빅데이터 관리를 통해 효과적인 영업과 블록체인 등을 이용한 안전한 결제 시스템 등을 구축할 수 있다.

콘탱고(Contango)

선물가격이 현물가격보다 높은 상태이다. 주식 시장에서 선물가격이 현물가격보다 높거나 결제 월이 멀수록 선물가격이 높아지는 현상을 말한다. 일반적으로 선물가격은 현물가격보다 높아야 하는데, 선물 만기까지 소요되는 현물의 보유 비용이 포함되어야 하기 때문이다.

크로스 디폴트(Cross Default)

이미 체결된 계약이나 앞으로 체결할 다른 계약서의 조항을 이행하지 않을 경우 본계약 위반으로 간주하는 것이다. 채권보유자가 해당기업의 채무불이행을 대외적으로 선언해 채권회수의 근거를 마련하는 디폴트선언 이후 다른 금융기관도 똑같이 디폴트선언 의사를 밝힌 뒤 채권을 갚아달라고 요청한 것으로, 한 융자계약에서 디폴트 선언을 당하면 채권자는 다른 융자까지 일방적으로 디폴트 선언을 할 수 있는데 이를 크로스 디폴트라고 한다.

클린에너지(Clean Energy)

태양열이나 수소 에너지, 지열, 조력발전 등과 같이 환경오염물질을 발생시키지 않는 에너지를 말한다. 현재 가장 많이 사용하는 석유와 석탄 같은 에너지는 공해현상의 주범이므로 선진국들은 공해 에너지를 대체할 수 있는 클린 에너지 개발에 진력하고 있다.

텐트폴 영화(Tentpole Movie)

흥행 가능성이 높고 영화사에 수익을 보장하는 핵심적인 상업 영화를 뜻하며, 유명 감독·유명 배우, 대자본 등 흥행 공식에 맞춰 제작하여 성수기에 개봉하는 영화 등이 이에 속한다.

특허괴물(Patent Troll)

제품을 제조, 판매하지 않고 개인이나 기업으로부터 특허기술을 사들여 로열티를 챙기는 특허관리 전문회사를 말한다. 이들은 대량의 특허권을 취득한 후 그 특허권을 침해한 기업을 대상으로 사용료를 협상하거나, 소송을 제기하는 등의 행동을 통해 막대한 이익금을 얻는다.

파운드리(Foundry)

반도체 산업에서 외부 업체가 설계한 반도체 제품을 위탁 받아 생산·공급하는, 공장을 가진 전문 생산 업체를 지칭한다. 반대 개념으로, 공장이 없이 파운드리에 위탁생산만을 하는 방식을 팹리스 생산이라고 한다.

프렌드 쇼어링(Friend Shoring)

동맹국 사이에서만 공급망을 구축하는 현상이다. 우호국이나 동맹국들과 공급망을 구축하는 것으로 리쇼어링의 대안으로 주목받고 있다.

회색 코뿔소(Gray Rhino)

지속적인 경고로 충분히 예상할 수 있지만 쉽게 간과하는 위험 요인을 말한다. 코뿔소는 멀리서도 눈에 잘 띄며 진동만으로도 움직임을 느낄 수 있지만 정작 두려움 때문에 아무것도 하지 못하거나 대처 방법을 알지 못해 일부러 무시하는 것을 비유한 말이다.

K자형 회복

임금이나 교육 수준 등에 따라 경기침체에서 벗어나는 속도가 다른 형태의 경제 회복으로, 고소득·고학력 노동자와 저소득·저학력 노동자 간의 양극화 현상이 나타난다.

CHAPTER 02

필수 경제·경영 용어

■ 신용점수제

2021년 1월 1일부터 신용등급제(1 ~ 10등급)는 신용점수제(1 ~ 100점)로 개편되어 전면 실시되고 있다. 개인신용평가회사에서는 신용등급을 산정하기 않고 개인신용평점만을 산정하여 금융소비자와 금융회사에 제공한다. 이에 따라 금융권 신용 위험 관리역량을 제고하고 금융회사별 리스크 전략, 금융소비자 특성에 따라 차별화된 서비스 제공이 가능해졌다. 또한 세분화된 대출 심사 기준을 도입하여 획일적인 대출 여부에서 벗어나 저신용층의 금융접근성까지 제고되었다.

■ 골디락스(Goldilocks)

너무 뜨겁지도 차갑지도 않은 딱 적당하고 이상적인 상태로 높은 성장을 이루고 있음에도 물가가 안정된 상태를 뜻한다. 골디락스는 마케팅 전략에도 응용되는데, 고가와 저가 제품 사이에 중간 가격 제품을 진열해 소비하도록 유도하는 것이다. 실제로 소비자는 고가의 제품은 부담스럽고, 저가의 제품은 상대적으로 품질이 좋아 보이지 않아 중간 가격의 제품을 고르는 경우가 많다고 한다. 골디락스는 경제뿐만 아니라 적당한 상황, 적당한 것을 선호하는 우리의 삶을 반영한다.

■ 더 큰 바보 이론(The Greater Fool Theory)

가격 상승의 기대감을 가지고 실제보다 높은 가격으로 구매한 '바보'가 그 보다 더 비싼 값에 사갈 '더 큰 바보'가 나타날 것이라고 생각하는 현상이다.

■ 딤섬본드(Dimsum Bond)

외국계 기업이 홍콩 채권시장에서 발행하는 위안화표시채권을 말한다. 2010년 2월 중국 정부가 홍콩 금융시장 확대를 위해 외국계기업의 위안화 표시 채권을 발행을 허용함으로써 도입됐다. 외국인 투자자들은 중국정부의 엄격한 자본통제 때문에 본토에서 발행되는 위안화표시 채권은 살 수 없는 반면 '딤섬본드'는 아무런 제한 없이 투자가 가능하다. 한편, 외국계기업이 중국 본토에서 발행하는 위안화 채권은 '판다본드'라고 한다.

■ 스튜어드십 코드(Stewardship Code)

연기금과 자산운용사 등 기관투자자들이 기업의 의사결정에 개입할 수 있도록 하는 제도를 의미한다.

X-비효율(X-inefficiency)

X-비효율은 기업의 내부 비효율성을 측정하는 지표로, 경제학자 라이벤스타인(Harvey Leibenstein)이 처음으로 사용한 용어이다. 해당 기업의 유휴자원이 얼마나 있는지, 다시 말해서 자원이 얼마나 비효율적으로 사용되고 있는지를 나타낸다. 내부 비효율성으로는 주로 경영효율성을 제고하려는 인센티브가 감소했을 때 발생하는 방만한 경영이나 절차의 불필요한 복잡성 등이 있다.

가치의 역설

가치의 역설은 애덤 스미스가 제기한 것으로 물은 사용 가치가 크지만 교환 가치는 작은 반면 다이아몬드는 사용 가치가 작지만 교환 가치가 크게 나타나는 현상을 말한다. 애덤 스미스를 비롯한 당시의 경제학자들은 이와 같이 사용 가치와 교환 가치가 괴리되는 이유를 이론적으로 설명할 수 없어 역설적인 현상으로 받아들여졌다. 가치의 역설은 이 문제를 제기한 애덤 스미스의 이름을 따서 스미스의 역설이라 부르기도 한다.

소프트 랜딩(Soft Landing)

경기 성장세가 꺾이지만 급격한 둔화로까지는 이어지지 않는 것을 말한다. 원래 비행기나 우주선이 기체에 무리가 가지 않도록 착륙하거나 궤도에 진입하는 기법을 가리키는 우주항공 용어였으나, 경제 분야에서는 급격한 경기침체나 실업률 증가를 야기하지 않으면서 경기가 서서히 가라앉는 것을 일컫는다. 반면 하드랜딩은 경기 성장률이 2 ～ 3%에 불과한 선진국에서는 경기가 침체되어 갑자기 마이너스 성장을 하게 될 경우 충격이 크다는 의미에서 하드랜딩이라고 한다.

근원 개인소비지출

근원 개인소비지출은 개인소비지출(PCE)에서 가격 변동성이 커 전체적인 경제 트렌드를 왜곡할 수 있는 식료품과 에너지를 제외한 지수다. 근원 개인소비지출은 중앙은행 등의 정책 결정권자들에게 인플레이션 추세를 보이기 위해 사용된다.

개인소비지출

소비자가 최종적으로 사용하기 위해 구매한 모든 상품과 서비스의 총액으로, PCE가 증가하면 소득이 증가하고 소비자 신뢰도도 증가했음을 나타낸다.

잠재 산출량

한 나라의 경제에서 이용가능한 노동·자본·토지(생산요소)와 생산기술을 결합해 만들 수 있는 재화와 서비스의 최대 산출량을 의미한다. 경제의 실제 산출량은 잠재 산출량보다 클 수도, 작을 수도 있다.

중립금리

금리가 낮으면 소비·투자의 증가로 물가가 오른다. 금리가 높으면 물가가 내린다. 물가에 영향을 미치지 않는 금리를 다른 금리들의 높고 낮음을 따지는 기준으로 삼아 (물가에 대한) 중립금리라고 한다. 금융시장에서 자금의 수요(기업) - 공급(가계)이 일치하는 지점에서 결정된다.

감성 판매 제안(ESP, Emotional Selling Propostition)

소비자와 브랜드 사이에 자부심이나 유머, 혹은 욕망 같은 감정적인 연결을 통해 소비자에게 제품 구입을 촉진하는 마케팅 전략을 말한다. 기업들이 모든 제품을 기능적으로 독특하게 만들지는 못하기 때문에, 1960년대에 필립 코틀러(Philip kotler) 교수는 기업들이 고유 판매 제안(Unique Selling Point)보다는 감성 판매 제안(Emotional selling Proposition)에 초점을 맞추게 된다고 주장하였다. 예를 들면, 제품의 기능면에서는 나이키와 아디다스의 운동화는 별 차이가 없지만, 뛰어난 마케팅 활동과 브랜드 파워에 영향을 받은 소비자는 감성적 측면에서 나이키 운동화가 더 나은 제품이라는 인식을 갖게 한다.

개발원조위원회(DAC)

경제협력개발기구(OECD) 산하 위원회의 하나로, 개발도상국 등에 대한 대외원조를 지원하기 위해 원조 공여국들이 설립한 조직이다. 한국은 1996년 OECD에 가입한 지 13년 만인 2010년 1월 1일에 DAC의 24번째 회원국이 되어 활동하고 있다. 한국은 1961년 OECD 출범 이후 원조 수혜국에서 원조 공여국으로 지위가 바뀐 첫 번째 사례이기도 하다.

개방형 혁신(Open Innovation)

미국 버클리대학의 헨리 체스브로(Henry Chesbrough) 교수가 2003년 그의 저서〈Open Innovation: The New Imperative for Creating and Profiting from Technology〉에서 소개한 개념으로서 기업이 지적 재산을 자사 내부의 연구소등에서 독자적으로 창출하는 방식을 '폐쇄형 혁신'이라고 부른다. 이에 반해 '개방형 혁신'은 내부에서 뿐만 아니라 외부에서 창출된 혁신을 도입하여 신제품이나 서비스를 제공하는 것을 의미한다. 때로는 고객이 제품 개발 과정에 참여하기도 하고 외부의 기업들과 제휴를 통하여 신기술을 도입하기도 한다.

게릴라 마케팅(Guerrilla Marketing)

군사의 게릴라 전술이 마케팅 전략에 응용된 것을 말한다. 게릴라(guerrilla)는 스페인어로 "소규모 전투"를 의미하나 "비정규전"을 의미하는 것으로 그 의미가 확대되었다. 19세기 프랑스의 나폴레옹의 스페인 침략시 여기에 맞서 싸웠던 스페인의 소규모의 비정규 유격대를 의미하였다. 즉 마케팅의 기존 정석을 다르는 것이 아니라, 장소와 시간에 구애받지 않고 표적고객(target customer)이 많이 모이는 장소에 예고 없이 나타나 자사의 상품이나 서비스를 알리는 마케팅 방법을 의미한다.

게임체인저(Game Changer)

경영 측면에서는 기존 시장에 엄청난 변화를 야기할 정도의 혁신적 아이디어를 가진 사람이나 기업을 가리키는 용어로, 애플의 창업자 스티브 잡스, 페이스북의 창업자 마크 저커버그, 구글의 창업자 래리 페이지 등이 이에 해당한다.

경로 의존성(Path Dependence)

경로 의존성은 과거의 역사나 우연에 의해 정해진 특정 경로에 한 번 의존하기 시작하면 이후에 사회경제적, 기술적 환경이 변화하여 그 경로가 비효율적임을 알게 되더라도 계속 그 경로에 의존하게 되는 경향성이다. 어떤 물체가 자신의 운동상태를 그대로 유지하려는 관성의 법칙과 맥락을 같이 한다. 경로 의존성의 재화 또는 산업 측면에서의 예로는 쿼티의 역설(QWERTY's Paradox)을 들 수 있다.

경제적 이윤(Economic Profit)

경제적 이윤은 기업의 총수입에서 기회비용(Opportunity Cost)을 뺀 나머지를 의미한다. 기회비용은 명시적 비용(Explicit Cost)은 물론 암묵적 비용(Implicit Cost)을 포함한다는 점에서 회계비용과 다르다.

고객행동 시나리오(Customer Behaviour Scenario)

고객 행동 시나리오(customer behaviour scenario)란 시장 금리 및 기타 요인의 변화에 따라 발생할 수 있는 고객들의 행동 들에 관한 시나리오들을 의미한다. 예를 들면, 조기 상환, 중도해지 및 요규불 예금 잔액 변동 등이다. 이들은 금리 리스크의 원천으로 금융기관의 현금흐름을 산출하는데 반영되어야 한다.

고유 판매 제안(USP, Unique Selling Proposition)

소비자에게 경쟁사가 제공하지 않거나 못하는 무언가 특징적인 것을 제공함으로써 기업이 자사 제품을 경쟁사 제품과 차별화하는 마케팅 전략을 말한다. 1940년대 미국 광고전문가 로저 리브스(Rosser Reeves)가 제품이 더 비싼 가격에 경쟁사 제품보다 더 잘 팔리도록 만드는 획기적인 차별화 전략의 핵심을 표현하기 위해 만든 개념이다. 실체가 있는 제품이나 서비스의 고유 판매제안은 개발하기도 어렵고 똑같이 따라 하기도 어렵다.

공유경제(Sharing Economy)

개인 소유를 기본 개념으로 하는 전통 경제와 대비되는 개념으로 집이나 자동차 등 자산은 물론 지식이나 경험을 공유하며 합리적 소비·새로운 가치 창출을 구현하는 신개념 경제. 공유경제는 소유자들이 많이 이용하지 않는 물건으로부터 수익을 창출할 수 있으며, 대여하는 사람은 물건을 직접 구매하거나 전통적인 서비스업체를 이용할 때보다 적은 비용으로 서비스를 이용할 수 있다는 장점이 있다.

공유지의 비극(The Tragedy of the Commons)

미국 UCSB 생물학과 교수인 개럿 하딘(Garrett Hardin)에 의해 만들어진 개념으로, 1968년 12월 13일자 사이언스(Science)지에 실렸던 논문의 제목이기도 하다. 주인이 없는 공동 방목장에선 농부들이 경쟁적으로 더 많은 소를 끌고 풀을 뜯게하는 것이 이득이므로 그 결과 방목장은 곧 황폐화되고 만다는 걸 경고하는 개념이다. 실제로 산업혁명시대에 일어났던 일을 기반으로 작성한 것이다. 지하자원, 초원, 공기, 호수의 물고기 같은 공동체 모두가 사용해야 할 자원들을 시장의 기능에만 맡겨 두면, 현재 세대가 남용하여 자원이 고갈될 위험이 있는 것이다. 예를 들어 국가가 특정 산, 바다 및 호수들을 국립공원으로 지정하여 관리하는 것은 공유지의 비극을 피하기 위함이다.

구축효과(Crowd out Effect)

정부지출 증가 때문에 민간부문의 투자나 소비가 감소하는 현상. 정부가 경기 부양을 위해 세금을 걷지 않고 지출을 늘리려면 국채를 발행해서 돈을 빌려야 하는데, 그럴 경우 민간에서 빌릴 수 있는 자금이 줄어들어 이자율이 상승하고 민간의 투자와 소비가 감소한다. 결국 투자와 소비의 감소로 인해 민간부문에서 창출될 생산증가가 감소하여 정부의 재정지출로 인한 생산증가를 상쇄하게 되는 현상이 나타난다. 경제가 불황일 때에는 민간의 투자수요가 적기 때문에 구축효과가 크지 않을 수 있지만, 경제가 정상이거나 활황일수록 구축효과는 더 뚜렷하게 나타날 수 있다.

그레이 스완(Gray Swan)

자주 그리고 빈번하게 발생하는 대형 악재. 검은 백조(Black Swan)에서 파생됐다. 검은 백조는 발생할 확률이 매우 적지만 한 번 발생하면 시장에 큰 충격을 주는 사건을 지칭한다. 그런데 2008년 금융위기 이후 대형 악재가 빈번하게 발생하면서 이런 현상을 지칭하는 개념으로 이 단어가 사용되기 시작하였다.

그로스 해킹(Growth hacking)

성장(Growth)과 해킹(Hacking)의 합성어로서 한정된 예산 하에 빠른 성장을 해야하는 스타트업들에게 효과적인 마케팅 기법을 뜻한다. 온라인 마케팅의 한 종류로, 창의성, 분석적인 사고, SNS 등을 활용하여 높은 성장세를 이끌어내는 마케팅 기법으로, Adrew Chen은 Growth Hacker를 전통적인 marketer와 coder의 혼합체로 보았다. 미국의 실리콘밸리에서 유행한 단어이기도 하다.

그린 보틀(Green Bottle) 구조

그린 보틀(Green Bottle) 구조란 신용파생 상품 구조의 일종인 신용바스켓 스왑의 한 구조이다. 기초자산에서 부도가 발생 시 해당 손실의 일정 부분을 부담하고 스왑계약상의 거래는 계속하는 방식이다.

가격파괴(Price Destruction)

유통업체들이 고객확보를 위해 경쟁적으로 가격을 인하함으로써 기존의 가격체계가 무너지는 현상을 말한다. 1994년 E마트와 프라이스클럽 오픈을 계기로 국내에 본격 소개되었다. 이러한 할인업태의 돌풍은 소비생활의 합리화와 자동차 대중화로 주말쇼핑문화가 확산되면서 선풍적 인기를 끌었으며, 주요 백화점들도 식품매장의 일부를 가격파괴매장으로 전환하였다.

화이트 라벨링(White Labeling)

주로 제조업에서 사용되는 용어이나, 증권사 · 은행 등 금융권에서는 해외 우수 금융상품을 발굴해, 국내 운용사 브랜드를 이용해 상품화하는 금융상품을 의미한다. 예를 들어 해외에서 우수한 성과를 내는 펀드를 발굴해 특정 펀드를 운용하는 운용사와 제휴하여 위탁운용하거나 국내에 재간접펀드로 판매하는 방식이다.

뉴 뉴트럴(New Neutral)

2008년 글로벌 금융위기 이후 저성장, 저수익 시대보다 더 실질적 성장이 이뤄지지 않는 상황을 말한다.

노 랜딩(No Landing)

2023년 미국의 1월 실업률은 3.4%로 1969년 5월 이후 54년 만의 최저치를 기록했다. 기술기업을 중심으로 한 해고가 이어지는 와중에도 미국의 일자리는 충분했다. 이처럼 미국의 노동시장과 미국 GDP의 70%를 차지하는 소비가 견고하다는 부분에서 경제학자들 사이에서는 노 랜딩의 기대가 퍼졌다.

디스인플레이션(Disinflation)

인플레이션에 의해 통화가 팽창하여 물가가 상승할 때 이를 통제하기 위해 시행하는 경제조정정책을 말한다. 디스인플레이션은 상승한 물가를 원래 수준으로 인하시키는 것이 아니라 현재 수준으로 유지하는 것을 목표로 한다. 물가를 인하하게 될 경우 생산수준이 저하되면서 실업이 증가하기 때문이다. 최근에는 '저물가가 장시간 지속되는 상태'를 의미하기도 한다.

디프레션(Depression)

경기후퇴를 일컫는 리세션보다 경제 활동이 일반적으로 침체되는 상태다. 물가와 임금이 하락하고 생산이 위축되며 실업이 늘어난다. 즉, 리세션은 경기가 정점을 찍은 뒤 둔화되는 과정이라면 디프레션은 경기가 침체된 상태 자체를 의미한다. 또한 디프레션은 경기가 침체된 불황이라는 점에서 지속적으로 물가가 하락하는 디플레이션과 다르다.

지하경제(地下經濟)

신고 되지 않은 재화나 용역의 합법적 생산, 불법적인 재화나 용역의 생산, 은폐된 현물소득 등의 세 가지로 구분된다. OECD의 개념규정에서는 강도 등 범죄에 의한 비생산적 불법 활동은 지하경제에 포함시키지 않지만, 실제로 대부분의 연구에서는 비생산적 불법 활동의 자료를 이용해 지하경제의 규모를 추정하고 있다.

린 스타트업(Lean Startup)

아이디어를 빠르게 최소요건제품(시제품)으로 제조한 뒤 시장의 반응을 통해 다음 제품 개선에 반영하는 전략이다. 단기간에 제품을 만들고 성과를 측정한 후, 다음 제품 개선에 반영하는 것을 반복하여 성공 확률을 높이는 경영 방법의 일종이다. 시제품을 제조하여 시장에 내놓고 반응을 살피며 수정하는 것이 핵심이다. 일본 도요타자동차의 린 제조방식을 본 뜬 것으로, 미국 실리콘밸리의 벤처기업가 에릭 리스가 개발했다. 린 스타트업은 만들기 → 측정 → 학습의 과정을 반복하면서 꾸준히 혁신해가는 것을 목표로 한다.

덤머니(Dumb Money)

금융 시장에 대한 전문성이 높은 기관투자자나 규모가 큰 개인투자자의 자금을 지칭하는 스마트머니와 반대되는 자금으로, 상대적으로 전문성이 결여된 개인투자자의 자금을 일컫는다.

가교은행(架橋銀行)

청산 대상 금융기관의 자산과 부채를 임시로 넘겨받아 예금 및 출금 등의 업무를 대행하고 합병, 채권채무 관계 조정 등 후속조치를 수행하는 은행을 말한다. 금융기관이 파산한 경우 예금보험제도는 청산, 매각, 자산부채승계, 가교은행을 통한 인수 등의 수단을 통해 부실 금융기관을 처리한다. 이 중 가교은행을 통한 인수방식은 파산은행의 처리에 상당한 시간이 소요될 것으로 예상할 경우 사용되며 새로운 은행을 설립하여 자산, 부채를 포괄 승계하도록 하고, 인수 희망자를 물색하는 등의 조치를 취하게 된다.

가산금리(Spread)

채권이나 대출금리를 정할 때 기준금리에 덧붙이는 위험가중금리로 채권시장에 있어서 기준금리와 실제 시장금리와의 차이를 말한다. 가산금리는 융자를 원하는 기관의 신용도에 따라 정해지는 벌칙성 금리에 해당하기 때문에 돈을 빌리는 기관의 신용도가 높을수록 가산금리가 적게 붙고, 신용도가 나쁠수록 가산금리가 높다. 가산금리의 단위로는 BP(Basis Point)를 사용한다.

가업상속(Inheritance)

중소기업으로서 피상속인이 10년 이상 계속하여 경영한 기업의 상속을 말한다. 가업이라 함은 중소기업을 영위하는 법인의 최대주주 또는 최대출자자인 경우로서 그와 특수관계에 있는 자의 주식 등을 합하여 해당 법인의 발행주식총수 또는 출자총액의 50% 이상을 보유하고 있는 경우도 포함한다. 공제는 가업상속재산가액의 40%에 상당하는 금액(단, 그 금액이 60억 원을 초과하는 경우에는 60억 원을 한도로 하며, 피상속인이 15년 이상 계속하여 경영한 경우에는 80억 원, 피상속인이 20년 이상 계속하여 경영한 경우에는 100억 원을 한도로 함)이나 2억 원(단, 해당 가업상속재산가액이 2억 원에 미달하는 경우에는 그 가업상속재산가액에 상당하는 금액) 중 큰 금액으로 한다.

가젤형 기업(Gazelles Company)

상시 근로자 10인 이상이면서 매출이나 순고용이 3년 연속 평균 20% 이상인 기업으로, 빠른 성장과 높은 순고용 증가율이 가젤(빨리 달리면서도 점프력도 좋은 영양류의 일종)과 닮았다는 데서 이름이 유래됐다. 자생적 성장을 이룬 기업을 지칭하므로 인수합병은 제외된다. 특히 가젤형 기업 중에서도 매출 1,000억 원 이상의 기업은 슈퍼 가젤형 기업이라고 한다. 가젤형 기업은 규모가 작아 눈에 띄지 않지만, 틈새시장을 집요하게 파고들어 세계 최강자 자리에 오른 히든 챔피언과는 차이가 있다. 히든 챔피언이 매출 시장에 비중을 더 두는 데 비해 가젤형 기업은 안정적인 일자리 창출에 중추적인 역할을 하고 있기 때문이다.

의제상속재산(擬制相續財産)

상속재산은 아니라 하더라도 상속이나 유증 또는 사인증여에 의하여 취득한 재산과 유사한 경제적 이익이 발생되는 경우에는 실질적으로는 상속재산으로 본다는 것으로 의제상속재산이라고도 한다. 의제상속재산에는 피상속인의 사망으로 인해 지급받는 보험금 중 피상속인이 계약자이거나 보험료를 지불한 보험금, 신탁자가 피상속인 자산 또는 타인 여부와는 상관없이 피상속인이 신탁한 재산의 수익자로서 받게 되는 재산, 피상속인에게 지급될 퇴직금이 포함된다.

감리포스트(監理Post)

증권거래소에서 불공정하게 거래되고 있는 종목을 별도로 모아서 특별한 감시 아래 매매시키는 거래장소를 말한다. 감리포스트로 지정되면 가격등락폭이 줄어들어 신용융자를 받지 못한다.

감가상각비(Depreciation)

토지를 제외한 건물·비품 등의 고정자산은 시간의 경과와 사용의 정도에 따라서 그 가치가 점차 감소해간다. 이 가치감소를 결산시에 일괄계산하여 손실과 함께 해당 고정자산의 이월액에서 감액시켜야 하는데, 이 절차를 감가상각이라 하고 그 감가액을 감가상각비라 한다.

$$감가상각비(연간) = \frac{취득원가(C) - 잔존가격(S)}{내용연수(N)}$$

감독자협의회(Insurance Supervisors)

다국적 금융기관들에 대한 효과적인 규제·감독을 위하여 다국적 금융기관의 본점이 소재한 국가의 감독 당국과 동 기관의 지점 또는 자회사가 소재한 진출국의 감독 당국들로 구성된 정보공유 및 감독협력 협의체를 의미한다. 금융기관의 영업활동이 전 세계적으로 이루어지고 있는데 반해 규제·감독이 금융기관의 국적 또는 지역기반을 중심으로 이루어지고 있는 한계를 극복하기 위하여 설립되었다.

개인워크아웃(Individual Workout)

개인신용회복지원제도로, 사회적으로 증가하는 신용불량자를 구원하는 제도로 2002년 10월에 도입되었다. 개인이나 개인사업자가 과다한 채무로 인해 최저생계비 이상의 소득이 있음에도 불구하고 상환을 할 수 없어 신용불량자로 등재된 경우, 신용회복지원위원회에 개인워크아웃을 신청하면 금융기관의 채무를 신용회복위원회가 일부 조정하여 줌으로써 경제적으로 다시 일어설 수 있도록 도와주는 제도다.

결제부족자금 공동 분담제(Loss Sharing)

참가기관의 결제불이행에 따른 미결제채무를 여타 참가기관들이 공동 분담함으로써 결제의 종료성을 확보하는 방안이다. 이는 특정기관의 결제불이행이 연쇄적으로 여타 기관의 결제불이행을 유발함으로써 발생할 수 있는 전체 지급결제시스템의 붕괴와 금융혼란을 방지하기 위한 것이다. 미결제채무의 분담기준으로는 참가기관의 규모, 시스템 이용실적, 참가기관의 신용한도액 등을 사용한다. 일반적으로 신용한도와 동시에 운용될 때는 각 참가기관이 결제불이행 기관에 제공한 신용한도를 손실분담기준으로 사용하게 되며 이 경우 각 참가기관은 보다 신중하게 상대신용한도를 설정하게 되는 등 참가기관들에 대하여 리스크 감축을 위한 동기를 부여하는 효과를 기대할 수 있다. 결제부족자금 공동분담은 결제불이행 기관의 사전담보로 결제이행재원을 조달하는 채무불이행자 부담과 달리 생존기관이 결제이행 재원을 분담한다는 점에서 생존자 분담 방식이라고도 한다.

경상이익(Ordinary Profit)

영업이익(영업수익 − 영업비용)에다 영업외수익을 더하고 영업외비용을 뺀 것이다. 이 이익은 기업회계원칙에서 당기순이익이라고 부르는 것에 해당한다.

결제완결성(Settlement Finality)

지급결제시스템을 통해 이루어진 참가기관의 지급, 청산, 결제가 어떠한 상황이나 법률에 의해서도 취소되거나 무효화되지 않고 해당 지급결제시스템의 운영 규칙에 따라 무조건적으로 이루어지는 것을 의미한다. 결제완결성이 보장되지 않을 경우 지급결제시스템을 통해 완료된 금융기관의 지급, 청산, 결제 행위가 사후적으로 무효화될 수 있어 금융시스템에 큰 혼란을 초래할 수 있다.

경기동향지수(景氣動向指數)

경기종합지수와는 달리 경기변동의 진폭이나 속도는 측정하지 않고 변화방향만을 파악하는 것으로서 경기의 국면 및 전환점을 식별하기 위한 지표로서 경기확산지수라고도 한다. 경기동향지수는 경기변동이 경제의 특정부문으로부터 전체 경제로 확산, 파급되는 과정을 경제 부문을 대표하는 각 지표들을 통하여 파악하기 위한 지표이다.

경기종합지수(景氣綜合指數)

산업생산지수·소매판매액지수 등 개별 경제지표들은 경제활동의 한 측면만을 반영하고 있어 나라 경제의 전반적인 상황을 종합적으로 파악하기 어렵다. 이에 따라 개별 경제지표들을 가공·합성하여 경기종합지수를 작성하여 활용하고 있다. 경기종합지수는 각 부문별로 경기를 잘 나타내는 경제지표들을 선정한 다음 계절 및 불규칙 요인의 제거, 진폭의 표준화 등의 가공 과정을 거친 후 합산하여 하나의 지수로 만든 것이다. 경기종합지수는 지수의 변동 방향으로 경기변동의 방향을 가늠할 수 있고, 지수의 변동 폭으로 경기변동의 크기를 알 수 있기 때문에 경기흐름을 종합적으로 판단하는 데 매우 유용하다.

경영자혁명(Managerial Revolution)

오늘날 기업의 지배적 지위는, 기업의 소유자(자본가)가 아닌 경영자가 경영의 실권을 잡는 경영자사회로 되어가고 있다는 것을 뜻한다. 미국의 철학자이며, 사회평론가인 번햄(J. Burnham)이 '경영자 혁명시대'라고 주장한 데서 나온 말로, 이는 주식분산화에 의거한 현상이다.

경제후생지표(經濟厚生指標)

복지지표로서 한계성을 갖는 국민총소득을 보완하기 위해 미국의 노드하우스(W. Nordhaus)와 토빈(J. Tobin)이 제안한 새로운 지표를 말한다.

공개매수제도(Take over bid)

특정회사의 경영권을 얻기 위한 목적으로 사전에 매입기간과 주식 수 등을 일반에게 공개하고 증권시장 밖에서 불특정 다수인을 대상으로 공개적으로 주식을 매수하는 것을 말한다.

공개시장운영(Open Market Operation)

중앙은행이 금융시장에서 금융기관을 상대로 국공채 등 증권을 매매하여 시중유동성이나 시장금리 수준에 영향을 미치는 통화정책수단이다. 공개시장운영은 다른 통화정책수단(지급준비제도, 여수신제도 등)에 비해 시기와 규모를 신축적으로 정할 수 있고 금융시장의 가격메커니즘에 따라 이루어지므로 시장친화적인 데다 즉각적인 매매거래만으로 신속하게 정책을 시행할 수 있다는 장점이 있어 대부분의 선진국 중앙은행들은 공개시장운영을 주된 통화정책수단으로 사용하고 있다. 우리나라의 경우 한국은행은 공개시장운영을 통해 금융기관의 지급준비금 보유 규모를 변동시킴으로써 콜금리가 기준금리에서 크게 벗어나지 않도록 조정한다.

공매도(Short Selling)

없는 것을 판다는 의미로 주식시장에서는 투자자가 주식을 보유하지 않은 상태에서 주가 하락을 예상하고 금융기관으로부터 주식을 빌려 먼저 매도한 후, 주가가 하락하면 시장에서 주식을 매입하여 되갚은 후 차익을 얻는 투자를 말한다.

관리변동환율제도(Managed Floating Exchange Rate System)

환율이 장기적으로 외환시장의 수급상황에 따라 결정되도록 하지만, 단기적으로 정부와 중앙은행이 적정하다고 판단하는 수준에서 환율을 안정시키기 위해 수시로 외환시장에 개입하여 환율수준을 관리하는 환율제도이다. 고정환율제도와 자유변동환율제도의 장점을 살린 중간 형태라 할 수 있다. 환율을 완전히 시장 자율에 맡기게 되면 환투기 차익 등을 노린 단기자본의 급격한 유출입으로 인해 환율과 외환시장이 불안정해질 수 있는바, 이러한 위험을 감소시키는데 그 목적이 있다.

구속성 예금(束性預金)

금융기관이 차주에 대한 여신과 연계하여 대출금액의 일부를 차주의 의사에 반하여 예·적금 등으로 수취하거나 정당한 사유 없이 차주의 예·적금 인출 및 해약을 제한하는 행위를 말한다.

국외순수취요소소득(國外純受取要所所得)

한 나라의 국민이 국외에서 노동, 자본 등의 생산요소를 제공한 대가로 받은 국외수취요소소득에서 국내의 외국인이 생산 활동에 참여함으로써 발생한 국외지급요소소득을 차감한 것으로 국외순수취 기업 및 재산소득과 피용자보수를 더하여 구한다. 즉, 국외순수취요소소득은 국내에서의 모든 경제주체가 생산 활동에 참여한 결과 발생한 국내총생산과 한 나라의 국민이 생산 활동에 참여한 결과인 국민총소득의 차이를 의미한다.

국고수표(國庫手票)

국고금의 기본지급수단으로서 모든 국고금은 원칙적으로 지출관 또는 출납공무원이 발행하는 국고수표에 의해 지급된다. 국고수표의 종류에는 기명식과 소지인출급식의 2종류가 있는데 국고금 지급에 사용된다는 점과 제시기간이 1년이라는 점 외에는 일반적인 수표와 법적권리 및 의무가 동일하다.

국부펀드(Sovereign Fund)

투자수익을 목적으로 다양한 종류의 국내외 자산에 투자·운용하는 국가보유투자기금을 말한다. 국부펀드는 운용목적이나 투자자산 선택 등에서 사모펀드, 연기금 등과 유사한 면이 있으나 소유권이 민간이 아니라 국가에 있다는 점에서 근본적인 차이가 있다. 국부펀드의 종류는 재원을 조달하는 방법에 따라 상품펀드와 비상품펀드로 나누어진다.

🔹 국외순수취경상이전(國外純受取經常移轉)

거주자와 비거주자 간에 반대급부 없이 일어나는 이전거래로 국외수취경상이전에서 국외지급경상이전을 차감하여 구하며 거래주체에 따라 민간이전과 공공이전으로 구분할 수 있다. 따라서 국외수취 경상이전은 민간이전수입과 공공이전수입으로 나눌 수 있는데 민간 이전수입은 국외근로자 및 교포 등의 국내송금 등이 포함되며 공공 이전수입에는 조세 및 공과, 군사 및 기술원조금 등이 포함된다.

🔹 그레이 스완(Gray Swan)

예측 가능하고 이미 알려져 있지만 마땅한 해결책이 없는 리스크가 항상 존재하는 시장상태이다. 그레이 스완은 지속적으로 경제에 악영향을 끼쳐 주가 등 주요 경제지표 움직임을 제한하는 요인으로 작용한다.

🔹 그린 메일(Green Mail)

기업사냥꾼(Green Mailer)이 대주주에게 주식을 팔기 위해 보낸 편지를 말한다. 기업사냥꾼들이 상장기업의 주식을 대량 매입한 뒤 경영진을 위협해 적대적 M&A를 포기하는 대가로 자신들이 확보한 주식을 시가보다 훨씬 높은 값에 되사들이도록 강요하는 행위이다.

🔹 그린 플랜(Green Plan)

사회활동 할 수 있는 나이이나 기업의 정년 규정에 따라 직장을 그만두는 데서 오는 개인적·사회적 손실을 줄이고 새로운 생활에 적응할 수 있도록 하기 위해서 회사가 교육을 지원하는 프로그램을 말한다.

🔹 그린 IT(Green IT)

지구 환경을 보호하는 차원에서 친환경적인 성격을 갖는 IT 기기 및 IT 기술을 말하며, 초기에는 저전력 설계, 재활용성을 높인 IT 제품들을 지칭하였으나 현재는 자연 공해나 산업화에 따른 생태계 오염을 IT기술로 예방한다는 의미 또한 내포하고 있다. 기존의 IT가 경제력 활성화에 그 목적을 두고 있다면 그린 IT는 인류, 지구, 그리고 수익에 그 목적을 두고 있다.

🔹 금융소외(Financial Exclusion)

정상적인 제도권 금융기관의 금융서비스 및 금융상품에 접근할 수 없거나 이용할 수 없는 것을 말한다. 1980년 이후 금융기관의 수익성이 강화되면서 수익이 발생할 것으로 기대되지 않는 계층에 대한 금융소외 문제가 대두되었다. 넓은 의미의 금융소외는 지리적·신체적·비용적 배제를 의미하며 좁은 의미의 금융소외는 저신용 및 저소득층의 금융서비스 제한을 말한다.

기대인플레이션(Expected Inflation)

물가가 상승하는 인플레이션이 장기간 지속될 경우 앞으로도 물가가 계속 상승할 것이라는 예상을 하게 된다. 이처럼 경제주체들이 예상하는 미래의 인플레이션을 기대인플레이션이라고 한다. 기대인플레이션은 경제주체들의 의사결정에 영향을 미친다.

기업회계기준(企業會計基準)

한 국가의 회계이론을 종합적으로 집약하여 체계화한 것으로, 기업회계실무를 지도하는 원리 및 지침이 되고 있다. 이것은 경영자의 판단을 올바르게 유도하고, 회계관습의 적용을 정당하게 하기 위하여 설정되었다. 따라서 회계목적이나 회계처리상 지표가 됨과 동시에 회계를 처리함에 있어 준수해야 할 기준이 된다. 여기에는 일반기업의 지표가 되는 기업회계원칙과 상장법인에 적용되는 상장법인 등의 회계처리에 관한 규정이 있었으나, 기업회계기준으로 일원화되었다.

네거티브 시스템(Negative System)

수출입을 자유화하고 예외적으로 수출입을 제한하여 금지하는 품목만을 규정하는 무역제도이다. 금지하는 품목을 네거티브 리스트(Negative List)라 한다. 이 제도의 목적은 무역자유화의 폭을 넓히고 국내산업의 체질을 개선하며 일반인의 소비생활을 향상시키는 데 있다.

대차평균(貸借平均)의 원리

거래가 발생하면 거래의 이중성에 의하여 반드시 어떤 계정의 차변과 또 다른 계정의 대변에 동액이 기록된다. 따라서 총계정원장에서 모든 계정의 차변의 총계는 반드시 대변의 총계와 일치한다는 원리이다.

다국적 기업(Multinational Corporation)

국적을 초월한 범세계적인 기업으로 세계기업(World Enterprise)이라고도 한다. 일반적으로 수 개국에 걸쳐 영업 내지 제조거점을 가지고 국가적ㆍ정치적 경계에 구애받지 않고 세계적인 범위와 규모로 영업을 하는 기업이다. 국내활동과 해외활동의 구별이 없으며 이익획득을 위한 장소와 기회만 있으면 어디로든지 진출한다. 각 지점은 모두 독립적인 이익관리단위로서의 성격을 가지며, 이익은 각 거점의 경영충실화를 위해 재투자되는 것이 원칙이다.

다운사이징(Downsizing)

감량경영을 의미한다. 기구축소 또는 감원, 원가절감이 목표이기는 하지만 원가절감과는 개념이 다르다. 단기적 비용절약이 아니라 장기적인 경영전략이다. 특징은 수익성이 없거나 비생산적인 부서 또는 지점을 축소ㆍ제거하는 것, 기구를 단순화하여 관료주의적 경영체제를 지양하고 의사소통을 원활히 하여 신속한 의사결정을 도모하는 것 등이다.

단자회사(Short Term Investment Finance Company)

8·3조치 이후 단기자금의 공급을 제도화할 목적으로 법률에 의하여 설립된 단기금융회사로, 제2금융이라 한다. 시중의 3개월 이내의 단기유혹자금을 고금리로 흡수하여 국내 기업체에 기업자금으로 공급해 준다. 주요 업무는 3개월 내의 단기융자, 어음할인·매매·인수 및 보증 등으로 은행과 유사한 업무를 한다.

당기업적주의(Current Operating Performance Concept)

기업의 정상적인 경상거래의 결과로써 당기순이익을 확정하기 위한 손익계산의 방법으로, 비정상적 손익 또는 전기손익의 수정은 손익계정을 통하지 않고 직접 이익잉여금에 가감계산하는 주의를 말한다.

디팩토 스탠더드(De Facto Standard)

어떤 제품이나 물질이 최초로 개발되거나 발견되면 그것이 곧 모든 네트워크에 파급되어 사실상의 표준을 이룬다는 것을 뜻한다. 표준화라고도 하며, 디지털화·정보화·통신의 글로벌화가 진행될수록 표준화의 중요성은 급속도로 부각되고 있다. 이러한 디팩토 스탠더드의 특징은 무엇보다 기술력의 차이는 별 의미가 없으며, 시장을 선점이 중요한 요소로 작용한다는 것이다.

독약계약(Poison Pill Plan)

가장 강력하고 적극적인 기업인수·합병(M&A) 방어수단이다. 주주에게 보통주로 전환할 수 있는 우선주나 특정 권리를 행사할 수 있는 증서를 무상으로 배부, 일정 조건을 만족시키는 상황이 발생하면 비싼 가격에 주식을 회사에 되파는 식으로 권리를 부여한다.

디레버리지(Deleverage)

레버리지(Leverage)는 '지렛대'라는 의미로 금융권에서는 차입의 의미로 사용된다. 디레버리지는 레버리지의 반대어로 상환의 의미를 가진다. 경기가 좋을 때에는 빚을 지렛대 삼아 투자수익률을 극대화하는 레버리지가 효과적이지만, 최근 금융위기로 자산가치가 폭락하자 빚을 상환하는 디레버리지가 급선무가 되었다. 다만 2012년 하반기 이후 디레버리지 속도가 다소 둔화되었다.

라인(Line)·스탭(Staff)

라인은 구매·제조·판매부문과 같이 경영활동을 직접적으로 집행하는 조직이며, 스탭은 인사·경리·총무·기술·관리부문과 같이 라인활동을 촉진하는 역할을 하는 조직이다. 기업규모가 작을 때에는 라인만으로도 충분하지만 규모가 확대됨에 따라 직능이 분화되어 스탭을 두게 된다.

레버리지 효과(Leverage Effect)

차입금 등 타인자본을 지렛대로 삼아 자기자본이익률을 높이는 것으로, 지렛대 효과라고도 한다. 차입금 등의 금리 코스트보다 높은 수익률이 기대될 때에는 타인자본을 적극적으로 활용해서 투자하는 것이 유리하나, 과도하게 타인자본을 도입하면 불황 시에 금리부담 등으로 저항력이 약해진다.

레이더스(Raiders)

기업약탈자 또는 사냥꾼을 뜻한다. 자신이 매입한 주식을 배경으로 회사경영에 압력을 넣어 기존 경영진을 교란시키고 매입주식을 비싼 값에 되파는 등 부당이득을 취하는 집단이다. 즉 여러 기업을 대상으로 적대적 M&A를 되풀이하는 경우를 말한다.

로빈후드세(Robin Hood Tax)

저소득층을 지원하기 위한 목적으로 고수익을 올리는 기업 또는 개인에게 부과하는 세금이다. 탐욕스런 귀족이나 성직자, 관리들의 재산을 빼앗아 가난한 이들에게 나누어준 로빈후드처럼 막대한 소득을 올리는 금융기관 등의 기업과 고소득자에게 부과하여 빈민들을 지원하는 데 쓰는 세금을 로빈후드세라고 부른다.

리스트럭처링(Restructuring)

사업재구축으로, 발전가능성이 있는 방향으로 사업구조를 바꾸거나 비교우위가 있는 사업에 투자재원을 집중적으로 투입하는 경영전략을 말한다. 사양사업에서 고부가가치의 유망사업으로 조직 구조를 전환하므로 불경기 극복에 효과적이며, 채산성(採算性)이 낮은 사업은 과감히 철수·매각하여 광범위해진 사업영역을 축소시키므로 재무상태도 호전시킬 수 있다.

리쇼어링(Reshoring)

외국의 저임금 등으로 외국으로 생산 시설을 진출했던 제조업 기업들이 속속 국내로 돌아오는 현상을 말한다. 리쇼어링을 택하는 원인은 인건비 효과가 떨어지는 것이 가장 큰 원인이다. 세수 확대와 인프라 투자의 선순환을 가져와 자국의 경제를 활성화하는 긍정적인 효과가 있어 침체된 경기를 살리기 위해 독려한다.

로스 리더(Loss Leader)

각 유통업체들이 더 많은 손님을 끌어 모아 매출을 신장하기 위해 원가이하의 가격을 붙여 한정된 기간에 판매하는 상품을 말한다. 보통 손님을 끌어 들이기 위한 미끼상품, 특매품, 유인상품, 특매상품 등으로 불린다. 대형마트, 백화점 등에서 벌이는 할인 행사에서 그 사례를 찾아볼 수 있다. 원가 이하의 저렴한 가격으로 상품을 판매하는 것은 손해로 보일 수도 있지만, 실상은 파격적인 가격의 광고를 보고 소비자는 로스 리더 상품만 사지 않고 자연스럽게 다른 상품도 구매를 하기 때문에 대규모 유통업체에서는 이를 로스 리더 전략을 자주 사용한다. 로스 리더 상품은 고객을 끌어들이는데 가장 쉽고 신속하면서 효과가 극대적인 상품이 선정된다. 즉 브랜드 인지도가 높으면서 시장 점유율이 높고, 가계소비에서 가장 큰 비중을 차지하는 공산품, 가공식품, 저가생활용품과 같은 상품이 선정되어 정해진 기간 동안 판매되는 것을 볼 수 있다.

리콜(Recall)

결함이 있는 제품을 제조·판매한 사업자가 해당 제품을 수거, 교환, 수리, 보상해주는 제도를 말한다.

롱테일 현상(Long Tail)

IT 및 통신서비스의 발달로 시장의 중심이 소수 20%에서 다수 80%로 이동되는 것을 의미한다. 예를 들면 인터넷 서점 아마존(Amazon), DVD대여점 넷플릭스(Netflix), 음악서비스 아이튠즈(itunes) 등에서는 다양한 상품의 구성을 그 특징으로 하는데 이는 온라인 매장에서는 오프라인 매장보다 물류진열비용 및 재고비용이 낮아 그동안 잘 팔리지 않는 80%의 상품을 진열할 수 있기 때문이다. 이를 통해 판매가 저조했던 80%의 다품종 소량상품들의 매출은 상위의 20% 상품 매출의 이상을 차지하게 된다. 즉, 롱테일 현상은 80 : 20의 법칙으로 대변되는 파레토법칙을 벗어나고 있으며 이는 바로 IT와 통신서비스의 발달에서 기인하는 것이라 할 수 있다.

리드엔젤과 서포트엔젤(Lead Angel · Support Angel)

리드엔젤은 벤처기업에 대한 자금지원뿐만 아니라 비상근 이사로서 경영에도 참가하는 이들을 말하고, 서포트엔젤은 변호사나 회계사 등의 전문직 종사자나 기타 인맥을 활용하여 간접적인 경영지원을 하는 이들을 지칭한다.

마을기업(部落企業)

마을 주민들이 주도적으로 지역의 각종자원을 활용한 수익사업을 추진하여 지역 공동체를 활성화하고, 지역 주민에게 소득과 일자리를 제공하는 마을단위 기업이다. 여기서 마을 주민 주도적이란 마을 주민 출자가 총 사업비의 10% 이상을 차지할 경우를 말하며, 출자한 주민이 참여하여 의사를 결정하는 구조여야 한다.

리스(Lease)

사용료의 징수를 조건으로 부동산 또는 동산의 소유자가 타인에게 이용 또는 점유를 허용하는 계약을 말한다. 리스는 금융리스(Financial Lease)와 운용리스(Operation Lease)로 구별되는데, 금융리스는 일종의 선물융자로 대여한 이후에 운용과 보수 등에 관여하지 않는 것으로 기간은 장기리스이며 중도해약이 원칙적으로 인정되지 않는다. 그러나 운용리스는 대여 후 계속 운영수선 등의 사후봉사를 하며 기간은 비교적 단기로 사전통지 후에 계약의 중도해지가 가능하다. 리스는 거액의 자금이 없어도 비교적 기계설비의 구입이 쉬워 담보 및 자금조달능력이 취약한 중소기업이 이를 손쉽게 이용할 수 있다는 장점이 있다. 1952년 미국에서 처음 도입되었으며, 우리나라에서는 1972년 한국산업리스 주식회사가 설립되었다.

마이크로 크레딧(Micro Credit)

은행이라는 전통적인 금융기관으로부터 금융서비스를 받을 수 없는 빈곤계층에 소액의 대출과 여타의 지원 활동을 제공함으로써 이들이 빈곤에서 벗어날 수 있도록 돕는 활동을 말한다. 방글라데시 경제학 교수인 무하마드 유누스(Muhammad Yunus)가 그라민 은행(Grameen Bank)을 설립한 데서 비롯되었다. 유누스 교수는 치타공대학 인근의 조브라 마을을 조사하던 중 농촌지역의 빈민층이 게으르기보다는 소액의 초기자금이 부족하여 열심히 일하고도 빈곤의 악순환에서 벗어나지 못하고 있음을 발견하였다. 또한 조브라 마을 전체 가구 중 42가구가 빈곤에서 벗어나는 데 단지 856타카(약 27,000원)만이 필요하다는 사실을 알고 사재를 털어 자금을 지원하였는데 이것이 마이크로 크레디트의 시초가 되었다.

매출채권팩토링 제도(Account Receivable Factoring System)

금융기관들이 기업으로부터 상업어음이나 외상매출증서 등 매출채권을 매입하고 이를 바탕으로 자금을 빌려주는 제도이다. 팩토링 금융은 기업들이 상거래 대가로 현금 대신 받은 매출채권을 신속히 현금화하여 기업활동을 돕자는 취지로, 1920년대 미국에서 처음 도입되었으며, 영국·일본 등 선진국에서는 오래 전부터 보급되어 왔다. 신용상태가 좋은 물품구입자 대신에 물품대금을 매출자에게 지급해주는 업무 외에도 선대를 하고 업체의 신용조사·보증업무도 한다. 대출한도는 매입채권액면의 100%까지 가능하지만 해당기업의 매출규모나 신용도에 따라 다소 낮아지기도 한다. 팩토링의 거래당사자에는 Factor(팩토링 업무를 주요 업무로 하는 금융기관), Client(Factor와 팩토링 계약을 체결하는 거래처로서 이 계약에 의해 해당 상거래에서 발생한 외상매출채권을 Factor에게 원칙적으로 전부 양도하여 대금을 지급받음) 및 Customer(Client의 판매처로서 Factor에 대해서는 제3채무자에 해당)가 있다.

매트릭스 조직(Matrix Organization)

기능별 및 부서별 명령체계를 이중적으로 사용하여 조직을 몇 개의 부서로 구분하는 조직이다. 매트릭스 조직은 직능구조의 역할과 프로젝트 구조의 역할로 이루어진 이중역할구조로 되어 있으면서 복합적인 조직목표를 달성하는 것이 목적이다. 매트릭스 조직은 신축성과 균형적 의사결정권을 동시에 부여함으로써 경영을 동태화시키나 조직의 복잡성이 증대된다는 문제점이 있다.

머천다이징(Merchandising)

적당한 상품을 알맞은 값으로 적당한 시기에 적당량을 제공하기 위한 상품화계획을 말한다. 이러한 상품을 생산하기 위해서는 제품의 품질, 디자인, 제품의 개량, 새로운 용도 발견, 제품라인의 확장 등에 관한 철저한 시장조사가 행해져야 한다.

메리트 시스템(Merit System)

19세기 초에 미국 민주주의 풍조에서 생긴 엽관제도의 폐단을 없애기 위해 생겨난 공무원임용제도에서 비롯된 제도이다. 근무상태, 능률, 능력 등을 세밀히 조사하여 급료(봉급·상여금 등)에 차별을 두는 일종의 능률급제이다.

모디슈머(Modisumer)

기업에서 내놓은 상품을 표준방법대로 따르지 않고 자신만의 방식으로 재창조해 내는 소비자 집단을 말한다. 특히 식품업계에서 그 활동이 두드러진다. 모디슈머는 SNS와 같은 소셜 네트워크 서비스가 큰 역할을 하였다. 사람들은 페이스북이나 트위터 등을 통해 자신의 의견이나 생각을 공유하면서 소비자와 소비자가 정보를 교환할 수 있는 쌍방향적 매체가 삶의 일부분으로 들어오면서 모디슈머의 열풍이 분 것으로 파악된다.

민스키 모멘트(Minsky Moment)

부채의 확대에 기대어 경기호황이 이어지다 호황이 끝나면서 금융위기가 도래하는 시점이다. 경기호황이 끝난 후, 은행 채무자의 부채 상환능력이 악화되어 채무자가 결국 건전자산마저 팔게 되는 금융위기 시점이다. 금융 시장이 호황기에 있으면 투자자들은 고위험 상품에 투자하고 이에 금융 시장은 탄력을 받아 규모가 확대된다. 그러나 투자자들이 원하는 만큼의 수익을 얻지 못하면 부채 상환에 대한 불안이 커지면서 금융시장은 위축되고 금융위기가 도래하게 된다.

바그너의 법칙(Wagner's law)

경제가 성장할수록 국민총생산의 공공부문 지출 비중이 높아진다는 원칙이다. 공공지출 증가의 법칙이라고도 하며 정부의 기능과 활동이 증가하면서 GNP의 공공부문 지출도 증가한다는 원칙이다.

바나나 현상(Banana Syndrome)

'Build Absolutely Nothing Anywhere Near Anybody', 즉 각종 환경오염 시설들을 자기가 사는 지역권 내에는 절대 설치하지 못한다는 내용의 지역 이기주의를 표현한 것으로 국민들의 환경에 대한 의식이 높아감에 따라 일정 지역 거주민들이 지역 훼손사업 또는 오염산업의 유치를 집단으로 거부하고 있어 국가 차원의 공단설립이나 원자력발전소, 댐건설은 물론이고 장례식장, 쓰레기 매립장 같은 혐오시설의 설치가 중단되는 등 많은 문제를 낳고 있다. 위험시설, 혐오시설 등이 자신들이 살고 있는 지역에 들어서는 것을 강력하게 반대 님비현상(Nimby Syndrome)과 비슷한 개념이다.

바이러스 마케팅(Virus Marketing)

네티즌들이 이메일이나 다른 매체를 통해 자발적으로 특정 기업이나 기업의 제품을 홍보할 수 있도록 제작한 마케팅 기법을 말한다. 바이러스처럼 확산된다고 해서 바이러스 마케팅이라고 이름 붙여졌다.

바이백 옵션(Buy Back Option)

특정 기업을 인수할 경우 나중에 매각하게 되면 우선매수청구권을 상대방에게 인정해주는 방식으로 피인수기업을 되살 수 있는 조건을 제시함으로써 매각을 보다 쉽게 할 수 있는 장점이 있다.

바잉파워(Buying Power)

대량판매점의 거대한 판매력을 배경으로 한 구매력을 뜻한다. 대량거래에 의한 유통의 효율화로 소비자 이익에 공헌하는 한편, 메이커나 도매상에 대한 우월한 지위를 남용하여 경제적 마찰을 일으키기 쉽다. 불공정 거래행위 등의 폐단이 생기기도 한다.

백워데이션(Backwardation)

선물가격이 현물가격보다 낮은 것을 말한다. 일반적으로 선물은 기타 부대비용이 따르므로 현물가격보다 높은 것이 정상이며, 일반적인 시장을 콘탱크라고 한다. 그러나 백워데이션은 그 반대로 선물 매도물량이 매수주문을 크게 웃돌면 선물가격이 지수보다 저평가되는 경우가 발생하는데, 백워데이션은 이러한 역조시장(逆調市場)을 의미한다.

반덤핑관세(Anti Dumping Duties)

정상보다 낮은 가격으로 수출된 제품으로 수입국 산업이 피해를 입는 것을 방지하기 위해 수출국 내의 정상가격과 덤핑가격의 차액 범위 내에서 부과하는 할증관세를 말한다.

배드뱅크(Bad Bank)

은행 등 금융기관의 부실자산이나 채권만을 사들여 전문적으로 처리하는 기관이다. 방만한 운영으로 부실자산이나 채권이 발생한 경우, 배드뱅크를 자회사로 설립하여 그곳으로 부실자산이나 채권을 넘겨줌으로써 본 은행은 우량자산과 채권만을 보유한 굿뱅크(good bank)로 전환되어 정상적인 영업활동이 가능하다.

백기사(White Knight)

경영권 다툼을 벌이고 있는 기존 대주주를 돕기 위해 나선 제3자이다. 이 때 우호적인 기업인수자를 백마의 기사라고 한다. 백마의 기사는 목표기업을 인수하거나 공격을 차단해주게 된다. 백기사처럼 기업을 인수하는 단계까지 가지 않고 기업의 주식확보를 도와주는 세력은 백영주(white squire)라고 한다.

뱅크론(Bank Loan)

은행 간의 차관으로, 은행이 차입국의 은행에 융자하여 그 금융기관이 자기책임하에 자국의 기업에 대해서 자금을 대부하는 방식이다. 특히, 저개발국에 대한 민간경제협력의 하나이다. 보통의 차관은 정부나 기업이 개발도상국의 정부나 기업에 대해 자금을 대출하지만 뱅크론은 은행이 개발도상국의 은행에 대해 대출한다.

버냉키 쇼크(Bernanke Shock)

미국 연방준비제도이사회(FRB) 의장인 낸 버냉키의 발언이 세계 증시에 미치는 영향력을 표현한 단어이다. 벤 버냉키는 미국 출신 경제학자로서 대학교수와 백악관 대통령 자문위원회 의장을 지낸 인물로 그린스펀의 뒤를 이어 미국 연방준비제도이사회 의장을 역임한 사람으로 전 세계 경제에 가장 영향력이 있는 인물로 평가받는다. 미국 연방준비제도이사회 의장은 세계 경제 대통령으로 불리며, 연방준비위원회 의장의 언행은 전 세계 금융시장에 강력한 파장을 몰고 오기 때문에 전 세계 주식시장에 연쇄 하락 또는 상승과 같은 효과를 가져 온다.

법정관리(法定管理)

기업이 자력으로 회사를 운영하기 어려울 만큼 부채가 많을 때 법원에서 지정한 제3자가 자금을 비롯하여 기업 활동 전반을 관리하는 것을 말한다. 재정적인 문제로 파산에 직면하였으나 회생의 가능성이 있는 주식회사에 채권자, 주주, 이해관계자 등의 이해를 조정하여 그 사업의 정리재건을 도모하는 제도를 말하며, 실무적으로는 '법정관리'라고 부르지만 '회사정리절차'가 정확한 실정법상의 용어이다. 부도위기의 기업을 파산하게 두는 것보다 살리는 것이 기업, 채권자, 그리고 국민경제 전반에 이롭다는 점이 이 제도의 취지이다.

보복관세(Retaliatory Duties)

자국 상품에 불리한 대우를 하는 국가의 상품에 부과하는 보복의 성격을 가진 차별관세를 말한다.

베일인(Bail In)

채무를 상환할 능력이 부족한 채무자를 돕기 위한 방법의 하나로 채권자가 자발적으로 채무자의 손실을 분담하거나 직접 자본참여자가 되는 채무구제방식이다. 추가자금 지원이 없다는 것이 특징이다. 베일인은 보통 상환기간 연장 및 이자율 조정, 액면금액 감액 등의 방식으로 이뤄진다.

벤처캐피탈(Venture Capital)

모험자본이라는 뜻으로 고도의 기술력을 보유하여 장래성은 있지만 경영기반이 미약해 주식취득의 형식으로 투자를 실시하는 기업 또는 이러한 기업의 자본 그 자체를 의미한다. 대부분은 당해 기업이 성장한 후 자신이 취득한 주식을 공개함으로써 얻을 수 있는 자본이익(Capital Gain)으로 수익을 올리는 것이 일반적이다. 이는 수익성이 높은 만큼 위험성도 큰 투자의 형태이다.

변동성지수(VKOSPI)

코스피200의 옵션 가격을 이용해 주식시장의 향후 변동성을 측정하는 지수로 미국 시카고옵션거래소(CBOE)가 S&P500지수 옵션을 토대로 발표하는 변동성지수(VIX)와 유사하다. 이 지수는 일반적으로 코스피200지수가 하락할 경우 반대로 상승하는 특성을 갖는다. 코스피200 옵션가격을 이용해 옵션 투자자들이 예상하는 코스피200지수의 미래 변동성을 측정하는 지표로 활용된다. 변동성지수는 주가가 급락할 때 급등하는 역상관관계를 보였기 때문에 '공포지수(Fear Index)'라고도 불린다. 2009년 4월 13일부터 한국거래소에서 산출해 발표하고 있다.

복식부기(複式簿記)

금전수지뿐만 아니라 모든 재화를 화폐액으로 계산함과 동시에 재화나 자본의 증감변동을 기록하며, 손익발생의 원인이나 이유를 상세히 기록하는 계산이다. 이는 모두 일정한 원리나 법칙에 따라서 조직적으로 기록하므로 '계정의 학문'이라고도 하지만, 모든 금액이 이중으로 기입되기 때문에 복식부기라고 한다.

분권관리(分權管理)

기업전체조직을 부문단위로 편성하고, 최고경영자는 각 부문의 관리자에게 권한과 책임을 위임하여 자주성과 결정권을 갖게 하는 관리조직의 형태로 집권관리에 대립한 말이다.

분사(分社)

회사의 특정 부분을 별도 회사로 분리하는 것을 말한다. 물리적인 방법을 통한 인력재분배과정을 통해 새롭게 탄생한 외부의 새로운 조직이 아웃소싱의 형태로 운영될 수도 있고 외주, 인재파견 혹은 컨설팅의 형태로도 운영될 수 있다. 이는 인수주체에 따라 스핀오프, EBO, MBO 등으로 나뉜다.

붉은 깃발법(Red Flag Law)

1865년 영국에서 제정돼 1896년까지 약 30년간 시행된 세계 최초의 도로교통법인 동시에 시대착오적 규제의 대표적 사례로 꼽힌다. 영국은 마차 사업의 이익을 보호하기 위해 자동차의 최고속도를 시속 3km(도심)로 제한하고 마차가 붉은 깃발을 꽂고 달리면 자동차는 그 뒤를 따라가도록 하는 붉은 깃발법(적기조례)을 만들었다. 이로 인해 영국은 가장 먼저 자동차 산업을 시작했음에도 불구하고 독일과 미국에 뒤처지는 결과를 초래하였다.

비셰그라드(Visegrad)

유럽의 4개국(폴란드·헝가리·체코·슬로바키아)를 묶은 지역협의체를 말한다. 1991년 헝가리 비셰그라드에서 열린 폴란드, 체코슬로바키아, 헝가리 3국 정상회담에서 창설됐다. 이후 1993년 체코슬로바키아가 해체되며 체코와 슬로바키아가 그룹 회원국이 되었다. 이들 국가는 유럽연합(EU) 경제에서 차지하는 비중이 점차 증가하고 있으며, 경제, 안보, 에너지 등 다양한 분야에서 서로 협력하고 있다.

비트코인(Bitcoin)

2009년부터 발행을 시작한 온라인 가상 화폐를 말한다. 비트코인은 일반적인 물리적 화폐와 달리 비트코인 거래는 금융기관 등 제3자를 거치지 않으므로 수수료나 대기시간에 구애받지 않고 세계 어디서나 빠르고 편리하게 전송할 수 있으며, 총 발행량은 고정되어 있어 인플레이션의 위험이 없다. 또한 금융에 소외된 이들도 비트코인을 통해 글로벌금융거래에 참여 가능하다는 장점이 있다. 그러나 모든 비트코인 거래기록은 익명으로 영구히 공개되지만 마약과 총기 거래 등으로 악용될 소지가 있기도 하다. 그리고 우리나라는 비트코인이 화폐도 금융상품도 아니라는 결정을 내렸는데, 발행 주체가 모호하고, 유통과정에서 이용자를 보호할 방법이 마땅치 않으며, 변동성이 커서 가치를 저장하거나 측정하는 전통적인 화폐는 물론 금융상품으로 볼 수도 없기 때문이라고 하였다.

비합산조치

특정 물품의 수입이 증가하여 국내 산업에 피해가 발생했을 경우 이에 대한 피해 사실을 조사할 때 해당 물품이 여러 국가로부터 수입되었을지라도 그 산업의 피해를 개별 수입국별로 조사하도록 하는 것을 말한다. 예를 들어 미국이 수입으로 인한 산업피해를 추산할 때 덤핑 혐의가 있는 여러 수출국들로 인한 피해를 누적 적용하지 않고, 특정 국가 기업만 떼어내 판정하는 것을 말한다.

빅딜(Big Deal)

주요 사업에 대한 기업들의 맞교환을 말한다. 국내 산업경쟁력을 높이기 위해 대그룹 간의 사업부문을 맞바꾼다는 뜻으로 정부가 기업구조조정의 수단으로 활용하고 있다. 정부와 재계가 추진하고 있는 빅딜은 특정 분야에서 경쟁력이 있는 그룹에 해당 산업을 자율적으로 집중시키는 방식으로 진행 중이다.

사업부제(事業部制)

기업의 조직을 제품별 · 지역별 · 시장별 등으로 구분하여 개별적인 경영단위로서의 사업부를 만들고 각 사업부에 대폭적인 자유재량을 주는 분권관리의 한 조직형태이다. 그러나 사업부는 기업의 일부이므로 자유재량은 전사적(全社的)인 방침이나 목표의 제약 내에서 주어지는 것이며, 일반적으로는 이익목표만을 주고, 이를 달성하기 위한 생산이나 판매의 내용 · 방법 · 규모 등이 일임된다.

사외이사제(社外理事制)

우리나라는 1996년 현대그룹이 국내에서 처음으로 도입했으며 회사의 경영을 직접 맡는 이사 이외에 회사 밖의 전문가들을 이사회 구성원으로 선임하는 제도를 말한다. 경영감시를 통한 공정한 경쟁과 기업이미지 쇄신, 기업경영에 전문지식을 활용하려는 데 목적이 있다.

사회책임경영(Corporate Responsibility Management)

이윤 추구와 동시에 사회적 가치도 함께 지향하는 경영을 말한다.

상계관세(Compensation Duties)

가격경쟁력이 높은 물품을 수입한 경우, 수입국이 국내의 산업경쟁력을 유지하기 위하여 부과하는 관세를 말한다.

상향평가제(上向評價制)

부하직원이 직장상사의 업무수행태도와 능력, 부하와의 관계 등을 평가하는 인사평가제도를 말한다. 구체적으로는 팀워크구축 · 공정성 · 의사소통 · 전문지식 · 업무판단력 · 기획력 · 솔선수범 · 개선노력 등이 주된 평가항목이며, 그 결과가 각종 포상 및 승진에 반영된다. 평가내용은 철저히 비밀이 보장되며 면책특권도 갖는다.

서든 스톱(Sudden Stop)

예상하지 못한 외국 자본유입이 중단될 때 대규모 외자유출이 발생하면서 나타나는 외화유동성이 고갈되는 현상을 말한다. 서든 스톱은 자본의 급격한 유출이 있는 경우 발생하게 되는데 1997년에 발생한 아시아 외환위기, 1999년의 러시아 모라토리엄, 2007년의 미국 서브프라임 위기 등이 서든 스톱이 원인이라 할 수 있다.

신디케이트(Syndicate)

카르텔 중 가장 결합이 강한 형태로, 중앙에 공동판매소를 두어 공동으로 판매하고 이익을 분배하는 기업집중의 형태이다. 공동판매카르텔이라고도 한다.

세이프가드(Safeguard)

세계무역기구(WTO) 협정에 근거한 수입제한조치로 수입 증가에 따른 국내 산업 보호를 목적으로 하는 조치로 관세를 부과하여 해당 상품의 국내 가격을 올리는 것으로 해당 물건을 수출하는 업체에 심한 타격을 입힐 수 있다. 세이프가드 조항 또는 에스케이프 조항으로 불리는 GATT 제19조에서는 수입수량 제한이나 관세인상 등의 수입제한 조치를 취할 수 있다고 규정하고 있다. 1975년 성립된 미국의 불공정무역관행에의 보복 또한 세이프가드를 보다 용이하게 발동할 수 있도록 규정하고 있으며, 1993년 체결된 우루과이라운드, 다자간 무역기구의 정식 발족으로 그 상황은 점차적으로 심각해지고 있다.

소프트패치(Soft Patch)

앨런 그린스펀 미 연방준비제도이사회(FRB) 의장이 2002년 처음으로 사용한 이후 널리 쓰이고 있는 말로, 경기 회복 국면에서 본격적인 후퇴는 아니지만 일시적인 어려움을 겪는 상태를 지칭한다. 소프트 패치는 원래 골프장 잔디 상태를 일컫는 '라지 패치(병이나 해충 등의 이유로 골프장 페어웨이 가운데 잔디가 잘 자라지 못한 부분)'라는 말에서 유래한 것으로, 그린스펀은 이 용어를 소프트 패치로 변형하여 다소 불안하고 취약하지만 곧 회복세를 보일 것이라는 점을 강조하였다.

수요 시프트인플레이션(Demand Push Inflation)

경제 전반에 초과수요가 존재하지 않더라도 가격 · 임금의 하방경직성이 존재하게 되면 완전고용 실현을 위한 유효수요정책을 수행함으로써 발생하는 일반물가 수준의 상승, 경기 침체기의 인플레이션 현상을 설명하기 위하여 C.슐츠가 주장했다.

수율(Yield)

불량률의 반대어로 이로 인해 생산량이 결정되고 회사능력이 좌우된다. 자동차는 일부에 문제가 있으면 그 부분만 교체하면 된다. 하지만 반도체는 그럴 수가 없다. 한 부분이라도 결함이 있으면 전체를 버려야 한다. 그래서 수율은 회사마다 극비보안사항이다.

스마트 그리드(Smart Grid)

에너지효율성 향상과 신재생에너지공급의 확대를 통한 온실가스 감축을 목적으로 전력산업과 IT 그리고 통신기술을 결합하여 안정적이고 고효율의 지능화된 전력망을 구축하는 것으로 실시간으로 전력 사용현황을 파악하고 이에 맞게 전력 사용 시간과 양을 통제한다.

스트레스 테스트(Stress Test)

특정한 조건의 발생 상황에서 상황에 대한 반응을 수치적인 결과로 나타낼 수 있도록 하는 실험측정검사 방법으로 반드시 금융 분야에 국한된 것은 아니다. 금융 분야에서는 경제여건이 지금보다 훨씬 더 어려워질 것이라는 가정 하에 은행들이 충분한 자본과 유동성으로 위기를 헤쳐 나갈 수 있는지를 평가하는 것으로 금융기관은 심사를 통과해야만 재무부의 자금지원을 받을 수 있고 그렇지 못한 금융기관은 재무부의 자금지원을 받을 수 없다. 심사에 통과하여 자금지원을 받는다고 하더라도 그에 상응하는 전환우선주 및 배당금을 지급해야 하므로 기존의 주주에게는 일정부분의 손해가 미친다.

스핀오프(Spin Off)

정부출연연구기관의 연구원이 자신이 참여한 연구결과를 가지고 별도의 창업을 할 경우 정부보유의 기술을 사용한데 따른 로열티를 면제해주는 제도를 말한다. 이를 실시하는 국가들은 기술이 사업화하는데 성공하면 신기술연구기금을 출연토록 의무화하고 있다. 또 기업체의 연구원이 사내창업(社內創業)을 하는 경우도 스핀오프제의 한 형태로 볼 수 있다.

스필오버 효과(Spillover Effect)

스필오버란 '넘침', '과잉'이란 뜻으로 특정한 현상이 다른 영역이나 지역에 영향을 주는 것을 말한다. 과거 엔화의 가치가 상승하면서 우리나라를 방문하는 일본인 관광객이 많아지자 서울 한복판인 명동 일대의 호텔방을 구할 수 없게 되자 강남이나 다른 지역에 일본인들이 흘러넘치는 명동 스필오버 현상이 나타난 것이 대표적이다.

승수이론(Theory of Multiplier)

경제현상에 있어서 최초의 경제량의 변화에 의한 계속적인 파급관계를 분석하여 최종적으로 생겨난 **총효과**를 밝히는 경제이론으로, 최종적으로 생겨난 효과를 승수효과라 한다. 이 이론은 케인스 경제학체계의 기본을 이루는 것으로, 투자가 파급효과를 통하여 결국은 같은 액수의 저축을 낳는다고 하였다.

시장지배적 사업자(市場支配的 事業者)

시장지배적 사업자 지정은 특정 품목의 시장점유율이 높은 독과점기업의 횡포로부터 소비자와 다른 사업자를 보호하기 위해 1981년부터 실시해 온 제도이다. 독점규제 및 공정거래에 관한 법률에 따라 상위 1개사의 시장점유율이 50%를 넘거나 상위 3개사의 점유율이 75% 이상인 품목과 기업을 매년 지정하고 있다. 시장지배적 사업자로 지정되면 가격 및 물량조절, 타사업자 영업방해, 신규참여방해, 독과점적 지위를 이용한 부당행위에 대해 별도로 규제받는다.

시퀘스터(Sequester)

재정적자를 완화하기 위해 연방정부의 예산이 자동으로 삭감되는 조치를 말한다. 2013년 1월~2월의 2개월 간 한시적으로 발동이 연기됐다가 협상 실패로 3월 1일 부터 발동되기 시작했다. 시퀘스터는 연간 1천 100억 달러씩 10년간 총 1조 2천억 달러의 정부지출을 자동 삭감하게 된다.

애드호크러시(Ad Hocracy)

목적달성을 위해 조직이 편성되었다가 일이 끝나면 해산하게 되는 일시적인 조직을 말한다. 예를 들면 프로젝트팀(Project Team)이나 태스크 포스(task force) 등이다. 토플러(A. Toffler)는 현대사회의 특징을 가속성과 일시성이라고 하였는데, 이러한 현상이 기업조직에서도 나타나서 조직의 영속성이 없어져가고 있다고 한다.

어닝 쇼크(Earning Shock)

기업이 실적을 발표할 때 시장에서 예상했던 것 보다 저조한 실적을 발표하는 것을 일컫는다. 기업은 반기 또는 분기별로 어닝 시즌(Earning Season)에 자신의 영업실적을 발표하는데, 발표한 실적이 저조하면 시장에 어닝 쇼크를 일으킨다. 일례로 2014년 2분기 잠정실적에서 우리나라의 삼성전자 및 현대차의 실적 발표에 따라 주가 상승하거나 하락하는 것이 어닝 쇼크에 의한 결과라 할 수 있다. 어닝 쇼크와 반대되는 용어로 어닝 서프라이즈(Earning Surprise)가 있는데, 이는 기업의 발표 실적이 시장의 예상치를 훨씬 초과하는 것을 나타내며 '깜짝 실적'이라고도 표현한다.

에코부머(Echo Boomer)

1955~63년생인 베이비부머 세대의 자녀 세대들로, 1979~85년생을 지칭한다. 에코부머 세대는 베이비부머 세대가 이룬 경제적 안정을 바탕으로 소비문화의 주체가 되고 있으며, 에코세대의 4년제 대학진학률은 45.5%로 베이비부머와 비교하여 매우 높아졌다. 또한 에코부머 세대는 '3포 세대'로도 불리는데 이는 치솟는 물가와 등록금, 취업난, 집 값 등 경제적, 사회적 압박으로 인해 스스로 돌볼 여유도 없다는 이유로, 연애와 결혼을 포기하고, 출산을 기약 없이 미루고 있는 상황을 빗대어 표현한 것으로 볼 수 있다.

오쿤의 법칙(Okun's Law)

실업률과 국민총생산의 밀접한 관계이다. 경기회복기에 고용의 증가속도보다 국민총생산의 증가속도가 더 크고 불황기에는 고용의 감소속도보다 국민 총생산의 감소속도가 더 크다는 법칙이다.

엠바고(Embargo)

금수(禁輸)조치. 일정국가와 직간접으로 교역·투자·금융거래 등 모든 부분의 경제교류를 중단하는 조치로, 보통 정치적인 목적에서 어떤 특정국을 경제적으로 고립시키기 위해 사용된다. 대상국과는 원칙적으로 모든 경제교류가 중단되나, 인도적 교류나 문화·체육분야의 교류에는 예외가 인정되는 것이 보통이다. 이같은 국가 대 국가의 경우 이외에도 UN의 결의에 의해 여러 국가가 특정국에 경제봉쇄조치를 실시하는 경우도 넓은 의미에서 금수조치에 포함된다. 걸프전쟁 당시 이라크에 대한 제재조치가 대표적인 예이다. 매스컴 용어로는 일정시점까지 보도금지를 의미한다.

연결재무제표(Consolidated Financial Sheets)

지배·종속관계에 있는 기업들을 하나의 큰 기업으로 보고 지배회사의 입장에서 나머지 회사와의 상호 투자 및 매출·매입거래 등 내부거래를 없애고 작성한 재무제표이다. 지배회사와 종속회사는 법률상 독립단위지만 경제적으로는 단일한 조직체로 기업을 이룬다. 따라서 종속회사에 대한 지배관계의 진상을 명시하지 않은 지배회사의 단독 대차대조표만으로는 그 진실한 재정상태를 충분히 표시할 수 없기 때문에 연결재무제표를 작성, 모회사가 보유하는 주식의 배후에 있는 재정상태를 명백히 한다.

영기준예산(Zero Based Budget)

미국의 사무기기업체 제록스사가 처음으로 도입하였으며 우리나라는 1983년부터 채택했다. 모든 예산항목에 대해 기득권을 인정하지 않고 매년 제로를 출발점으로 과거의 실적이나 효과, 정책의 우선순위를 엄격히 사정해서 예산을 편성하는 방법을 말한다. 예산규모의 무질서한 팽창, 경직화를 방지하기 위해 기득권이나 관습에 사로잡히지 않는 입장을 취한다.

오픈북 경영(Open Book Management)

정보공유경영을 말한다. 모든 종업원들에게 기업의 재정 상태나 경영정보를 공유할 수 있도록 하여 종업원들이 경영자와 같은 주인의식을 갖도록 함으로써 기업 전체의 이익을 우선시하도록 하려는 경영전략으로, 기업의 위기공감과 책임과 권리의 공동인식 등과 기업의 구조를 변경하지 않고 구성원들을 혁신의 주체로 변화시킬 수 있는 장점이 있다.

오픈프라이스제(Open Price system)

최종 판매업자가 제품의 가격을 표시해 제품가격의 투명성을 높이는 제도를 말한다. 그동안 제조업자가 턱없이 높은 권장소비자가격을 매겨 놓고 유통업자가 소비자에게 판매할 때 이를 대폭 할인해 주는 식으로 영업을 하였으나 이 제도를 도입하면 판매자 간의 가격경쟁을 유도할 수 있어 최종소비자는 더욱 싼값으로 제품을 구입할 수 있게 된다. 제조업자가 가격을 편법으로 인상할 필요도 없어진다.

외국환평형기금채권(Foreign Exchange Stabilization Bond)

원화의 대외가치 안정과 투기적 외화의 유출·유입에 따른 악영향을 막기 위해 정부가 운영하는 외국환평형기금의 재원조달을 위해 정부가 지급보증형식으로 발행하는 채권으로 외평채라고도 한다. 원화표시로만 발행되었으나 IMF구제금융지원 이후 외환 부족을 해결하기 하기 위해 외화표시 증권을 발행하였다. 해외시장에서 발행할 경우 기준금리에 발행국가의 신용도와 유통물량을 고려하여 가산금리가 붙으며, 국회의 동의를 거쳐 발행되고, 발행과 운용사무는 한국은행이 맡고 있다.

외부경제효과(外部經濟效果)

생산자나 소비자의 경제활동이 시장을 통하지 않고 직간접으로 제3자의 경제활동이나 생활에 영향을 미치는 것을 말한다. 외부경제효과가 있으면 시장기구가 완전히 작동해도 자원의 최적배분이 실현되지 못한다.

우선주(優先株)

보통주에 대해 이익배당이나 기업이 해산할 경우의 잔여재산 분배 등에 우선권을 갖는 주식을 말한다. 누적적 우선주와 참가적 우선주가 있다.

워비곤 호수 효과(Lake Wobegon Effect)

자신이 평균보다 더 낫다고 믿는 일반적인 오류를 말한다. 미국의 작가 게리슨 케일러가 1970년대 진행했던 미국 라디오쇼 '프레리 홈 컴패니언(A Prairie Home Companion)'은 '워비곤 호수'라는 가상의 마을을 무대로 한 프로그램이다. 이 마을은 '여자는 모두 강인하고, 남자는 모두 잘생겼으며, 아이들은 모두 평균 이상인' 허구의 세계다. 그런데 현실의 사람들도 이런 착각에 빠져 산다. 자신의 능력과 재능을 과대평가하거나 약점에는 그럴듯한 해석을 붙여 실제보다 나아 보이게 만들기 일쑤인데 이처럼 자신이 평균보다 더 낫다고 착각하는 경향을 '워비곤 호수 효과'라고 한다. 데이비드 마이어스가 쓴 '사회심리학'도 워비곤 호수 효과의 가설을 입증하는 연구 사례들을 소개합니다. 기업 임원들 중 90%가 자신의 성과를 평균 이상이라고 자평하는 것이 좋은 예다. 해리 베키스의 저서 '보이지 않는 것을 팔아라.'에서도 80%의 직장인이 스스로를 평균 이상이라고 여긴다. 부모들이 흔히 '우리 아이도 혹시 수재가 아닐까'하고 착각하는 것도 워비곤 호수 효과에 속한다.

유동비율(流動比率)

유동자산을 유동부채로 나눈 비율이다. 회사의 지불능력을 판단하기 위해서 사용하는 분석지표로, 비율이 높을수록 지불능력이 커지며 200%가 이상적이라고 한다. 은행가의 비율 또는 2대 1의 원칙이라고도 한다.

유동성 함정(流動性陷穽)

경제주체들이 시장에 자금을 내놓지 않는 상태이다. 미국 경제학자 존 메이나드 케인스가 붙인 이름으로 금리를 낮추고 화폐를 유통시켜도 경제주체들이 시장에 자금을 내놓지 않아 경기가 회복되지 못하는 현상을 유동성 함정이라고 한다. 경제주체들이 미래 경기 전망이 불투명하여 소비와 투자를 줄이기 때문이다. 화폐가 순환하지 못하여 돈맥경화가 발생하게 되면 이를 위해 중앙은행은 기준금리를 내리게 되는데 제로금리까지 이르게 된다.

유한책임사원(有限責任社員)

회사의 자본금 이상 손실에 대하여 출자액 한도 내에서 책임을 지는 사원을 말한다. 주식회사와 유한회사는 유한책임사원으로 구성되어 있으며, 합자회사는 무한책임사원과 유한책임사원으로 구성되어 있다.

유효수요(有效需要)

실제로 구매력을 가지고 있는 수요로, 물건을 구입할 돈을 갖고 또 구매하려는 욕구를 가진 수요이다. 케인스의 경제학에서 경기회복, 완전고용의 실현을 위한 중요한 요소이다. 케인스는 실업의 발생 원인을 유효수요의 부족에서 온다고 했고 고용의 증가를 유지하기 위해서 정부의 신투자가 있어야 한다고 주장했다.

의제자본(擬制資本)

주식회사에서 현물출자를 하는 토지 · 건물 등을 평가할 때 실제의 가격보다 높게 평가하여 주식을 발행하는 경우가 있다. 이와 같이 초과된 평가액에 따라 발행된 자본을 의제자본이라 한다.

이노베이션(innovation)

슘페터(J. A. Schumpeter)의 경제발전이론의 중심개념으로 기술혁신을 뜻한다. 혁신의 주체는 기업이며 기업은 신(新)경영조직 구성 · 신생산방법 도입 · 신시장 개척 · 신자원 개발로 높은 이윤획득의 기회를 창출한다는 것이다.

이익준비금(利益準備金)

자본의 2분의 1에 달할 때까지 매 결산기의 금전에 의한 이익배당금의 10분의 1이상을 계속적으로 적립해야 하는 법정준비금이다. 이것은 자본준비금과 함께 결손보존과 자본전입에만 국한되어 있는 소극적 적립금이다.

이연자산(移延資産, Deffered assets)

지출효과가 차기 이후에까지 영향을 미치기 때문에 당기에 자본화하는 자산을 말하는 것으로 창업비, 신주발행비, 사채발행비, 개업비, 개발비, 건설이자, 시험연구비 등이 이에 속한다. 이미 지출한 비용을 이연하여 자본화한 것으로, 지출효과를 차기 이후로 이연시켜 자산으로 계상한다는 점에서 선급비용과 비슷한 성격을 가지며, 형태가 없고 비유동자산에 속하며 정액법에 의하여 균등상각을 하는 점에서 무형고정자산과 유사하다.

인덱스펀드(Index Fund)

증권시장의 장기적 성장 추세를 전제로, 주가지표의 움직임에 연동되게 포트폴리오를 구성하여 운용함으로써 시장의 평균 수익을 실현하는 것을 목표로 하는 운용기법이다. 최소의 인원과 비용으로 투자의 위험성을 효율적으로 감소시키기 위해 적은 종목으로 주가지표의 움직임을 근접하게 추적할 수 있는 포트폴리오를 구성하는 것이 자산운용의 핵심이다.

임팩트론(Impact Loan)

본래는 소비재 수입에 쓰이는 외환차관을 뜻하는 말이었으나 최근에는 차관의 조건, 즉 자금의 용도가 지정되어 있지 않은 차관을 말한다. 외화를 국내에서의 설비투자나 노무조달에 이용함으로써 고용과 임금소득이 늘고 소비재에 대한 수요가 증가해 인플레이션의 충격(임팩트)작용을 초래한다는 뜻에서 생긴 말이다. 타이드 론(tied loan)에 반대되는 개념이다.

임페리얼 마케팅(Imperial Marketing)

좋은 품질과 높은 가격으로 소비자를 공략하는 판매기법이다. 이 전략은 최근 주류업계에서 고급소주나 양주 개발 등으로 시작되어 다른 업종으로 급속도로 확산되고 있다.

자사주 소각(Retirement of Shares)

회사가 자사의 주식을 취득하여 이것을 소각하는 것으로, 발행주식수를 줄여 주당가치를 높이는 방법을 통해 주주이익을 꾀하는 기법으로 주식소각이라고도 한다. 자사주를 매입해 소각하는 경우 본질적으로 기업의 가치는 불변이지만 주식수가 줄어들어 1주당 가치는 높아지기 때문이다. 자사주소각을 하면 자본항목인 자본금 또는 이익잉여금이 감소되므로 자본총계(자기자본)가 줄어든다. 따라서 소각 후 자기자본수익률(REO)이 높아지는 효과가 있다. 또한 유통주식수가 줄어들기 때문에 주당순이익(EPS)도 증가한다. 자사주소각은 주가관리효과가 자사주 매입보다 높은 것이 일반적이다. 이는 주식수가 줄기 때문에 물량 부담도 없어지고 자사주 펀드처럼 나중에 매물로 나올 염려도 없기 때문이다. 그러나 자사주를 소각하면 자기자본이 줄어들어 부채비율이 높아진다는 단점도 있다.

장수채권(Longevity Bonds)

장수리스크(기대수명이 예상보다 증가함에 따라 발생하는 불확실성) 관리대상의 생존율과 연계되어 원리금을 지급하는 채권이다. 연금가입자가 기대수명 이상으로 생존함에 따라 증가하는 연금지급자의 장수리스크를 자본시장으로 이전한 것으로, 정부 또는 금융회사에서 발행한 장수채권에 연금지급자가 투자하고 정부나 금융회사가 이에 대한 이자를 지급하는 구조로 이루어진다.

❧ 재형저축펀드(財形貯蓄Fund)

서민 및 중산층의 재산형성에 기여하고자 부활한 재형저축으로 기존의 펀드 상품과 비교해 비과세혜택을 받을 수 있으며, 판매 운용보수를 30% 이상 인하하여 장기투자자에게 비용절감 효과를 제공한다. 총 급여 5천만 원 이하인 근로자 또는 종합소득금액 3,500만 원 이하의 사업자를 가입대상으로 한다.

❧ 전대차관(轉貸借款)

외국환은행이 국내거주자에게 수입자금 등으로 전대할 것을 조건으로 외국의 금융기관으로부터 외화자금을 차입하는 것이다. 일종의 뱅크론이라고 할 수 있지만 일반적으로 뱅크론은 자금의 용도에 대해 차관공여주로부터 아무런 조건이 붙지 않는 임팩트론이지만, 전대차관은 차관공여국 또는 특정 지역으로부터 물자수입자금에의 사용 등 차입자금의 용도에 대해 조건이 따른다. 또한 뱅크론의 차관공여주는 주로 외국의 일반상업은행인 데 비해 전대차관의 공여주는 외국의 특수정책금융기관 혹은 국제금융기관인 것이 일반적이다.

❧ 종업원지주제도(從業員持株制度)

회사가 종업원에게 자사주의 보유를 권장하는 제도로서 회사로서는 안정주주를 늘리게 되고 종업원의 저축을 회사의 자금원으로 할 수 있다. 종업원도 매월의 급여 등 일정액을 자금화하여 소액으로 자사주를 보유할 수 있고 회사의 실적과 경영 전반에 대한 의식이 높아지게 된다.

❧ 주가지수선물거래(株價指數先物去來)

증권시장에서 매매되는 전체 또는 일부 주식의 주가를 하나로 묶어 산출한 주가지수를 매매대상으로 하는 선물거래이다. 주식시장 시세변동에 따른 위험을 줄이기 위해 고안되었다. 장래 주가지수의 움직임에 대해 예상을 달리하는 시장참가자들이 거래소의 공개호가방식에 의해 결정된 가격을 기준으로 거래를 한다. 보통 주가지수선물의 이론가격은 '현물가격 + 금융비용 − 배당수입'으로 표시될 수 있다.

❧ 직무의 3면등가의 법칙(職務三面等價法則)

조직이 전체적인 질서를 갖고 원활한 운영을 가능하게 하기 위해 직무를 명확히 규정하는 원칙이 되는 것으로 직무를 명확히 하기 위해서는 각 직무의 책임, 권한, 의무의 세 부분이 대등해야 하는 것을 의미한다.

❧ 주가지수옵션거래(Stock Index Option)

실체가 없는 주가지수를 매매할 수 있는 권리를 시장에서 형성된 가격에 따라 매매하는 것을 의미한다. 옵션거래방법으로는 증권사를 통해 거래하고자 하는 종목·수량·가격 등을 주문표에 기재하면 되나, 기존주식과는 별도의 계좌가 필요(선물거래계좌는 가능)하다. 계좌를 만들 때 최소증거금 1,000만 원 이상의 현금이나 유가증권 기탁, 증권사는 옵션거래가 이루어지면 고객에게 매매체결내용을 통보해야 한다. 투기성이 매우 강하므로 자칫 잘못하면 투자액 전액을 잃을 수 있다.

주식매수청구권(柱式買受請求權)

주주의 자익권(自益權)으로서 주주총회에서 경영에 중대한 영향을 미치는 사안이 다수결로 결의된 경우 이에 반대한 주주가 회사에 대해 보유주식을 매수해 줄 것을 요구할 수 있는 권리이다. 대주주의 횡포로부터 소액주주를 보호하기 위해 제도적으로 마련된 장치이다. 이러한 권리는 영업의 양도·양수, 경영위임, 합병 등 주주총회의 특별한 결의에만 해당된다. 회사가 자금력의 부족으로 주식매수청구권을 받아들이지 못했을 경우 주주총회의 결의는 무효가 된다.

지주회사(持株會社, Holding Company)

타회사의 주식을 많이 보유함으로써 그 기업의 지배를 목적으로 하는 회사로, 이를 모회사(母會社), 지배를 받는 회사를 자회사(子會社)라고 한다. 현행 독점규제 및 공정거래에 관한 법률에서는 한 회사가 다른 회사 주식의 50% 이상을 보유하고 있을 때 전자를 모회사, 후자를 자회사라 한다.

출구전략(出口戰略)

각종 완화정책을 경제에 부작용을 남기지 않게 서서히 거두어들이는 전략이다. 경기침체나 위기로부터 경제 지표가 되살아나는 경기회복의 조짐이 있는 경제 상황에서 침체기간 동안 시중에 풀린 과도한 유동성을 부작용이 생기기 전에 회수하려는 전략이다.

출자총액제한(出資總額制限)

30대 대규모 기업집단소속 계열사가 순자산(자기자본)의 일정 범위 이상을 다른 회사에 출자할 수 없게 하는 제도를 말한다. 재벌그룹들이 기존 회사의 자금을 이용하여 자회사를 무분별하게 설립하거나 인수하는 문어발식 시장 확대를 제한한다는 취지에서 도입되었다. 자산총액 합계액이 6조 원 이상인 기업집단에 속하는 기업은 회사 순자산의 25%를 초과해 다른 국내 회사에 출자할 수 없도록 하는 것이다. 1987년 첫 도입된 뒤, 1998년 2월 국내 알짜기업에 대한 외국자본의 적대적 M&A(인수합병)를 막기 위해 폐지됐다가, 2001년 4월 재도입되었다.

카르텔(Cartel)

기업연합을 뜻하는 것으로, 같은 종류의 여러 기업들이 경제상·법률상의 독립성을 유지하면서 상호간의 무리한 경쟁을 피하고 시장을 독점하기 위해 협정을 맺고 횡적으로 연합하는 것을 말한다. 협정의 내용에 따라 구매카르텔, 생산카르텔(생산제한·전문화 등), 판매카르텔(가격·수량·지역·조건·공동판매 등)이 있다. 우리나라에서는 독점규제 및 공정거래법에 의해 원칙적으로 금지되어 있다.

⚙ 커리어 플랜(Career Plan)

인간관계나 파벌에 따른 인사이동이 아닌 종업원의 희망, 장래의 목표 등을 파악한 후 능력과 경험을 파악한 후 계획적으로 직장의 훈련 또는 연수를 진행시켜 나가는 제도를 말한다. 커리어 프로그램 또는 직능개발 프로그램이라고도 한다.

⚙ 컨소시엄(Consortium)

공사채나 주식과 같은 유가증권의 인수가 어려울 때 이의 매수를 위해 다수의 업자들이 공동으로 창설하는 인수조합이나 정부나 공공기관이 추진하는 대규모 사업에 여러 개의 업체가 한 회사의 형태로 참여하는 경우를 일반적으로 컨소시엄이라고 한다. 보통 컨소시엄을 구성할 때는 투자위험 분산, 개발이익의 평등분배, 부족한 기술의 상호보완 등이 고려되어야 하며, 컨소시엄의 주목적은 단독으로 진행했을 경우 안게 될 위험 부담을 분담하기 위한 것이다.

⚙ 컨슈머리즘(Consumerism)

소비자주권운동으로, 1960년대 후반 이후 기술혁신에 의한 신제품의 대규모 개발, 대량 소비붐과 함께 불량품, 과대광고, 부당한 가격인상 및 유해식품 등의 부작용이 세계적으로 확대되었다. 컨슈머리즘은 소비자들이 힘을 모아 이러한 왜곡된 현상을 시정하고 자신들의 권리를 지키려는 운동이다. 구체적으로는 대규모 불매운동과 생산업자가 상품의 안정성을 보장할 의무를 법제화시키는 방법 등이 있다. 우리나라는 1980년대 이래 소비자보호원을 중심으로 활발한 소비자운동을 전개하고 있다.

⚙ 코넥스(Korea New Exchange)

자본시장을 통한 초기 중소기업 지원을 강화하여 창조경제 생태계 기반을 조성하기 위해 새로이 개설되는 중소기업전용 신시장을 말한다. 2013년 7월 1일부터 개장하였으며, 코넥스시장은 「중소기업기본법」상 중소기업만 상장 가능한 시장으로서 초기 중소기업에 특화된 시장이라는 특징을 갖는다. 코넥스시장은 전문투자자 등으로 시장참여자를 제한하나, 중소기업 투자전문성이 인정되는 벤처캐피탈(창업투자조합 등 포함) 및 엔젤투자자의 시장참여를 허용하여 모험자본의 선순환을 지원하며, 코넥스시장은 초기 중소기업 중심의 시장으로서 어느 정도 위험감수능력을 갖춘 투자자로 시장참여자를 제한할 필요가 있어 코넥스시장 상장주권을 매수하려는 자의 경우 3억 원 이상을 기본예탁금으로 예탁하도록 하고 있다.

⚙ 콘체른(Konzern)

동종(同種) 또는 이종(異種)의 각 기업이 법률상으로는 독립하면서 경제상으로는 독립을 상실하고 하나의 중앙재벌 밑에서 지배를 받는 기업집중의 형태로, 재벌이라고도 한다. 일반적으로 거대기업이 여러 산업의 다수기업을 지배할 목적으로 형성된다.

크라우드소싱(Crowdsourcing)

기업이 제품이나 서비스 개발과정에서 외부 전문가나 일반 대중이 참여할 수 있도록 한 정책을 말한다. 크라우드소싱의 대표적인 것으로 위키피디아가 있다.

테이퍼링(Tapering)

미국의 중앙은행인 연방준비제도(Fed)가 경제 위기에 대처하기 위해 취했던 양적 완화의 규모를 점진적으로 축소해 나가는 것을 의미한다. 본래 테이퍼링이란 뜻은 '끝이 뾰족해지는', '점점 가늘어지는'이란 뜻으로 쓰이는 용어로, 급작스런 양적 완화 축소를 실시하는 것이 아니라 서서히 자연스레 양적 완화의 속도를 줄여나가는 방식이라 할 수 있다. 미국은 경제회복을 의해 시행해온 양적완화를 축소하는 테이퍼링을 시작하기로 2013년 12월 18일 미국 연방공개시장위원회(FOMC)에서 결정한 바가 있다. 미국이 양적완화를 축소한다는 것 자체가 미국경제가 회복되고 있다는 신호이며 다시 정상적 금융정책으로 돌아온다는 뜻으로 풀이할 수 있으나, 미국에 대한 경제 의존도가 큰 우리나라의 경우외환시장에서 자금 유출과 이에 따른 금융 불안이 나타날 수 있으며, 이자율 상승에 따른 투자의 축소, 가계부채 부담의 증가가 나타날 수 있다.

테일러시스템(Taylor System)

19세기 말 미국의 테일러(F. W. Taylor)가 제창한 것으로서 과업관리라고도 한다. 시간연구와 동작연구(motion study)에 의하여 공정한 하루의 과업을 정하고 그 과업의 성취도에 따라 차별임금을 지급하며, 직능식 관리제도를 실시하여 작업능률을 향상시키려는 관리방법이다.

토탈마케팅(Total Marketing)

마케팅활동이 회사 전반적인 체제로 전개되는 것으로, 직접적인 판매활동은 물론 제품계획 · 시장조사 · 상품유통 · 판매가격의 결정 · 광고 및 판매촉진 · 판매원 교육 · 금융판매 등을 포함한 전반적인 마케팅관리를 말한다.

톱 매니지먼트(Top Management)

경영관리조직에서 최고경영층을 의미한다. 이는 수탁관리층(이사회), 전반관리층(대표이사 · 사장), 부문관리층(부장)의 세 가지로 구성된다.

톱 다운제도(Top Down)

재정당국이 정해준 예산한도 내에서 부처별로 자유롭게 예산을 편성할 수 있도록 하여 부처의 자율성을 높이는 예산편성제도이다. 즉, 사전재원배분제도(Top Down)는 국가의 전략적 목표와 우선순위에 따라 재정당국이 5개년 국가재정운용계획을 수립한 것을 바탕으로 주요 분야별 및 부처별 지출한도를 먼저 설정하고, 개별부처는 그 한도 내에서 개별사업에 대한 예산을 요구하는 방식이다. 환급성이 결여되어 있거나 경영부실 등의 사유가 발생할 경우 기업들을 별도로 관리함으로써 투자자의 투자판단에 주의를 환기시키는 제도이다.

통화스왑(Currency Swap)

둘 이상의 거래기관이 사전에 정해진 만기와 환율에 의해 다른 통화로 서로 교환하는 외환거래를 말한다. 목적은 환시세의 안정을 도모하는 것이고, 방법은 내용상 차입이나 형식상 통화교환이라 할 수 있다. 국가 간 통화스왑 협정 체결은 만일의 위기에 대비한 외화 유동성 안전망 확보에 의미가 있고, 이는 외화유동성과 관련한 시장의 우려를 불식시킴으로써 실물경제에 미치는 악영향을 줄이는데 도움이 된다.

트러스트(Trust)

동종 또는 유사한 기업의 경제상·법률상의 독립성을 완전히 상실하고 하나의 기업으로 결합하는 형태로, 이는 대자본을 형성하여 상대경쟁자를 누르고 시장을 독점 지배할 수 있다. 일반적으로 거액의 자본을 고정 설비에 투자하고 있는 기업의 경우에 이런 형태가 많다. 트러스트의 효시는 1879년 미국에서 최초로 형성된 스탠더드 오일 트러스트(Standard Oil Trust)이다.

트리클 다운 효과(Trickle Down)

낙수 효과라고 한다. 물이 넘치면 바닥을 적시는 것처럼 정부가 투자를 대대적으로 늘려 대기업 위주의 정책을 편다면 대기업의 부를 늘려주고 이는 중소기업과 저소득층에게도 혜택이 골고루 돌아간다는 이론이다.

트리플위칭데이(Triple Witching Day)

주가지수선물, 주가지수옵션, 개별주식옵션의 만기가 동시에 겹치는 날로 3개의 주식파생상품의 만기가 겹쳐 어떤 변화가 일어날지 아무도 예측할 수 없어 혼란스럽다는 의미에서 생긴 말이다. 트리플위칭데이는 현물시장의 주가가 다른 날보다 출렁일 가능성이 상존하는데 이를 가리켜 만기일효과라고 부른다. 또한 결제일이 다가오면 현물과 연계된 선물거래에서 이익을 실현하기 위해 주식을 팔거나 사는 물량이 급변, 주가가 이상 폭등·폭락하는 현상이 나타날 가능성이 크다. 특히 결제 당일 거래종료시점을 전후해서 주가의 급변동이 일어날 수 있다. 미국의 경우는 S&P500 주가지수선물, S&P100 주가지수옵션, 개별주식옵션 등의 3가지 파생상품계약이 3·6·9·12월 세 번째 금요일에, 한국은 3·6·9·12월의 두 번째 목요일에 트리플위칭데이를 맞게 된다.

할당관세(Quota Tariff)

일정 기간 동안 일정 물량의 수입 품목에 대한 관세율을 조정하는 제도로, 수입이 필요한 물품에 대해서는 관세를 감하고, 수입을 억제할 필요가 있는 물품에 대해서는 관세를 더 부과할 수 있다.

파생금융상품(Financial Derivatives)

환율이나 금리, 주가 등의 시세변동에 따른 손실위험을 줄이기 위해 미래 일정 시점에 일정한 가격에 제품이나 주식, 채권 등을 거래하기로 하는 일종의 보험성 금융상품을 말한다. 거래대금의 10 ~ 20%의 증거금만 내고 미래의 권리를 사고파는 거래형태라고 할 수 있다. 금융 및 자본시장에선 채권, 주식, 환율, 대출 등 다양한 형태의 거래가 이뤄지고 있다. 현대적 의미의 파생금융상품이 선보인 것은 브레턴우즈 체제가 무너진 1972년이며, 당시 시카고 상업거래소(CME)에서 통화선물거래가 처음으로 이루어졌다. 파생금융상품은 선도거래, 선물, 옵션(선택매매), 스왑(교환) 등 크게 4가지 유형으로 나눌 수 있다.

퍼네이션(Funation)

퍼네이션은 '즐거움(Fun)'과 '기부(Donation)'의 합성어로, 번거롭고 부담스러운 기부 대신 참여를 통해 기부의 즐거움을 느끼는 나눔 활동을 가리킨다. 퍼네이션은 최근 기업의 사회 공헌 방법의 하나로 떠오르고 있으며, 최근 참신한 아이디어로 무장한 젊은 벤처기업들이 일상생활에서 자연스럽게 기부를 할 수 있는 웹, 모바일 플랫폼을 만들어 퍼네이션(Funation)을 도입하고 있다.

포드시스템(Ford System)

1903년 세워진 포드 자동차회사에서 포드(H. Ford)에 의해 실시된 경영합리화 방식을 말한다. 작업조직을 합리화한 컨베이어 시스템(conveyor system)에 의한 대량생산, 즉 분업생산공정의 철저한 기계화로 각종 작업의 전체적인 동시진행을 실현하고 관리활동을 자동화한 제도이다.

포디즘(Fordism)

포드(H. Ford)의 경영이념이다. 포드는 이윤보다는 사회적 봉사를 경영목적으로 삼고, 낮은 판매가격으로 제품을 시장에 공급하는 한편 노동자들의 임금은 가급적 증대시켜 기업이 사회대중의 생활수준을 향상시키는 봉사기관으로서의 선도적 역할을 해야 한다고 주장했다.

핫머니(Hot Money)

국제금융시장을 이동하는 단기자금을 지칭한다. 각국의 단기금리의 차이, 환율의 차이에 의한 투기적 이익을 목적으로 하는 것과 국내 통화불안을 피하기 위한 자본 도피 등 두 종류가 있다.

포용적 성장(Inclusive Growth)

모든 경제 주체에게 경제활동 참여의 기회를 균등하게 부여하고 성장 혜택이 공정하게 분배되어 경제 성장과 소득 양극화 해소, 삶의 질 향상으로 이어지는 성장을 말한다. 정부의 역할은 임금을 통한 분배에는 개입하지 않고, 재정, 연기금 등에 개입해 소득 재분배를 하는 것이다.

풋백옵션(Putback Option)

일정한 실물 또는 금융자산을 약정된 기일이나 가격에 팔 수 있는 권리를 풋 옵션이라고 한다. 풋 옵션에서 정한 가격이 시장가격보다 낮으면 권리행사를 포기하고 시장가격대로 매도하는 것이 유리하다. 옵션가격이 시장가격보다 높을 때는 권리행사를 한다. 일반적으로 풋백옵션은 풋 옵션을 기업인수합병에 적용한 것으로, 본래 매각자에게 되판다는 뜻이다. 파생금융상품에서 일반적으로 사용되는 풋 옵션과 구별하기 위해 풋백옵션이라고 부른다. 인수시점에서 자산의 가치를 정확하게 산출하기 어렵거나, 추후 자산가치의 하락이 예상될 경우 주로 사용되는 기업인수합병방식이다.

프로슈머(Prosumer)

'Producer(생산자)'와 'Consumer(소비자)'의 합성어로 토플러(A. Toffler) 등 미래학자들이 예견한 상품개발 주체에 관한 개념이다. 소비자가 직접 상품의 개발을 요구하며 아이디어를 제안하고, 기업은 이를 수용하여 신제품을 개발한다.

핀테크(FinTech)

금융을 뜻하는 파이넌스(Finance)와 기술을 뜻하는 테크놀로지(Technology)의 합성어이다. 모바일, 소셜네트워크서비스(SNS), 빅데이터 등의 첨단 기술을 활용해 기존 금융 기법과 차별화 된 새로운 형태의 금융기술을 의미한다. 즉, 점포 중심의 전통적 금융 서비스에서 벗어나 소비자 접근성이 높은 인터넷, 모바일 기반 플랫폼의 장점을 활용하는 송금, 결제, 자산관리, 펀딩 등 다양한 분야의 대안적인 금융 서비스이다.

헤일로 효과(Halo Effect)

인물이나 상품을 평정할 때 대체로 평정자가 빠지기 쉬운 오류의 하나로 피평정자의 전체적인 인상이나 첫인상이 개개의 평정요소에 대한 평가에 그대로 이어져 영향을 미치는 등 객관성을 잃어버리는 현상을 말한다.

헤지거래(Hedge Trading)

현재 보유하고 있거나 장래 보유예정인 현물의 불확실한 가치에 대해 선물옵션시장에서 반대되는 포지션을 취함으로써 가격변동위험을 한정시키는 거래이다.

헤지펀드(Hedge Fund)

국제증권 및 외환시장에 투자해 단기이익을 올리는 민간투자기금이다. 대표적인 것으로는 소로스의 퀀텀펀드, 로버트슨의 타이거펀드 등이 있다. 모집은 물론이고 투자대상과 실적 등이 베일에 싸여 있다. 언제 어디서 투기를 할지 모른다는 점에서 '복병'으로 인식된다.

헤징(Hedging)

환율이나 금리, 주가지수 등의 급격한 변동으로 인한 손실을 막기 위해 행하는 거래로 선물환거래가 대표적이다. 환위험 헤징에는 선물시장을 이용하는 방법과 금융시장을 이용하는 방법이 있는데, 선물시장을 이용하는 방법으로 선물환을 비롯하여, 통화선물·통화옵션 등이 있고 금융시장을 이용하는 방법으로 통화스왑이 있다. 급격한 금리변동으로 인한 손실을 막는 방법으로 금리선물·금리옵션·금리스왑 등이 있다.

협조융자(Joint Financing)

자금이 부족해 부도 위기에 빠진 특정 기업에 대해 채권금융기관이 자금을 모아 빌려주는 것을 말한다. 협조융자 금액과 금리 등은 돈을 가장 많이 빌려준 주채권은행 주도로 은행장끼리 모여서 결정한다. 지원 금액은 은행별 대출비율에 따라 나눠진다.

화의(Vergleich)

자금난을 겪다 부도를 낸 기업의 회사갱생방안의 하나로서 법원은 화의신청이 타당하다고 판단되면 법정관리에서와 같이 회사재산보전처분 결정을 내려 기업도산을 막아주지만, 법원이 법정 관리인을 선정하고 기업경영까지 책임지는 '법정관리'와는 달리 기업경영에 전혀 개입하지 않고 기존경영을 계속 맡는다. 또 화의개시 결정기업에는 부채를 5년 이상 분할 상환할 수 있는 혜택이 주어진다.

환매조건부 채권(Repurchase Agreement)

일정 기간이 지난 후에 다시 매입하는 조건으로 채권을 매도함으로써 수요자가 단기자금을 조달하는 금융거래 방식의 하나이다. 한국은행 Rp와 금융기관 Rp 두 종류가 있는데, 전자는 한국은행이 통화조절을 위해 시중은행에 판매하는 것으로 고금리를 보장하고 시중자금을 빨아들인다. 후자는 은행 증권사 등 금융기관 수신 상품의 하나로 일정 기간 후 재매입 조건으로 고객에게 판매하는 것이다.

CMI 기금

한국, 중국, 일본과 동남아국가연합(ASEAN)이 글로벌 금융위기에 공동 대처하기 위해 조성한 공동기금을 말한다. 외환위기직후인 2000년 태국의 치앙마이에서 제안되었으며, 그 규모는 1,200달러이다. 기금은 국가별 분담률에 따라 마련이 되고, 금융위기 발생 시 개별 회원국을 지원한다.

경제 · 경영 약어

◦◦ KOAFEC(KOrea AFrica Economic cooperation Conference)

2006년 출범한 한 · 아프리카 간 경제협력 협의체를 말한다. 2년마다 열리는 장관급 회의와 운영기구인 KOAFEC 자문단 및 사무국(기획재정부 · 아프리카개발은행 · 한국수출입은행)으로 조직돼 있다. 한국과 아프리카 국가 간 경제발전 경험 전수, 인프라 및 자원개발, IT, 인력개발 등의 구체적인 협력 사업을 발굴해 추진하는 성과 지향적 경제협력 협의 채널이다.

◦◦ SSNIP Test(Small but Significant Non-transitory Increase in Prices)

시장지배력을 가진 기업에 대한 정부 개입의 정당성을 결정하기 전에 해당 기업이 속해 있는 관련 시장 (Relevant Market)을 결정해야 하는데, 이때 SSNIP 테스트를 이용하여 관련 시장을 획정할 수 있다. SSNIP는 Small but Significant and Non-transitory Increase in Price의 약자로서, 가상의 독점기업이 작지만 유의미하고 일시적이지 않게 가격을 인상하여 테스트한다는 의미를 담고 있다. 작지만 유의미하다는 것은 소비자의 수요량에 영향을 주는 최소한의 수준을 의미하며, 미국의 공정거래위원회에서는 5~10%으로 명시하고 있다. 일시적이지 않게 가격을 인상한다는 것은 소비자들이 가격이 다시 하락할 때까지 소비를 일시적으로 중지하는 경우를 배제한다는 것을 의미한다.

◦◦ CAPEX(Capital Expenditures)

자본적 지출이라고도 하며 미래의 이윤 창출, 가치의 취득을 위해 지출된 투자 과정에서의 비용을 말한다. CAPEX는 기업이 고정자산을 구매하거나, 유효수명이 당 회계년도를 초과하는 기존의 고정자산 투자에 돈이 사용될 때 발생한다.

◦◦ CFO

Chief Finance Officer의 줄임말로 재무담당 최고책임자를 뜻한다. 기업의 경리, 자금, 예산편성 등 기업 전반에 걸친 기획 및 재무영역 조직을 하나로 통합하여 총괄한다. 일반적으로는 자금 담당 부사장으로 불린다.

CIO

CIO(Chief Information Officer)는 정보담당 최고경영자를 말한다. 정보시스템, 일반관리 부서, 기업과 외부와의 원활한 정보확보 등을 관장하며 정보기술이 기업의 경쟁우위를 달성하고 유지하는데 기여할 수 있도록 계획하고 관리하는 역할을 맡는다. CIO는 한 기능부서의 관리자가 아닌 경영자로서의 역할을 하기 때문에 기업의 IT 투자 및 활용에 매우 중요하다. 정보자원 관리와 정보의 경영적용이 기업에게 중요하게 인식되면서 CIO의 역할과 위치가 날로 강화되고 있다.

COO

COO(Chief Operating Officer)는 기업 내의 사업을 총괄하며, 일상 업무를 원활하게 추진하기 위한 의사결정을 행하는 최고운영책임자를 말한다.

COSO

Committee of Sponsoring Organizations of the Treadway Commission의 약자로 1985년 미국에서 효과적인 내부통제 체계를 확립하기 위해 AICPA, AAA, FEI, IIA, IMA의 5개의 민간단체가 공동 설립한 조직이다. COSO의 내부통제 프레임 워크는 통제환경, 리스크 평가, 통제 활동, 정보 및 의사소통, 모니터링으로 구성된다.

CSR(기업의 사회적 책임)

기업이 지속적으로 존속하기 위한 이윤추구활동 이외에 법령과 윤리를 준수하고, 기업의 이해관계자의 요구에 적절히 대응함으로써 사회에 긍정적 영향을 미치는 책임있는 활동, 즉 기업의 사회적 책임(Corporate Social Responsibility)을 말한다.

Cross Default(크로스 디폴트)

이미 체결된 계약이나 앞으로 체결할 다른 계약서의 조항을 이행하지 않을 경우 본계약 위반으로 간주하는 것이다. 채권보유자가 해당 기업의 채무불이행을 대외적으로 선언해 채권 회수의 근거를 마련하는 디폴트선언 이후 다른 금융기관도 똑같이 디폴트선언 의사를 밝힌 뒤 채권을 갚아달라고 요청한 것으로, 한 융자계약에서 디폴트 선언을 당하면 채권자는 다른 융자까지 일방적으로 디폴트 선언을 할 수 있는데 이를 크로스 디폴트라고 한다.

D/A(디에이)

무신용장 결제 방식의 일종으로서 Documents against Acceptance의 약자이다. 인수 인도 조건이라고도 한다. 수출자가 매도 물품을 선적한 뒤 수입자를 지급인, 수출자를 수취인으로 환어음을 발행한다. 어음은 자기거래은행(추심의뢰은행)을 통하여 수입자의 거래은행(추심은행)앞으로 어음대금의 추심이 의뢰된다. 추심은행은 수입상이 해당 환어음을 특정기일 경과후에 지급하겠다는 약속(어음 표면에 "인수"표시를 하고 기명날인)을 하면 선적서류를 수입상에게 인도하여 물품을 찾을 수 있게 한다.

D/P(디피)

무신용장 결제 방식의 일종으로서 Documents against Payment의 약자다. 화물 인도 조건의 하나로 지급 인도 조건이라고도 불린다.

DDA 서비스협상 대상

서비스 분야는 크게 12개 대분야(사업, 통신, 건설, 유통, 교육, 환경, 금융, 보건·사회, 관광, 오락·문화·스포츠, 운송, 기타 서비스)와 155개 소분야로 나뉜다. 서비스무역에 관한 일반협정(GATS) 부속서에 명시적으로 협정대상에서 제외하기로 한 항공운송권을 제외하고 모든 서비스 산업이 협상의 대상인 것이다.

ESCO 사업

ESCO(Energy Service Company)는 에너지 절약 전문기업을 뜻하는 영문 약자다. ESCO 사업이란 에너지 사용자가 노후화된 에너지 관련 시설을 고효율 시설로 개선하거나 보완하려는 의지는 있으나, 기술적 또는 경제적 부담으로 시행하지 못할 경우 우선 시설 설치 후 투자비 전액을 분할 상환받는 방식을 말한다.

O2O 산업

온라인과 오프라인을 유기적으로 연결하여 온라인의 잠재고객을 오프라인 매장으로 유도하는 사업 모델로서 online to offline의 약자이다. 이메일이나 인터넷 광고 등을 통해 온라인 공간에서 고객을 식별하고 고객으로 하여금 온라인 공간을 떠나 실제 매장으로 발걸음을 옮길 수 있도록 다양한 수단과 접근 방식을 사용한다.

OPEX(Operating Expenditure)

OPEX는 '업무지출' 또는 '운영비용'이라고도 하며 갖춰진 설비를 운영하는데 드는 제반 비용을 말한다. OPEX는 인건비, 재료비, 수선유지비와 같은 직접 비용과 제세공과금 등의 간접 비용으로 구성되어 있으며 통상 CAPEX와 함께 대조적으로 많이 쓰이는 용어다. OPEX가 높다는 것은 기존의 생산설비 등이 노후화 되었다고 볼 수 있다.

SBHI(Small Business Health Index)

중소기업건강도지수(Small Business Health Index)를 말하는 것으로서 중소기업의 경기전망과 경제환경 전망을 측정하는 지표이다. 우리나라에서는 중소기업중앙회와 중소기업연구원이 공동으로 제조기업과 비제조기업을 망라한 중소기업을 대상으로 경기전망을 조사하여, 100을 기준으로 한 지수로 발표한다.

SOA(서비스지향아키텍처)

Service-Oriented Architecture의 약어로 우리말로 '서비스 지향 얼개'라 순화하여 쓰기도 한다. 기업의 소프트웨어 인프라인 정보 시스템을 공유와 재사용이 가능한 서비스 단위나 컴포넌트 중심으로 구축되는 정보기술 아키텍처를 의미한다. 정보를 누구나 이용 가능한 서비스로 간주하고 연동과 통합을 전제로 아키텍처를 구축해 나간다.

Tick(틱)

선물계약의 매입, 매도 주문시에 내는 제시가격의 최소한의 가격변동폭을 가리키며 각 선물거래소마다 상품별로 그 크기를 표준화시켜 놓고 있다.

Time to market

한 제품의 제품 개발 컨셉의 개발부터 제품을 만들어 시장에서 판매가 가능할 때까지 걸리는 시간을 가리킨다. 줄여서 TTM이라고 불리며, 제품이 빠르게 진부화되는 산업에서 특히 중요하다. 일반적으로 새로운 종류의 제품에서 매우 중요하게 생각되나, 실제로 시장진입을 먼저한 선발자가 후발자보다 더 여유있는 TTM을 가지고 있다.

VE(가치공학)

Value Engineering의 약자다. 사물 자체가 아닌 사물의 원가절감, 제품 가치에 눈을 돌려 제품이나 서비스 기능의 향상 등 모든 경영활동의 변화를 추구하는 가치향상 기법이다. 즉, 최소의 비용으로 최대의 효과를 실현하는 것이 목표라 할 수 있다.

가젤형기업(Gazelles Company)

매출액 또는 고용자 수가 3년 연속, 평균 20%이상 지속적으로 고성장하는 기업. 빠른 성장과 높은 순고용 증가율이 '빨리 달리면서 높은 점프력을 갖고 있는' 영양류의 일종인 가젤과 닮았다고 해서 붙인 이름이다. 강소기업을 말하는 '히든 챔피언'과 비슷한 개념이지만 강소기업은 매출 신장에 비중을 더 두는데 비해 가젤형 기업은 안정적인 일자리 창출에 중추적인 역할을 하고 있다.

BOP(Base of Economic Pyramid)

본래 의미는 피라미드의 밑바닥이며, 소득분포에서 제일 아래 위치한 빈곤층을 지칭한다. BOP 계층은 세계 인구의 상당수를 차지하며 소비시장의 규모도 매우 커 잠재력이 풍부해 BOP 마케팅이 신흥시장 개척수단으로 주목받고 있다.

COMESA(Common Market for Eastern and Southern Africa)

동남아프리카 지역의 안보와 평화를 실현하고 회원국 간 경제협력을 강화하기 위해 1994년 설립된 국제기구이다.

EWE(Early Warning Exercise)

글로벌 금융위기 이후 세계 경제의 위험요인에 대한 조기진단이 중요해지면서 국제통화기금(IMF)과 금융안정위원회(FSB)가 2009년 공동으로 도입한 조기경보 활동. 활동 결과는 IMF 이사회 및 국제통화금융위원회(IMFC) 등에 제한적으로 공개된다.

FTSE지수

영국의 파이낸셜타임스와 런던거래소가 공동 설립한 FTSE 인터내셔널에서 1999년부터 발표하는 지수를 말한다. FTSE지수는 MSCI 지수와 함께 세계시장을 대상으로 하는 대표적인 양대 지수로, 글로벌 기관투자자들의 투자분석, 자산 배분, 펀드설정 등 의사결정과정에서 중요한 지표로 사용되고 있다.

ICN 회의(국제경쟁 네트워크)

경쟁정책에 관한 국제협의체. 2001년 10월 미국과 13개 운영위원국이 설립하였다. 오직 경쟁문제만을 다루고 경쟁 당국이 있는 나라는 모두 회원이 될 수 있다. ICN 연차총회는 주로 경쟁정책 이행, 카르텔, 시장지배적 지위 남용행위, 기업 결합 등 각 실무그룹들의 지난 1년간 활동을 결산하는 보고서가 발표되며 향후 작업계획 등을 논의한다.

IISM지수

미국의 공급자관리협회(ISM : Institute for Supply Management)가 미국 내 20개 업종 400개 이상 회사를 대상으로 매달 설문조사를 실시해 산출하는 지수를 말한다. 제조업지수(ISM Index)와 비제조업(서비스업)지수(ISM Non-manufacturing Index, ISM Services Index) 두 가지로 발표되는데 두 지수 모두 50 이상이면 경기확장을, 50이하면 수축을 예고한다.

MOT(Moments of Truth)

소비자가 기업 또는 제품에 대한 이미지를 결정하는 시간은 15초 내외의 짧은 순간이라는 마케팅 용어다. 소비자가 광고나 직원을 마주하면서 갖게 되는 느낌이 기업의 이미지를 결정짓는다는 뜻이다.

❖ BIS(Bank for International Settlements)

국제결제은행(BIS)은 1930년 1월 헤이그협정에 의거 설립된 중앙은행간 협력기구로 현존하는 국제금융기구 중 가장 오래된 기구이다. 스위스 바젤에 본부를 두고 있으며 "중앙은행 간 협력을 증진하고 국제금융거래의 원활화를 위한 편의를 제공하며 국제결제의무와 관련하여 수탁자(Trustee) 및 대리인(Agent)으로서의 역할을 수행하는 데 있다"고 설립목적을 규정하고 있다.

❖ CIB(Commercial Investment Bank)

상업은행과 투자은행을 결합한 용어로 금융지주회사 형태의 통합금융회사를 의미한다. 1933년 상업은행과 투자은행의 업무를 엄격하게 분리한 글라스-스티걸법의 제정으로 은행부분과 증권부분이 분리됐으나 최근 금융위기로 골드만삭스, JP모건 등 투자은행들이 은행지주회사 구조로 전환하면서 CIB가 그 대안으로 부상하고 있다.

❖ ESG

기업의 재무적 성과 이외에 평가하는 Environment(친환경), Social(사회적 기여), Governance(투명한 지배)로 기업 성과를 측정하는 기업성과지표이다.

❖ CEO(Chief Executive Officer)

대기업의 최고의사결정권자로 대표이사와 같은 의미이다. 최고경영자가 회장직을 겸하는 경우도 있으나 두 직책이 분리되는 경우도 있다. 분리되는 경우 회장이 단지 이사회(理事會)를 주재하는 권한만을 행사하는데 반해 최고경영자는 경영 전반을 통괄한다. 실권은 최고경영자에게 있다.

ㄱ CCO(Chief of Contents Officer) : 벤처기업의 콘텐츠 기획과 운영에 관한 모든 책임과 권한이 부여된 전문경영자를 말한다.

ㄴ CDO(Chief of Distribution Officer) : 최고경영자인 CEO보다 한 단계 상위개념이다. 단순한 최고경영자에서 벗어나 회사 내의 A부터 Z까지 모든 업무를 하나하나 꼼꼼히 챙기는 전문경영자를 의미한다.

ㄷ CFO(Chief of Finance Officer) : 벤처기업 내의 재무에 관련된 모든 업무를 담당하는 경영자로서 다양한 루트를 통해 자금을 원활히 조달하는 전문화된 인력을 말한다.

ㄹ CKO(Chief of Knowledge Officer) : 최고지식경영자 혹은 지식경영리더로 불리며 신세대에 맞는 독특하고 기발한 아이디어를 내는 것이 주된 업무이다.

ㅁ CTO(Chief of Technology Officer) : 기업 내 기술총책임자를 의미한다.

ㅂ COO(Chief of Operating Officer) : 개발된 제품을 사업으로 연결시키는 역할을 담당하면서 회사내 사업추진의 총책임자로 활약하는 경영자를 일컫는 용어이다.

ㅅ CIO(Chief Information Officer) : 최고정보경영자 또는 정보담당임원을 말한다. 경영환경이 정보 중심으로 급변함에 따라 각 기업들은 정보화문제를 총괄하는 고위직 책임자를 필요로 하게 되었고, 이를 CIO라 부르게 되었다.

CI(Corporate Identity)

기업이미지 통합을 말한다. 상품구입에서 직장을 고르는 경우에 이르기까지 기업·소비자·취직자 등은 그 기업의 이미지에 따라 선택판단을 내리게 되는 경우가 많다. 각 기업들은 기업의 명칭에서부터 종업원의 복장에 이르기까지 통일된 이미지를 주는, 즉 같은 회사의 제품이라는 것을 식별할 수 있도록 해주는 기업활동과 전략을 수립하고 있다. 본격적으로 도입된 것은 1980년대부터인데 여기에는 시각이미지 통일(VI ; Visual Identity), 행동양식 통일(BI ; Behavioral Identity), 심리 통일(MI ; Mind Identity) 등이 있다.

CSS(Credit Scoring System)

개인의 신상, 직장, 자산, 신용, 금융기관거래정보 등을 종합평가해 대출 여부를 결정해 주는 자동전산시스템으로 '개인대출평가시스템'이라고도 불린다. 각각의 개인대출신청은 CSS결과에 따라 자동승인, 재심사대상, 승인거절 등으로 분류된다.

ERP(Enterprise Resource Planning)

MRP(물류지원관리 ; Material Resource Planning)에서 한 단계 진보한 개념으로 기업 내의 모든 인적·물적 자원을 효율적으로 관리하여 경쟁력을 높여주는 통합정보시스템을 말한다. 경영활동의 수행을 위해 인사, 생산, 판매, 회계 등의 여러가지 운영시스템으로 분산되어 있는데 ERP는 이러한 경영자원을 하나의 체계로 통합관리하는 시스템을 재구축하여 생산성을 극대화하려는 기업 리엔지니어링 기법이다.

ESS(Energy Storage System)

잉여 전력을 저장했다가 필요한 시기에 공급하는 시스템으로, 야간에 버려지는 전기를 소비량이 많은 시간대에 공급해 전력수급 문제를 해결할 수 있다.

B2B · B2C

기업과 기업이 전자상거래를 하는 관계를 의미하며, 인터넷 공간을 통해 기업이 원자재나 부품을 다른 기업으로부터 구입하는 것이 대표적이다. 일반소비자와는 큰 상관이 없지만 거래규모가 엄청나서 앞으로 전자상거래를 주도할 것으로 보인다. B2C는 Business to Consumer의 줄임말로 기업이 개인을 상대로 인터넷상에서 일상용품을 판매하는 것이 대표적이다. 현재 인터넷에서 운영되고 있는 전자상거래 웹사이트의 대부분이 B2C를 겨냥하고 있다.

EVA(Economic Value Added)

경제적 부가가치를 의미하며 세후 영업이익에서 자본비용을 차감한 값으로 투하된 자본과 비용으로 실제로 얼마나 많은 이익을 올렸느냐를 따지는 경영지표를 말한다. 회계장부상으로는 순익이 나더라도 EVA가 마이너스인 경우에는 기업의 채산성이 없는 것을 의미한다. 1980년대 후반 미국의 스턴스튜어트 컨설팅사에 의해 도입, 선진국에서는 기업의 재무적 가치와 경영자 업적평가에서 순이익이나 경상이익보다 훨씬 효율적인 지표로 활용되고 있다. 어느 기업의 EVA가 마이너스라는 것은 투자자 입장에서 보면 투자할 가치가 없다는 뜻이다.

FMS(Flexible Manufacturing System)

생산성을 떨어뜨리지 않고 여러 종류의 제품형태를 가공·처리할 수 있는 유연성이 풍부한 자동화 생산라인이다. CNC공작기계, 로봇자동창고, 무인운반기, 제어용 컴퓨터 등으로 구성된 자동조립·가공라인을 가리킨다. FMS가 등장하게 된 사회적 배경은 시장의 성숙화에 따른 다품종소량 생산시대를 맞은 것, 다양한 욕구·수요에 유연하게 대응할 수 있는 시스템의 필요성, 마이크로 일렉트로닉스 기술의 진보에 수반한 고도의 CNC공작기계나 로봇의 개발을 들 수 있다.

GWP(Great Work Place)

일하기 좋은 기업을 말한다. 조직 내 신뢰가 높고, 업무에 대한 자부심이 강하며, 즐겁고 보람 있게 일하는 회사로 미국의 경영컨설턴트인 로버트 레버링 박사가 뛰어난 재무적 성과를 올리는 기업들의 기업문화를 연구해 1998년 경제전문지 포춘에 발표하면서 눈길을 끌었다.

IMF 쿼터(IMF Quota)

국제통화기금에서 각 회원국들에 할당한 출자금비율로 IMF는 각 가맹국에 대해 그 경제력이나 무역량에 따라 출자할당액을 정한다. 가맹국은 할당액의 25%를 금, 나머지 75%는 자국통화로 납입하게 되어 있었으나 1978년 4월의 신(新)협정으로 금에 의한 납입은 SDR로 납입하게 되었다. 다만, IMF가 인정할 경우에는 다른 가맹국통화 또는 자국통화로 납입할 수 있다. 이와 같은 할당액에 의한 자금을 일반자금이라 하며, 가맹국은 국제수지가 악화되었을 때 IMF의 승인을 얻어 이를 인출하여 이용할 수 있다.

IR(Investor Relations)

기업설명회를 뜻한다. 기관투자가, 펀드매니저 등 주식투자자들에게 기업에 대한 정보를 제공하여 투자자들의 의사결정을 돕는 마케팅활동의 하나이다. 기업입장에서는 자사주가가 높은 평가를 받도록 함으로써 기업의 이미지를 높이고 유상증자 등 증시에서의 자금조달이 쉬워지는 효과를 거둘 수 있다.

NDI (National Disposable Income)

국민처분 가능소득이다. 국민경제 전체가 소비나 저축으로 자유로이 처분할 수 있는 소득의 규모를 나타내는 것으로 국민계정의 중요한 총량지표 중 하나이다. 국민처분가능소득은 명목 시장가격으로 평가된 국민순소득에 교포 송금 등과 같이 생산 활동과는 관계없이 국외로부터의 소득을 더하고 클레임 등 국외에 지급한 소득을 차감한, 즉 국외순수취경상이전을 더하여 산출한다.

JIT(Just In Time)

생산현장에서 꼭 필요한 물자를 필요한 양만큼만 필요한 시간과 장소에 생산·보관하는 방식이다. 재고감소·납기준수·낭비제거 등을 위한 기법으로, 경영자원을 최대한으로 활용하는 것을 목표로 한다. 이 방식은 일본의 도요타 자동차사가 미국의 GM타도를 목표로 창안한 기법으로, 자동차와 함께 도요타 생산방식(TPS)의 축을 이루고 있다. JIT시스템이 중점을 두는 생산활동은 사람, 기계, 물자 등 3M을 적절하게 조화시키는 것이다. JIT시스템은 이 같은 3M을 조화하는 과정에서 낭비를 제거한다. 제조공정의 시간을 단축하기 위해 필요한 재료를 필요한 때에 필요한 양만큼 만들거나 운반하는 것이다. 이를 간판방식이라고도 한다. 그러나 최근 들어 어느 생산라인 한 곳만 차질을 빚거나 수송이 막히면 전면적인 생산마비가 불가피하다는 문제점이 제기돼 도요타 자동차사 내에서도 JIT에 대한 재평가작업이 활발히 이루어지고 있다.

M&A(Mergers and Acquisitions)

기업의 인수·합병을 말한다. M&A는 우호적인 매수와 비우호적인 매수로 나뉘는데, 비우호적인 경우, 매수대상 기업의 주식을 일정한 값으로 매입해 버릴 것을 공표하는 테이크 오버 비드(TOB)란 방법도 이용된다. 우리나라도 1997년 4월 1일부터 주식소유한도가 완전 폐지되어 본격적인 M&A시대로 접어들었다.

TOB(Take Over Bid)

공개매수를 뜻한다. 주로 경영권을 지배하기 위해 주식의 매수희망자가 매수기간, 주수, 가격을 공표해 불특정다수의 주주로부터 매수하는 방식이다. 유리한 점은 시장에 출회되는 주가 적은 경우에도 시장가격보다 비싼 가격으로 매도를 유발하여 주를 모을 수 있고, 주수가 목표에 미달했을 때 사들이는 것을 모두 취소해도 무방하므로 위험부담이 적다는 것이다.

MBO(Management Buy Out)

고용안정을 기하면서 조직을 슬림화시키는 구조조정기법을 말한다. 기업구조조정과정에서 현경영진과 종업원이 중심이 되어 자신들이 속해 있는 기업이나 사업부를 매수하는 것을 말한다. MBO에 참여하는 은행이나 벤처캐피털은 자금지원 외에도 MBO 대상기업에 대한 지속적인 감시와 모니터링을 수행하므로 MBO 성패를 좌우하는 중요한 역할을 담당한다. MBO는 대기업이 계열사나 사업부를 분리할 때 주로 사용되며, 자회사분리 또는 신설(spin-off), 기업분할(split-off), 모기업 소멸분할(split-up), 자회사분리 및 공개상장(equity carve-out), 지분매각, 영업양도 등의 형태로 이루어진다. 최근 MBO는 정리해고·청산 등에 따른 실업증가가 사회문제로 떠오르면서 구조조정의 새로운 수단으로 각광받고 있다.

OJT(On the Job Training)

종업원을 훈련시키는 한 방식으로 직무를 통한 훈련, 즉 직장 내 훈련을 말한다. 실제 종사하고 있는 직무와 관련된 지식·기능을 연마하는 것이 그 목적이다.

OR(Operation Research)

제2차 세계대전 중에 작전계획의 과학적 연구를 바탕으로 발전되었으나, 전후에는 기업경영에 도입·활용되었다. 생산계획, 재고관리, 수송문제, 설비계획 등 여러 경영정책의 결정을 수학적·통계학적으로 구하는 방법이다. 선형계획법, 시뮬레이션, 게임이론, PERT 등이 대표적으로 이용된다.

PEF(Private Equity Fund)

사모펀드, 소수의 투자자로부터 모은 자금을 주식·채권 등에 운용하는 펀드를 말한다. 투자신탁법에서는 100인 이하의 투자자, 자본시장법에서는 49인 이하의 소수로부터 자금을 모아 운용하는 펀드로 정의한다. 금융기관이 관리하는 일반 펀드와는 달리 금융감독기관의 감시를 받지 않으며, 공모펀드와는 달리 운용에 제한이 없는 만큼 자유로운 운용이 가능하다.

PIIGS

포르투갈(Portugal), 이탈리아(Italy), 아일랜드(Ireland), 그리스(Greece), 스페인(Spain)의 단어 첫 글자를 딴 것이다. 소규모 유럽 국가들의 재정 부실이 국가채무불이행 위험(sovereign risk)으로 연계되면서 국제적인 문제가 됨에 따라 포르투갈, 이탈리아, 아일랜드, 스페인을 묶어 PIGS로 지칭하였으나 금융위기로 급격히 재정 악화를 맞은 아일랜드를 포함해 PIIGS로 바뀌었다.

POS(Point Of Sales)시스템

판매시점 정보관리시스템을 의미한다. 유통업체 매장에서 팔린 상품에 관한 정보를 판매시점에서 품목·수량·가격 등과 같은 유통정보를 기록함으로써 컴퓨터를 이용하여 재고나 매출과 관련된 자료를 분석·활용할 수 있는 유통업계 정보시스템이다. POS시스템은 판매정보입력을 쉽게 하기 위해 상품 포장지에 바코드(Bar Code)나 OCR태그(광학식 문자해독 장치용 가격표) 등을 부착시켜 판독기(Scanner)를 통과하면 해당 상품의 각종 정보가 자동적으로 메인컴퓨터에 들어가게 된다. 백화점, 은행, 대형서점 등 유통 서비스업계는 이 정보를 활용하여 매출동향을 파악하는 것은 물론 적정 재고량을 유지할 수 있는 등의 장점이 있어 상품관리·자동화업무를 추진하고 있다.

QC(Quality Control)운동

제품의 품질을 유지·향상시키기 위한 품질관리상운동이다. 오늘날의 품질관리는 가장 경제적이고 가장 도움을 주며, 구입자가 만족하는 품질의 제품을 개발하여 설계·생산·판매하고 서비스하는 것을 말한다.

R&D(Research and Development)

연구개발을 뜻한다. 'Research'는 기초연구와 응용연구, 'Development'는 이러한 연구 성과를 기초로 제품화하는 개발업무를 가리킨다.

W이론

한국의 실정에 맞는 독창적인 기업경영철학을 확립하자는 의미에서 1993년 서울대 이면우 교수가 주창한 이론으로, 현재 우리 경제가 당면한 심각한 위기상황을 극복하고 발전하기 위해서는 외국의 경영이론이나 철학을 무분별하게 수용하여 산업현장에서 무리하게 적용함으로써 발생하는 비능률을 제거하고 우리 산업의 실체, 문화적·역사적 토양, 시대적 배경 등을 점검하여 우리의 실정에 맞는 한국형 기술, 한국형 산업문화 발전전략을 뒷받침하는 독자적인 경영철학을 확립하자는 것이다. W이론의 실체는 산업현장에 '신바람'을 불러일으킨다는 것이다. 경영자나 지도자가 솔선수범하여 구성원의 흥을 불러일으키면 생산성이 배가된다는 것이다.

VE(Value Engineering)

가치공학(價値工學)을 의미하는 표현으로 최저의 비용으로 필요한 기능을 확실히 달성하기 위하여 조직적으로 제품 또는 서비스의 기능을 연구하는 방법이다. VE의 궁극적 목표는 이러한 연구를 통하여 고객의 입장에서 제품이나 서비스의 가치에 관한 문제를 분석하여 가치를 높이는 일이다.

ZD(Zero Defects)운동

무결점운동이다. QC(품질관리)기법을 제조부문에만 한정하지 않고 일반관리·사무에까지 확대적용하여 전사적(全社的)으로 결점이 없는 일을 하자는 것이다. 구체적으로는 전(全)종업원에게 경영참가의식을 갖게 하여 사기를 높임으로써, 전원이 결점을 없애는데 협력해 나가도록 하는 운동이다.

3C

세계 정상급 기업이 되기 위한 요건이다. 발상(Concepts), 능력(Competence), 관계(Connections)를 의미한다. 미 하버드대 경영대학원의 로저베스모스 캔터교수가 자신의 저서 '세계정상급'에서 제시한 것으로, 먼저 발상은 최신의 지식과 아이디어를 습득해야 하며 기술을 계속 향상시켜야 한다. 두 번째는 가장 높은 수준에서 일할 수 있는 능력을 갖추어야 한다. 또한 전 세계에 걸쳐 적합한 인물들과 교류를 갖는 관계를 유지해야 한다. 그밖에 전세계 사람들과 허심탄회하게 일할 수 있는 세계화(Cosmopolitan)적 인식과 활동, 공동의 문제들을 함께 해결해 나가려는 협력(Collaborations)의 자세도 중요하다고 지적하고 있다.

3S 운동

생산성의 향상·품질의 개선을 추진하기 위해서 부품규격 등의 표준화(Standardization), 제품의 단순화(Simplification), 제조공정 및 작업의 전문화(Specialization) 등을 기업 내에서 실행하려는 경영합리화운동을 말한다.

5S서비스

금융·호텔·병원·수송 등 종래의 전통적인 서비스업 외의 새로 개발된 다섯 가지 서비스 산업을 의미한다.
㉠ Substitute : 기업·개인의 업무를 대행서비스
㉡ Software : 컴퓨터 시스템의 사용·유지관리, 프로그램 등 서비스
㉢ Security : 생명·재산 보호, 개인·기업의 안전서비스
㉣ Social : 복지사업 등 사회보장 확립 서비스
㉤ Special : 변호사·의료·사설학원 등 서비스

7C

21세기 지식산업시대의 경쟁력 강화에 필수적인 일곱 가지 요소로서, 미국 교육부와 상무부가 발표한 보고서에서 나온 용어이다. 7C는 정보통신 및 컴퓨터 네트워크 간의 연결성(Connectivity), 특정 소수집단을 초월한 지역단위(Community)의 기반, 지식사회를 주도적으로 이끌 인적 기반 등의 수용성(Capacity), 인터넷 웹사이트를 구성하는 내용물(Contents), 지역사회 내부의 협동체제(Collaboration), 지식사회를 지속적으로 혁신하는 데 동원될 자금력(Ccash) 등이다. 각각의 요소들이 유기적으로 결합할 때 국가경쟁력의 극대화를 기대할 수 있을 것이다. 네트워크기술 발달은 앞으로 시간과 공간을 초월한 경쟁구도를 만들어 낼 것으로 전망된다. 경쟁의 치열함이나 속도도 지금과는 비교할 수 없을 정도이다. 탄탄한 인프라 기반과 순발력 있는 창의적 인재의 조화가 성패의 관건이다.

EB (Exchangeable Bond)

교환사채를 일컫는다. 사채권자의 의사에 따라 사채를 교환사채 발행 기업이 보유하고 있는 타사 주식 등 여타의 유가증권과 교환할 수 있는 선택권이 부여된 사채를 말한다. 발행하는 채권에 주식이 연계되어 있다는 점에서 발행회사의 신주를 일정한 조건으로 매수할 수 있는 신주인수권부사채나 발행 회사의 주식으로 전환할 수 있는 권리가 부여된 전환사채 등과 함께 주식연계 증권으로 불린다.

IPO(Initial Public Offering)

기업공개를 의미한다. 주식거래를 위해 제일 필요한 첫 단계는 상장이다. 상장을 할 때 기업은 자사의 주식, 경영내역 등의 정보를 시장에 공개하여 증권시장에 기업의 주식을 등록하는 것을 의미한다.

GCF(Green Climate Fund)

녹색 기후 기금으로, 개발도상국의 온실가스 감축과 기후변화 적응을 지원하기 위한 유엔(UN) 산하의 국제기구가 조성한 기금을 말한다. 산업화에서 발생되는 온실가스 증가로 인해 지구온난화가 가속화가 진행되고 남북극의 빙하 면적이 감소되면서 몰디브와 해수면이 낮은 지역에서는 해수면의 상승으로 국가가 없어질 위기에 있기도 하는 등 가뭄과 홍수로 많은 국가가 피해를 입고 있다. 이에 UN은 선진국들이 기금을 조성하여 기후변화로 어려움을 겪고 있는 개발도상국에 피해를 줄이고 환경오염을 최소화하고자 기금을 조성한 것이 바로 녹색 환경 기금이다.

NTB(Non Tariff Barrier)

비관세장벽은 정부가 국산품과 외국품을 차별하여 수입을 억제하려는 정책일반으로, 관세 이외의 방법이다. 전형적인 것은 수입수량제한, 국내산업보호정책, 수출에 대한 금융지원과 세제상의 감면 등 우대조치, 반덤핑정책 등으로 정부의 국내산업보호와 수출장려정책의 수단을 말한다.

FIFO(First-In First Out method)

선입선출법은 상품매출 시 먼저 매입한 것부터 순차적으로 매출하는 형식이다. 이 방법에 따르면 매입된 가격이나 수량이 각각 다르다 하더라도 평균단가계산을 할 필요가 없으며, 재고자산이 현시가에 가장 가까운 가액으로 평가된다는 장점이 있다.

CCM(Consumer Centered Management)

소비자 중심경영은 기업 등이 수행하는 모든 활동을 소비자 관점에서, 소비자 중심으로 구성하고 관련 경영 활동을 지속적으로 수행하고 있는지를 한국소비자원이 평가하고 공정거래위원회가 인증하는 법정 인증제도로 현재 170개(대기업 124개, 중소기업 46개) 기업 및 기관이 인증을 받았다. 평가기준은 리더십, CCM 체계, CCM 운영, 성과관리 등 크게 4개 분야이며, 이 기준에 따라 일정 점수 이상을 획득한 기업 등은 인증 심의위원회를 거쳐 최종 CCM 인증을 받게 된다. CCM 인증은 한 번 취득하면 2년 동안 유효하다. 인증을 받은 기업은 중소기업 정책자금 융자한도 상향(45억 원→70억 원), 법 위반 제재 수준 경감, 우수기업 포상 등의 인센티브를 받는다.

L/C(Letter of Credit)

신용장은 은행이 특정인에게 일정한 기간·범위 안에서의 금액을 자기은행이나 자기가 지정한 은행 앞으로 어음을 발행하는 권한을 부여하는 보증장을 말한다. 여행신용장과 상업신용장이 있으며, 상업신용장에는 클린신용장과 화환신용장이 있다. 화환신용장에는 취소가능신용장과 취소불능신용장, 확인신용장, 무확인신용장이 있다.

GNI(Gross National Income)

실질 국민총소득은 생산활동을 통해 획득한 소득의 실질구매력을 반영하는 소득지표이다. 경제여건 변화에 따라 소득의 구매력도 달라지므로 한 나라의 경제력을 측정하기 위해서는 생산측면뿐만 아니라 교역조건 등을 감안한 구매력도 포함해야 한다는 취지에서 만들었다. 실질GNI는 실질GDP에 '수출입단가 변동으로 인한 실질무역손익'과 '실질국외순수취요소소득(이자 · 배당 · 임금 등)'을 더한 수치이다. UN과 IMF 등 국제기구는 1993년 '개정 국민계정체계(SNA)'를 제정해 GNP를 GNI로 개정하도록 권고해 왔으며, 주요 선진국들도 대부분 이를 쓰고 있다.

FOB(Free On Board)

수출항 본선인도가격 무역상의 거래조건의 하나이며 CIF와 더불어 가장 많이 사용된다. 매도인이 약속한 화물을 매수인이 지정한 선박에 적재, 본선에서 무역의 인도를 끝마칠 때까지 생기는 일체의 비용과 위험을 부담한다. 그 후에는 매수자의 책임이 된다.

PB(Private Brand)

자체 상표란 백화점과 할인점 등 유통업체의 고유 브랜드를 말한다. 로열티와 중간마진, 광고비, 판촉비가 추가로 들지 않아 10 ~ 30%의 원가절감이 가능하고 판매가격도 그만큼 저렴하다. 유통업체가 자기매장의 특성과 고객의 성향에 맞춰 독자적으로 개발한 브랜드 상품으로, 패션 상품에서부터 식품 · 음료 · 잡화에 이르기까지 다양하며 PL이라고도 한다. 해당점포에서만 판매된다는 점에서 전국 어디에서나 살 수 있는 제조업체 브랜드(NB)와 구별된다.

B/S(Blance Sheet)

재무상태표는 일정한 시점에 있어서 기업의 재정상태를 명백히 나타내기 위하여 작성하는 자산 · 부채 및 자본상태의 일람표를 말한다. 차변(왼쪽)에 자산을, 대변(오른쪽)에 부채와 자본을 기록한다. 대차대조표는 일시점에 있어서 재정상태의 일단면이며, 이러한 의미에서 정태표라고도 한다. 반면 손익계산서는 일정 기간의 경영활동을 파악하는 것이므로 동태표라 하며, 양자는 재무제표의 중심부분이다.

SIS(Strategic Information System)

전략정보시스템은 경쟁기업에 대하여 전략적인 우위를 점하기 위해 구축하는 정보시스템으로 전사적인 토탈시스템에서 생산, 재무관리, 판매, 물류 등의 개별시스템까지 기업에 따라 규모나 영향력이 달라질 수 있다. 이러한 전략정보시스템의 구축으로 시장점유율 변동에 영향이 발생하므로 경쟁기업에서도 시스템을 구축하여 경쟁을 벌이기도 한다.

PL(Product Liability Law)

제조물 책임법은 소비자가 상품의 결함으로 손해를 입었을 경우 제조업자는 과실이 없어도 책임이 있다는 무과실책임이 인정되어 기업이 배상책임을 지도록 하는 것이다. 우리나라 현행 민법에서는 피해자 측이 과실을 입증하지 못하면 기업은 책임을 면할 수 있게 되어 있다. 그러나 수입품에 의한 소비자피해가 발생했을 때에는 해당 외국기업이 배상책임을 지도록 하고 있다.

TQM(Total Quality Management)

전사적 품질 경영은 고객 만족을 목적으로 한 조직적인 관리 방법으로 제품 및 서비스의 지속적인 개선을 통해 높은 품질을 제공하고 경쟁력을 확보하기 위한 전종업원의 체계적인 노력을 말한다. 고객 만족, 인간성 존중, 사회에의 공헌을 중시하는 전사적 품질 경영은 고객, 종업원, 관리자 등 기업 활동에 관련된 모든 사람을 존중한다. 지속적인 종업원 교육, 제품 및 서비스를 제공하는 프로세스의 연속적인 개선, 미래에 발생할 수 있는 문제 예방, 기업 문화 창달과 기술 개발 등을 통해 기업의 경쟁력을 제고함으로써 장기적인 성장을 도모하는 경영체계라 할 수 있다.

KORIBOR(Korea Inter-Bank Offered Rate)

국내 은행들이 서로 자금거래를 할 때 기준이 되는 금리를 말한다. 금융시장이 발달하고 금융상품이 다양해지면서 국내에서도 영국 런던의 은행 간 단기자금 거래 시 적용되는 금리인 LIBOR(London Inter-Bank Offered Rate)와 같은 은행 간 단기 자금거래의 기준금리를 도입할 필요성이 높아졌다. 이에 한국은행은 은행, 전국은행연합회 등과 협의를 거쳐 2004년 2월 단기 기준금리 도입방안을 구체화하고 수개월 간의 시범운영을 거쳐 같은 해 7월 26일 정식으로 도입하게 되었다.

KIKO(Knock-In Knock-Out)

환율변동에 따른 위험을 방지하기 위하여 등장한 파생금융상품의 일종이다. 환율이 일정범위 내에 있을 경우 시장환율보다 높은 지정환율로 외화를 팔 수 있는 통화옵션이다. 만약 환율이 지정된 범위의 하단 이하로 내려가게 되면 계약이 무효(knock-out)가 되고, 반대로 지정된 범위의 상단 이상으로 올라가면 계약금액의 2 ~ 3배를 시장환율보다 낮은 지정환율로 팔아야(knock-in)하기 때문에 기업이 손해를 보게 된다. 여기서 녹인(knock-in)은 덫에 걸려드는 것, 녹아웃(knock-out)은 계약관계 종료를 의미한다.

MTM(Mark to Market)

시가평가제는 증권, 포트폴리오, 계좌 등을 매입 시의 장부가격이 아닌 현재 시장에서 거래되는 가격대로 기록하는 것을 말한다. 금융기관의 회계 투명성과 정보의 정확성을 위해 일반적으로 채택되고 있는 회계원칙이나 극도의 신용경색으로 정상적인 가격이 형성되지 않는 상황에서는 금융권의 재무건전성을 악화시키는 요인이 되고 있다는 비판을 받고 있다.

SDR(Special Drawing Right)

특별인출권은 1969년 IMF가 브레튼우즈 체제의 고정환율제를 지지하기 위해 내놓은 것으로 국제 유동성이 부족할 경우를 대비해 금이나 달러 등의 준비자산을 보완하는 2차적 준비자산으로 등장한 제3의 국제통화를 말한다. 가맹국의 합의에 따라 발행총액을 결정하고 IMF에서의 출자액 비율에 따라 배분되며 각국의 필요에 따라 인출할 수 있는 권리이다. SDR의 가치는 당초 금에 의해 표시되었으나 주요 선진국들이 변동환율제를 채택함으로써 1974년 7월부터 가치기준을 세계 무역에서 비중이 큰 16개국의 통화시세를 가중평균하는 방식인 표준 바스켓 방식(standard basket system)으로 변경되었다. 그 후 1980년 9월 IMF총회에서는 표준 바스켓의 통화를 미국·영국·프랑스·독일·일본 등 5개국의 통화로 축소하였으며, 서브프라임 이후 달러화 주도의 국제 금융시장에 대한 위기감이 대두되면서 중국이 SDR의 달러 대체를 주장하였다.

TPP(Trans-Pacific Partnership)

환태평양경제동반자협정은 아시아·태평양 지역 간에 진행 중인 광역 자유무역협정(FTA)을 말한다. 최초 뉴질랜드·싱가포르·칠레·브루나이 등 4개국이 2005년 체결한 자유무역협정이 그 시작이었으며, 2013년까지 한국을 비롯한 중국, 일본, 미국 등이 함께 참여하여 2015년까지 아시아·태평양 지역의 관세 철폐와 경제통합을 목표로 하고 있다. 본 협정에서는 관세철폐 이외에도 농업, 노동, 환경보호, 정부구매, 투자, 지식 재산권 보호, 서비스 무역, 기술무역 장벽, 원산지 표준 등 자유무역협정의 거의 모든 주요사안이 포함되어 있으며 원칙적으로 예외품목을 두지 않는다. TPP는 12개국 이상이 참가하는 다자간 자유무역협정이지만, FTA는 당사자 2개국이 참가하는 양자 간 자유무역협정이라는 점에서 차이가 있다.

LIFO(Last-In First-Out Method)

후입선출법은 후에 입고된 것을 먼저 출고하는 방법으로, 선입선출법의 반대가 되는 방법이다. 이 방법은 시가에 가까운 매출원가 또는 소비액을 표시하게 되는 반면, 기말재고품을 비교적 구원가로 계산하게 된다. 따라서 물가 상승 시에는 다른 계산법보다 매출원가가 커지므로 이익이 적게 되고, 물가 하락 시에는 매출원가가 적으므로 이익은 커지게 된다.

GTCI(Global Talent Competitiveness Index)

인적자원경쟁력 지수를 의미한다. 한 나라 인재의 성장, 유치, 보유 등 인적 자원의 경쟁력을 포괄적으로 나타내주는 지수로 R&D, 고등교육 정도, 인재시장 전망, 노동시장 유연성, 여성 사업기회 부문 등 지표를 종합해 평가한다.

HDRI(Household Debt Risk Index)

가계부실 위험지수는 가구의 소득 흐름은 물론 금융 및 실물 자산까지 종합적으로 고려하여 가계부채의 부실위험을 평가하는 지표로, 가계의 채무상환능력을 소득 측면에서 평가하는 원리금 상환비율(DSR ; Debt Service Ratio)과 자산 측면에서 평가하는 부채/자산비율(DTA ; Debt To Asset Ratio)을 결합하여 산출한 지수이다.

ICO(Initial Coin Offering)

가상통화 공개는 혁신적인 신생기업이 암호화 화폐 또는 디지털 토큰을 이용하여 자금을 조달할 수 있는 크라우드 펀딩의 한 방식이다. 가상통화 공개에서 새로 발행된 암호화 화폐는 법화 또는 비트코인 등 기존의 가상 통화와 교환되어 투자자에게 팔린다. 거래소에 상장하려는 기업이 투자자에게 자기 주식을 처음 공개적으로 매도하는 기업공개에서 연유되었다고 볼 수 있다.

P/L(Profit and Loss statement)

손익계산서는 회계기간의 경영성과를 명확히 하기 위하여 그 기간에 발생한 수익과 비용을 대응시켜 당기순손익을 표시한다. 이것을 토대로 경영의 성과를 정확히 계산하여 기업의 이해관계자에게 보고하기 위해 작성되는 것이다. 보고식과 계정식 두 종류가 있으며, 우리나라에서는 보고식 작성을 원칙으로 하고 있다.

EBITDA(Earnings Before Interest, Taxes, Depreciation and Amortization)

기업의 영업활동 얻은 현금창출능력을 나타내는 수익성 지표를 의미한다. 법인세, 이자, 감가상각비 등이 차감되기 전에 순이익을 의미한다.

BEP(Break-Even Point)

손익분기점은 일정 기간의 총수익(매출총액 또는 총생산액)과 총비용이 일치되는 점으로, 이익도 손실노 발생하지 않는 점이다. 총수익선이 이 점을 상회하면 그만큼의 이익이 발생하고 하회하면 그 만큼의 손실이 발생한다.

$$※ 손익분기점 = \frac{고정비}{1 - \left(\frac{변동비}{매출액}\right)}$$

MMF(Money Market Fund)

투자자가 일시적인 여유자금을 맡길 때 운용하는 펀드로 단기금융상품에 투자해 수익을 얻는 만기 30일 이내 초단기 금융상품이다. 금리위험과 신용위험이 낮은 단기채권·양도성예금증서(CD)·CP·예금·콜론 등과 같이 안정성이 높은 단기금융상품에 주로 운용되며, 수익률은 콜금리보다 조금 높으며 수시로 입출금이 가능하고 하루만 돈을 넣어도 운용 실적에 따라 이익금을 받을 수 있다. 단기금융시장의 안정을 도모하기 위하여 1996년 9월에 처음 도입되었으며 단기금융집합투자기구로도 불린다.

HRA(Human Resource Accounting)

인적자원회계는 기업이 자기회사의 인적 자원에 관한 정보를 측정하여 보고하는 과정을 말한다. 인적자원이란 창의적인 아이디어나 기술을 보유한 사람을 의미하는 것으로, 측정방법으로는 크게 원가법과 경제적 가치법이 있다. 원가법은 종업원을 채용, 훈련, 개발, 배치하는데 드는 비용을 투자자산으로 계량화한 후 인적자원의 기대사용연수에 걸쳐 상각하여 비용처리하게 되며, 경제적 가치법은 인적자원으로부터 기대되는 미래의 경제적 효과이익을 현재 가치로 할인하는 방법으로 원가법에 비하여 추상적이며 주관적인 요소를 내포하고 있다.

VIE(Virtual Integrated Enterprise)

가상통합기업은 창고에 남은 재고를 쌓아두지 않고 영업을 하거나, 유통업체와 생산 공장이 없는 기업의 형태를 말한다. 가상통합기업은 회사경영에 핵심적인 업무만 처리하고 나머지는 다른 업체를 통하여 대신 생산하게 함으로서 속도경영이 가능하다. 직원들은 사무실과 근무시간도 스스로 결정하고 인터넷 등으로 본사·외부공급업체·고객들 간에 완벽한 내용 전달이 가능해 업무효율을 극대화할 수 있으며, 가상통합기업 시스템은 인터넷과 정보통신(IT) 기술발전, 소비자 중심의 대량 소비 사회의 도래 등 앞으로 공급자는 물론 종업원과 소비자를 하나의 영역으로 묶는 비즈니스 모델로 발전할 것이다.

KPI(KEY PERFORMANCE INDICATOR)

핵심성과지표는 실적평가를 위한 평가표로, 승진과 성과급을 지급할 때 기준이 되는 지표이다. 목표를 달성하기 위한 것으로, 미래성과에 영향을 주는 관리요소들을 정리한 핵심지표를 재무적·비재무적인 영역이 포함된 매트릭스 형태로 평가하는 기준이다.

ETS(Emission Trading Scheme)

배출권거래제는 온실가스의 배출 감축을 위한 시장기반 정책수단이다. 본 제도는 일반적으로 배출총량거래(Cap and trade) 원칙에 기초해 운영된다. 정부가 경제 주체들을 대상으로 배출허용총량(Cap)을 설정하면, 대상 기업체는 정해진 배출허용범위 내에서만 온실가스를 배출할 수 있는 배출권(Permit)을 부여받게 된다. 배출권은 정부로부터 할당 받거나 구매할 수 있으며, 대상 기업체들 간에 거래(Trade)할 수 있다. 이 전 과정을 배출총량거래(Cap and Trade)라 일컫는다.

WEF(World Economic Forum)

저명한 기업인·경제학자·저널리스트·정치인 등이 모여 세계 경제에 대해 토론하고 연구하는 국제민간회의이다. 독립적 비영리재단 형태로 운영되며, 본부는 스위스 제네바주의 도시인 콜로니(Cologny)에 위치한다. '세계경제올림픽'으로 불릴 만큼 권위와 영향력이 있는 유엔 비정부자문기구로 성장하면서 세계무역기구(WTO)나 서방선진 7개국(G7) 회담 등에 막강한 영향력을 행사하고 있다.